大国学

季羡林 **口述**·蔡德贵 **整理**

季羡林口述史

陕西師範大學出版总社有限公司
SHAANXI NORMAL UNIVERSITY GENERAL PUBLISHING HOUSE CO.,LTD.

图书代号：　SK10N0344

图书在版编目（CIP）数据

大国学：季羡林口述史　/　季羡林口述；蔡德贵整理.—西安：陕西师范大学出版总社有限公司，2010.7（2013.7重印）

ISBN 978-7-5613-5127-7

Ⅰ.①大…　Ⅱ.①季…　②蔡　Ⅲ.①季羡林—（1911～2009）—自传　Ⅳ.①K825.4

中国版本图书馆CIP数据核字(2010)第074987号

大国学：季羡林口述史

季羡林口述

责任编辑： 周　宏
版型设计： 李小兰
出版发行： 陕西师范大学出版总社有限公司
（西安市长安南路199号　邮编　710062）
网　　址： http//www.snupg.com
经　　销： 新华书店
印　　刷： 北京嘉业印刷厂
开　　本： 787mm×1092mm　1/16
印　　张： 28
字　　数： 417千
版　　次： 2010年7月第1版
印　　次： 2013年7月第2次印刷
书　　号： ISBN 978-7-5613-5127-7
定　　价： 39.80元

读者购书、书店添货或发现印装问题，请与营销部联系、调换。

电话：（029）85307864　85303629　传真：（029）85303879

前言

2008年10月1日，季老让人给我发短信，说希望和我私下谈谈。当时我正在山东泗水尼山参加一个学术研讨会，接到这个短信，我很纳闷，不知道是什么事情。但是很快，季老身边的人给我来电话，简单说了季老想让我当助手的想法。我感到问题不是那么简单，于是立即找到在尼山参加主办会议的丁冠之教授，他是我的老师，也是最好的朋友，我征求他对此事的意见。同时，我也征求了在尼山参会的《文史哲》主编王学典教授的意见，他是我的顶头上司，必须经过他的同意。我们分析了季老为什么会找我的各种情况，也分析了各种可能对我不利的情况，但是最后还是统一了认识，无论如何，季老自己提出这个意见，我不能不去。当然，那时候，我还根本不知道季老为了让我去当助手，已经在10月1日那天给温家宝总理写了信，称自己需要一位助手，并希望助手是我。

这样子，我给季老身边的人回了电话，表示处理完近期的事情尽快去季老那里。

我是在2008年10月9日到北京的。10日上午，我赶到301医院南外科4层3床，拜见季老。季老明确表示让我当助手，做口述历史的事情。这让我想起，大概从2007年3月6日，季老已经陆续给我讲过一些了，在我编辑中国书店的《季羡林说国学》的时候，季老专门讲了对国学的系统观点，申述了“大国学”的理念。我当时把季老的那次谈话整理以后，经过季老的同意，定题为《中国文化是五十六个民族创造的文化》，作为该书的前言，放在该书里面了。这年的3月22日和其他的一些日子，季老也口述过多次了。

季老让我下午再去一趟。10日下午，陕西师范大学出版社北京社科出版中心的编辑要让我给季老转交版税，我告诉他们，我的习惯是从来不转交季老的稿费或者版税，以前当代中国出版社出版的所有季老的著作，我都是带责任编辑直接到301医院的。于是我便征得季老同意，和陕师大出版社的编辑一同前去医院，我们大约谈了30多分钟。陕师大出版社给季老送去49000元版税，季老交给护工岳爱英收存。10月11日上午，我没有去医院，季老写了让我当助手的授权书。10月12日上午，我去301医院，核实了过去有过疑问的几个问题：笔名希逋、齐奘、羡、羡林、羡斋等。季老强调自己要口述的第一部分内容，会侧重于谈性格是可以改变的。当时约定，从13日上午开始，正式口述历史。

2008年10月13日，正式开始了口述历史的工作。早晨5点，我起身，从昌平燕丹燕城苑小区乘公交车，转天通苑5号线地铁，到东单转1号线，到五棵松出站，再走到301医院，7点准时进了病房。护工岳爱英说，季老已经在等我了。从这时候，季老开始口述历史。301医院为了保证季老的健康，规定每次口述不要超过50分钟，但是季老谈到高兴的时候，往往就不遵守医院的规定。第一次季老就从7点谈到8点半，一开始就收不住，超过医院规定的一倍时间。护工岳爱英多次催促季老打住，但是季老根本不予理会，照样口述不误。我也担心，怕季老累，季老说，我没有那么娇气。

那天在开始口述的时候，季老说明了为什么要做口述历史的原因，他说：

今天我为什么千里迢迢把你从山东叫来，要你做我的口述历史，是因为你以前写过我的传记，对我比较熟悉。我们的国家在发生很大的变化。要跟上时代，不然的话，稍微一疏忽，就会被社会所抛弃。学术界我还有大量工作要做，但要做哪些工作，我自己也不清楚，什么时候清楚，也不知道。但有一天非弄清楚不可。我觉得，知识分子是大事不糊涂，小事不一定不糊涂。做口述历史，我的原则是“假话全不说，真话不全说”。这个原则，我多次强调过。有些事情现在还不能说，什么时候说，不敢说（山东土话，意为不好说）。

叫你来，是口述我的历史。口述历史，现在，在学术界也是很时髦的，而我则是因为眼睛视力减弱，看不见，无法写东西。本来想写两篇文章，一篇谈“侠”，一篇谈“士”，但也都是因为眼睛的原因，而无法下笔。我也想写一本《中外恩师谱》，也无法如愿。

过去我写过的自传，好多事情没有写，有些事情绝大多数对我有兴趣的人还不知道。现在有必要更多地透露出一些，但我现在也不一定全说。

口述历史有什么意义？现在学术界比较流行，有的口述历史已经出版。对我自己来说，也很有意义。我已经年近百岁，应该对自己的一生做一个小结。

为什么想到你呢？因为我们相交甚久，互相了解比较多。你做这个工作最恰当。

至于如何进行，如果口不停地说，一天可能就够了。但是那样太累。现在决定一天说2个小时，大概八九次就够了。别的工作也可以做。

就是这么一个目的。

我对你讲的，不是对每个人都能够讲的。但也没有什么秘密，每个人都可以来听。别人来听，也可以。

你听我口述，你是对我了解最多的人。别人不知道的事情，你知道。所以请你来做这个工作。

口述比较凌乱，我口述出来，由你来整理。

季老开始说，讲八九次就可以完成口述历史，但是实际上季老开讲以后，不断激起他对很多事情的回忆，所以后来对我说，不限定口述的次数，什么时候完，根据情况决定，聊天时也没有按什么顺序说，想到哪儿，就说到哪儿。至于医院规定的每次50分钟，季老有时候也忘记得干干净净，我清楚地记得，他有几次讲了2个半小时，我几次催促停止，他就是不刹车。护工岳爱英干预，季老说不要你管那么多。而且，为了赶进度，季老让我每天上下午都去，早晨6点半，下午3点各作一次，我担心季老会累，但是季老坚持让我每天去两趟。这样进行了3天，后来，301医院发现此情况，坚持每天只做一次，季老也不得不服从，这也正好符合我的意愿。

口述历史在大多数情况下，季老是给我一个人讲。有时候季老的儿子季承先生赶巧会在场。还有几次，是我正好带朋友去，便和朋友们一起和季老谈，如刘梦溪、陈祖芬夫妇，汤恩佳、汤甄得萍夫妇、潘石屹先生、楼叙坡女士、钱文忠教授、唐师曾先生、仲跻昆教授、张立文教授、王学典教授、老愚先生等，大都是没有完全尽兴，因为担心先生的健康，就不得不停止了。2009年去美国访问以前的6月14日，我和《文史哲》主编王学典教授去看他，并且给他订做了一个98岁生日蛋糕，是他过去没有吃过的抹茶蛋糕。6月16日，我的同学赵士珍为我去美国送行宴请我，特意给季老准备了一份烤鸭，下午我去告别，也做最后一次笔记和录音，季老非常高兴，让我从美国回来以后马上到医院，继续口述历史。我也对他说，年谱已经编完，正好也念给他听，以便把不准确的地方改正过来。季老高兴地答应了。到这一次，季老一共口述了75次。

没有想到的是，我从美国回来，季老已经驾鹤离我而去。我长时间陷于极大的悲伤之中。

在给季老做口述历史的十个月时间里，我往返于北京与济南之间，在北京时则每天从燕城苑到301医院往返一次。不管是风雨交加，还是大雪漫天，只要是季老约定了的时间，我会准时赶到他那里。尽管路途交通还算方便，但是因为太远，走一趟至少要1个半小时以上，两个小时都是不稀奇的。其中的甘苦，如人饮水，冷暖自知。在燕城苑如果有闲暇，我会给季老做点他愿意吃的东西，如红烧茄子、胡萝卜羊肉水饺、白菜羊肉水饺、煎茄子，从家里带给季老。没有想到，季老很愿意吃我做的饺子和茄子。每次从济南来北京，我也会给季老带点他喜欢吃的济南的油旋。北京必胜客的比萨饼，我也给季老带过。

这十个月，我人生经历里边最重要的十个月，是在季老身边度过的。在北大没有机会听季老上课，长期感到遗憾，这次补上了，而时间正好是一学年。平心而论，这十个月，我是辛苦的，而且有巨大的思想压力，但是我更是幸福的：有机会聆听季老谈他的人生经历，谈他的学术历程，谈他的养生经验，谈他的感情隐秘，我听到了那么多不曾听到的故事、趣闻。这些故事，其他人都没有听到。

口述时，70多年以前在济南看过的戏、主要演员的名字，季老都记得清清楚楚。1931年“九一八”以后他和同学去南京请愿，让蒋介石出兵抗日，那时领队的名字他很快就回忆起来，是当时的清华大学学生会主席尚传道。当然，季老还不只是回忆这些，他还想写一本书、两篇文章。书是《中外恩师谱》，文章是《侠》和《士》。

有一段时间，季老的身体和精神比较差，眼睛周围也有些浮肿。不过2008年11月7日，季老和儿子季承在相隔多年后终于见面。两位老人都是泪流满面，感慨万千。从此季老精神好多了，经常在口述历史时，他讲起以前的趣闻来哈哈大笑，还和医护人员开玩笑。有一次来客人要求照合影，季老赶快说，衣帽不整，立即整理一下病号服，然后说，牙齿不整，只有一个了，是中流砥柱，马上闭上嘴，摆出照相的姿势，让人拍照。

季老的口述几乎每次都有精彩的段子，幽默不断。他把一生的珍藏，包括感情，和盘托出。真可谓高潮迭起、妙趣横生，妙语连珠、诙谐幽默，火花四射、睿语惊人，口述历史，照样精彩。

11月11日那天，我进去刚一会儿，护士给先生的眼睛贴冷敷，用两块冷敷胶布贴住两只眼睛。十几分钟之后，先生着急，让护士将冷敷胶布拿下去，说要解决大问题。护士纳闷地问什么是大问题，季老说吃喝拉撒睡是大问题。原来先生要如厕。

有一次，身边人给他点眼药水，因为没有点准，季老幽默地说，量很大，但是一滴也没有进去。

还有一次，季老的护工岳爱英用轮椅推他时，方向不是平常的顺时针，而是逆时针方向，季老说：“你怎么这么转啊。我本来就糊涂。这样我不是更糊涂了吗？”护工跟季老打趣说：“不是难得糊涂吗？”季老自嘲说：“我现在糊涂也不难得了。”

一次口述，季老还给我“讲笑话”：有一次金岳霖告诉我，大家都说他糊涂，也说潘梓年糊涂（那时候中国科学院还没有分院，潘梓年是哲学社会科学部的主任）。有一次，两人碰见了决定赛一赛，究竟谁更糊涂。果然，一天开会了，需要签到，金岳霖大声问身边的人，我姓什么来着？大家都说，你姓金，金岳霖啊。等到潘梓年签到的时候，他也是问：我姓什么来着？大家告诉他，你姓潘，潘梓年啊。他又问：是哪个潘哪？结果潘梓年获胜了。说到这里，身边人都被季老逗得大笑。

很多朋友不知道我和季老的关系。其实，我算是季老的“半个学生”。实际上我与季老的认识，已经超过半个世纪之久了。早在1965年，我考入北京大学东语系阿拉伯语专业学习，季老时任北京大学东方语言文学系主任。

5年本科期间，虽未直接授业解惑，但在我眼里，季老是一位德高望重、颇有学者风范的大家。也许正是因为有了“大家”的印象，所以季老虽然平易近人，但我一直“不敢接近”，不敢登门拜访。

我跟很多朋友说，“那个时候季老就被范文澜先生叫做‘国宝’了，‘国宝’啊，感觉高高在上，很少能见到。不过‘文化大革命’中季老被揪出来批斗时，我在台下是看见了的。当时我们思想一片混乱，季老怎么会是反动学术权威呢？”

1982年，一次偶然机会，我回母校在外文楼前巧遇季老。我在犹豫是否上前问候，因为怕季老不认得自己，最后上前向季老问好。季老看到我后，连丝毫的迟疑都没有，问我道：“干吗来了？是不是来查资料啊，阿拉伯文资料只有我们这里是最全的。”我听后很感动，没有想到17年后，桃李满天下的季老居然还如此清楚地记得，一位普通的学生是学什么专业的。后来我的恩师，同时也是季老的同事刘麟瑞教授说，季先生拿一张系里的新生名单，可以对照学生的照片将上百个学生的名字都记得住。当然，在惊叹于季老惊人记忆力的同时，我们也不得不感慨先生体念学生的殷殷之情。

北大一别后，我因为工作关系联系过季老几次，每次交往的过程都让我颇感意外，却也了解到季老谦虚严谨的治学态度。

1986年，我负责主持《世界哲学家辞典》的编写，编委会准备把季老列入辞典，于是向季老约稿，但一连几次都遭到拒绝。季老表示，我不是什么哲学家，在哲学上没有什么主要观点，不敢在《世界哲学家辞典》中滥竽充数。我只好使尽浑身解数，“费尽心机”，才说服季老让当时的助手李铮提供了一份简介。

1992年，我的《阿拉伯哲学史》新书在山东大学出版社出版，我求季老写评介文章，为这本书“吹嘘吹嘘”，但是季老很快回信，说自己“对阿拉伯哲学一窍不通，你问我的意见，等于问道于盲”。

随后，我一直在山东大学哲学系工作，和季老屡有学术交往，《文史哲》主编丁冠之教授曾经委托我几次向季老约稿，季老致信说：《文史哲》我一向认为是一份有水平的学术刊物，有口皆碑。要求我提供文章，这是一种光荣。但是我写的东西，只要我认真从事的，其中难免有一些古怪字母。这种文章送给人家，给排印造成困难，我心里每每感到不安。结果季老都以自己搞的东西古怪而婉拒了。1994年，《文史哲》再次请季老提供学者谈治学的稿件，季老仍然拒绝。在“软磨硬泡”下，季老终于答应可以提供资料给我，于是有了我的那篇《学贯中外的季羡林先生》，1995年得以在《文史哲》发表。后来，季老评价这篇文章“超出了他的期望”，我当然很欣慰。

此后，我萌生了为季老写传的想法。当时很多人都在想做这件事，季老都没同意，我心里也直打鼓。一次去北大朗润园看望季老时，本准备正式提及此事，却一直犹豫着不敢开口。直到季老对我所写的文章和学术表示肯定，并且写信给我愿意让我写传时，我才有了底气。

1996年1月份，我在季老家汇报有关传记的准备情况，季老说自己没有时间，便让秘书李玉洁女士请我在勺园吃饭。要了几个菜，落座以后，李玉洁老师单刀直入，站起来用手指着我质问：“蔡德贵，你有什么资格写《季羡林传》？”

我当时一时语塞，沉默一会儿后，我说：“要论资格，北大有那么多季老的同事、学生，有研究季学的教授，我还真是没有资格。但是有一点，我和季老同是山东人，我想我可以从山东的文化底蕴来解读季老的治学和为人。我可能能够理解季羡林先生成长的环境，所受齐鲁文化的影响。”李玉洁女士听了这番话，再没有说什么。

就这样，我准备半年多后，将《季羡林传》的提纲，找了一个下午，到季老家，念给季老听，季老将济南一中改为济南高中，要求我写作时

“实事求是，不要溢美”。随后，我执笔书写，终于在1998年初由山西古籍出版社出版。

《季羡林传》出版以后，出版社准备在北大举办一次活动，为书作宣传，想邀请季老出席。季老坚决不同意，说：“我肯定不去，老师和学生互相吹捧，像什么话！”季老没有评价这本书，但他去台湾学术访问时，带去了20本《季羡林传》作为礼物，送给朋友。

这之后，我和季老的交往就越来越多。

我得以在季老晚年的最后十个月里，几乎每隔几天都在他身边，听取他的教诲，记录他的人生经历。这是季老给我的荣誉和信任。

可以说，40多年以来我和季老的交往真正属于那种淡如水的。当然，季老对山东的感情太深，对我厚爱有加。对别人、尤其是老乡的要求几乎是有求必应。他经常应邀为别人题字，而题得最多的就是“爱国、孝亲、尊师、重友”，这八个字，他题了不下百遍。

很多人关心季老的口述历史，我深知责任重大，再非常慎重地整理，还要一些时日。但是很多朋友急于了解季老口述历史的内容，于是我取材于季老在这十个月里的口述，从中选取了一部分内容预先出版，以满足急于了解季老口述历史的读者需要。

《胡适口述自传》的作者唐德刚，借用朱熹之言：记人言语最难，不得其意，则往往以己意出之，以说明口述历史的局限。唐德刚也不敢保证，自己绝对没有“以己意出之”的地方。因为一切口述历史，往往都是如此的。他提到，甚至古圣先哲，亦所难免。《礼记·檀弓篇》里，就有一段孔门弟子，误记“夫子之言”而引起抬杠的趣事。（《胡适口述自传》，北京华文出版社1992年，第7—8页）我想眼前的这本与口述历史有关的书，也难免这种情况。如果有罪我者，我当然不会感到惊奇，而且我也会虚心听取罪我者的意见。

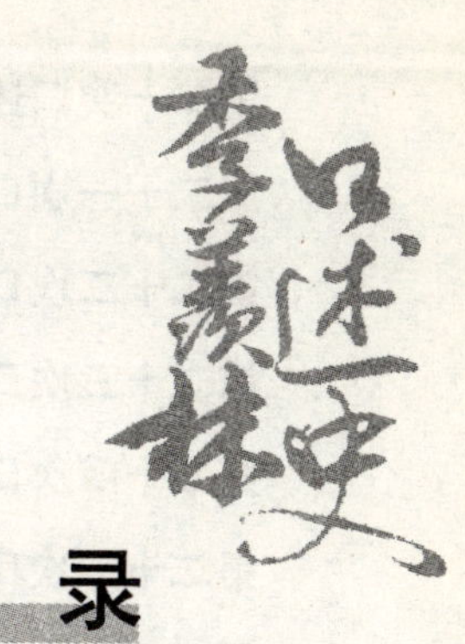

目录

第一次口述

2008年10月13日上午7：00～8：30

季羡林： 今天我为什么千里迢迢把你从山东叫来，要你做我的口述历史，是因为你以前写过我的传记，对我比较熟悉。我们的国家在发生很大的变化。要跟上时代，不然的话，稍微一疏忽，就会被社会所抛弃。学术界我还有大量工作要做，但要做哪些工作，我自己也不清楚，什么时候清楚，也不知道。但有一天非弄清楚不可。我觉得，知识分子是大事不糊涂，小事不一定不糊涂。做口述历史，我的原则是“假话全不说，真话不全说”。这个原则，我多次强调过。有些事情现在还不能说，什么时候说，不敢说（山东土话，意为不好说）。

叫你来，是口述我的历史。口述历史，现在，在学术界也是很时髦的，而我则是因为眼睛视力减弱，看不见，无法写东西。本来想写两篇文章，一篇谈“侠”，一篇谈“士”，但也都是因为眼睛的原因，而无法下笔。我也想写一本《中外恩师谱》，也无法如愿。

过去我写过的自传，好多事情没有写，有些事情绝大多数对我有兴趣的人还不知道。现在有必要更多地透露出一些，但我现在也不一定全说。

口述历史有什么意义？现在学术界比较流行，有的口述历史已经出版。对我自己来说，也很有意义。我已经年近百岁，应该对自己的一生做一个小结。

为什么想到你呢？因为我们相交甚久，互相了解比较多。你做这个工作最恰当。

至于如何进行，如果口不停地说，一天可能就够了。但是那样太累。现在决定一天说2个小时，大概八九次就够了。别的工作也可以做。

就是这么一个目的。

我对你讲的，不是对每个人都能够讲的。但也没有什么秘密，每个人都可以来听。别人来听，也可以。

你听我口述，你是对我了解最多的人。别人不知道的事情，你知道。所以请你来做这个工作。

口述比较凌乱，我口述出来，由你来整理。

……

在中国词汇里，有两个字，我觉得西方文化里是没有的。就是“侠”和“士”。

“侠”①字，西方语言里没有，据说日文里有，是从中国传过去的，“侠”字是中国特有的。侠一般被认为是好人，仗义疏财。一个侠，一个士，祢衡骂曹是士。西方所说的知识分子，不能等同于士。

我并不迷信，什么教也不信。但我相信缘分。缘分无法解释，我相信缘分。实际上，缘分在哲学上可以叫做偶然性。缘分是一种解释不清的人事关系，俗话说，有缘千里来相会，无缘对面不相识。

注释：

①金庸先生拜访季羡林时，和季羡林一起探讨了“侠”，他们认为“中外‘侠’的含义是很不同的。中国的侠下面是两撇，是两个人打架。路见不平，拔刀相助，在我们中国人看来是对的，但是西方觉得强的可以欺负弱的。”2008年2月27日，季羡林为奥运频道的《武林大会》以及3月6日播出的《武林盛典》题词，表达了老人心目中对侠义精神的理解以及对《武林大会》的厚望。季老题词原文为：中国人的传统美德之一就是助人为乐，路见不平，拔刀相助。故带刀的人就不会是我们平常所讲的白面书生，即带刀就与武术有关，中国古书上常常有侠这个字，我想，侠就是带刀的侠客。望武林大会把大侠的精神留住，赠武林大会愿与大会共勉之。

第二次口述

2008年10月14日上午7：00～8：30

季羡林： 说个插曲，上海过去有一本书，叫《文坛登龙术》[①]，专门教人一套出名的办法，其中一个办法，就是专门找名人打笔仗，通过和名人打仗，提高自己的地位。

一个侠，一个士，可杀而不可辱。这两个玩意儿，我想了半天，西方没有。士最明显的例子，是祢衡骂曹[②]，不怕杀脑袋。

到后来很晚，"文革"过后，我是全国政协常委好多年，周扬也是。"文革"中间，全国政协"革命青年"，加引号的，指定斗争对象。全国人大不分职业，而全国政协按职业分，我参加的是社会科学组，其中有名人陈伯达、冯定等等，这个回头再讲。

一个插曲：

谈谈张际春将军。哪一年我忘记了，我住在朗润园13公寓，有一天张际春到朗润园了，很长时间，他在我窗外溜达。也没有人理他。他穿的是军便服，军衔看不出来，家里人都不懂，被"挡驾"了。我从窗口看到，军便服的领口有个大星，是将军的标志，便出去问，找我干吗。原来他是国防大学研究生院的院长和党委书记，想请我到国防大学研究生院去做讲演，我答应去讲演，和李玉洁一起去了，题目是《爱国主义》，在讲堂里，有200位学员，全是大校，我先问他们，爱国主义是好东西还是坏东西？学员们几乎异口同声说是好东西。我问：希特勒侵犯别的国家，也是打着爱国主义的旗号，日本帝国主义侵略中国，同样打着爱国主义的旗号，他们的爱国主义也是好东西吗？所以我说对爱国主义也要分析，不能一概而论，笼笼统统说，不准确。

注释：

①章克标《文坛登龙术》，1933年出版。林语堂等编的文艺性半月刊《论语》第19期（1933年6月16日）曾刊载《文坛登龙术》的《解题》和《后记》，鲁迅以此书名为由头，虽然没有读过此书，却写了《登龙术拾遗》一文，认为章克标的《文坛登龙术》，是一部以轻浮无聊的态度，叙述当时部分文人种种投机取巧手段的书。章克标于1900年出生在浙江海宁，20岁时考入官费赴日留学。后来又考入日本京都帝国大学，攻读数学博士学位。回国当过一段时间教师后，章克标决定向文坛发展。1926年在上海与胡愈之、丰子恺、叶圣陶等人共同轮值主编《一般》月刊，同时与滕固、方光焘等人创办新文学早期著名社团之一的狮吼社。1928年章克标进入开明书店，主编当时影响广泛的开明数学教科书以及《开明文学词典》。一年后，参与创办时代图书公司，这个公司后来成为30年代中国规模最大的出版机构之一。章克标出任时代图书公司的总经理，并主编《十日谈》旬刊。后来成为《申报》“自由谈”专栏的主要撰稿人之一，跻身30年代中国杂文高手之列。早年曾当过金庸的老师，并与林语堂、邵洵美等人一起创办《论语》。章克标2007年1月23日在上海病逝，享年108岁。

②罗贯中的《三国演义》第23回记载：孔融推荐祢衡去见曹操，曹操没有以礼待之。心高气傲的祢衡立刻反唇相讥，而且将其门下诸士一个个批得体无完肤。曹操恼羞成怒，命他去当个小鼓吏借机羞辱他。后来在宴会上，祢衡裸衣击鼓，当众痛骂曹操。心中有气就想发泄。但祢衡在击鼓骂曹后，火气消了吗？没有，他对曹操的愤恨变得更厉害。每一次谩骂之后，都使他火上加油、变本加厉。事实上，原本脾气火爆的祢衡就是因为动不动就骂人，而使他更难控制自己，最后还因此而丧命。

第三次口述

2008年10月16日上午9：40～10：40

蔡德贵：您的记忆力，从小就特别好吧？

季羡林：这个难说。我小时候，不大念书，从来没有想争第一。争第一没有什么意思。没有想到，后来是虚荣心成为人前进的动力。就是王寿彭，从那开始。可是那时候，很奇怪，文理科10个班，我并不是班上的（第一），我不争取那个甲等第一，我也瞧不起（那个第一）。可是那一年，结果忽然地，我文理两科10个班第一名，平均97分，就是年终考试。

蔡德贵：平均97分，那可是真不容易。得这97分是不是还在玩呢？

季羡林：还玩。我那时候玩，没有管。后来那个王状元，听到这个消息，他那时候是山东教育厅长、山东大学校长……

蔡德贵：山大校长还兼着高中的校长吗？

季羡林：校长当然管着附中，北园高中有一个主任。他这一鼓励，虚荣心上去，自己说，上来了，就不下来了。他这一鼓励，这就是我当时的决心，果然后来我高中三年，考了六个甲等第一。每年两个么。

蔡德贵：中断一年。

季羡林：那是1928年。

蔡德贵：全是平均97分吗？

季羡林：不一定都是97分，但都是第一名，就那一年是平均97分。后来多少我也不管，反正前四个学期是连贯的，1928年日本人进济南，中断了一年。1929年到1930年，毕业都是第一名。反正是第一，稳坐第一。

蔡德贵：那时候有数学吗？

季羡林：文科有数学，比理科的浅多了。我们的数学是王老师教的，很浅。我到北京考大学，就是数学不行。因为高中有一个数学老师，王老师，教的很浅。所以后来我有个主张，我不赞成中学文理分科。不要分。

蔡德贵：您写过文章吗？

季羡林：文章大概有过。高中分文理科不好。

蔡德贵：我插一句，我回去拿点衣服。然后星期天要在山大附中讲儒家文化与道德，您讲爱国、孝亲、尊师、重友，我想主要讲您的孝亲和尊师。孝亲您经常提的，您讲过爱国、孝亲、尊师、重友，我想讲您对老师尽弟子之谊，把尊师做重点。

季羡林：我为什么特别强调孝亲？孝亲很重要。因为“五四”运动以后，批孝批得很厉害。有个名字忘记了，哦，叫施存统[①]的人，实施的施，存在的存，总统的统。这个名字不敢说，不要写了。他批这个孝，认为孝是罪大恶极，一无是处。

蔡德贵：当时有市场吗？

季羡林：当时恐怕是有的。那时候人的脑筋，“五四”新文化运动一解放，思想走到极端。

蔡德贵：影响到什么程度呢？

季羡林：影响到什么程度，那我就说不出来了。儒家的重点思想是孝，就是一定要和儒家的孝挂钩。现在应该大讲孝道。那一年（2001年）我回故乡，我特别到我父母亲的坟上，行三跪九叩的跪拜礼，有人，马景瑞就说，这个做法不妥当。我说，我故意，大张旗鼓，为什么现在大家不敢提孝，我就偏大张旗鼓（反潮流）。我认为把孝与儒家糟粕放到一起，是完全不正确的。

蔡德贵：我们去年到临清，也到您父母的坟上，和钱文忠一起三跪九叩。

季羡林：当然咱们中国的《孝经》，有一些是过了头的，当时也不能用，现在更不能用。比如王祥[②]卧冰，冬天父亲母亲要吃鱼，身体把冰融化了，再钓鱼。卧冰是身体把冰融化，再捉鱼。

老莱子[③]年90（应该是70岁了），后来鲁迅讲过，给90岁的老太太当小孩，他可笑，鲁迅有这个意见，为了让父母高兴。当时我觉得……

蔡德贵：您在临清磕头反应不是很强烈。

季羡林：当时就马景瑞看到了。

蔡德贵：电视片播了。

季羡林：哦，不知道。

蔡德贵：我受鼓励，和钱文忠到您父母墓前磕头。

季羡林："五四"总起来是一个很大的进步，但有时候过头了。过头就是把孝与儒家的糟粕并列，这是不对的。所以我现在还是，第一是爱国，第二是孝亲。现在更要孝亲。

蔡德贵：现在不孝顺的人挺多。

季羡林：这个也没有社会舆论，这就不成。所以更要提倡，所以我把爱国摆在第一位，第二就是孝亲。

蔡德贵：这八个字，您还没有专门写文章。

季羡林：文章我没有写，可是给别人写字。（爱国、孝亲、尊师、重友，这八个字），我起码写了几百张了。

蔡德贵：您对叔父是很孝敬的。

季羡林：我跟叔父，那个关系比较复杂，（以后再说）。

蔡德贵：您是很注重尊师，是楷模啊。

季羡林：尊师因为这个，我老师是有几个。第一个是董秋芳。

蔡德贵：第一个是王崑玉，更早一些。

季羡林：王崑玉早，北园的。王崑玉对我的影响啊，因为我后来也不写古文。当时啊……

蔡德贵：您也写古文啊。

季羡林：为什么第一篇是《徐文长传书后》，袁中郎的吧。《读徐文长传》，北园高中，王崑玉非常欣赏。

蔡德贵：《王崑玉文集》我过去拿过来了，不知道您看过没有？那里面的文章，非常漂亮，确实是桐城派的风格。没有正式出版。

季羡林：正式出版恐怕有困难。桐城派惜墨如金，我说中国的八股文啊，也有它的贡献，整个的结构，应该提倡八股。

蔡德贵：在某种程度上。

季羡林：就是下笔千言，离题万里，那个我不赞成。八股，就不能下笔千言，离题万里，你非扣那个主题不行，所以八股呢，应该提倡。

蔡德贵：构思。

季羡林：对。

蔡德贵：您讲究开篇、布局，

季羡林：我讲究那个东西。

蔡德贵：您给郑彝元写的序言，文言文的，非常漂亮。

季羡林：没有什么的。当时第一篇文章，《读徐文长传书后》袁中郎的，王崑玉的评价是"亦简劲，亦畅达"。我们班上写古文，有一个叫韩云鹄，他别的功课不行，就是古文好，因为他平常别的功课也不大重视，就是念古文，他是班上第一。王崑玉发这个作文卷子，平平常常的摆在前面，好的摆在最后。

蔡德贵：您的放在最后啦。

季羡林：我不如韩云鹄。北园不写现代文，只写古文。现代文高中才写，后来就是董秋芳啦。"随便写来"，那时候是北园白鹤庄。

蔡德贵：济南高中是在杆石桥。

季羡林：哦。到后来这样子，山东大学国文系给了王崑玉一个讲师，就是晚了，当时我很有意见。因为什么呢？写白话文的所谓作家，到那里一搞就是教授，而王崑玉只给他讲师，我觉得不平。

蔡德贵：山东大学那时候高手太多，梁实秋、沈从文、闻一多都在那里，可能王崑玉显不出来。

蔡德贵：董秋芳是济南高中啦。

季羡林：董秋芳是济南高中。

蔡德贵：那时候的文章还有保存的吗？现在不知道了。

季羡林：那个董秋芳是在那个作文卷子（上写），一处节奏，二处节奏。正跟我的想法相符，我觉得写文章就得有节奏，所以我对八股文，八股文就是有节奏，（我对）整个的结构（很重视），结构里边，哪一段放在什么地方，哪一段放在什么地方，不是随便乱写的。所以我对八股文哪，后来我跟那个张中行啊（交流），他也同意我的意见，我说八股文哪，其功不可泯。现在缺少那个八股文的训练。而且现在新文学家，一动就是个教授，王崑玉好不容易评了个讲师，我就很不满意。我说论功底，现在所谓新文学家，只要敢写，碰到时运，一篇文章出了名，就可能成为作家，这个王崑玉那时候要是有作家的名称，成为作家，到大学一动就是教授。我对这个很有意见。

蔡德贵：他后来更惨，到莱阳啦。解放后在山东省文史馆度过的。

季羡林：这样子啊，这个我就不知道了。文史馆这个地方恰当的。

蔡德贵：当时您和王崑玉交往比较深了？

季羡林：那时候，学生跟教员，还是……后来比较亲密的。当时的学生与教员之间有鸿沟。所有的学生，不是哪一个学校，（我与王崑玉）也一样，平常也没有什么来往。就是上班，作文。

蔡德贵：我们上课叫上班。别的地方不懂。

季羡林：对。我就是用上班。

蔡德贵：高中打学生有没有？

季羡林：高中没有，根本不可能。

蔡德贵：您高中时候，好多学生比您大。

季羡林：比我大。后来我在那个新育小学的时候，逛开元寺，回来以后就写文章，那时候都是文言文，没有白话文。我也写文言文。那时候我年纪很小，文言文就是小学一年级那个水平，有几个山东的大地主好像是菏泽一带的大地主，姓李的一家，叫李春雷、李春亭、李元彪，他们就住在学校，雇了一个厨子。

蔡德贵：您吃过他们的饭吗？

季羡林：没有吃过。他们也没有给我吃。那时候我年纪很小。有一次游开元寺，回来以后就写文章，写文章，那时候我的文言文刚刚的凑副。我记得凑副写的是：空气受热而上升，他处空气来补其缺，遂流动而成风。这就是我的最早的文言文。

蔡德贵：那也很有文采啊。是第一篇吗？

季羡林：差不多。

蔡德贵：您的《游灵岩》在哈佛我托人找，其他地方都找了，没有。山东的《民国日报》被日本鬼子炸掉了。如果哈佛大学图书馆没有，就不可能找到了。您要是累了就停。

季羡林：我在这里插一段。是什么呢？原来我到济南以后，大概是满5岁，冬天到济南，5岁，可能1917吧。

蔡德贵：6岁。

季羡林：到了济南以后，那时候因为我是个男孩子。我们家的上一代的，（留下）我一个哥哥季宝庆，我没有见过他，死得早，留了一个大嫂，大嫂生了个儿子，都叫刘二，我不知道为什么叫刘二。那个大嫂是个厉害人物。

蔡德贵：这个您讲过了。不要重复了您会累的。

季羡林：我这个，我说走运哪，是这样子，就是到济南以后，上了几天，有那么两三天私塾。大概两三天，很短很短的。

蔡德贵：是因为淘气吗？

季羡林：不是，曹家巷。后来就……

蔡德贵：私塾是任晓麓④办的吗？

季羡林：这个私塾啊，也没有什么人办。反正他这个私塾先生，好像是我大舅母的父亲，在曹家巷。

蔡德贵：马婶母这边的大舅母的父亲。

季羡林：嗯。

蔡德贵：任晓麓不可能是私塾先生。他比您大不了几岁，他1907年生人。您躺着，不用起来。这样舒服一些。

季羡林：不是。那个任晓麓，是后来，住在佛山街枣园，名字叫任熹，姓任哪，朱熹的熹，号叫晓麓。后来我们在正谊中学，他也考的正谊中学，我们正谊中学上的不是一年级，进的时候，不是一年级，是一年半级。那时候任晓麓，任熹啊，他的父亲做过一任县长，哪里的县长，不知道，当时我也不知道。所以在我们那一带是最大的官啦，那架子极大，住在那个枣园，柴火市。

蔡德贵：他家也是书香门第。

季羡林：嗯。

注释：

①施存统，又名施复亮，浙江人。他小时候入私塾，习四书五经，1919年在浙江第一师范学校（五年制）二年级当学生的时候，因为该校反对当时束缚学生思想的常规，张扬学生的个性，“五四”运动以后，他深受影响，《浙江新潮》向他约稿，便发表《非孝》一文，认为一味尽孝是不合理的，要以父母、子女间平等的爱代替不平等的“孝”。

②王祥为魏晋时人，家在山东临沂。继母朱氏对他很不好，总是在他父亲面前说坏话，久而久之，他父亲逐渐厌恶他了。继母在寒冬，想吃鲜活鲤鱼。湖塘的水都冻冰，无法捉到鲜活鲤鱼。王祥便解衣将肉体卧在冰上，想用体温将冰溶化。冰被溶破一个洞，水中跃出两条鲜活鲤鱼，王祥连忙捉住，抓着回家做给继母吃。

③相传老莱子身穿花衣，手持玩具，作儿童状以取悦双亲。这些故事都是“二十四孝”里面的。

④任晓麓（1907—1981.5.16），名任熹，号晓麓，别号卷翁。济南市人。13岁始学篆书，师从沙崇如、夏金年。20年代末期，就学于北平中国大学国学系，拜著名书法家、古文字学家丁佛言为师，后又从师著名金石学家陆和九。毕业后在济南任中学教师、小学校长。1937年“七七”事变后，曾在沦陷区任科长、曲阜县县长。1946年在华南学院任语文教师。任晓麓自青年时代就勤于治学。二十几岁时在容庚主办的燕京大学《考古杂志》上发表《石鼓文概述》一文。此后，著有《藤花榭本说文解字校勘记》、《印话》、《爵古斋印谱》、《石鼓斋印谱》、《晓麓诗存》、《日间词》等。工书法，最擅长写大篆。晚年的篆书楹联在1979年全国群众书法征稿评比中获一等奖，发表在1980年上海书画社出版的《百幅优秀作品集》首页，并被加以“此钟鼎楹联，笔力凝重，稳健活泼，行款妥贴，甚具功力”的评语。文化大革命期间，身处逆境。1978年后，创作出一批宝贵的书法艺术作品，其中不少作为国家礼品赠送给外宾，流传于美国、英国、日本、新加坡等地。曾任山东省书法篆刻研究会常务理事。1981年初，身染重疾，仍带病编著《学篆简言》等书。

第四次口述

2008年10月16日下午4：00～5：10

蔡德贵：最近好多朋友关心您，问您在做什么。您口述历史可以说吗？是不是保密啊？可以公开吗？学术界的朋友都很关心您。

季羡林：这有什么保密的，不保密。

蔡德贵：内容可以保密，做口述历史可以公开啊！学术界的朋友都关心您。您提倡奥运会要把孔子抬出来。香港孔教学院的汤恩佳博士非常感动，说能不能联系一下，他特别想来拜访您。这个影响是他自己永远也不能达到的。他一直想来拜访您，不知道能不能实现。他多年来在大陆捐赠了大概几千万元的孔子塑像，非常大的气魄，他74岁，为推广孔子思想不遗余力。山东大学的孔子像也是他捐给的。他非常希望得到您的允许，来拜访您。他认为孔教，这个教，是教化之教。他与您观点不完全一样。他认为是孔教，孔教的教，不是严格意义上的宗教，有教化的意义。

季羡林：也用不着那么解释，（孔教）就是宗教，唐代那就是宗教。儒、释、道三教，堂而皇之地叫宗教。这无所谓。

蔡德贵：他认为，大陆对孔教有贬低，孔教就是挖掘孔子思想的教化意义。

季羡林：也用不着那么解释，用不着，就是宗教。

蔡德贵：可是孔教推行起来有难度，国家不是还没有承认它是正式宗教吗？

季羡林：国家不是有宗教局吗？叶小文哪，叶小文我跟他谈过一次话。不是专门谈孔教。就是谈什么呢？有一次我跟冯定，那时候我们两个都是政协委员，政协委员在社会科学组，政协分社会科学组。所以有时候，我们都是坐一辆车，北大的么。一辆车上就无所不谈。有一个问题，是他提出来的：阶级先消灭，还是宗教先消灭？提出这么一个问题，后来，这个问题，我一直在考虑。我后来与叶小文一见面，就跟他讲，我说，你这个位置很好，在极左的时期，你这个位置要消灭宗教的，这在当时是占统治地位的思想。现在呢，另外一个看待了。我说，宗教这个东西啊，我跟他讲，恩格斯用了一个词，叫宗教的需要。这世界有的人需要宗教，有的人不需要宗教，这是真的。中国人，不需要（西方意义上的）宗教。欧洲的人需要宗教，很简单。一下生，带着一个宗教，他爸爸是什么教，他就是什么教。欧洲啊，一下生就在教堂洗礼么。而且他们这个欧洲啊，到现在（的情况）我不知道，我在德国那时候，礼拜天啊，（西方人）干什么事呢。一个起来的晚，因为不上班了，起来以后吃早点，吃完早点，就到教堂去。那教堂我去过，它也不限制。我去的是天主教的教堂。天主教跟这个新教还不一致。我去的时候，大堂里边，他们是跪着还是坐着怎么的，我忘记了。满人。

蔡德贵：应该是坐着，天主教好像不跪。

季羡林：我是说的天主教。牧师提着一个灯，在这个人堆里面转，还有点响声，我忘记了。那个牧师提着灯那个转的情况，我现在一闭眼，还能够看到。他早晨从教堂回家以后，一般是到这个城市附近的农村，他们大概是有点钱的人，教授大概都是有钱的，都在农村买一小块地，种点什么东西，里边盖一所小房子，木头盖的房子，一天就待在那个小木头房子里。吃饭呢，那个小木头房子现成的，能够住，能够做饭。礼拜天就是那么过的。

缅甸很有意思，首都仰光附近一个茵莱湖①。茵莱湖边上，一些小木头屋子，只能坐，不能躺，大概那个教授阶级啊，有钱人家几乎都有一所小木头房子。一个星期到里边去住上半天。

蔡德贵：是不是带有一种宗教反省的意思？

季羡林：就是跟那个有关系，就是反省。他们想什么，咱们不知道。就是那个反省啊。哪个做的好，对得起上帝，哪些对不起上帝。就是这样子。

蔡德贵：您刚才说，先生，您说中国不需要宗教。对吧？

季羡林：这是我自己的观点。

蔡德贵：那您怎么解决中国唐代儒教的问题呢？唐代是把儒学当作宗教了。

季羡林：唐代是三教合一，我认为宗教啊，不是中国不需要宗教，宗教有一个西方意义上的宗教，是信仰上帝。我说宗教啊，中国有宗教，并不信仰上帝。唐代宗教三教合一，也不信仰上帝。同样叫宗教，内容不一样。

蔡德贵：那您是在这个意义上说，中国宗教不是西方意义上的宗教。

季羡林：嗯。

蔡德贵：现在有个观点，先生，这个观点说，西方意义上的宗教是神学宗教，信仰的是上帝。

季羡林：对。

蔡德贵：我们的宗教是道德宗教。是让人讲究道德修养的，让人完善道德行为的。

季羡林：对。

蔡德贵：您说，有道理吗？

季羡林：有道理。

蔡德贵：所以，中国人从小不念什么《圣经》，但是，念《论语》，念《四书》。

季羡林：其实，那就是《圣经》。

蔡德贵：《论语》就是我们的《圣经》，但是一直没有把它作为《圣经》固定下来，对吗？

季羡林：对。是这样的。

蔡德贵：这样，您的说法，与汤恩佳先生完全一样。他说，《论语》就是中国人的《圣经》。可惜的是中间有一段，尤其是中国的“文革”，把儒家的东西冲击得太厉害了。因为孔子被打倒了，《论语》的地位也就一落千丈。汤恩佳先生，如果方便的话，可以安排他与您见一次面。他有大陆身份证，就可以进来啊。您不冷吧？

季羡林：不冷。他是政协委员啊，可以通过政协么。广东政协与中央（全国）政协联系啊。

蔡德贵：香港身份证来301，比较难。

季羡林：不知道。

蔡德贵：发扬儒教，在哪个意义上最好？

季羡林：不是儒教，我就说是孔子的学说。我并没有称它为儒教。唐代是宗教，三教合一么。我认为孔子他这个学说啊，讲运动会，他讲礼、乐、射、御、书、数，礼、乐不是运动，其中有射、御，就是运动。射箭，开着这个战车，这就是运动，书、数就是文化，就是六艺之学。而且中国历史上，欧洲那里有宗教战争，一打几百年，中国历史上我不认为有什么宗教战争。那个白莲教啊，也不是宗教起义，而是不满的农民，借这个宗教来造反。所以中国没有宗教战争。

蔡德贵：可是，外来的宗教，对中国宗教的发展还是有刺激的。比方说，佛教对道教。

季羡林：道教不是外来的。

蔡德贵：不是外来的，但是有些学者说它是受佛教的影响。可以这样说吗？

季羡林：一点也没有错啊。这个道教有《道藏》，它有它的整个的"藏"，这是哪儿来的啊？佛教有《佛藏》，道教受佛教影响，有一个《道藏》，现在国内研究《道藏》的人不太多啦。现在呢，我们在编一个叫《儒藏》，这个是谁发起的，我不知道。

蔡德贵：汤一介先生。

季羡林：恐怕还要高。

蔡德贵：那可能是许嘉璐同意的。

季羡林：我好像还是总编撰。（笑）

蔡德贵：《儒藏》现在除了北大在编，人大在编，四川大学也在编。有些可能交叉的、重复的内容都有。《道藏》是受《佛藏》的影响啊。

季羡林：这是没有问题的。

蔡德贵：现在有些人说，您老研究了一辈子佛教。

季羡林：也不能那么说，我也不限于佛教。

蔡德贵：研究啊。

季羡林：研究也不限于佛教。

蔡德贵：但是您一辈子没离开过佛教研究，可以这样说吗？

季羡林：我研究佛教，主要不是从教义。我对于这个教义啊，不感兴趣。所有宗教的教义，我都不感兴趣。就是它教义里边充满了偏见。所以，我研究佛教语言，是从语言（方面研究的）。研究佛教的语言，我这个文章，写的不少。

蔡德贵：博士论文谈语尾的变化。

季羡林：嗯。

蔡德贵：是比较语言学吗？

季羡林：应该是，叫它比较语言学，叫它比较宗教学也可以。

蔡德贵：您在《大唐西域记》的导言部分。

季羡林：嗯，我知道。

蔡德贵：可是谈了不少佛教教义的。

季羡林：很长的。

蔡德贵：您对教义分析得很透。

季羡林：那都忘记了。

蔡德贵：那您说，如何挖掘儒学的价值和扩大其影响。如何挖掘儒学的价值啊？

季羡林：现在不是在搞一个《儒藏》吗，《儒藏》就是，受这个《道藏》（影响），《道藏》受《佛藏》的影响，现在《儒藏》呢，受《佛藏》和《道藏》的影响。这是我的说法，大概最卖力气的是汤一介先生，《儒藏》的想法，是从中国的经典里选那么一些可以入“藏”的，但到现在还没有到那个程度，最近他们怎么搞，我也不知道。反正我是《儒藏》总编撰。这个没有（还没有）搞成。因为咱们这个儒家的著作，浩如烟海，要“藏”的话，要搞出一个次序来，是非常不容易的。中国研究《道藏》的人哪，我知道的，一个在澳大利亚的，叫柳存仁[②]的，他在那里待了一辈子，活着不活着，不知道了。与我同一辈的，大概要稍早一点。（中间助手给季老点眼药水，季老说：点的量很大，但是一滴也没有点进去。）

还有天津大学化工系教授和天津轻工业学院化工系的教授。姓陈[③]，陈什么，名字，我忘记了。

蔡德贵：四川大学的卿希泰先生，您认识吗？

季羡林：不认识。

蔡德贵：如何挖掘儒学的价值呢？

季羡林：当时我建议奥运会抬出孔子，因为它“六艺”里面是有体育的。他们有些人对这个很有兴趣。

蔡德贵：张艺谋来咨询过您的意见吗？

季羡林：没有。

蔡德贵：张艺谋没来吗？

季羡林：没来过。

蔡德贵：但是这就热闹了。网络上，和有关报纸，报道说张艺谋到301医院来拜访您。您对他说，奥运会要抬出孔子。

季羡林：他没有来过。

蔡德贵：就是电影导演哪。

季羡林：我知道。不认识这个人，名字知道。

蔡德贵：所有报纸都这样报道了。

季羡林：我不是建议他的，一个叫什么，一个叫，陈什么，原来北京市的一个副市长。陈……

蔡德贵：张艺谋没来301医院？

季羡林：没有。

蔡德贵：那这个就热闹了。新闻界怎么了？传说张艺谋来见您，说您那时候有点发愣，当时，跟前有张艺谋的秘书反应比较快，说，季老，张艺谋就是电影界的季羡林。大家都笑了。

季羡林：没有这回事。我第一个建议，是北京市的一个陈什么，副市长，也不是龙新民，两个字的名，不是他龙新民。名字里面有三点水。有一次这个陈什么市长，请我去到一个什么地方，讲讲什么叫人文奥运，那次去的名人不少，叫陈什么，怎么的，脑筋不行了。是副市长，名字里面有三点水。

蔡德贵：您喝点水吧。

季羡林：咱们这个口述历史讲到什么地方啦？

蔡德贵：上午讲到私塾不是任晓麓先生。

季羡林：任晓麓就是任熹，朱熹的熹。他是跟我住的（一个地方），佛山街啊，中间有一个凹进去的一部分，那叫枣园，吃枣的枣，这里边有枣树，枣园，他的爸爸当过一任县长。

蔡德贵：那时候县长是个很大的官。

季羡林：有名的知县么，不管怎么样，贪污啊，县长最直接，做一任县长，能贪污的，一辈子也花不了。不违背良心，你阔不了。所以任家呢，就做过一任县长，结果那时候，他并瞧不起我。因为那时候我大概比他小。所以正谊中学呢，我考入的是一年半级，那个同班哪，就有任熹。那时候，（他的）穿着，跟我都不一样，（是）缎子衣服。所以那时候我们并没有什么交情，住对面，也不谈话。他瞧不起我，我还瞧不起他呢。

蔡德贵：为什么您提到他呢？

季羡林：就是因为正谊中学同班，他那时候穿的是缎子衣服。在班上他摆出一个县太爷亲戚的架子，我受不了。

蔡德贵：他是您一开始就讨厌的人。

季羡林：一开始讨厌的人。

蔡德贵：您后来，和有架子的人不来往，是不是和他有关系。

季羡林：虽然我跟他住对门，我与他一点来往也没有。在他眼中，我不值得一交。我是个穷孩子，也觉得和他不值一交。

蔡德贵：您叔父那时候地位也可以吧？

季羡林：不行。

蔡德贵：是个科员啊？

季羡林：他那个科员啊，山东省河务局工程科，四个，潘、陈、季、张。

蔡德贵：能够挣多少钱呢？

季羡林：多少钱我不知道，反正我家里不缺钱花。

蔡德贵：您那时候生活并不很好啊。

季羡林：反正是个中人之家么，就是中产阶级的那种生活，特别阔绰没有。特别阔绰没有，也不穷，想吃的东西，能够都吃得到。

蔡德贵：是不是那时候，叔父因为您考试成绩好，就奖励一个油旋呢？

季羡林：那时候还不懂什么油旋。

蔡德贵：油旋是什么时候吃的？

季羡林：那很晚啦。哪一年忘记了。当时并不认为油旋是山东特别的产物，一直到最近，油旋、油旋的，原来这个东西在我脑袋里，并没有什么印象。后来有一个人哪，这个人我忘记啦，来找我，找我写一个字，叫"酥脆香，油旋张"（此处先生记错了，应该是"软酥香，油旋张"）。

蔡德贵：是软酥香，油旋张。

季羡林：软不对的，因为油旋并不软，里边软，外边脆。那个字我还记得，"脆酥香，油旋张"。

蔡德贵：是学习好了叔父奖励吗？

季羡林：（所谓奖励油旋）没有。我们家那时候，油旋这个也不认为是济南的特产。

蔡德贵：那又是误传了。私塾里就念两三天。为什么不念了呢？

季羡林：反正时间很短，那是叔父决定的啊。曹家巷南头，路南，好像是大舅母的父亲。

蔡德贵：私塾很小吗？

季羡林：很小。在那里就是学习了几个字，吵、闹这两个字。那个私塾里面不要吵，不要闹，吵闹是那时候认识的。

蔡德贵：《齐鲁晚报》一篇文章说，您是被赶出来的。

季羡林：没有。私塾就是时间很短。大概叔父觉得这不是正途，正途还得小学、中学、大学，才是正途。后来就赶上这个小学了。

小学是这样子，最早的小学，叫一师附小。一师附小呢，在这个济南一进南门哪，往西一拐，棺材市，那个街上啊，全是做棺材的。在棺材市，头上，就是这个一师附小的地方。那里一个羡林楼，一个祝晨楼，两个。现在还在，祝晨就是王祝晨，王大牛。大概是一师附小，我算是一个，著名的学者，从那里出来的。所以盖了一座楼。

蔡德贵：祝晨的儿子就是王浩。

季羡林：王浩，王浩后来我见过。这是很晚很晚啦，他回国，他是山东齐河的。

蔡德贵：他父子俩都很厉害啊。

季羡林：嗯。

蔡德贵：您还和王祝晨共事过。

季羡林：那是后来啦。大学毕业以后，在济南高中教书，王祝晨也在那里教书。

蔡德贵：您那时候能够和他平起平坐吗？

季羡林：当然平起平坐了，都是教员么。我对他表示尊敬，因为他是我的前辈。教员都是平等的。

蔡德贵：工资也基本一样吗？

季羡林：工资不知道。

蔡德贵：您一个月160块现大洋。

季羡林：大学讲师80块。在济南高中的一年，是我一生中最阔的一年，手里有钱花。一到礼拜天，我们几个人，几个同事，都有钱，大概是每个礼拜轮流请客，请客就是，吃遍了济南的好馆子。那时候训育主任，是国民党派去的，叫张叙青。国民党派去的，对学生进行思想工作的。

蔡德贵：张叙青类似于现在的政治辅导员。

季羡林：就是。

蔡德贵：他们是不是特务？

季羡林：特务啊？不是，够不上。

蔡德贵：歇会吧，到点啦。不能累着您。

季羡林：再说点吧。

蔡德贵：您和叔父的关系能不能多说点？

季羡林：嗯。你有笔记啊？

蔡德贵：我拿出来，又有笔记，又有录音。这样就双保险。

季羡林：这个我和叔父的关系啊，这个关系一言难尽。首先，我，感激他。他如果有一个男孩子，那我也进不了城。他只有一个女孩，所以结果呢，就把我接到城里去了，济南。接我的目的啊，并不想说是让我怎么中学、大学、留学，不是特为我设计的，不是这么一条路子。为我设计是一条什么路子呢？有一阵，要我去考邮政局，邮政局那是铁饭碗。当时因为邮政局是铁饭碗，只要不犯错误，不会失业。我当时也没有办法反对，考了，没有被录取。要是录取的话，就麻烦了。我这一辈子就在邮政局了。没有被录取呢，正好。既然没有录取，就得走别的路子发展了，就是到北京来考大学了。

这个山东有大学，有山东大学，有齐鲁大学，可是这个当时的青年哪，凡我知道的，90%或者更多的，不愿意考山东的大学，（山东的）大学也不行，山东大学也不行。都是想到北京来赶考，北京赶考的目标就是两个：北大、清华。有一个问题，我老琢磨过，为什么不报北京师范大学？琢磨过，我的想法就是，一般青年都不愿意当教师，（不然）为什么不报北师大呢？没有人报北师大。

山东到北京赶考的人80多个，到北京没有一个报考北京师范大学的。都是北大、清华。

蔡德贵：那时候有北师大吗？

季羡林：我的印象，就是学生不愿意当老师，我们那80人里面没有报北师大的，都是北大、清华，千军万马走独木桥。山东那个中学的水平，在全国中等偏下，水平并不高。到北京来，来了80，大概考入北大、清华的，只有四个人。四个还是虚名，因为我占了两个，实际上就是只有三个，考上北大、清华的，一个北大数学系的王联榜、北大英文系的宫兴廉。就是我们几个人。

其实他们两个，特别是王联榜，那个条件比我好，因为他是理科高中，我那一年考北大、清华，最吃亏的就是数学。他们大概有一个说法，我也没有法证实，就是他们看卷子的人哪，考试的大概有几万人，看卷子的人哪，首先看国文、英文、数学，这三门加起来，够不够180。60分及格么，三门就是三六一十八，要是够的话，他们再看其他的。后来我有一段，我好像写过文章，不赞成高中文理分科。文理分科，对这个文科的人很不利。文科也学数学，学的很肤浅的。我们到了北京以后，考上北大、清华的，我一个，王联榜一个，宫兴廉一个。

蔡德贵：他们数学都比您好？

季羡林：那两个，是这样子，王联榜是理科高中。宫兴廉哪，是文科，跟我一样。就这么几个，80个人，只有十分之一，不到（十分之一），二十分之一，考上名牌，北大、清华。

那时候，我为什么选清华，不选北大？我都考上了，这就是押宝了。我就下意识感觉到，要出国，清华比北大条件好，当时的学生，我们高中学生这一届，最羡慕的就是出国。为什么原因呢？出国回来以后啊，就是教授，那时候的教授，美国留学生很多。有的连学位都拿不到，美国回来，就是教授，（没有学位）也能当教授。吴宓[④]并没有拿到博士学位，吴宓啊，他不是博士。

蔡德贵：陈寅恪先生也没有拿。

季羡林：陈寅恪是另外一个，不拿，不是没拿，是不拿，（不是拿不到）。可是我很羡慕陈寅恪先生这个精神，可是我自己不愿意那么干。因为我这个材料比陈寅恪那差远去了。还是稳稳当当，按部就班，往前走吧。

蔡德贵：陈寅恪是家学。

季羡林：那不成问题啊。陈三立不是他爸爸么，湖南的。

蔡德贵：江西的，江西老表。

季羡林：江西的，他祖父陈宝箴。

蔡德贵：陈寅恪的名字，我也搞清楚了。为什么念què，不念kè.

季羡林：问题还有一个，东语系的一个学生，叫令恪。也念令恪（kè）为什么，一到名字里面，都念kè，不念què了。不过，这话又说回来，陈寅恪德文的名字就念kè[⑤]。

蔡德贵：这个名字叶公超问过。（应该是赵元任）

季羡林：叶公超我知道。嗯。这样子啊。（他的名字的叫法，我不知道。）他跟别人不一样，他本来有条件，在德国拿一个博士，在美国拿一个博士。他就是不拿。陈寅恪先生跟我的哥廷根的Dr. Father瓦尔德施密特，博士父亲，博士父亲就是我的博士论文的指导老师，跟他是同学，在柏林大学。柏林大学教授里面有名的吕德斯（Heinrich Lüders）。那个吕德斯，那个人是有非凡的才能，那个西克常常跟我讲，他说（Heinrich Lüders zauberhaft）德文的意思，就是神奇，吕德斯这个人简直神奇。印度人考古，遇到问题，解决不了，说你去柏林找吕德斯，而且找的话，没有解决不了的。那个人就是西克讲的，神奇，天才。他有一本书，是论文，德文是Philologica Indica，Indica拉丁文哪，就是《关于印度的语言研究》，Philologica Indica，他这个书，我是看过几遍，不过这个书确实了不起，那么厚的一本。在里边，我琢磨写文章怎么写，处理问题怎么处理，发现问题怎么发现。

蔡德贵：都有啦。

季羡林：这是我自己定的，我在里边学这个问题，怎么发现学术问题，怎么解决的，怎么发现的。这个书，Philologica Indica，我是看过几遍，对我后来做学问呢，有很大的影响，恐怕影响最大的就是这本书。吕德斯我并没有见过，没见过，因为我也不到柏林去，他也不到哥廷根。他的徒弟瓦尔德施密特是陈寅恪的同学，陈寅恪是吕德斯的学生。（他们是）同门（弟子），那时候不能叫同班，因为也没有什么班，就两个人。这本书后来出了，我买过。我看过几遍，下过一番工夫。

就他这个，这个吕德斯，也确实了不起。比方这个《摩诃婆罗多》，大史诗。他读完了《摩诃婆罗多》，他跟别人就不一样。他在《摩诃婆罗多》里面，不同的语言、风格，各种方面，分了好多段，《摩诃婆罗多》这本巨大的著作，不是一个时期写出的，可怎么分，别人分不了。就是吕德斯给分的。

蔡德贵：各部分的语言、风格、特点都阐述得很清楚。

季羡林：嗯。小岳啊？

蔡德贵：您饿了吗？

季羡林：不饿。她打饭来啦？不是我饿。端来了吗？

蔡德贵：端来了。您吃吧。那我走啦。

小　岳：不。你吃完饭再走。

蔡德贵：吃完饭接着录吗？明天吧。

季羡林：明天吧。

注释:

①茵莱湖在缅甸掸邦首府东枝的南面，离东枝约30多公里，是缅甸的高原湖泊。茵莱湖三面环山，处于盘地中间，湖四周热带植物茂盛、风光旖旎，是度假休闲的好去处。Inlay的In是缅语数字的4，Lay是湖，茵莱湖原是由四个小湖泊汇成的大湖，它位于多雾的墠山群山环抱中，是座天然高山湖泊，海拔2.900多公尺，面积158平方公里，近年来湖水干涸，湖面也缩小了。茵莱湖也有人称它梦湖、奇幻湖，传说此湖是湖之仙子茵撒斯Inthas的家。茵莱湖上有二百多个水上村落，彼此间有大小水道相通，每条水道也和陆上街道一般各有名字，水道口还有指示牌标示出通往的村子及公里数，只差没有红绿灯和交通警察，但大家都很遵守交通规则，在茫茫湖面上绝不会发生交通事故。茵莱湖有三大奇观：一是有缅甸最大的水上集市——“伊瓦玛”；二是有罕见独特的浮岛村落和浮岛种植法；三是有用脚划船的茵莱人。

②柳存仁，祖籍山东临清，1917年生于北京，毕业于北京大学，获文学士；曾获伦敦大学荣誉文学士、哲学博士及文学博士学位，澳大利亚人文科学院首届院士、英国及北爱尔兰皇家亚洲学会会员。曾任澳大利亚国立大学中文讲座教授、亚洲研究学院院长，退休后被选为名誉教授及大学研究员。1966年至1989年间担任哈佛燕京学社、哥伦比亚大学、夏威夷大学、巴黎大学、香港中文大学中国文化研究所、马来亚大学、早稻田大学、新加坡大学、新西兰渥克兰大学的访问教授。1974年和1977年，作为澳大利亚科学院访问团成员两次访问中国。1984年，应中国社会科学院世界宗教研究所的邀请在北京作了一系列关于道教史的讲演。此后，多次回中国参加学术会议，促进国内外汉学的交流。1992年，荣获澳大利亚政府颁赠的AO（Order of Australia）勋衔和勋章。柳存仁教授的研究，集中在道教史、明清小说和中国古籍等方面，其著作《道藏的性质》、《老子想尔注》现存大英博物馆。2009年8月中旬逝世于澳大利亚堪培拉。

③这个人叫陈国符。陈国符除在化工、造纸专业从事教学、科研工作外，其突出贡献是自1942年以来多年对《道藏》进行研究。陈国符是工业化学家和教育家，也是道藏研究方面的权威学者。研究范围涉及《道藏》的研究方法、外丹黄白术石药和草木药及其隐名的考定、道教音乐和《道藏》中著作出世朝代的考定等，以《道藏》研究称誉国际汉学界，被认为是“道藏学”这一学术领域的开辟者和世界领先学者与权威。他最突出的成就是开辟了《道藏》研究这一新的学术领域和对《道藏》的目录学及《道藏》中国外丹黄白术（即中国炼丹术）史料的基础研究。陈国符是《道藏》研究领域的开创者并且是这一研究领域中的不可替代的世界领先学者。他用科学的方法对《道藏》中的自然科学价值进行了创造性的发掘、整理，为后人的研究铺平了道路。

④吴宓（1894—1978）字雨僧，又字雨生，早年名玉衡，陀曼。陕西关中泾阳以北嵯峨山麓安吴堡人。吴宓生于一书香门第。其嗣父吴建常曾任靖中军秘书长，

后任凉州副都统。吴宓幼读孔孟，1910年考取清华留美预备学校，由陕西提学使咨送赴京。1913年外务部所属令各省提学使招考“游美第二格学生”，规定考生年龄最大限是15岁，但这年他已经17岁。为报考“游美生”，便更改年龄和名字。他取手中携带的《康熙字典》，闭目翻开某一页，用手指确指一字，得“宓”字，即报填“吴宓，泾阳县人，年十五。”“于是吴宓之名遂立，而后所犯之错误，所加之罪名，悉与吴宓二字相连属，相终始矣！”（《吴宓自编年谱》）这一招终于使他得以赴弗吉尼亚大学留学，后来因为慕美国著名保守主义文论家白璧德（IrvingBabbitt）之名，又进入哈佛，与梅光迪一同师事白璧德。以倡导古典主义，捍卫固有文化为己任，在文学研究上特别重视文学的伦理作用，是白璧德教授的中国真传弟子。1921年获硕士学位回国，到东南大学（今南大前身）任教授。但是，是时的东南大学，人际关系复杂，内部斗争激烈，正直的、有才学的人寡不敌众。吴宓坚辞了东南大学的教职。

吴宓1924年底被聘为清华教授。此事的促成与梁实秋有关。原来在1923年3月，清华高等科四年级学生梁实秋等三人到南京东南大学游览、参观，梁实秋连续去听了吴先生两三日的《欧洲文学史》课。当时，吴先生所讲的内容是卢梭的生活和著作。听课之后，梁实秋并未去拜访吴宓。回校后，即在《清华周刊》上发表文章，评论东南大学的学风之美，师饱学而尽职，生好读而勤业。梁实秋的文章述及吴宓讲卢梭课，不开书本，不看笔记及任何纸片，而内容丰富，讲得井井有条，滔滔不绝。说当时清华正缺良好的教授，这是共识。并说，吴先生亦是清华游美同学，而母校未能罗致其来此，是非常遗憾的事情。吴宓说：“此亦与清华之聘宓往，有关。”后来梁实秋游美留学也到了哈佛，同样师从白璧德教授。明显是受到吴宓影响。

原来的清华学校，本来是一个普通的留美预备学校。学生到这里来，主要是念英文，然后念一些欧美的文化，也念一点中国的传统文化。它就是一个预备学校。但是1924年的时候，曹云祥校长觉得这样是不够的，应该提高这个学校的水准，清华学校应该改办大学，同时设立研究院。曹云祥1924年2月22日致函胡适，想聘请他担任筹备大学顾问（耿云志主编：《胡适遗稿及秘藏书信》）。同时，又动员胡适出任筹建中的清华研究院院长（职位同各系科主任）。胡适推辞不就院长（后改为吴宓任主任），但建议曹校长，应采用宋、元书院的导师制，并吸取外国大学的研究生院的学位论文的专题研究法。因此清华研究院的导师制，是曹云祥校长根据胡适的提议设立的。曹云祥首先从国学来开始建设，就找了胡适，请胡适到清华来作研究院的导师。胡适说：“我没有资格，给你推荐几个人。”就是梁启超、王国维、章太炎、赵元任。后因章太炎不就，而改聘陈寅恪（由吴宓推荐）。梁启超是胡适少年时代的精神偶像，赵元任是胡适留美时的挚友，王国维的学问是胡适很敬重的。当时决定聘用王国维为研究院院长。

⑤陈寅恪（1890—1969），江西义宁（今修水）人。早年赴日本留学，1905

年归国，入上海吴淞复旦公学学习，1910年赴欧洲留学，先后在德国柏林大学和瑞士苏黎世大学学习语言学。次年归国。1913年赴法国巴黎高等政治学校经济部留学。1918年入哈佛大学学习梵文和巴利文。1921年转往德国柏林大学研究院梵文研究所学习东方古文字。在这样长的时间里，陈先生以主要精力攻语言学，学习多种语言，如藏文、蒙文、西夏文、满文、朝鲜文、梵文、俄文、希伯来文、东土耳其文等（见季羡林：《从学习笔记本看陈寅恪先生的治学范围和途径》，《季羡林文集》第3卷，第272—285页），以便为研究佛经的文学翻译和历史学打下宽厚、扎实的基础。因此陈先生没有按照哪个大学的规定去读博士学位，宁可沿着自己选定的治学道路前进。如此，他可享受很大的自由，他不必费时间去写博士论文，去参加博士学位答辩。但是他虽然没有拿博士学位，而学术地位却是公认的，正像其他“中国近代许多学者，比如王国维、梁启超、陈寅恪、郭沫若、鲁迅等，都没有什么博士头衔，但都会在学术史上有地位的”（季羡林《留德十年》，《季羡林文集》第2卷，第464页）一样。他的学术道路充满了个性化的色彩，厚积薄发，影响越来越大。

陈寅恪1925年应清华学校之聘，任国学研究院导师。虽然在清华国学研究院任导师之前，并没有发表多少论文和专著，但他的哈佛同学吴宓非常了解他的学问，提出聘请他的方案后在学校没有遇到反对，仍然被聘为导师。

陈寅恪刚到北京的时候，人们对他的名字到底应该怎么念，是不清楚的。吴宓、赵元任闲谈时，陈寅恪夫妇也在场。赵元任对吴宓问道：“雨僧，是叫陈寅kè，还是陈寅què？”吴宓诧异道：“大家都叫他寅què，难道不对吗？”一面看着陈寅恪。陈寅恪微微一笑：“大家都那样念，也就没有办法。”赵元任严肃地说：“总要有个标准。这个字，就是该念kè，我是在民国十三年才发现寅恪自己拼写的德文，是写作YinKo Tschen的。寅恪是谦谦君子，不好意思纠正别人。但是我是喜欢咬文嚼字的，这个字念错了，以讹传讹，可不得了。”陈寅恪微笑着说：“我的江西口音比较重，其实这个字是应该念Kè，不念què。说到咬文嚼字，《说文》这部书就是榜样。”

第五次口述

2008年10月17日上午10：00~11：00

蔡德贵：董老师的批语是一处节奏，又一处节奏。他布置作文，“随便写来”四个字，不出作文题，是吗？

季羡林：就是他的，不出题。

蔡德贵：您用《随便写来》写过文章？

季羡林：对。就是这样子。

蔡德贵：您的文章还记得吗？

季羡林：记不得了，反正写啦，用《随便写来》做题。董秋芳是这样子，我受他的影响很大。我后来从事写作，与他的影响有关。他是北大英文系毕业的，学英文的，翻译了一本叫《争自由的波浪》，从英文翻译成汉文。那时候，有一个习惯，他本来也不是中文系的，后来我自己也当国文教员，也不是中文系的。就是人家只要认为他是作家，就可以教中文的。这就是当时的规律。董秋芳就是作家，其实他也没有什么作品，就是翻译的《争自由的波浪》。

蔡德贵：您自己有创作的。

季羡林：我创作的。

蔡德贵：有散文，也有小说。

季羡林：对。董秋芳[1]那时候，我记得他讲这个《苦闷的象征》，日本那个厨川白村。《苦闷的象征》是讲文艺理论的。内容大概是，主要就是，文学作品的根本来源就是苦。

过去也有这种说法的，中国不是也讲么，“诗必穷而后工”，你不穷啊，老是做官发财，诗写不好。

蔡德贵： 实际上是悲剧更有生命力，是吗？

季羡林： 嗯。中国历史上也是这个样子。一个人一生飞黄腾达，写不出好诗。这里边还有一个，也是在中国，还有个说法：“欢愉之辞难工”，欢悦的情绪不能写好（文章）。这话恐怕是对的。因为一个人没有激情，写不出好文章。我一向主张，写科研论文，没有真见解，不要下笔。写抒情的文章，没有真的感情，也不要下笔。下笔也没有好结果。所以董秋芳他自己也没有创作过，只有《争自由的波浪》一本小书，这样他就成为作家啦，后来就到山东教书。

蔡德贵： 他教学水平怎么样？

季羡林： 教学水平不怎么样，不怎么样的原因就是，一个，他北方话说的不行，他是绍兴人。另外一个呢，他脑袋里边确实也没有什么学问，大家最多给他个60分，作为教员。

蔡德贵： 受学生的欢迎吗？

季羡林： 60分么，刚及格。评价，也不是什么受欢迎，谈不到。就是也没有想架他（赶走的意思），架老师就是赶跑的意思，咱们也没有架走他。就是60分，平平，能接受。

蔡德贵： 您是不是特别喜欢他那个“随便写来”？

季羡林： 也不是。因为后来这样子，他对我写的几篇文章，最早的，评价极高。他这样子，他就讲，说我的作文水平，还有一个理科的王联榜，理科的，那个王联榜是能写，季羡林和王联榜是全班，后来加了一个引号，“全校之冠”，就是全校的第一名。

他教书总起来就是60分，他自己没有学术研究，也没有什么创作，就是《争自由的波浪》。他大概与鲁迅是老乡加小友。

蔡德贵： 他沾鲁迅的光了吗？

季羡林： 不能说，不能说沾鲁迅的光。他自己就……反正那时候我不知道什么原因，请一个不是本地的山东人，而且没有什么大成就的，去山东教国文。

蔡德贵：而且是最好的中学。

季羡林：一中当然是最好的啦。中学给我印象最深的还是胡也频。他晚啦。

蔡德贵：胡也频早，在先。

季羡林：记不清楚了。

蔡德贵：胡也频是济南高中第一个教您的，是教现代文艺，就是普罗文学。

季羡林：胡也频就是那时候，我也不知道他有什么作品，反正当时也是国文教员。丁玲啊，不是他的夫人么，因为胡也频的关系，丁玲到济南去了。到济南去，是这样子，济南那个路，比上海，比不了，不平。特别是那个高中，外边那个下坡，垫着石子，穿着高跟鞋，身体挺胖的，结果胡也频成了她的手杖了。没有胡也频帮她，她走不了路。

所以因此呢，后来就是多少年以后啦，就是，郑振铎、靳以和巴金编那个《文学季刊》，那是后来啦。《文学季刊》，我写的第一篇文章就是评丁玲的《母亲》（此处有误，应该是评论丁玲的《夜会》）。

因为我对丁玲就是那么个印象，拿胡也频当手杖，没有好印象。她的《母亲》也是，"一年土，二年洋，三年不认爹和娘"。后来我就说，她这个脑袋里边啊，就是不认爹和娘啦，所以写母亲呢，写的，别人写母亲，写母爱，她不写这个，写的一些不是很重要的东西。所以《文学季刊》啊，头一篇我就写评丁玲的《母亲》。

后来惹出了这个麻烦。麻烦从谁那儿来的呢？沈从文，沈从文啊，与丁玲啊，有一段恋爱关系。所以有一次，就是《文学季刊》当时刚发表的时候，轰动全国。我写那个评丁玲的《母亲》，观点就是，"一年土，二年洋，三年不认爹和娘"。她这个把她母亲写的，不是写母爱，那个母亲一点也不可爱。所以她脑筋里边的母亲，就是不认爹和娘的，那个母亲。丁玲不是和胡也频已经结婚了？

蔡德贵：有人说那时候没有结婚，只是同居。

季羡林：那个不清楚，反正在一起住。

我跟郑振铎关系比较好，他办《文学季刊》，他请我，这个《文学季刊》第1期，写的那个特约撰稿人，里边有我，林庚，李长之啊。

蔡德贵：很器重您啊。

季羡林：那当然，不过后来一直跟郑振铎关系好。郑振铎那个人哪，没有一点知识分子的酸溜溜的那种味道，也没有架子。到后来不是文化部的副部长么，文物局局长。文物局在团城上面，他当局长的时候，我到团城去看过他。

蔡德贵：就是北海的团城。

季羡林：对。胡也频就是，我对丁玲，就是这么一个印象。她写的那个母亲，挺蠢的。后来我就觉得，"一年土，二年洋，三年不认爹和娘"。后来写出来以后，郑振铎有一天见到我，他说，羡林，你那篇文章惹了麻烦，我说什么文章啊？评这个丁玲的《母亲》，我说，谁说呢？沈从文。沈从文原来大概很早的时候，与丁玲一度有恋爱关系，住在西山。大概是很早了，比较年轻的时候。后来我说，第2期那个《文学季刊》，把它撤掉，第2期（蔡德贵按：应该是再版时）就没有那个评丁玲的《母亲》了。后来我还给沈从文写了封信，因为那时候在中国作家中间，我很崇拜沈从文。

为什么原因呢？因为那时候，这个，鲁迅已经不在了，大概文学家最高权威茅盾，三部曲，或者《子夜》，我对茅盾呢，很不欣赏，他《子夜》出版的时候，那时候我在清华念书，我、吴组缃、林庚、李长之，我们四个，跑到那个水木清华，工字厅后边，很安静，就谈这个《子夜》。吹捧这个书的是吴组缃，他说这个书规模宏大。我就说，从文章来讲的话呢，茅盾那文体啊，文风啊，没有什么特点，我说他笨得很。就用这个词：笨。沈从文是出名的，他的风格写的文章，我喜欢的，有才干。茅盾的就不行，他的《子夜》我是全盘否定的。吴组缃吹捧，说他这个书啊，规模宏大，有点气魄，我们就辩论了一番。当时我们那时候都年轻，反正是不知道天高地厚，口出狂言，不过有什么说什么，我们倒不隐瞒。大概有这么个……

蔡德贵：你们也不争吵。

季羡林：不争吵。各人说各人的观点，也用不着说服别人，说完就完。

蔡德贵：您有没有写过《母亲》的书评？

季羡林: 写《母亲》的文章啊?

蔡德贵: 文章。

季羡林: 那时候还没有。后来多啦。

蔡德贵: 写过《子夜》的书评吗?

季羡林: 没写过。

蔡德贵: 写过巴金《家》的书评。

季羡林: 《家》写过。中国近代作家中,我始终认为巴金是个大作家,原因什么呢?从文章来讲,茅盾的文章很板,板滞,看不出什么才干来。巴金就不同,巴金的文章有文采,所以后来我说,拿诺贝尔奖金,中国惟一有资格的,就是巴金。

诺贝尔奖金,这个后来有一段啊,就是中国解放以后,我就说,大概没有写文章。我就跟中国的出版界,中国的作家啊,我说,不要吹捧诺贝尔奖金,诺贝尔奖金这个东西啊,本身是代表资产阶级、代表资本主义的东西,它也不会给中国。所以当年哪,鲁迅还活着,1930年以后的,说有一度,想把诺贝尔奖金给鲁迅,鲁迅拒绝了。

蔡德贵: 确有其事吗?

季羡林: 有其事没有其事,反正都这么传说。

蔡德贵: 先生,我插一句,有个作家碧野,说您和臧克家编辑过《文讯》。

季羡林: 碧野知道。我不知道有《文讯》这个杂志。

蔡德贵: 鲁迅拒绝诺贝尔奖金是听说的。

季羡林: 传说的,不过也有可能。后来一解放,我就,这个文章写过没有忘记了,说过好多次,我说,中国的文学界、艺术界啊,不要过分吹捧诺贝尔奖金,诺贝尔奖金,代表资本主义,西方资本主义,它不会给一个社会主义国家,它不会的。瑞典科学院它不会把那个奖金给中国的。这是政治偏见。后来那个日本呢,有好几个得诺贝尔奖金的,第一个川端康成[②],第二个大江健三郎[③]。大江健三郎他到中国来,到北大,我招待过他。

蔡德贵: 什么时候?

季羡林: 忘记了。

蔡德贵：是不是当北大副校长的时候？

季羡林：嗯。所以后来我就说，中国人啊，少宣传诺贝尔奖金，它决不会给一个社会主义国家的。像瑞典科学院，瑞典那个封建主义那么严重，它能让一个共产党的作家到科学院发表讲话？我说，几乎是不可能的。

蔡德贵：有没有小林多喜二[④]？

季羡林：好像没有。

季羡林：所以，我就说不要宣传诺贝尔奖金。而且我举例子，说那个赛珍珠[⑤]这种作家，二流都不够，三流、四流的。她得诺贝尔奖金，赛珍珠，她写的《大地》吧？以中国为背景的。

蔡德贵：您有这本书的书讯。我给您复印了，在《大公报》上发表的。

季羡林：哦。《大公报》编那个《文学副刊》，大概吴宓出名，主编那个《文学副刊》，大概编的就是几个学生，给他管。吴宓的名字，吴宓的主编。其实他也没管这个。因为吴宓他根本反对白话文，他反对白话文的。

那时候是这样子，《大公报·文学副刊》主编名义是吴宓，下边李长之、林庚，就这么几个人，我们在一起，吴组缃、李长之、林庚，我，四剑客。

我们那时候，只要谁出一本书，开一（次）会，就在水木清华后边，很幽静，很漂亮。各抒己见，并无争吵。林庚有一天，也是清华念书的时候，早晨到宿舍里边，找我和李长之说，我今天早晨写了一首好诗，就是：

破晓时天旁的水声
深林中老虎的眼睛

说那是神来之笔，后来收入到他的全集，就这么收入的。“破晓时天旁的水声，深林中老虎的眼睛”；说好得不得了。林庚说，我睡觉啊，早晨起来一醒，那个帐子啊，风吹的，飘动，于是就想到水。到后来收入到他的集子里了。

蔡德贵：您是不是要吃药啊？您当时认为林庚的诗是好诗吗？

季羡林：没有。我也不认为是好诗。这个新诗啊，我认为只有一首是好的，戴望舒⑥的《雨巷》。

我说，那一篇是好诗，其余的没有一篇，我认为是好诗。徐志摩⑦，这个我并不欣赏。那时候徐志摩、陈梦家⑧、方玮德⑨，这是诗人，当时的，都是诗人。徐志摩比他俩大概早一点。

徐志摩跟我排辈的话，应该是我的老师一辈。

蔡德贵：吴宓的名字得来也是偶然性。吴宓的名字是随便查阅《康熙字典》起出来的。

季羡林：陈寅恪先生的名字到底怎么念，字典里恪字没有què的音，但是有个人叫令恪，也念què字音。不知道为什么。

蔡德贵：我查阅了当时的一点资料，说陈寅恪刚到北京的时候，人们对他的名字到底应该怎么念，是不清楚的。吴宓、赵元任夫妇与陈寅恪闲谈时，赵元任对吴宓问道："雨僧，是叫陈寅kè，还是陈寅què？"吴宓诧异道："大家都叫他寅què，难道不对吗？"一面看着陈寅恪。陈寅恪微微一笑："大家都那样念，也就没有办法。"赵元任严肃地说："总要有个标准。这个字，就是该念kè，我是在民国十三年才发现寅恪自己拼写的德文，是写作YinKo Tschen的。寅恪是谦谦君子，不好意思纠正别人。但是我是喜欢咬文嚼字的，这个字念错了，以讹传讹，可不得了。"陈寅恪微笑着说："我的江西口音比较重，其实这个字是应该念kè，不念què。说到咬文嚼字，《说文》这部书就是榜样。"

季羡林：他大概讲过，名字怎么来的呢？拿一部《康熙字典》，手指头一点就是宓。

蔡德贵：为什么，说过吗？

季羡林：没有。

蔡德贵：去哈佛大学做留学生，因为原名超过岁数，要改岁数，必须改名字。

季羡林：嗯。

蔡德贵：您就欣赏《雨巷》。

季羡林：就那一首。戴望舒其他的也不行。《雨巷》那个，它一个意境好，另一个有音调，当时我有一个阶段，主张写诗，跟谱音乐一样，叫纯诗，Pure Poetry，与音乐一样。诗歌是音乐与文字之间哪，一定要语调铿锵。当时我就主张这个。这里跟这个有联系的，一直到今天我是这么看的，就是什么呢？就是对“五四”运动啊，“五四”运动怎么评价，这是一个大问题啦。后来我说“五四”运动……

大夫来了。稍停。

季羡林：徐志摩的诗，我不喜欢，不欣赏。戴望舒的其他作品，也不行了。

蔡德贵：现代诗人，您就欣赏戴望舒的这篇。其他的，包括戴望舒的其他诗作，也不行了。

季羡林：我主张写诗与音乐相通，叫纯诗，纯诗与音乐相通。有起伏，有节奏，讲究起笔、落笔，中间布局，很严格的。

有一阵，对这个八股文啊，张中行啊，同意我的意见，我说，对八股文啊，不可完全抹杀。它的思想太腐朽，文章的结构还可以向八股文学习。八股文的结构，起承转合，有人讲，这个清朝的桐城派就受八股文的影响，我同意这个意见。桐城派啊，也是新的八股文，就讲究起承转合。八股文的最大问题是思想，思想腐朽，形式还得八股。大概张中行……

蔡德贵：您同张中行交换过意见，他同意您的观点。

季羡林：嗯。张中行那个人，是很有见解的。所以那个桐城派，其实就是与八股文有很密切的关系。当然谁也不承认。可当时那个文章取士，文章取士，别的本领先不讲，看文章。那个文章，这个作主怎么看？不是有个，哪一个啊？好像是《儒林外史》还是什么，这么讲的吧？大概吴敬梓，是反对八股的。好像是《儒林外史》，就是一个学道，就是提学使，现在的教育厅长。不过那个提学使是暂时的，考试完了还回原单位。一般那个提学使都是翰林。

蔡德贵：提学使就是翰林。

季羡林：一般。是翰林出来当提学使，完了以后，还回去当翰林。升官哪，还是从翰林那个往上升。这个你作为一个翰林出来当提学使。论文章来评论一个人，能够成，就是举人啦。再到北京，就是进士了。

蔡德贵：举人相当于高中吗？

季羡林：相当，这个，它没有法比。为什么没有法比呢？要论国文水平，那个举人的国文水平，比我们现在的大学中文系的教授要高。

当时这个桐城派啊，好像与八股是两条并行的路，而且从形式上来看也很一致。那八股文稍欠缺的，文章没有个性。桐城派从文章结构来讲，讲究起承转合，不要废词。所以我说，从文章的结构来讲，八股文还值得我们重视，不要下笔千言，离题万里。八股文不下笔千言，离题万里。没有那么多的字数给它。

“五四”运动，这是题外的话啦，“五四”运动的结果，就是把文言改成白话。改成白话呢，可是你要分析一下。要分析，你比方说，这个“五四”运动受西方影响很大，而且“五四”运动，中国好像是，我的想法，“五四”运动跟日本有联系。日本明治维新，他们学习西方啊，比我们早一步。早一步，甲午海战，那中国必败。为什么？因为日本明治维新，它有雄厚的物质基础。甲午海战，中国必败，那不成问题。当然中国那时候，也是，像那个严复，到英国去是学海军的，不是学什么别的，不过咱们晚了一步。晚了一步，甲午海战，必败无疑。日本早了一步，学欧洲。

蔡德贵：日本的明治维新是强调向荷兰学的。

季羡林：荷兰也就代表西方。它是西方文化的。

蔡德贵：代表人物是庆应大学校长福泽谕吉。

季羡林：对。

蔡德贵：您认为八股文结构可取，文章的内容欠个性，思想是不可取的。

季羡林：那个八股文，一定要根据朱子的学说，一定朱子，对《四书》《五经》的解释也不一样的，但是规定以朱子的解释为主。朱熹这个人也真是了不起的。这个人啊，是古今中外，知识面是非常广的，《朱子语类》里面甚至有自然科学，我看过，大体翻了翻，它这个内容宽泛，那是没有能比得上的。非常丰富，我记得，好像里面连梵文、巴利文的内容都有，自然科学也有。

蔡德贵：朱熹讲过星云学说。

季羡林：《朱子语类》内容很广泛，没有能够比得上的。现在的文风怎么样？不知道你怎么看。

蔡德贵：文风很糟糕的。道德、文风要抓一抓了。

季羡林：《朱子语类》我大体翻了翻，我就感觉它那里面内容非常丰富。朱子在中国思想史上，是一个大人物，承先启后。孔子之后，没人能比得上，朱熹是个大人物，没有比他更伟大的。孔子到朱子什么人物最突出？郑康成，郑玄，配不上他。

蔡德贵：那孟子呢？

季羡林：孟子也不行。孟子不是个思想家，孟子就是"王何必曰利，仁义而已。"宣传仁义，这个是他的中心思想。一个仁，一个义，讲点仁义而已，比孔子更多的内容，我想不起来。我觉得朱子比孟子伟大。我看，孔子之后中国最伟大的思想家就是朱熹。

蔡德贵：思想界还是很肯定孟子的。

季羡林：我对孟子没有研究了。

蔡德贵：我想到您叔父编的《课侄选文》。里面有朱子的文章吗？

季羡林：有。

蔡德贵：其他的还有吗？有王阳明的吗？

季羡林：忘记了。反正我知道叔父的思想是陈旧得很，没有一点新东西，是讲理学的，中国的理学，道理的理。

蔡德贵：鲁迅批判理学以理杀人。

季羡林：对。

蔡德贵：但是朱熹是理学的泰山北斗啊。

季羡林：那是。

蔡德贵：吃饭不合规矩，叔父打掉筷子，有吗？

季羡林：也没有打掉筷子。叔父的要求死死板板，中规中矩。我在新育小学的时候，第一次看到"循规蹈矩"这四个字，那是我第一次看到这么复杂的字，笔划那么多的字，非常崇拜。也不大懂什么是循规蹈矩，我那时候很小，不到10岁。我原来在一师附小，转学就是因为《阿拉伯人的骆驼》。

11点结束。

注释:

①董老师在北京大学学的是英国文学,在济南高中的课堂上讲国文的时候,会讲到外国文学。他在课堂上讲《苦闷的象征》的课。《苦闷的象征》,是日本作家厨川白村(1880—1923)所著。鲁迅译本于1924年出版,为《未名丛刊》之一,由北京新潮社代售。后又改由北新书局出版。当时对董老师讲的内容,似乎还不大能理解。后来在大学里重读的时候,读起来的感觉很好。

②川端康成(1899—1972),日本现、当代小说家。出生在大阪。幼年父母双亡,后祖父母和姐姐又陆续病故。孤独忧郁伴其一生,这反映在他的创作中。在东京大学国文专业学习时,参与复刊《新思潮》(第6次)杂志。1924年毕业。同年和横光利一,创办《文艺时代》杂志,后成为由此诞生的新感觉派的中心人物之一。新感觉派衰落后,参加新兴艺术派和新心理主义文学运动,一生创作小说100多篇,中短篇多于长篇。作品富抒情性,追求人生升华的美,并深受佛教思想和虚无主义影响。早期多以下层女性作为小说的主人公,写她们的纯洁和不幸。后期一些作品写了近亲之间、甚至老人的变态情爱心理,表现出颓废的一面。成名作小说《伊豆的舞女》(1926)描写一个高中生"我"和流浪人的感伤及不幸生活。名作《雪国》(1935—1937)描写了雪国底层女性形体和精神上的纯洁和美,以及作家深沉的虚无感。其他作品还有《浅草红团》(1929—1930)、《水晶幻想》(1931)、《千鹤》(1949—1951)、《山之音》(1949—1954)和《古都》(1961—1962)等。川端担任过国际笔会副会长、日本笔会会长等职。1957年被选为日本艺术院会员。曾获日本政府的文化勋章、法国政府的文化艺术勋章等。1968年获诺贝尔文学奖。1972年在工作室自杀去世。已有多部作品在中国翻译出版。

③大江健三郎(1935—)日本作家。出生在爱媛县森林中的一个小山村,1954年考入东京大学文科,热中于阅读萨特、加缪、福克纳和安部公房等人的作品,于1957年5月发表《奇妙的工作》。在这一年里,大江还相继发表了习作《死者的奢华》、《人羊》和《他人的脚》等短篇小说。自此,大江作为学生作家开始崭露头角,1958年又发表了《饲育》和《在看之前便跳》等短篇小说,其中《饲育》获得第39届芥川奖,使得这位学生作家被视为文学新时期的象征和代表;而稍后发表的第一部长篇小说《摘嫩菜打孩子》,则更是决定性地把他放在了新文学旗手的位置上。1959年3月,大江从东京大学法文专业毕业,同年,作者接连发表了长篇小说《我们的时代》和随笔《我们的性的世界》等作品,开始从性意识的角度来观察人生,试图表现都市青年封闭的内心世界。1963年长子大江光出世——婴儿原来的头盖骨先天缺损,脑组织外溢,虽然治疗免于夭折,却留下了无法治愈的后遗症。他还去广岛参加了原子弹在广岛爆炸的有关调查,走访了许多爆炸中的幸存者,两件都与死亡相连接的事给这位作家带来了难以言喻的苦恼和极为强烈的震撼,使他把小的"死"(残疾病儿大江光的死的威胁)与大的"死"(全人类所面临的核武器爆炸的死的威胁)联系在一起,认为死亡的危险正经常性地显露出来。这种思考又使得

作者在生活中不得不时时意识到死亡，并且将这种生活态度自觉不自觉地与文学创作结合起来，发表《个人的体验》(1964)和《核时代的森林隐遁者》(1968)等以残疾人和核问题为主要题材的作品，具有较浓厚的人道主义倾向。这一时期的主要作品还有《日常生活的冒险》(1964)、《洪水淹没我的灵魂》(1968)等长篇小说。在随笔和文学评论领域也非常活跃，著有《广岛日记》(1965)、《作为同时代的人》(1973)和《小说方法》(1978)等作品和文论。

④小林多喜二(1903—1933)，别名乡利基、堀英之助、伊东继，是日本无产阶级文学运动的领导人之一。

⑤赛珍珠(Pearl Buck 1892—1973)，美国女作家。本名珀尔·赛登斯特里克·布克。赛珍珠是她自己起的中文名字。出生于弗吉尼亚州西部，父母是传教士，自小随父母来中国，曾阅读中国的经书。17岁回美国进弗吉尼亚州伦道夫。梅康女子学院攻读心理学，毕业后又来中国。1917年与传教士约翰·洛辛·布克结婚，从事传教工作。1927年北伐军进入南京，她离开中国。1934年与布克离婚；1935年与约翰·戴公司总经理、《亚细亚》杂志主编理查·沃尔什结婚，因而进入约翰·戴公司任编辑。以后在宾夕法尼亚州的农庄里从事写作。赛珍珠于1922年开始写作，1931年发表长篇小说《大地》，立即成为畅销书，并于1992年获普利策奖金，1938年因此而获诺贝尔文学奖金。赛珍珠一生写了85部作品，包括小说、传记、儿童文学、政论等。她也写了许多短篇小说、广播剧和文艺评论。她早期曾著文批评美国教会人士在国外的某些做法；晚年的政论主要为美国政府的外交政策辩护，并攻击共产主义。她自称热爱中国，但她爱的是中国封建社会的旧文化。她被称为“中国通”，但她在《大地上的房子》三部曲(《大地》，1931；《儿子们》，1932；《分家》，1935)中所描绘的并不是中国社会的真实面貌，也没有反映中国人民的命运。在《北京来信》(1957)和《梁太太的三个女儿》(1969)中，她更明显地流露出对社会主义新中国的敌对情绪。赛珍珠曾把《水浒》译成英文，译名为《四海之内皆兄弟》(1933)。1932年10月29日下午3点，季羡林开始摘译美国女作家勃克夫人(即赛珍珠——笔者按)出版新著小说《诸子》(现在统一译为《儿子们》——笔者按)的消息，在这天的日记中，他认为赛珍珠对中国很熟悉，她的丈夫是金陵大学的农科主任，自小说《佳壤》(现在统一译为《大地》——笔者按)出名，已成为一个很受人欢迎的作家了。31日把稿子写完，寄走(日记第50页)此文题目为《勃克夫人新著小说〈诸子〉》，半年后，发表在1933年5月22日《大公报·文学副刊》第281期，第11版。文章说：

勃克夫人Pearl S.Buck自出版《佳壤》The Good Harth后，一举而为文坛骄子。所作小说，本刊已屡有介绍。近又发表其新作《诸子》Sons。美国John Day书店出版，定价美金1圆5角。此书实为《佳壤》续篇，文笔清洁精到，结构紧凑，写来亦较《佳壤》为有力。在《佳壤》中，勃克夫人所描写之中国人，缺乏明确个性，究非向壁虚造，如此一般外人所想象之中国人。夫人对此等人实有相当了解，于其生活习性尚能明悉。如阿兰，如梨花，如王龙，夫人皆熟悉之，以故写来得心应手，栩栩有生气，至《诸子》中所描写之人物，则颇与夫人隔膜。主角王虎，为王龙之子，然行思为想大异乃父。夫人于此乃不得已而借助他山。夫人现在正译《水浒》为英文。《水浒》中所描写之人物，颇有与夫人意想中之王虎相类者。于是其个性描写及背景，多受《水浒》暗示，即文体亦较《佳壤》更中国化矣。吾侪读之，虽仍欣赏其朴素之文体，然描写不能卷舒自如，时现倨蹙之状。人物所与之印象亦甚暗淡，颇疑其所写者非现在有血有肉之中国人矣。

本书开首为一转变点，叙王龙之死。终结时为一转变点，叙王虎之猛醒及其子之重归佳壤。中间叙家族中暗斗明争，王虎及其弟、子贸易纠葛，王虎之重婚及归家，书中不时点出佳壤，为全篇主要线索。王龙沾恋佳壤之精神重现于其妾梨花，重现于王虎之子及其弟，不但使全书有一贯精神，而又与《佳壤》所提及者连接为一，即家庭之盛衰。

家庭之盛衰实即中华民族盛衰之象征。中国以农立国。一般人民出自佳壤，终仍还彼佳壤，此类盛衰兴亡，新陈代谢之悲喜剧，充满中国各地，无日无之。夫人擒住此点，表而出之，实为独具只眼。

此书叙述静止时之王虎，颇为完美。但一步行动，则近平庸。即《佳壤》中之女主角阿兰，为人物中之最生动者，亦令人有同感。于此可见，夫人了解中国女人虽较男人为深切，究不能获得中国人行动之要点。外此，夫人未能了解中国人对人生之态度，亦为缺点之一。随之表现于此书中之中国礼法，完全在形势方面。盖自夫人观之，中国所谓父子兄弟朋友皆为形式的，毫无真情。

此乃一般外人之偏见，夫人自非例外。盖中国五伦之相互关系，实多出于至情，绝非纯由矫揉造作者。夫人有先入成见，写来多与实情扞格。国人颇有攻击之者，然亦不必。盖夫人之缺乏大艺术家手腕，幻想力不足，为不可掩盖之事实。但其态度则极严重。书中时有对中国人自甘堕落之嘲笑，但亦不乏同情。对自己工作亦有责任观念。夫人非不愿深切了解中国人，为时势所限耳。陈西滢君谓“在西方人所写的中国小说中有空前的贡献”，实为知言。

⑥戴望舒（1905年11月5日—1950年2月28日），浙江杭州人，中国近代诗人、翻译家。笔名有戴梦鸥、江恩、艾昂甫等。1926年与施蛰存、杜衡等人创办《璎珞》旬刊，发表诗作《凝泪出门》。1928年与施蛰存、杜衡、冯雪峰创办《文学工场》。1929年4月，出版了第一本诗集《我的记忆》，这本诗集也是戴望舒早期象征主义诗歌的代表作，其中最为著名的诗篇就是《雨巷》，成为传诵一时的名作。戴望舒通法语、西班牙语和俄语等欧洲语言，一直从事欧洲文学的翻译工作，是首个将西班牙诗人洛尔卡的作品翻成中文的人。《雨巷》是戴望舒的成名作，因此而赢得“雨巷诗人”的雅号。诗作写于1927年夏天，当时全国处于白色恐怖之中，戴望舒因曾参加进步活动而不得不避居于松江的友人家中，在孤寂中咀嚼着大革命失败后的幻灭与痛苦，心中充满了迷惘的情绪和朦胧的希望。《雨巷》就是他这种心情的表

现，其中交织着失望和希望、幻灭和追求的双重情调。这种情怀在当时是有一定的普遍性的。《雨巷》运用了象征性的抒情手法。诗中那狭窄阴沉的雨巷，在雨巷中徘徊的独行者，以及那个像丁香一样结着愁怨的姑娘，都是象征性的意象。这些意象又共同构成了一种象征性的意境，含蓄地暗示出作者既迷惘感伤又有期待的情怀，并给人一种朦胧而又幽深的美感。《雨巷》的另一个突出的艺术特色是富于音乐性，运用复沓、叠句、重唱等手法，造成了回环往复的旋律和宛转悦耳的乐感。

⑦徐志摩（1897—1931）现代诗人、散文家。名章垿，字志摩，小字又申。徐志摩是新月派代表诗人。早年赴英国留学，入伦敦剑桥大学当特别生，深受西方教育的熏陶及欧美浪漫主义和唯美派诗人的影响。1921年开始创作新诗。诗集著有《志摩的诗》，《翡冷翠的一夜》、《猛虎集》、《云游》，散文集有《落叶》、《巴黎的鳞爪》、《自剖》、《秋》，小说散文集《轮盘》，戏剧《卞昆冈》（与陆小曼合写），日记《爱眉小札》、《志摩日记》，译著《曼殊斐尔小说集》等。

⑧陈梦家（1911—1966），曾使用笔名陈慢哉，浙江上虞人。著有诗集《梦家诗集》、《不开花的春》、《铁马集》、《在前线》、《梦家诗存》、及《论著》等多种。

⑨方玮德（1908—1935）安徽桐城人，出身书香门第，是桐城派大家方苞的后人，其父方孝岳、表兄宗白华、九姑方令孺，都是著名学者诗人，因此从小打下良好的文学基础。诗作《海上的声音》与《幽子》最著名。与陈梦家合写长诗《悔与日》。

第六次口述

2008年10月23日上午9：50～11：00

蔡德贵：先生，今天先核实几个事实。一个是您上次说到，您写的书评是评论丁玲的《母亲》。

季羡林：对。

蔡德贵：但是，我查阅了您的《清华园日记》，应该是丁玲《夜会》的书评。不应该是《母亲》，是《夜会》。

季羡林：嗯，那就根据日记改吧。

蔡德贵：如果是《夜会》，有没有对母亲的评价？

季羡林：这个我不知道。反正我这个，对丁玲的印象是栩栩如生。就是胡也频在那里，丁玲是去探亲。

蔡德贵：胡也频为什么到济南？

季羡林：这个我不知道。

蔡德贵：胡也频到济南，听说是冯沅君教授和陆侃如教授介绍到济南的。当时冯沅君已经以淦（gàn）女士的笔名蜚声学术界的，而胡也频当时还是一个年轻的后辈①。

季羡林：为什么去，这个不知道，学生不知道。这（陆侃如教授介绍）有道理。

蔡德贵：淦女士的名气比胡也频大。

季羡林：冯沅君啊，有名啊，比胡也频名气大。

蔡德贵：淦女士的名称。

季羡林：我们不知道淦女士这个词。“淦”应该念四声。我们一般都叫冯沅君。

蔡德贵：淦女士和冯友兰先生的关系，您了解吗？

季羡林：不了解。

蔡德贵：冯友兰先生的妹妹。

季羡林：冯先生的妹妹这个知道，其他的不清楚。

蔡德贵：那书评是《夜会》[②]，不是《母亲》啦。

季羡林：对。

蔡德贵：还有胡二疙瘩，用再细说吗？您见过他吗？

季羡林：不是见过他，我在六岁以前，天天见面么。因为他住的离我们很近，他跟我父亲的关系很好。我感到那个人，是中国的侠，就是侠义的侠，不是坏人，仗义疏财。

蔡德贵：他跟您家里有来往。

季羡林：他跟我父亲很好。

蔡德贵：这个人的长相能够形容一下吗？

季羡林：（先生以为问丁玲，谈到了丁玲的）长相，没法评论，最多60分。中人以下，中等个，不黑，很容易想起模样。身广体胖，那一类人。她这个怎么说呢？我对她当时也并不了解，也不想了解，我一个学生么。反正他那个丈夫教书，胡也频。她来了么，那时候名声很大。反正是妇女所有的特点，就是美，她可以说不沾边。美，谈不着。人看到她，绝对不会想到妇女的美，没有这个。

蔡德贵：是否风骚或者风流？

季羡林：风流不风流，也不知道。反正她就是，当时我写的，原来以为是《母亲》现在知道是《夜会》，她跟那个沈从文啊，大概年轻时候有一段恋爱史，在西山（我们那时候把香山叫西山）好像同居过，没有履行结婚手续。当时我对沈从文很崇拜，崇拜的原因，就是我有个想法，就是一个作家，他每个人要有作家的风格，一般作家呢，没有风格。沈从文的风格呢，比较突出。他的文章，大概给我拿一篇，念不了三行，我就知道是沈从文的，当时这样子，《文学季刊》的《夜会》书评，当时我为什么感到遗憾呢？就是沈从文出来说话了。他们两个的关系，我那时候也不清楚。所以我当时主要是对沈从文，觉得中国作家啊，有个性的，沈从文是其中之一。

蔡德贵：您是不是读过他的很多作品？

季羡林：他出版的著作，我都读过。当时《文学季刊》出了点问题以后，郑振铎，他不是主编吗？巴金、郑振铎、靳以，郑振铎告诉我，郑振铎那个人，是山东及时雨那种人，河北玉麒麟那种人物。他给我这一讲，我心里，我本来用不着有什么感受，因为什么呢，你写文章评论一个人，人家那个人有什么反应，管他什么反应，他不到法庭告我，我就可以泰然处之。后来，我一听说是沈从文有了意见了，我给沈从文写了一封信，相当长的（一封信），我的意思就是，说他是我很崇拜的一个作家，惹起他的不满意，我就是很对不起他。就是这么一封信，比较长，主要不是对丁玲的，我对丁玲没有好感。如果不是沈从文，我不会理她的。后来，我就要求《文学季刊》再版时去掉这篇文章。我自己要求重印的时候撤掉。

蔡德贵：这封信会保存吗？

季羡林：不会的。

注释：

①冯睿《寻找胡也频和丁玲在济南的足迹》(《齐鲁晚报》2007—06—28)：1925年秋天，丁玲和胡也频在上海，与沈从文一起创办了红黑出版社，编辑出版文艺期刊《红黑》。由于管理不善，1929年红黑出版社就倒闭了。为还债，经陆侃如、冯沅君夫妇介绍，胡也频离沪赴山东省立高中教书。1个多月后，忍受不了相思煎熬的丁玲也来到济南。

②据《清华园日记》季羡林的《夜会》书评，写成于1933年11月8日，发表以后，1934年1月15日看到《世界日报》发表了对《夜会》的批评。

夜会（书评）

这也许是幻觉罢。——一想丁玲，总有两个不同的影子浮现在我面前：一个是前期的，是一个典型的小资产阶级少女的影子；一个是后期的，这个影子却很难描述，大概多少总带点儿普罗味，身上穿的应该是蓝布裤褂之流的东西罢，虽然这两个影子往往是同时浮起来，我却很难把它们拉在一起，说是一个人。我并不否认一个人会转变的，但这转变放在丁玲身上，我总觉得有点不大适合。仿佛近于奇迹似的，这种“觉得”实在太不近情理，但是我自己除了这样“觉得”外，再进一步的解释想找也找不到了。

以后因为某一种机缘的凑巧，我读到了几乎自《在黑暗中》以后的她的全部作品；最近又读到她失踪前不久出版的《夜会》。在这几部书里，有她的全人格的进展的缩影，最初是从“悄悄地活下来悄悄地死去”的莎菲，进展到能“忍受非常无礼的侮辱”的梦珂。这以后，她的颓废的心情又反映在阿毛姑娘身上，——“不为什么，就是懒得活，觉得早死了也好。”跟着来的是转变，《韦护》的女主人公丽嘉一出台便与以前不同了，她看破爱情，她想做点事业，这种空漠的想，又实现在《一九三〇年春上海》里，这书的女主人公美琳终于投身革命，最后是，革命被象征化了，在《给孩子们》里作为爱若出现了。

这种由资产阶级而闻到革命的气息，而真去革命，而把革命象征了，不是一个很合理的进展么？合理是真的；但也许太合理了，我在《在黑暗中》看到的丁玲是这样；在《韦护》里看到的仍然是这样，在《一九三〇年春上海》看到的仍然是这样，——倘若就这样下去，我想不会有一天不这样的。也许因为时间的关系，在《在黑暗中》里不得不穿旗袍或马夹；在《一九三〇年春上海》只好穿蓝布裤褂之流的东西，我不愿意替别人检定意识，说不愿意是瞎话，实在是不会，但是丁玲的意识却很明显：她彻头彻尾是一个小资产阶级的典型女性。

在这里，很奇怪的，我想到扑火的蛾子，无论原来是在树丛里，墙角里，只要见到一丝光明，也要去扑，被纱窗隔住了，还要停留在那里，徘徊着往里窥探，希望可以发见一个空隙，钻了进去。但这个联想实在不恰当，我承认我们的革命家闻到了革命气息，有的也真的去革命了，但是大部分闻到这气息的时候却往往在跳舞厅里，喝过了香槟酒“醉眼蒙胧”的那一刹那间。我的良心不使我把丁玲归在这一类，但是除了这一类外，我却也再找不到更适合的一类了。

但是，实在说起来，还不这样简单，在她这一些作品里，我看出了她的一个特点——黏质的惰性。这种惰性我自己也感到过，尤其是在读书的时候，只要一想到发奋读点书，总想明天开始罢，然而明天成了今天，还明天开始罢。就这样明天下去，终于也不开始了，在某一种时候，丁玲也实在被革命气息陶醉过，但是她仍留在原来的地方，不向前动一动。自己做些美丽的富有诗意的梦，她微笑着满足了，也许她也有“来了”之感罢。

就这样，无论穿的是旗袍或马夹，穿的是蓝布裤褂；但是，她还是她，转变也终于只转变了衣服。她与第四阶级的距离不比《在黑暗中》时期距离近，她所描写的第四阶级只是她自己幻想的结果，你想，像她这样一个人凭空去幻想第四阶级，结果应当怎样离奇呢？你可以用一个印度人去想象北冰洋来比拟，这个印度人会把棕榈栽在冰山上（自然是在想象里），他会骑了象赤着身子过雪的山，——你看她怎样，在《消息》里，她同几个老太婆开玩笑，她替她们做着白日的梦：

“一天只做七个钟头工，加了工资，礼拜天还有戏看呢，坐包厢，不花钱……”

在《夜会》里，她描写了，也许同她初意的相反，他们的简单、愚蠢，以及一切能令一个绅士发笑的举动，倘若我们有一点同情心的话。这一点也是为他们单纯的愚蠢的而生的，本来，在一个小资产阶级的眼里，他们的举动的确有点愚蠢而近于可笑的。丁玲虽然改了装，穿上了蓝布裤褂，但是她仍然是以前的她，这些简单到同牛马一般的人们，在她眼里，能不显得可笑么？我常奇怪，出现于外国电影里的中国人，总是佝偻着腰，摇着尾巴（可惜没有个尾巴）。低首站在天之骄子面前，外国人为什么把中国人弄成这样？在丁玲身上，我找到了解答。

我不是说，在她的几部书里有她的全人格进展的缩影么？但是这里所谓的进展，却似乎有点不大适合，倘若进展含有好一方面的意义的话，她的缩影是往前走的，但这只是给时间拖着。更适当地说，她的影却是愈拖愈暗淡下来了。到了《夜会》，只模模糊糊地留了点残痕，明显地说，就是，她的身躯在经过某一个阶段以前，只适于穿旗袍或马夹；或者，再往后，穿筒子似的大衣和高跟鞋，但是她却偏想去穿蓝布裤褂，结果只有暗淡了。

虽然暗淡了下来，仍然一样浮现在我的面前。不同的就是，现在我却能把它们拉在一起，以前我看看她的影子在书里掠过的，绿的，渐渐地蓝了蓝了，迅速似流星，终于我也莫名其妙，但是现在我仿佛有了慧眼似的，我能在这些幻变的影子后面发见一个更根本的东西，我知道，自始至终，她仍然是她，没有转也没有变，我笑自己的浅薄——我怎么会给她的外套眩惑了呢？

1934年1月

第八次口述

2008年10月25日上午10：30～11：20

蔡德贵： 济南胡也频讲得不多。

季羡林： 胡也频是这样子。他一上课就是讲两个问题，什么叫现代文艺，就是普罗文艺？普罗文艺的使命是什么？就这么两个题目。

蔡德贵： 有没有公开宣传马克思主义？

季羡林： 普罗文艺就是马克思主义。他成立了一个现代文艺研究会，我是积极分子。

我说当时这个，后来不久，我有一个感想，当时那个革命者，就是不太成熟。成熟的革命者，不能暴露自己的身份，不能随便暴露自己的，胡也频那时候呢，不知道掩盖自己的身份。就是一上课，讲什么叫现代文艺、普罗文艺，普罗文艺的使命是什么？就这么两个题。

蔡德贵： 他讲了有半年时间吗？

季羡林： 不到半年。那当时国民党也很敏感，在他的领域之内，宣传马克思主义，提倡革命，那个国民党不允许的。后来那个校长还是进步的，国民党要抓他，校长就告诉胡也频，国民党要抓你了，说你该离开济南了。后来胡也频就走了，到上海还是让蒋介石抓住了。抓住了，在龙华寺有个监狱，胡也频和柔石，鲁迅文章里提到的，大概那么几个人，关在一间屋子里面，开机关枪打死的。

蔡德贵： 别的课他也没有上？

季羡林：他不讲什么国文。就是讲现代文艺、普罗文艺。别的不讲。

蔡德贵：济南上学的阶段，基本都讲到了。济南高中的老师们，大概都讲到了。王崑玉讲过了。

季羡林：王崑玉还不是杆石桥高中的，是北园附中的，在白鹤庄。

后来啊，国文教员，那就高中快毕业了，1930年初，那时候（胡也频）公然在学校宿舍外面，摆上一张长桌子，组织现代文艺研究会，就宣传普罗文艺，我是积极分子。

蔡德贵：那您还演讲过吗？

季羡林：也没有演讲。反正成立的只是一个会，准备出杂志，最终也没有出。后来我想，我觉得当时的革命家不成熟，成熟的革命家不能随便暴露自己的身份。国民党统治，你暴露身份，他不抓你啊？

蔡德贵：高中这前边一段是两年，后边一段是一年。山大附中两年，济南高中一年，您印象最深的，课堂上或者其他时候，您还有什么补充的？

季羡林：老师就是这样子了，没有什么补充的了。

蔡德贵：那么得恩惠最大的老师是谁呢？

季羡林：还是董秋芳老师，因为写东西啊，他鼓励我写东西。

蔡德贵：七八十年笔耕不辍，董秋芳是影响最大的老师，他鼓励您写东西。

季羡林：董老师他也没有什么作品，就是《争自由的波浪》，然后讲《苦闷的象征》。

蔡德贵：他是不是也讲点古文啊？

季羡林：他不讲古文。当时，这是后来的话了，嘲笑这个新作家啊，对中国文化的这个修养很肤浅，说是这个有一次，是沈从文哪，传说的西南联大的事，不是我经历的，我没到西南联大。他说：今日下午，有事，未能上课。“未”字，不知道怎么用，不能这么用“未”的。应该是“不能上课”，“未能”是表示过去的。证明他对中国古文没有修养，这句话，是沈从文本人说的。我听别人说的，西南联大我没有去过。

蔡德贵：当时是不是也算是新锐作家？

季羡林：当时没有这个词，就是新作家。当时我最不理解，而且最不满意的，就是写上一篇小说，中篇或者短篇，就可以当作家，到山大就能评教授。王昆玉勉勉强强到山大，又给勉勉强强评了个讲师。当时我就愤愤不平，你讲修养，那王昆玉，比新作家高多了。可是不行，山东大学当时就是这样子。

蔡德贵：那就是说，不是您跟王老师上学的时候，这是您到济南高中以后的事情了，王昆玉到山东大学了，是吗？

季羡林：嗯。

蔡德贵：王昆玉讲完两年课以后，您就没有和他再联系？

季羡林：当时，王昆玉我给你讲过，第一篇文章，袁中郎的文章《徐文长传》，布置作文，《读徐文长传书后》，他对我的作文，就是评价“亦简劲，亦畅达”。

蔡德贵：以后和董秋芳见过面吗？

季羡林：见过，他那时候就是在人民出版社，在北京。

蔡德贵：有没有叙旧？

季羡林：没有，大概在个会上，匆匆见了一面，我也没有记得拜访他，没有叙旧。

第九次口述

2008年10月27日下午3：50～5：10

蔡德贵：听说香港的饶宗颐先生明天来看您。他在故宫博物院举办自己的书画展。

季羡林：饶宗颐能画画的。

蔡德贵：饶宗颐先生能够绘画。

季羡林：那个人是多才多艺啊，书画都很好。

蔡德贵：香港绝对没有人能够超过他，恐怕几十年，上百年也出不来这样的人物了。

季羡林：香港不可能。

蔡德贵：您是接着讲呢，还是我有几个问题先核实一下。

季羡林：你问吧。

蔡德贵：张明老，我跟他叫张明老，就是张蒇，他的父亲不是和您叔父都是黄河河务局的四条汉子之一吗？他提供过一个信息，说衍圣公孔德成先生，他给您写过一副对联。

季羡林：对。

蔡德贵：他告诉我，衍圣公平常给人写字，惜墨如金，一般是写四个字，给您写过一副对联，是十四个字：文章到处精神老，学问深时意气平。

季羡林：嗯。对。

蔡德贵：这个对联不是衍圣公自己的东西，是不是清代一个诗人的诗句？张明老说季先生的面子太大了，他一般给人写字都是四个字，无论多么大的高官，都是四个字，给季老一写就写十四个字。

季羡林：不知道。

蔡德贵：我查了一下，清代一个叫石韫玉的诗人，是石韫玉一首诗的两句。

季羡林：哦。

蔡德贵：您上次说过，《论语》是中国的《圣经》

季羡林：那是比喻吧。

蔡德贵：这个比喻，现在好多人都愿意这么比。您小时候是不是也受过《论语》的影响很大？

季羡林：反正念过。不是《论语》，我这个叔父，就是理学那一套，不纯粹是《论语》。理学，你知道这个啊。

蔡德贵：对。

季羡林：叔父的理学是讲究形式主义的一些玩意儿，什么念《孝经》啊，搞那个东西。这个与学问无关的，叔父并不研究什么学问，不认为有什么学问，他也不研究什么学问。

蔡德贵：但是他对宋明理学还是很熟的。是吗？

季羡林：就是他喜欢理学那一套。

蔡德贵：您个人受理学的影响，积极的消极的都有吗？

季羡林：积极的（影响），没有什么东西。

蔡德贵：但是，朱熹的理学，在宋代的理学里面，您对他的评价是很高的啊。

季羡林：朱熹恐怕不但是中国儒学史上，孔子以后第一人，你找不出来啊。那个郑康成，比不了他。当时这个旧社会，不是考八股文吗，八股文一般都是从《论语》出一个题目，《论语》的解释很多，而且规定是根据朱熹的解释，规定以朱熹的注释为最权威。当时科举考试，就是念朱熹的集注。

蔡德贵：朱熹有个《四书集注》。

季羡林：《论语》当然有好多解释。

蔡德贵：不像郑康成，从字面上，是从音韵、训诂方面解释，而朱熹是从思想上丰富了孔子的思想。

季羡林：对。《朱子语类》，我翻过一遍，很大的。我找什么呢？朱子的学问非常博，印度的什么都讲到了，好像梵文都讲到了，朱子这个人在中国思想史上是个大人物，我认为孔子之后没有比得了他的，论影响啊。

蔡德贵：那您怎么看孟子呢？孟子是被称为亚圣的。

季羡林：孟子的亚圣是因为指从孔子之后，离孔子最近的思想家。孟子在学术上没有什么发展。孟子文章写的好。

蔡德贵：《孟子》七篇几乎都是优美的散文。

季羡林：“不远千里而来，亦将有以利吾国乎？”孟子对曰：“王！何必曰利？亦有仁义而已矣。”

蔡德贵：您背好多啊。他是不是对孔子的仁的学说，发展为仁政了？

季羡林：可能。

蔡德贵：那您对王守仁怎么评价呢？

季羡林：王守仁好像与正宗理学不一样，有点离经叛道的味道。王守仁，反正过去搞八股文，以朱子为主，离开朱子没有八股文，王守仁应该是一个思想家，有创造性的思想家。孟子啊，没有什么发展，一个仁义，就是仁义而已矣，就是仁义。

蔡德贵：王守仁的东西您读过吗？《大学问》、《传习录》等。

季羡林：读过，一点。读的不多。

蔡德贵：《朱子语类》，朱子的东西，翻过一遍。

季羡林：翻，我是从里边找材料。因为我对理学啊，那时候有反感。

蔡德贵：那时候您对理学很反感，就是因为它太繁琐，太形式主义吗？

季羡林：就是我叔父的那一套。

蔡德贵：叔父的那一套，会不会不能全面反映宋明理学呢？他用的是不是正好是形式主义重的那些呢？

季羡林：他就是，反正当时啊，八股文在科举时代，朱子注是最主要的，因为那个《论语》的解释好多了，以朱子注为主，不能离开朱子的注，所以中国思想界，朱子的注释统治的时间最长，有几千年，有两千年吗？

蔡德贵：不到，近一千年吧。南宋开始的。

季羡林：对。

蔡德贵：北宋是张载。您对张载很重视啊。您写过文章，称赞他的天人合一，民胞物与。

季羡林：张载这个人是个有创造性的思想家。为天地立心，为生民立命，为往圣继绝学，为万世开太平。为万世开太平，这种话，朱熹这派的学者说不出来的。为万世开太平，这个气魄多大啊！我就主张这个天人合一。

蔡德贵：儒学发展到后来大陆所说的新儒家，就是对熊十力、冯友兰、梁漱溟，您怎么看呢？

季羡林：还有那个台湾的南怀瑾。

蔡德贵：南怀瑾晚，他比您还小的。钱穆、牟宗三，都是到了台湾。还有香港的唐君毅，唐君毅与张岱老是北京师范大学的同学，大概是。

季羡林：这新儒学没有什么新地方啊，它在哪个方面有发展啊？有发展，应该说是学习马克思主义，大概马克思主义他们还是看的，信不信是另外一回事，读是一定要读的，不会不读的。

蔡德贵：这些人，您最熟的是梁漱溟先生了吧？

季羡林：梁漱溟是这样子，我对他（了解）是《毛选》第五卷没有出来，《毛选》五卷第一篇文章，我记得是梁漱溟和毛泽东辩论，你看过这篇文章吗？

蔡德贵：《毛选》五卷出来了，出来以后又收回了。我还保存过一本。

季羡林：我大概也有过一本。我当时对梁漱溟啊，非常佩服，有骨气。中国的士，祢衡骂曹，这个中国的士不简单，都是提着脑袋的，那个不是好玩的啊。所以中国的士，中国的侠，上次我跟你讲过的，这两个概念应该好好研究研究，与中国文化是分不开的。这个中国的士，绝对不是现在西方的知识分子。

蔡德贵：梁漱溟是一个"士"。

季羡林：梁漱溟是士。当年那个祢衡骂曹。

蔡德贵：您的老乡傅斯年，在国民党时期也是士，他敢骂蒋介石。

在台湾，台湾大学的事情，蒋介石说，那里的事情我管不了。

季羡林：对。

蔡德贵：他也是个士。

季羡林：嗯。

蔡德贵：说到傅斯年，您进北大以前应该与他有联系的。

季羡林：联系啊，也没有什么联系。因为这样，他是那个中央研究院历史语言研究所的所长，那个历史语言研究所，实际上是研究中国学术史不能不讲这个所，所长就是傅斯年。那时候，这个，我记得，我写过一篇文章《浮屠与佛》，发表就在那个所的季刊上，那里面印的错误多极了。

蔡德贵：印刷质量不行啊，是不是因为用的外文很多啊。

季羡林：那个也有关系当然。就是错误极多。

蔡德贵：错误极多，但是影响也极大。

季羡林：当时那个杂志，是权威性的啊。

蔡德贵：是不是胡适对这篇文章评价极高啊。

季羡林：他觉得还行。

蔡德贵："生经一证，确凿之至"，是这篇，还是《列子与佛典》呢？

季羡林：那是《列子与佛典》。因为那个《列子与佛典》，一篇平平淡淡的文章，实际上解决了中国哲学史上的一个问题，《列子》的来源问题，怎么回事。也不能说我的那篇文章有多么深刻。关于这个《生经》，佛典里有《生经》，这个《列子》里的《生经》与佛经里的《生经》几乎完全一样，证明《列子》是抄佛典的。胡适仓仓促促要走，到南京去，他写没有写，我不知道，说"《生经》一证，确凿之至"，不但确凿，而且确凿之至。这是胡适上南京以前（说的）。

蔡德贵：好像写过。

季羡林：写没有写，我不知道。反正是这八个字。

蔡德贵：《列子与佛典》，也是在这个季刊上发表的吗？

季羡林：不是，首先发在什么地方，我忘记了。我自己对这篇文章比较满意的。因为它解决了一个实际问题。

蔡德贵：是特别满意吗？

季羡林：也不是特别满意，是比较满意。它解决了一个实际问题。中国哲学史有《列子》，《列子》是怎么回事，上边讲了一下，《列子》是抄《佛典》。这个，就是"藏"，《道藏》《佛藏》，现在不是编《儒藏》吗。"藏"是这样子，实际上都是抄的印度。《道藏》是抄《佛藏》，《佛藏》就是抄印度。

蔡德贵：梵文、巴利文的佛典里面，也有"藏"这个说法吗？

季羡林：巴利文里面，当然不用这个字了，但是（意思有了）。当然，这个历史事实，就是释迦牟尼逝世之后，很容易理解，弟子说，我们大师不在了，弟子聚会，为什么开始说"如是我闻"，就是我当年从老师释迦牟尼那里听说的。

蔡德贵：是不是所有的佛典开头都有这样的一句话？

季羡林：大概都有。就是我这样从老师那里听说的。

蔡德贵：刚才梁漱溟先生好像还没有说完。您特别佩服他的骨气。

季羡林：中国文化书院，后来这个，是这么回事。他原来是院务委员会主席，他不做了，我就接他的位置。院务委员会，就是（书院的）最高领导，任命院长的。所以我对梁漱溟崇拜，主要是他与毛主席顶，不容易。我不是有一句话吗？假话全不说，真话不全说。

蔡德贵：梁漱溟是不是全说真话的？

季羡林：也不一定全，一个人，一生全说真话的人，不会有的。

蔡德贵：您与梁漱溟有来往吗？除了在文化书院。

季羡林：没有来往。我比他低一辈的，晚一辈。

蔡德贵：您跟张岱年先生是同龄的。

季羡林：我们算是同辈的。

蔡德贵：那冯友兰先生，也是老师辈的。

季羡林：那当然了，他是清华大学文学院的院长，我是学生。

蔡德贵：当时在学校里，《清华园日记》里面，没有提到与他有来往。

季羡林：我跟他在校没有来往。

第十次口述

2008年10月29日 下午3：50～5：10

蔡德贵：那就该谈清华大学的事了吧。

季羡林：就是我们到北京赶考，济南高中我估计有八十个人，山东几个大学，大家都不上，山东大学、齐鲁大学都不上，几乎高中毕业生，除非经济条件太坏的，都不考山东的大学。一定都去北京，一个北京大学，一个清华大学，忘记了那时候是不是有北京师范大学。

蔡德贵：有。我查了查，张岱年先生当时就是在北京师范大学念书的。

季羡林：那时候，也没有报考北京师范大学的，不知道为什么。结果是山东的教育在中国是中等，高中毕业生水平啊，在北京竞赛，不是上乘，属于中不溜丢的。我们那一年，考上四个名额，我占了两个，北大、清华[①]。

那时候，我写过一篇文章，说北大出的题目挺怪的。北京大学的国文题目，是《何谓科学方法，试分析详论之》，这国文怎么出科学方法呢？当时北大就是讲科学方法。那个王星拱[②]出的题，考这个科学方法。出题目，何谓科学方法，试分析还要详论之，简单了还不行。

蔡德贵：您考的挺好吧？

季羡林：我是，我也不知道什么是科学方法。我在高中念过论理学（论理学是逻辑学的旧称。编者注），Logic就是逻辑学，我就往上边靠，那就是科学方法了，别的我不知道。反正那次北大、清华，我都考上了。

蔡德贵：您高中学的论理学有用了。

季羡林：论理学有用了，因为就是用在国文题目上了。那个高中教书的，教Logic逻辑学的是完颜祥卿[③]，教论理学的就是鞠思敏[④]。

蔡德贵：当时是一个伦理学，一个论理学。

季羡林：我高中学的逻辑学，到了考大学，用到考国文上了。(笑)也没有想到，会出这种题目啊。

蔡德贵：完颜祥卿讲的，您印象还是比较深了，看样子。

季羡林：完颜祥卿啊？这没有什么。

蔡德贵：有课本吗？

季羡林：也没有课本。后来，我倒霉，就是入清华以后。它清华规定，文科的学生必须选一门理科的课。这个文科选什么理科课啊，物理、化学哪里选得了啊，生物也不敢选，但是它有一个办法，说逻辑可以代替。我就选逻辑。结果教逻辑学的当时是……教逻辑学的啊。

蔡德贵：是不是金岳霖先生啊？

季羡林：金岳霖是一个。

蔡德贵：赵元任教吗？

季羡林：赵元任不教，冯友兰一个。

蔡德贵：冯友兰也是一个，他教逻辑学的啊。

季羡林：那时候，他是哲学系系主任么。就是理科的选不了，逻辑代替，(结果都选逻辑学了)，所以教逻辑学的，我记得三位教员，都是满堂。因为什么呢？高中毕业的文科都选。逻辑可以代替理科的课。

蔡德贵：金岳霖、冯友兰之外，还有谁呢？

季羡林：还有张崧年。

蔡德贵：就是张申府，张岱年先生的哥哥。

季羡林：就是张申府。

蔡德贵：您选的，是谁的课呢？

季羡林：金岳霖的。结果，我在高中学的逻辑学，结果与金岳霖先生教的拧了，我记得最清楚的就是，金岳霖先生说，哪一句话来？一句话，大概是我不喜欢什么东西，这句话不符合逻辑，这是金岳霖的。所以我选金岳霖的逻辑，得先把脑袋里边高中学的逻辑学先清除，因为它顶着。

蔡德贵：那怎么清除呢？

季羡林：反正念完了，也就清除了。我对那个也没有什么大兴趣。

蔡德贵：金岳霖先生还讲数理逻辑了吗？

季羡林：不是数理逻辑，就是普通逻辑。后来沈有鼎，是金岳霖的大弟子，沈有鼎。

蔡德贵：沈有鼎也教过您吗？

季羡林：沈有鼎没有。他没有教过，他跟我同辈的。

蔡德贵：听说沈有鼎后来在中国社会科学院评研究员，就只有一篇文章，那篇文章，据说很厉害。一篇文章评的教授。

季羡林：沈有鼎啊？沈有鼎那个人，是个怪人，是个天才。他这个怪人，就是，他的屋子啊，谁也不许进，比方说来了电报，来了电话，他在大门里边，门就是不开，不管什么重要、不重要的，一概不开。

蔡德贵：他是这么怪的一个人。

季羡林：那个怪。

蔡德贵：您跟他有来往吗？知道这么个人。

季羡林：没有来往，他是我的师兄么。有一阵他架着双拐，他那个双拐要架，走啊，但是用腿走路，双拐不沾地的。那是沈有鼎，这个怪人。

蔡德贵：清华园的一怪了。

季羡林：他搞逻辑是个歪才。

蔡德贵：他不能与人有正常来往啊。

季羡林：他不跟别人来往，别人也不跟他来往。

蔡德贵：其他还有什么类似，如沈有鼎先生这样的？

季羡林：反正当时我一个感觉，就是高中分文理，这个很坏啊，文科的学生考大学，数学就不行。我吃亏啊，他们说，北大、清华看卷子，先看数学、英文、国文，三门要到180分，到180，然后再看别的。三门不到180，算了。

蔡德贵：您考清华，有的材料说，您数学考的是14分吗？

季羡林：不是14分，是4分。后来我还想上数学系。我到注册科去问，注册科说你的数学要念8年，就是要把高中的4年补全。我说，8年啊，我干不了啦，算啦，不念数学了。

蔡德贵：为什么您异想天开要学数学呢？您那时候有数学天才吗？没有啊！

季羡林：没有数学天才。不知道怎么回事。

蔡德贵：那您数学4分，其他两门课要考很高的分数啊？

季羡林：大概要80分以上。

蔡德贵：接近90分，才能够180分。

季羡林：北大英文卷子的题，除了一般的作文和语法方面的试题以外，还有一段汉译英，选择的是五代时，李煜的词《清平乐》：

别来春半，
触目愁肠断。
砌下落梅如雪乱，
拂了一身还满。

雁来音信无凭，
路遥归蒙难成；
离恨恰如春草，
更行更远还生。

后来我都翻译不出来，当时居然翻译出来。

蔡德贵：当时您翻译出来了。

季羡林：当时翻出来了，当然翻出来了，我也不知道怎么翻译出来的。

而且，北大在英语的考试中，还恶作剧，加一个听写。在公布的考试科目之外，又加了一道小菜：加试英语听写dictaition。我们80个山东来的，我下来问，dictaition，有的人一个字也没有听懂。没有一个人听懂，不知道什么意思，因为我们从来没有做这种听说的练习。那个听写，讲的是狐狸的故事，其中有狐狸，有鸡，但有一个单词suffer（经受、忍耐），suffer这个字是个平常的字，可是我忘记了，亏了我的脑袋反映得快一点。忘记了的，空着它，再跟着听，如果一个卡住的话，那就完蛋了。所以suffer写不出来，忘记了，我继续听。英文我比较有基础，听出意思来了。要不，光是那个听写，我问山东来的，几乎没有一个人听出是什么意思的。⑤

蔡德贵：当时是面对面的，听老师……

季羡林：不是，不是，是在一个大堂里。大概英文系的一个教员在那里念。

蔡德贵：您笔译出来。

季羡林：嗯。

蔡德贵：这对高中的学生难度相当大了。

季羡林：英文那个"别来春半"，后来，山东去的，让他翻成白话文也翻译不出来啊，什么叫"别来春半，触目愁肠断"，不用说英文啦，白话文也翻译不出来的。所以，（山东）那次几乎是全军覆没。当时考的厉害的，一个是北京师范大学附中，当时在全国高中里，是呱呱叫的。再一个南开附中，是呱呱叫的。南开附中高中三年级念的课本，物理什么的，用的就是美国一年级的物理课本，大学物理，doff，这是有名的啊，英文原本的。所以南开那个附中，北师大的那个附中，我们怎么跟人家竞争啊，差一大截子啊。

蔡德贵：北师大附中、南开附中的学生那么厉害啊。

季羡林：北师大附中厉害，南开附中厉害啊。上海也到北京来考。

蔡德贵：复旦附中也没有北师大附中、南开附中厉害啊？

季羡林：不行，复旦附中也不行。那时候南开附中厉害，北师大附中厉害。他们考北大、清华好几个，不是一个人，是好几个。我们没有办法竞争。像物理的那样，人家用美国原版的物理，doff.。

蔡德贵：考南开附中的学生也不一般了。

季羡林：嗯。

蔡德贵：那个北大听写，狐狸的故事后边那个是s，a……

季羡林：是S，u，f，f，e，r，Suffer。Suffer不是个难念的字，亏了

我脑筋转的快，空着，接着听。要不然，就全军覆没啊。

蔡德贵：北大一个考场，清华一个考场吗？

季羡林：不在同时考的。

蔡德贵：是不是北大先考的啊？

季羡林：哪个先考忘记了。

蔡德贵：我看的一些材料说，清华是借的北大考场啊。

季羡林：清华远啊，借的北大三院，法学院。那时候，陈岱孙从清华赶到北大三院，来监考吧。反正他带着一大群人，陈岱孙比我大10岁。

蔡德贵：我看您在人大会堂，他百岁诞辰上的有一个发言，您讲过陈岱孙是您的老师。

季羡林：对，他是我的老师。

蔡德贵：您在考场上见过他了。

季羡林：那时候，我们天地悬殊啊。陈岱孙架子大极了哪。带着一大群人，他就跟大医院的大大夫查房似的。到了后来，我们同时在北大，陈岱孙、季羡林，就成为北大的代表了。招待什么主要人物，别的教师也出面，不过发言的，一般都是我们两个，陈岱孙、季羡林。

蔡德贵：当时，他带着一大群人，您是不是有点害怕啊？

季羡林：当然害怕。他那时候，嘴一瞥，就能够把人赶出考场去。我是这么讲，非常简单。后来，我就跟陈岱孙先生同事了，我就跟他说，当年，您那时候威风凛凛，大将军四面威风啊。我记得他比我大十岁。我是1911，他1901，大我十岁。他英文特别好。清华留美预备学校的，胡适也是那个地方的，英文都是呱呱叫。从小孩就开始学英文了。

蔡德贵：您在清华大学，陈岱孙先生教过您吗？

季羡林：没有教我，他是教经济的，我是西洋文学。

蔡德贵：还有其他人吗？

季羡林：别的不记得了，就是他带着一帮子人。

蔡德贵：他那个时候是个什么官啊？

季羡林：清华大学法学院的院长。他那个时候不到30岁。

蔡德贵：29岁，就当了法学院院长。喝口水吧。

季羡林：嗯。

蔡德贵：那考场里监场的有几个人啊？

季羡林：监场的人，就是随便几个，注册科的科员。后来，我到北大以后，也监过一次场。鲁迅的儿子，在那里考试，叫周沪生，上海生的。

蔡德贵：他是鲁迅的第几个儿子？

季羡林：就这一个儿子，许广平生的。（我监场的那次），他一个特点，他第一个退场，北大第一次他没有考上。第二次考北大考上了。我监场的那次，他没有考上。哦，周海婴，就是周海婴，上海的婴儿。

蔡德贵：那您怎么会有个周沪生的印象呢？

季羡林：上海生的么。

蔡德贵：周海婴也是从上海到北京来考的，考了两次考上了。

季羡林：对。反正我监场的那次，他没有考上。

蔡德贵：哪个系呢？

季羡林：考的哪个系，是不是理科的系，不知道。后来没有来往。

蔡德贵：那时候，考场有没有作弊的？

季羡林：他作什么弊啊？没法作弊。不是不想作弊，没有法作，而是不知道怎么作弊。又不知道什么题目。旧式科举考试有作那个弊的，把那个《五经》《四书》印成小本的。后来没有那玩意儿了，也不知道什么题目，怎么作弊？

蔡德贵：现在考场有用手机的，有写在大腿上的，可繁多了。我那里收集了一套《四书味根录》，小本的，就是当时作弊用的。

季羡林：对，那就是过去作弊用的。秀才一般"四书""五经"，一般讲起来，都能够背。但是为了有保险起见，往往也带一本缩印本。秀才在县里，举人是在省，进士就在全国。《儒林外史》就讲这个科举考场，非常有意思，范进中举。

蔡德贵：北大的考题，您印象深一些。清华大学的考试有特点吗？

季羡林：没有什么科学方法。就是数学伤脑筋，这个我进去，数学4分。我要入数学系，找那个注册科，不让，最后没有实现。

蔡德贵：放弃了。多亏您放弃了数学，没有进数学系，不然，您文科就毁了。

季羡林：就是啊。

蔡德贵：谈一下入学的情景吧。考上以后，选择了清华，有什么感受啊？

季羡林：那是第一次进清华园，就是从城里到学校，有一个大车接。

蔡德贵：您考完回济南了吗？

季羡林：我没有回济南，就在北京等了，回济南，那个火车票要好多钱的。就在西单磨盘街的一个公寓里面。公寓里面臭虫，我给你说了，臭虫是空降部队。

蔡德贵：录取以后，学校派大车把你们接过去了。哪个月，还想着吗？

季羡林：秋天。几百人哪，大概是200多人，清华我们是六级学生。它1925年成立的么。

蔡德贵：您的同班同学有姚锦新（姚依林的胞妹）、王岷源（外号红豆，后来到美国留学，成为张元济先生的侄孙女婿）、施闳诰、陈兆祊、武崇汉、鲍芳园、吕宝东、左登金等；还有蔡淳。

季羡林：对。红豆，骂人的，开玩笑。姚锦新是女的。蔡淳不是我的同班，他是后来的，比我晚一些。

蔡德贵：还有崔兴亚。

季羡林：没有这么个人。

蔡德贵：他抢您的宿舍。

季羡林：那不是抢宿舍，美国的大学，老生欺负新生。他不是我们班的。就是恶作剧，恶作剧过头了，把你床上泼上凉水。都这样的。⑥

蔡德贵：来往比较多的人是哪些呢？

季羡林：常来往的有陈兆祊、吕宝东、施闳诰、武崇汉。钱钟书比我早一年，五级的。

蔡德贵：他在清华园已经很有名了吗？

季羡林：这是我的印象，在清华时，我并不跟他讲话，因为什么呢？他就是装模作样，脑袋瓜是灵。那个上海那一带的，脑袋瓜比北方的灵。可是也没有，没有他自己认为的就是天才。所以我们在学校，不但没有来往，也没有讲话。

蔡德贵：《清华园日记》里两次提到老钱。你们没有交往。

季羡林：没有交往。

蔡德贵：听说他无锡钱氏家族，家里藏书很多。他出名出在黄色小说看了不少。开书单子，不用查，可以开出一页纸来。

季羡林：对。

蔡德贵：学生里是有傲气的人。

季羡林：嗯。

蔡德贵：您和他来往不多，后来他到中国社会科学院，您跟他来往也不多。

季羡林：也不多。后来，我们不是一条路，他搞英文，我搞德文，走两条路了。

蔡德贵：有一段，中国社会科学院要请您去当副院长。

季羡林：有一段。大概是胡乔木推荐的。后来没有弄成。

蔡德贵：您那时候不去。

季羡林：也不是不去。反正有了钱钟书，不能两个啊，都上啊。说我当时有意拒绝，也不敢说。当时，为什么成立社会科学院哪？

蔡德贵：没有断然拒绝？

季羡林：嗯。

蔡德贵：原来有个中国科学院哲学社会科学部。您那个学部委员就是那个时候的。中国科学院是郭沫若当院长。学部是潘梓年他们在那里。

季羡林：当时就是这样子，胡乔木啊，愿意当院长，当院长，可这边呢，郭沫若一顶大佛，他拱不动。所以他就成立一个社会科学院，过过当院长的瘾。

蔡德贵：社会科学院成立的时候，郭沫若已经去世了吧？

季羡林：没有去世。

蔡德贵：1978年啊？

季羡林：不是1978年[⑦]，忘记是哪一年了，要早。郭沫若没有去世。

我与郭沫若来往比较多。就是那个《历史研究》开编委会，他是主编，我们都是编委。郭沫若家住在西四一个大院子里，（就在他家开编委会）。后来搬到什刹海，（我没有去过）。郭沫若这个人倒是挺好的，没有什么架子。

蔡德贵：文坛一瞥把沈从文给瞥下去了，是不是郭沫若啊？

季羡林：不是，那是解放以后了。是冯雪峰。

蔡德贵：冯雪峰也是被整的啊。

季羡林：他可是也整人的啊。香港来的一些人，臧克家也在里面。自己革命，所以给沈从文起了个号，叫粉红色的作家。就是冯雪峰这批人。

蔡德贵：那您对郭沫若的印象很好啊。

季羡林：（郭沫若）这个人就是不错。《历史研究》几次就在他家开编委会，西四的家。西四最早，后来搬到什刹海，搬什刹海，我就不知道什么原因，就不记得有什么来往了。主要就是编《历史研究》。

刚解放的时候呢，范文澜他是老知识分子，他是解放区老知识分子，到解放区去过，那时候是革命家，大概有一个使命，就是团结改造我们这些没到解放区去的人。对范文澜就是，我本来对他是很尊敬的。后来他的那个《中国通史简编》哪，不是他的吗？他是中国科学院近代史研究所的所长，后来的所长是刘大年，出过一本《中国通史简编》，主要是骂佛教，不是一般的骂，是破口大骂，当时大概这个风气。

蔡德贵：唯物主义啊，用唯物主义批判啊。

季羡林：也提不上唯物主义。是开口大骂，也不属于什么唯物主义。对那个书啊，后来我想鲁迅的一句话，谩骂绝不是战斗。后来也知道，反正他那本书，不是他自己想出的，受命于上边的。

蔡德贵：“文革”当中，我们知道了一个消息，1962年的时候，范文澜最早就说您是国宝了。您现在想辞国宝，但是1962年范文澜就说您是国宝的，梁志刚的文章提到了，我们“文革”当中也听到了。

季羡林：哦。不知道这个，不知道。

蔡德贵：他对您是很尊敬的。

季羡林：我对他也很尊敬的。我认为，他是老知识分子，改造成为革命家的典型。刚解放的时候，这个历史学界，有那么一个不定期的会，大概也是受命，就是改造我们这些没到过延安的老知识分子。

蔡德贵：那时候北大校方对您的评价，您知道吗？

季羡林：不知道。

蔡德贵：当时据披露出来的材料说，您属于中间偏左。50年代前后。

季羡林：大概是对的啊。

蔡德贵：那时候，您抗美援朝捐款很积极的。

季羡林：对。

蔡德贵：捐款。

季羡林：对。

蔡德贵：您与范文澜熟识就是在《历史研究》开编委会，你们这些人改造如何？

季羡林：范文澜大概也是受命。改造我们这些没到过延安的老知识分子。这个人的思想改造啊，是改造不了的，那时候思想改造是个很时兴的名词，当时我就说过，肉体可以改造，改造只能改造肉体，思想改造不了。他自己慢慢地接受。

蔡德贵：那时候您和沈从文有来往了吗？

季羡林：和沈从文？反正这样子，当时我对沈从文很崇拜。

蔡德贵：网上一个材料说，您当时和沈从文说过，大概是思想改造的时候。说咱们都是放在锅边的螃蟹，等着人家把我们推下锅，就可以变成红的了。

季羡林：嗯。忘记了。我对沈从文哪，非常尊重，尊重的原因，就是这个样子，就是当时作家啊，他的作品，你给我，我看不到半页，就认出是谁的来了。

蔡德贵：您那时候跟沈从文先生共事过吗？

季羡林：共事？什么地方啊？

蔡德贵：北大。

季羡林：我在北大，是从德国回来以后，到北大当教授的。反正，我对他很尊敬。从他这个文章啊（可以看出来），文章是有灵气，他大概是没有受过什么正规教育，是当兵出身的，可是有天才。

蔡德贵：喝点水，累了就歇会吧。

注释：

①那时候是北大出的题目挺怪的，高中毕业。到北京参加入学考试，在前门火车站下车，第一次见到电车，住西城西单的一个公寓；

北大的考场在沙滩，清华的考场借沙滩北大北河沿的三院；

考试闲暇在西单闲逛；

同时考取清华大学和北京大学；

清华大学入学考试试题：

党义：孙先生民生史观与马克斯唯物史观差异何在？

国文：一、将来拟入何系，入该系之志愿如何？二、新旧文学书中，任择一书加以批评。

英文除客观题有5页之多以外，作文以100—200个单词，写一篇《最好的朋友》，写的内容包括这个朋友是什么时候遇到的，现在在哪里？或者写《入学第一天》，或者《在学校最后的一天》。

中国历史地理包括中国历史有15道题，包括历代都城、战国时代的学派、秦统一天下的措施等。中国地理有4道题（任选3题），包括列举中国最大商埠三处说明其水道及铁路交通之位置、从广州往库伦如取最大短道（不走海道）如何走法经过何地、列举几个偏僻的地点所在及其特别关系、长江经过省有何支流。

代数几何平面三角是一年级及地理系二年级共同使用的题。

高中代数解析几何是一年级选考化学系二三年级及心理学二年级转学同学同用的。

然后是高中物理学、高中化学、高中生物学。

世界历史地理，其中世界历史10题，世界地理4题选作3题（包括从中国往美国在何处上路，经何处至纽约、地球上五大洲五大洋按照大小列举其名、何谓热带中国有没有属于热带之地，在何处、印度人口最多之处在何部分，其面积与人口与中国之比较如何等。

②王星拱，字抚五，1887年出生于安徽怀宁王家大屋。王星拱是安徽省第一批官费留学生，远赴欧洲，学习于伦敦理工大学并获硕士学位。1910年，参加中国同盟会。1912年，他和皖籍留学生丁绪贤（现代化学家）等人发起组织科学社（后与留美学生成立的“中国科学社”合并）。1916年学成归国的王星拱任教于北京大学理学院，1920年，北京大学出版的所著《科学方法论》一书，是近代中国第一部系统说明科学方法论的专著。内容涉及：现象界之复杂，或然之理论和他的测算，归纳逻辑现象的数量，错误之免除与减少，观察与试验，逼近与理论，假定之用法，知识之类别，综合和推较，分类，例外之应付，概括的结论等。王星拱认为“科学方法是什么呢？换一个名字说，就是实质的逻辑。这实质的逻辑，就是制造知识的正当方法”。该书介绍了关于“归纳与论理”“观察和实验”“假定和方法”等科学方法论的基本理论和概念，对培根、穆勒为代表的西方归纳逻辑进行了讨论和分析，启

发了国人的科学意识，对国民改变思维方法及其后学术界进一步接受演绎逻辑和数理逻辑，都有助推之功。

③完颜祥卿老师，他本是一中的校长，被聘为山大高中的论理学教师。论理学就是现在的逻辑学。这门课，高中的学生都不大重视。季羡林也不重视，但是到清华以后，因为选了逻辑学的选修课，就把这门课和这位老师联系在一起了。结果清华的逻辑是数理逻辑或者辩证逻辑，而完颜祥卿老师的逻辑，则是形式逻辑。

④鞠思敏老师个子魁梧，步履庄重，表情严肃却又可亲，给季羡林以非常深刻的印象。他是正谊中学的校长，并不教课，只是在上朝会时，总是亲自对全校学生讲话。在这种每周一次或几次的朝会上，鞠老师讲的无非是一些待人处世的道理，并没有什么惊人之论。但是这些普通的道理，从他嘴里讲出来，那缓慢而低沉的声音，认真而诚恳的态度，却总是能打动这些初中孩子们的心。

从大一点的孩子们那里，季羡林了解到鞠思敏老师的一些情况。早在1913年，作为同盟会成员的鞠思敏从荣成来到济南，有一天，鞠思敏到商务印书馆买书，店面里的柜台很高，像当铺一样，来买书的人需仰头才看得到，自命清高的他无法接受，就联络了山东教育界两百余人，集资大洋5000多块，办起了教育书社，位置就在商务印书馆旁，与其分庭抗礼。

鞠老师不是一个卖嘴皮子的人，他一生着力追求的是言行一致、民族气节。到季羡林考上山东大学附属中学时，鞠老师受聘给附中的学生们上课，教伦理学，用的课本是蔡元培先生的著作《中国伦理学史》。

后来他成为山东省立济南师范学校的第一任校长。

再后来，日本侵略者占领了济南，慕鞠思敏老师的大名，想方设法，劝他出来为日本人做事，以壮敌伪的声势。鞠思敏为人正直，赋予正义感和爱国热忱。他同情支持学生的抗日活动，对到南京请愿的学生大力赞扬、鼓励，并亲自到火车站为候车的学生送茶送饭。对被捕的学生，他总是设法营救。当年乡师的共产党员于一川、王路宾、张宏凡、姚仲明等都受到过他的庇护。鞠思敏爱憎分明，刚直不阿。1937年底济南沦陷，日伪当局因知其声望，多次派人登门敦请出任教育厅长，但是鞠思敏先生总是严词拒绝。再到后来，生计已经非常困难了，他只能每天吃开水泡煎饼，再加上一点咸菜，这样来勉强度日，却始终未为五斗米折腰，终于在极度忧患之中郁郁逝世。鞠思敏毕生致力于教育，被后人誉为“山东的蔡元培”。

1944年8月7日，鞠思敏病逝于寓所。终年72岁。当时虽处战乱年代，但在殡丧的那一天，济南市民、正谊中学的校友闻讯赶来执绋，送殡的人群长达数里。

⑤季羡林在北京考完之后，同去的山东老乡都面带惊慌之色，几乎都是丈二和尚摸不着头脑，录取的希望破灭了。济南高中的英语教学从来没有做这样的练习，所以考北大的几个同学，被这当头一棒给打懵了，没有几个考生能听得懂。当时去北京赶考的学生有八九十人，大多都报了北大和清华，机会难得，蒙上就赚了。但考完以后，很多学生傻了眼。清华当年招收200多学生，北大更少，只有100多名。所

以能够考上这两所学校的，很少很少。对付不了北大和清华考试的一些考生，最后被为了收报名费和学费的朝阳大学录取了。季羡林因为基础比较牢固，很容易就对付过去了。结果，这次考试，他撞上了喜神，北大和清华他都被录取，一时间成了人们羡慕的对象。

⑥先住二院，与王岷源同住，王岷源经常借钱。后来到1932年9月和宿舍办公室交涉，由山东老乡许大千帮助找到新楼350房间，拿毯子占上，却被熊大缜、崔兴亚抢占，交涉半天才住进去。后来他又搬到新楼的三楼311房间，同屋住的是陈兆祊。来往多的同学有王炳文、姜春华、江世煦、刘玉珩、离休洁、张延举、沛三、连璧、菊岩、梁兴义、严懋垣、张彦超、郭骞云、张露薇（中文系）、张文华、孔庆铃、许振英、田德望、钱钟书、吴晗、胡鼎新（乔木）、梁作友、高耀西、薛德昌、曹葆华、瞿冰森、吕仲岩、鲍芳园（向季羡林借过钱）、沈聿功、子正、顾宪良、蔡淳、何其芳、璧如、王宗贝、张明哲、蒋豫图、李嘉言、张嘉谋、朱企霞、马玉铭、宗植。与李长之、吴组缃、林庚最为亲密，结为“四剑客”。

与山东老乡李祺（柏寒）、方振山（静轩）、徐家存（因其、荫祺）、王联榜（峻岑）、别遇昌（鸿高）、朱延统（贯一）、森堂（马森堂）、虎文（张天麟）、西园（牛西园）、石生、希元、阍者云、志鸿，还有不是济南人的德州人许大千（振德）来往也很频繁。另外与行健、友忱也有书信往来。

⑦中国社会科学院是在中国科学院哲学社会科学学部的基础上，于1977年5月建立的。郭沫若1978年去世。

第十一次口述

2008年10月31日下午3：50～4：40

蔡德贵：上次您讲到清华园，沈有鼎先生的怪。乔冠华腋下夹黑格尔著作，现在是不是继续讲清华园[①]？

季羡林：乔冠华腋下夹黑格尔著作，我不知道他是否看得懂，因为我们那时候也不是同系，也不交谈。后来，他之所以跟我一起，成为交换研究生，就是因为这《黑格尔全集》起了作用了。我那时候德文也不行。那教员哪，就是都不大负责任。

蔡德贵：他用英文讲，没有法子练口语啊。

季羡林：有个笑话，有一次，我们几个中国学生，跟那个艾克提出来，你能不能用德文讲啊。他说，好啊，哇啦哇啦，哇啦哇啦，他说你们听懂了吗？我们当然听不懂啦，他说，我还是用英文讲吧。他哇啦哇啦，我们当然听不懂啦，我们没有念过啊。

蔡德贵：艾克是您学士论文的指导教师啊？

季羡林：后来这样子，艾克五年离开岗位，带工资休假，他到英国去了。谁来代替他呢？就是石坦安。这个石坦安呢，作风跟艾克不一样。艾克喜欢那个Holderlin，薛德林，艾克喜欢，所以我那个论文就是用英文写的，《薛德林的早期诗歌》，为什么是早期呢？那时候我的德文也不行，早期啊，就是把他年轻时候的诗啊，勉勉强强看上几遍，写论文，就是The Early PoamsofHolderlin，是用英文写的，那时候德语用英文。

蔡德贵：看薛德林的早期诗歌，是看德文版的，写论文是英文写。

季羡林：英文写的。

蔡德贵：德文的东西看（还）行。

季羡林：看，也是生吞活剥，不行，后来我们到柏林以后，我和乔冠华到德国以后，在柏林停了几个礼拜，德国那个柏林大学，有一（个）给外国学生开的班，我们就在柏林参加了那个给外国学生开的班。要真正掌握一门外语并不容易，得下一些死工夫。现在讲到什么题目了？

蔡德贵：石坦安代替艾克。

季羡林：石坦安教过。主要那时候德语不行。后来到德国以后，刚才说了。

蔡德贵：在柏林大学是口语训练。

季羡林：就是这个意思。

蔡德贵：现在叫强化训练。

季羡林：嗯。

蔡德贵：外教还有谁？

季羡林：还有翟孟生（Jameson），有一本《欧洲文学史》，用英文写的。

蔡德贵：他教过您吗？

季羡林：教过。

蔡德贵：累了，就停。

注释：

①详细情况是，季羡林说：我在清华上的是西洋文学系，可毕业证上变成了外国语言文学系，也不知道是什么时候改的名称。当时西洋文学系的声誉很高，因为教授都是用外语讲课。在一般大学生的心目中，当然是学习外语的极佳场所了。其实，这种说法有点笑话的味道，为什么？这是些什么样的教授啊，什么人啊。有一些就是当年留美预备学校的教师，胡适就是那个学校出来的，是庚子赔款建设起来的学校。当年有些年轻教师，他们在本国，不过是些小学、中学里教英文的老师，教中国人英语，也是说英文，他们不会说中文的。他们的水平呢？也就是英国、蒙古小学和中学老师的英文水平。当留美预备学校完成任务，升格为清华大学时，他们也就水涨船高，也就成为大学教授了。真可谓是浪得大名，是不应该得的大名。至于水平，教中小学英文，还可以，教大学，就不行了。学问则更是谈不上了。所以我们入

清华大学时候，那个西洋文学系，我们都认为是第一，教授其实就是这么一批人，学问研究根本做不到。实际上，当时的一些老师，不怎么样的居多。

当时开的课很多，应有尽有。从古希腊、罗马的荷马史诗、悲剧、喜剧、维吉尔等，中间经过中世纪文学、文艺复兴文学的但丁等，一直到18、19世纪的塞万提斯、歌德等，直至近代和当代文学，无不包罗在内。莎士比亚专门开课，英国浪漫诗人、当代长篇小说包括所谓意识流小说、欧洲文学史、欧洲文艺思想史、中西诗之比较、文艺心理学、文学概论等，都有专门课程。但是平心而论，讲课好的老师不多。

那个时候的系主任，是王文显教授。王文显，字立山，生于英国，伦敦大学文学学士。曾经短期担任过清华学堂时期的代理校长。他的英文是很好的，能直接用英文写剧本，学生们没有怎么听他说过中国话。他是莎士比亚专家，写过有关莎翁研究的讲义，只是没有出版。他隔一年开一次莎翁的课。在教莎士比亚戏剧的时候，每节课不管是念到哪一句，不管是结束没结束都闭上课本就走人。他就是这个样子，他不大会说汉语。

他也写过戏剧的讲义，讲义大概恐怕也用了十几二十年了，大概也没怎么改。讲戏剧照例是进了教室以后，什么招呼也不打，就念讲义，铃一响，就停下来，不管这句子断了没断，停下来就走，也不跟学生讲话。那时候也没有说是教授进来，站起来，没有这个习惯。王文显的课，每次都让季羡林作笔记，每堂课下来，季羡林的手累得又疼又酸。所以最怕上他的课。戏剧课结束的时候，王文显强调，要求非将他指定的戏本看完不行。王文显教授给学生印象最深的是充当冰球裁判时的洋相，他脚踏溜冰鞋，但是在冰上的工夫明显是不够的，他战战兢兢，如履薄冰的神态让学生们大笑不已。

教授里边的外籍人士居多，不管是哪一国人，上课都讲英语。甚至教德语的老师，也是多数用英语教课。只是在大一开始的时候，教了一段德语的课。

任课的德语老师是杨炳辰，字震文。他当时任北京大学德语系系主任，在清华是兼职教授。他的德语水平应该不错，是在德国学过多年的留学生，并且翻译过德国的名著，如席勒的《强盗》等。

他没有教授架子，平易近人，常请学生吃饭。1932年中秋节前夕，杨炳辰约学生们到合作社南号喝咖啡，弄了一桌子月饼。吃完了，他又提议到燕京大学去玩，一行便载谈载行到了燕大。看到燕园和蔚秀园林木深邃，庭院幽琼，杨先生赞叹不止，说现在人提倡接近大自然，而中国古人早知道接近自然了。

但他教课，却不负责任。教第一个字母a时，说a是丹田里的一口气。到教c.b.d，也都说是丹田里的一口气。学生们便窃窃私语：是不是丹田里的一口气我们不管，我们只想把音发准确。从此，“丹田里的一口气”几乎成了他的代号。

他在生活上也很有趣。他同时在五所大学里兼课，月工资可达上千银圆。他住在北大沙滩，有一处大房子，侍候他的人一大群。太太年轻貌美，天天晚上要去看戏。

杨老师推崇佛教的“四大皆空”。这种人生哲学用在教学上，是表现出游戏人生的态度。甚至考试打分，杨老师也不负责任。学生交上卷子，他连看也不看，立刻把分数写上。当时清华的计分方法采取等级制，分为五等：超、上、中、下、劣（用英文字母E、S、N、I、F表示）。学生管E叫“金齿耙”，管S叫“银麻花”，N是“三节鞭”，I叫“当头棒”，F则是“手枪”。季羡林有一个姓陈的同学，脾气黏黏糊糊，交上卷子站着不走，杨老师以为他嫌分数低，立即把S（第二级）改为E（最高分）如此懈怠的老师居然也在北大任教授、系主任，且在五个大学兼课。跟这样的老师学德语，基础自然就脆弱了。

但是杨炳辰对季羡林还是厚爱有加的。在季羡林的眼里，杨先生是一个十足的好人，虽然有时候的课大发议论，宇宙问题，天人问题，谈锋极健，生气勃勃，但往往也能够自圆其说。他讲《浮士德》讲得非常精彩。拜访他的时候，他也谈到各种学术上的问题，他劝学生们要多读书，还替学生们介绍书，学生们觉得他热诚可感。谈的晚了，就在他家吃饭。

一次杨先生请客吃饭的时候，季羡林发现巴金也在座，他感到是个意外收获。他平常读巴金的《死亡》，就对他很留心了，觉得他是个很有希望的作家。

有一次，季羡林和李长之拜访杨先生，他给他们讲了许多话，有很多独到的见解。季羡林觉得他毕竟不凡。而且他鼓励季羡林，叫他不要放弃英文、德文，将来可以靠它们留洋。所以季羡林还是很感激杨先生。

还有的老师，自己觉得威风得炙手可热，专门给学生打不及格。每到考试，他先定下一个不及格的指标，不管学生多么用功，也不管学生的实际成绩怎样，定下的不及格的指标却一定要完成。这位老师很快就名扬全校，成了“名教授”。

清华大学当时有规定，教授任职五年，可以有一年带薪休假。这时候，艾克去英国休假，接替他教三年级德语的是德国人石坦安先生，全名是狄特尔·冯·石坦安。他是德国柏林大学哲学博士，在清华讲授拉丁文。他讲课比较认真，要求也严格，学生还学了点东西。季羡林得到过他的指导。

到四年级，是德国人艾克教季羡林他们。古斯塔夫·艾克，字锷风，德国爱尔冷根大学哲学博士。在来清华以前，在厦门大学工作过一段时间，其时鲁迅也在那里，鲁迅写的文章中，还提到过他。他是季羡林的业师，是毕业论文的指导教师。

这又是一位马虎先生，对教书是心不在焉。他讲德语只用英语讲授。有一次学生们要求他用德语讲授，他便哇啦哇啦讲一通德语，速度快得如悬河泻水，使学生们谁也反应不过来，还问学生：你们听懂了什么吗？结果这位老师胜利了，还是用英语教德语。学生们自然是哑巴吃黄连，有苦说不出。

但艾克不是没有水平。他对艺术很有兴趣，在德国主修艺术史，拿到了博士学位。他用德文写过一部叫《中国的宝塔》的学术专著，在国外颇得好评。还有另一部专著是明代家具研究的，书中附了很多有价值的图表。

他在清华任教，但是住在当时辅仁大学旁边的一座王府，就住在银安殿里。他的工资非常高，又孤身一人，家里雇了几个听差，还有厨师。侍候他的人不少，都住在殿前面的一个大院子里。他对中国名画极感兴趣，收藏了不少名贵字画。坐拥着书城，享受着王者之乐。尤其是他喜欢德国古典诗歌，对季羡林产生了影响。季羡林的学士学位论文《现代才被发现了的天才——德意志诗人薛德林》就是在他的指导下写出来的。

1933年暑假，季羡林回济南过。艾克到济南来旅游，住在瀛洲旅馆。季羡林请他到唐楼吃饭，陪他去图书馆，逛了大明湖。艾克对张公祠的戏台大加赞赏，说自己要到灵岩寺去工作。第二天，季羡林买了四盒罗汉饼去瀛洲旅馆送给他，结果他已经走了。

毕业前夕，艾克请季羡林吃饭，饭后送给他一张阿波罗神的相片，季羡林非常高兴。后来艾克成了家，娶了一位中国的女画家，岁数比他小一半，年轻貌美。1946年季羡林回国，看他们的时候，他们请他吃烤肉。

华兰德小姐大概是波兰人，但是她不是教德语，而是教法语。她年纪很大，头发全白了。由于独身，性情反常，必须叫她小姐，她专在课堂上骂人，以此为乐。一上课，她就骂人。学生越学的好，在课堂上，她问问题，学生答对了，没有辫子被她抓住，学生都会了，她就大怒。她越是挑不出毛病来，她的火就越大，学生挨骂就越厉害。结果学法语的学生让她骂走了一半，越来越少，只有我和华罗庚少数几个不怕骂的留下来了。有一次上课竟然只有季羡林一个学生。他对着她的骂声，始终如一，一直坚持到底。后来她自己也感到没有法子上了，就改变一点，原因是一个学生没有，她就会丢饭碗的。学生们有时候予以反抗，治了她一次，她反而屈服了，从此天下太平。她还请这些学生到她家去吃饭，终于化干戈为玉帛了。她使用的课本是美国人学法语的一种，精装的，一大厚册。翻来覆去，就是讲那么一点点。我学来学去，也就学了前边那么一点。

跟着她学法文，整整一年，也没有前进多少。浪费了不少时间。到德国的时候，季羡林做毕业论文，必须参考的一本书，是一个法国人编撰的，就是《大事》（Mah āvastu），他在上课和教课之余，利用一切可利用的时间，啃那厚厚的三大册《大事》。跟华兰德学的那点东西，根本不能用，他只能硬着头皮把这本书给啃下来了。

不仅对学生这样，对同伴，她有更狠的。她当时住在清华园周围，清朝军机处旧址的一个大院子里，和燕京大学的一个波兰籍单身女教授，合租一套房子。她们两人轮流当家，每个人管一个月。管家的要做饭，这个管家的人要挨骂，对方每顿饭几乎都要破口大骂。轮到另外一个人当家了，反过来也是做饭和管家的人被大骂。而且是非挨骂不可。做饭的人只能忍气吞声。

在那个环境之下，学术研究谈不到，教授也不知道什么叫学术研究，他们自己也没有干过。

季羡林这个时候还旁听过俄语课。教员是一个白俄，中文名字叫陈作福，个子极高，一个中国人站在他身后，从前面看什么都看不见。他既不会英文，也不会汉文。只好被迫用现在很时髦的“直接教学法”，但是他的教学又不得法，学生听不懂，所以结果并不理想，季羡林只听到讲“请您说！”，其余则不甚了了。有一次，季羡林去旁听他的课，他把32个字母念了两遍，就写出字来，让学生念。他的字写的倍儿不清楚，弄得季羡林头昏眼花。上了几次课，只能大登其眼，却没有收获。大概只学了一些生词和若干句话，旁听的兴趣也越来越低最后终于放弃不听了，第一次学习俄语的过程就此结束了。

毕莲是一位美国女教授，是美国斯坦福大学的英语硕士，教英语文字学。在大二第一学期的时候，她拿了一本丹麦语言学家论普通语言学的教材当教本，结果，把本来不是很难懂的，格林定律越讲越糊涂。原来她对古典语言是一窍不通。第二学期，换了课本，她第一堂课讲乔叟的杰作《坎特伯雷故事集》，大出风头，高声背诵了书中的第一段，让学生们大惊失色。课接着上下去，她就只会胡诌八扯，学生才发现她的本领也就会背诵这一段。她不懂中古的英文文法，学生们只得读翻译成近代英语的乔叟的著作。

教欧洲文学史的翟孟生（Jameson）也是美国人，他用自己著的一部五六百页的巨著当教材。一开始挺能吓唬人，但学生们很快就发现，这部教材除了厚以外，没有任何别的长处。里面涉及到许多世界名著，有一个内容提要，但是却不可靠。原来是他对原著根本就不熟悉，连译本都没有读几本，只是抄了别人书中的一些内容，抄得又极不细心，错误百出。他连抄的耐性都没有，除了中国，不会有人给他出这部书。然而就是这样一个人，却成了当时清华的名教授，简直可笑之至。

温德是教大三法语的美国教授，也教过欧洲文艺复兴文学。他的英文讲得非常好，当时觉得像吴宓这样高水平的中国教授，再读十年书，也讲不到这个水平。他看了不少书，但没有人知道他是否有学术文章发表。他作为美国人，喜欢的是伊斯兰教。他觉得伊斯兰教的天堂符合他的口味。遗憾的是，伊斯兰教戒酒，而他却总是喝得醉眼朦胧，戴着装反了镜片的眼镜，在清华校园里，也算是一景了。后来，他在北大工作，就住在季羡林的附近，我每天去上班的时候，到外文楼是必经之地。他住在一个小平房里，季羡林与他也没有什么来往。抗美援朝的时候，他把自己的美国护照给撕了，不要美国国籍了。但他那时候，也没有加入中国国籍。美国使馆也不联系，他反对美国的侵略行为。他终身未娶，死在中国，死的时候已经100岁了。在中国起码待了70年。

还有一位吴可读教授，是英国人，教授大三的中世纪文学。他上课不拿课本，顺口讲，学生则顺手记录。他还讲授现代小说，选了《尤里西斯》和《追忆逝水年华》、《还乡》以及吴尔芙和劳伦斯的各一部小说作教材，至于懂不懂，则只有天知道了。季羡林当时的感觉是迷迷糊糊，不知所云。他还经常缺课，学生等半天，也不到教室。他好歹敷衍了一学期，让学生们很失望。而一旦学生到的少了，他就拿考试来吓唬学生。有一次的考试居然考法国作家福楼拜的《包法利夫人》，我和同学们只得拼命看，看得头晕眼痛。终于看完了，就大骂这位老外老师。

这些外国教授，除了个别的，大多是草包。他们都在本国大学毕业，但肯定在本国大学当不了教授，有的可以做大学助教，有的可以做中学老师，有的只配当商店店员或者小公务员之类，找不到太好的工作，但到中国来却成为名教授。更为可笑的是，他们在中国并不老老实实当教授，而是来猎奇，看看这个神秘的国度。受好奇心驱使，有的人学了一脸假笑，挤鼻子弄眼，打恭作揖，能说上三句半中国话，便成为中国通，回国去了。不久居然还写出几本大论中国的书，名也有了，财也有了，皆大欢喜。殊不知，这些人花钱雇中国人给他们翻译中国古籍，但是书出版的时候，译者的名字不见了，只剩下他自己的名字。个别杰出者，还靠这本著作在本国大学当了汉学教授，真是滑天下之大稽。在清华，这些非正常途径出身的洋教授，讲课都有点野狐谈禅的味道。所以在规定的所有必修课中，洋教授教的没有一门课让学生们满意。季羡林自己觉得四年下来，收效甚微。尤为可笑的是学了四年的德语，只能看书，却不能听和说，根本张不开口。

那个时候对老师的教学态度，学校没有一个统一的要求。好像当时根本就没有这样的概念。教师也不准备教学大纲和教案。教授在课堂上，可以信口开河。谈天气，可以；骂人，可以；讲掌故，可以；扯闲话，可以。老师愿意怎么讲，就怎么讲，愿意讲什么，就讲什么。天上地下，唯老师独尊，谁也管不着老师。有的老师竟然能够在课堂上睡过去，有的上一年课，不和学生说一句话。有的教授同时在八个大学兼课，必须制定出一个轮流请假表，才能解决上课的冲突。勤勤恳恳的老师不能说没有，但是是少数。老师这样对待学生，学生则以其人之道，还治其人之身。所以师生之间不是互相利用，就是互相敌对。没有想到师生关系竟然变成这样子的关系：老师为了混饭吃，学生为了拿文凭。

杨炳辰当时是北大德语系的系主任，据说在十几个大学兼课，每个月能够拿到1000多块现大洋。他住的地方，就在辅仁大学的旁边，就是现在的北京师范大学附近，一个叫马圈的胡同。他租了一套房子，是原来的一个亲王府。杨炳辰的思想极为复杂，中心是“四大皆空”。教书比较随便，每个学生他都可以毫不吝啬地给高分。他根本没有时间备课，胡乱讲一通。一次考试，考完了，学生赖着不走，他看学生不走，就问，嫌分数少啊，给你增加10分。有一天，他给季羡林和李长之一本德文讲文艺理论的书，书名中有一个德文字“文艺科学”。他们觉得很新奇，玄机无穷。李长之写了文章，称杨炳辰为“我们的导师”。李长之称他自己的文学批评理论为“感情的批评主义”。季羡林对理论一向不感兴趣，觉得直到今天对他的理论还是一点都不明白。

外文系的学生一共三个专业，英语、德语、法语三个语系。三门外语里，选一门主修。季羡林选的是德文。后来之所以能够到德国去，就是因为季羡林学的是德语。冯友兰当时是文学院院长，他和德国留学生交换处签订合同，选人的时候，季羡林和乔冠华被选中。季羡林是因为学了德文，乔冠华是因为抱着黑格尔全集，看懂看不懂，不知道。同他那时候不是同学，也不交谈，反正他的黑格尔全集起了作用。

李长之提到“羡林兄当时正在写《现代才被发现了的天才——德意志诗人薛德林》”，说明他们在校期间也有共同的兴趣，都从薛德林的诗中读出了力量和信念。

第十二次口述

2008年11月1日下午4：00~5：00

蔡德贵：上次讲到，艾克带薪休假，石坦安接替，石坦安又讲了一段，两个人的风格不同。

季羡林：嗯。整个的清华的那一段。我的印象，就是在清华大学的那一段，学德文哪，没有学到什么东西，原因就是任课的那几个教授，都不是太负责。所以我跟乔冠华交换到德国去以后，在柏林住了有七八个礼拜，专门上这个柏林大学给外国人开的德文班，叫加强补习。就证明我们到柏林以后，并不掌握德语，说不了。后来到哥廷根，不是我自己选的，是他们学术交换处指定的。

蔡德贵：必须到哥廷根大学。

季羡林：嗯。把这个乔冠华，派到图宾根大学。把我派到哥廷根。不过他这一派啊，对我以后很有影响，如果是把我派到图宾根大学，把乔冠华派到哥廷根大学，图宾根那个地方没有汉学，也没有印度学，乔冠华在图宾根，那里就靠在清华大学哲学系念的那点知识，勉强拼凑了一篇文章。

蔡德贵：是庄子的论文。

季羡林：大概是。当时我就有一个决心，就是我的博士论文，不管在德国什么地方，绝不选中国的题目。中国的题目是骗人的。所以我有这么一个决心。

蔡德贵：与乔冠华的选择有什么联系吗？

季羡林：跟乔冠华，一到哥廷根，他到图宾根，我们没有再联系。

蔡德贵：那您知道了他选中国学的信息了吗？

季羡林：图宾根没有中国学的。

蔡德贵：那他怎么选庄子的论文呢？

季羡林：当时是这样子啦。反正那是骗洋人的。你总得选择一个题目吧。

蔡德贵：乔冠华很快就获得了博士学位了。

季羡林：嗯。我到了哥廷根以后，固定在哥廷根，当时我还不清楚念什么。有一天我到那个教务处，看到外边有教授开课的名单，我发现里边有梵文、巴利文，所以我应该说是狂喜。因为在国内，在清华大学，我旁听了两门课，一门是朱光潜先生的，叫什么来着？

蔡德贵：文艺心理学。

季羡林：文艺心理学，这个课，我还是学了不少东西。因为那时候朱先生刚刚从欧洲回国，讲到的都是当时欧洲最新的东西。另外他自己对中国的这个旧学很有造诣。所以听他那些课，觉得非常有益。

当时，我们有几个学生，就请这个陈寅恪先生开梵文课，陈寅恪先生说我开不了，我不是研究语言学的。所以，我到哥廷根和梵文、巴利文不期而遇。忽然看到这里有梵文、巴利文，我立刻就选了。

蔡德贵：当时您连想都没有想到。

季羡林：没有想到，不知道哥廷根会有什么课。选了以后，任课教师就是Sieg。

蔡德贵：Sieg用中文，就是西克教授。

季羡林：西克。后来他退休了，就是瓦尔德施密特教授，来接替他。

蔡德贵：一开始是西克教授先开的？

季羡林：啊？（没有听清楚）

蔡德贵：一开始是西克教授先开的？

季羡林：西克教授先开的。

蔡德贵：后来瓦尔德施密特教授接替的。

季羡林：后来，学了一段时间以后，瓦尔德施密特教授问我，你是不是想在这个印度学这方面有所发展？我当时答应他，是的。他当时非常高兴。为什么呢？德国人对印度学有兴趣的也不多，选这种文字的也不多。找了我这么一个人，很高兴。他就问我是不是要学下去，我回答说，当然要学下去了。

我到哥廷根的时候，最初还不知道这里有梵文、巴利文。当时脑袋里有一段时间，要学希腊文。

蔡德贵：是不是已经学了点希腊文？

季羡林：学了点。实际上，希腊文是德国中学里的课程，先学拉丁文，然后再学希腊文。所以我学了点拉丁文，就是给希腊文搭搭桥。后来一发现有梵文了，希腊文、拉丁文我就没有学下去。我这个德文教员哪，是我的女房东。

蔡德贵：欧扑尔太太。

季羡林：欧扑尔。怎么讲呢？这个女房东啊，到晚上呢，在睡觉前，把我那个德国被子啊，里面是鹅毛的，要不然，就挤在一堆，（睡觉前必须）得把它弄平。欧扑尔太太的任务，就是帮助我弄平鸭绒被。我自己也弄不平。她喜欢讲话，可又没有对象。她每天晚上，给我来弄平这个鸭绒被，就站在那里不走，就跟我讲，她一天里干了什么事，有什么感想。最初，我不全懂。

蔡德贵：最初还不全懂？

季羡林：其实，那时候强化训练完了。所以我的真正的德文老师是我的女房东。大概听了一年多，听出点门道来了。那时候有几个中国留德学生，在哥廷根，我们组织了一个德文学习班。[①]

蔡德贵：德文学习班？

季羡林：当时就选一篇中国的文章，选哪一篇文章，我忘记了。大家都翻译，把它翻译成德文，然后自己互相评论。

蔡德贵：还互相评论？

季羡林：有那么一个阶段，目的就是提高德文的水平。可后来真正的提高是女房东，她天天晚上都进行教学。我真正的老师是女房东。

蔡德贵：她义务教学。

季羡林：义务教学（笑）。

蔡德贵：她德文很正宗啊？

季羡林：我住的那一带啊，就是德文发音最标准的地方，Hannover 我的德文老师实际上就是女房东，义务的，还不交学费。

蔡德贵：您累了，就喝水，别累着。

季羡林：嗯。我在她家十年没有动。

蔡德贵：十年，要交房租？

季羡林：房租当然要交了。房租是什么呢？我住的是她儿子的房间，她儿子在另外一个城市达姆什达特念工科、工作。她就把这个房间出租给我，一切设备俱全。就是德文老师，我在那一住就是十年，我走的时候，她痛哭流涕。老太太也寂寞。她丈夫是在我在的时候，一天晚上忽然就死了。他死的时候，是我去打电话，报告大夫，大夫就进来，得诊断，说这个人真死了。然后呢，把他送到殡仪馆。都是大夫管的，打电话，就是我，因为她家里没有别人。

蔡德贵：歇会吧。喝口水。

休息之后。

蔡德贵：学术语言还是您自己看书。

季羡林：学术语言就是，到一个印度学研究所。印度学研究所，我每天早晨吃完早点，就去研究所。所长是西克，后来是瓦尔德施密特，全国的印度学研究所也没有几个，柏林大学有，再没有听到别的大学有的。

先生咳嗽。

蔡德贵：您休息一会儿。

季羡林：嗯。

蔡德贵：您在德国也没有过过好日子。

季羡林：我去的时候，还能买到香肠、奶油。我记得，过了不久，那奶油啊，就限制了。那个希特勒准备打仗了，到了后来，那就什么也没有了。

蔡德贵：后来什么也没有了。

季羡林：上面是机声隆隆，下面是饥肠辘辘。

蔡德贵：您在德国那十年，可是受了洋罪了。

季羡林：受了洋罪了，受了八年洋罪，大概是。前两年还行，有东西吃。

蔡德贵：尤其是家里什么样，一点也不知道。身处异乡的那种痛苦。

季羡林：有一首诗，忘记谁做的了："一年将尽夜，万里未归人"。我每年到了旧历年，就背这句诗。"一年将尽夜，万里未归人"。

蔡德贵：是当时在德国的学生做的？

季羡林：不是，是古诗，是不是《唐诗三百首》里有，不记得了。你回去查一查。反正就这两句，和我当时的地位符合。万里未归人啊。

蔡德贵：您传记里好像没有用。

季羡林："一年将尽夜，万里未归人"。

蔡德贵：正好把您当时的心境表达出来了。

季羡林：就是啊。

蔡德贵：德国人不过旧历年。

季羡林：德国人不过旧历年，人家就是过圣诞节。他们一年最重要的就是圣诞节，12月25日，他们过圣诞节。

蔡德贵：和家里中断音信，也是七八年。

季羡林：就是。

蔡德贵：然后就是，西克退休以后，瓦尔德施密特接替。瓦尔德施密特从军以后，西克又来接替。

季羡林：对。西克，就是没有办法啦。老头出来了，早过了退休年龄了，没有办法了。

蔡德贵：两头都是西克。

季羡林：后来，我的博士论文还是瓦尔德施密特。

蔡德贵：瓦尔德施密特从军以后，西克教吐火罗文。

季羡林：我现在回忆，想写一本书，《中外恩师谱》，第一名就是西克，因为我们感情非常深，我们就像祖孙一样。我那时候二十几岁，当时我并不想学吐火罗文，他说不行，非学不行。吐火罗文原来啊，没有人懂，就在咱们新疆发现了吐火罗文的卷子，没有人懂。是西克和西克灵（Siegling）两个，再加一个柏林大学的比较语言学教授舒尔茨（Schulze）。他们三个把（吐火罗文）这个语言弄通了，原来没有人懂，字母认识，但不懂。他们弄懂了，写了一本《吐火罗文语法》。

蔡德贵：这也是一个意外的收获。

季羡林：当然是意外的收获。当时我脑袋里，乱七八糟的外文已经学了几种了。

蔡德贵：七八种啦。

季羡林：我在哥廷根大学还念过俄文。

蔡德贵：您还念过《古兰经》。您觉得《古兰经》比俄文容易。

季羡林：阿拉伯文念过。《古兰经》不难懂。

蔡德贵：《古兰经》您念完了？

季羡林：也没有念完。当时是这个样子，哥廷根大学考博士啊，要求是三个系，我的主系是印度学，两个副系呢，一个是英文，因为英文对我讲起来比较省劲，另外一个呢，就是阿拉伯学，为什么选阿拉伯学？因为印度学研究所，跟那个阿拉伯文研究所在一个房子里边，楼上楼下。

蔡德贵：您过去有个地方说，一个副系是英文，一个是斯拉夫文。

季羡林：那个阿拉伯文哪，我后来放弃了。

蔡德贵：开始是阿拉伯文。

季羡林：原来是阿拉伯文，后来是斯拉夫文，主要是俄文。但是德国规定，斯拉夫文不能是一种语文，必须是两种以上，才能成为一个主系或者副系。所以我选的，一种是俄文，一种是塞尔维亚·克罗地亚文，当时不叫南斯拉夫文。

蔡德贵：俄文很难的，有变格变位。

季羡林：俄文比德文还复杂。

蔡德贵：西克教授实际上是强迫您学吐火罗文。

季羡林：就是啊。

蔡德贵：结果几十年以后，派上大用场了。

季羡林：嗯。那是非学不行。

蔡德贵：学习有时候被动的也有好处啊。

季羡林：嗯。因为那时候，这个梵文研究所在高斯—韦伯楼，高斯—韦伯他们两个发明电话，就在那个楼里。那里边有这个阿拉伯文、梵文、巴利文、波斯文、俄文，都在这一个楼上。

蔡德贵：山东人学阿拉伯语，发颤音是不是比较难啊？

季羡林：阿拉伯文发音，没有感觉怎么难，而且《古兰经》念起来，也不难，它的结构非常的规则，所以我当时想把阿拉伯文做一个副系。一个英文，因为我可以省掉很多时间。后来不知道怎么，对俄文发生了兴趣。俄文不是副系，副系是斯拉夫文，俄文是斯拉夫文中的一种。我学了俄文以后，学了塞尔维亚·克罗地亚文，就是南斯拉夫文。

蔡德贵：歇会吧。歇过来，就说一会。

休息之后。

蔡德贵：咱们就自由了。我做了十几天地下工作者。

季羡林：笑。

蔡德贵：实际上我录的这些她没有用。

季羡林：嗯。

蔡德贵：地下工作者结束了。您继续说吧。我可是觉得读《古兰经》很难的。

季羡林：它这个结构非常明确，《古兰经》啊，它不那么复杂。不像佛教经典那么复杂。这个，这个藏啊？是另外的话题了。这个“藏”，中国没有这个概念，是从印度来的。《佛藏》影响了《道藏》。中国不是有《道藏》，比较全的，想法是印度来的。现在我们不是搞《儒藏》么，《儒藏》呢，儒、释、道三家，《佛藏》、《道藏》都有了，怎么能够没有《儒藏》呢？这个选呢，是这样子，中国的《四书》《五经》先入“藏”，其余就是史部和子部，你像司马光的《资治通鉴》当然要进“藏”的，《儒藏》。

蔡德贵：北大这边进展很缓慢啊？

季羡林：现在也并没有进行，处于一种停止状态。

中国的《四书》《五经》入藏，这个用不着讨论。其他这个子部，还有史部，史部还比较好弄。这个子部最难。个人文集，谁能够有入“藏”的资格，最难。朱熹朱子的，我觉得没有问题。另外，李白杜甫，当然也不成问题，诗人。所以选起来，现在用什么方式，能够进入《儒藏》，集中大家的智慧，把《儒藏》编成不容易。

蔡德贵：现在不集中。北大一摊，人大一摊，四川大学一摊，力量太分散了。经费也成问题。川大已经出了60多册了。北大的《易经》做了一些。

季羡林：北大一个教授专门研究《易经》的。

蔡德贵：朱伯昆先生吧？

季羡林：对。朱伯昆。现在北大也没有怎么做。北大的《易经》一类的做了一些，《易经》的研究，朱伯昆很好。《儒藏》汤一介是内行。还有一个陈什么东西啊？两个字的名字。

蔡德贵：陈什么，北大的吗？

季羡林：北大的。

蔡德贵：那是陈来。

季羡林：哦，陈来这个人还是很有脑筋的。汤一介、陈来都是不错的。

蔡德贵：陈来是工科出身。学工科的，后来转为文科，后来跟张岱年先生读研究生。他做的很不错。

季羡林：陈来他做的很不错的。

蔡德贵：还有一个消息告诉您，就是衍圣公孔德成逝世了，您知道了吗？

季羡林：知道了。

蔡德贵：张旼，与您联系过吗？

季羡林：最近没有联系。张旼现在叫张明。

注释：

①季羡林说：龙丕炎、田德望、王子昌、黄席棠、卢寿我们几个，不约而同地到城外，山下一片叫“席勒草坪”的绿草地，去会面。这片草地，终年绿草如茵，周围古木参天，东面靠山，山上也是树木繁茂，大森林长宽各几十里。

第十三次口述

2008年11月7日上午

季羡林：我原来最多的时候有六只猫。

蔡德贵：是不是“大强盗”有侠气啊？

季羡林：你说侠气也可以。

蔡德贵：我顺便问一句，您写过一幅字，叫做“志当存高远，行不外平常”。过去您写的是“志当存高远，心不外平常”。这个“行”字，和那个“心”字有什么区别？行为的行。

季羡林：我知道。“志当存高远”就等于那个，“极高明而道中庸”，一个意思。“极高明而道中庸”，意志要高，行为要平常。行就是要平常。不能在平常之外。

蔡德贵：不要有傲气，要有骨气。

季羡林：对。

蔡德贵：您那个《御碑颂》不是也找了好长时间，没有找着吗？

季羡林：是《御书颂》。

蔡德贵：后来说是用胶带纸把它绷在木板床底下了吗？

季羡林：对。是《御书颂》。《御书颂》是这个样子，大概是描的。

蔡德贵：描的？不是苏东坡的真迹吗？

季羡林：苏东坡的真迹，描的。所以后来这个，我为什么买那个呢？因为这个思想改造运动，所以这个西单文物商店，原来啊，文物商店，这个东西在文物商店，后来思想改造的话呢，震动很大，所以，西单文物商店自己讲，是假的。假的，就是这样子，描的。不过有一个问题，到现在我还没有了解，为什么呢？因为在这一张纸上，上边有乾隆皇帝啊，题了几幅字，乾隆啊，前边有乾隆写的，中间有乾隆的。它是乾隆御书房里边的镇房之宝。乾隆的字还有。

蔡德贵：那就了不得了，价值连城啊。整理的时候，您见过吗？

季羡林：没有。反正是，就是当时宣传思想改造运动，把人改造得说实话，当时，为政治服务。

第十四次口述

2008年11月7日下午4：00～5：00

蔡德贵：上次您让我查的那句诗，我查出来了。这首诗为戴叔伦[①]所作，戴叔伦在驿中度岁，作《除夜宿石头驿》："旅馆谁相问，寒灯独可亲。一年将尽夜，万里未归人。寥落悲前事，支离笑此身。愁颜与衰鬓，明日又逢春。"

季羡林：嗯。戴叔伦。

蔡德贵：上次说到您在德国哥廷根大学学习了希腊文、拉丁文、俄文、阿拉伯文等，读过《古兰经》。想写一本《中外恩师谱》，第一名就是西克。

季羡林：第二位，当然是瓦尔德施密特教授。第三位是哈隆，为什么呢？哈隆是汉学教授，后来调到（英国）剑桥大学。我一到哥廷根，他就给我搞了一个中文讲师的名义，一个月给我350马克。

蔡德贵：那可帮了大忙了。

季羡林：那当然帮了大忙了。我那时候一去，每月150马克，大概住房用一半，吃饭用一半，350马克成为阔人了。哈隆就是这么的。后来他调到剑桥，本来想让我一起去剑桥大学，我说先回家看看再说。我回来以后呢，当然就走不了了，母老、家贫、子幼，走不了了。当然不一定是母了。家贫、子幼，走不了了。

蔡德贵：婶母也一样。

季羡林：嗯。

蔡德贵：您差一点成为哈隆教授在剑桥大学的同事。

季羡林：嗯。

蔡德贵：第二位是瓦尔德施密特，第三位就是哈隆教授。您是不是还有一些细节，比方说，您省下几个月的面粉和奶油给西克教授做蛋糕。

季羡林：对。

蔡德贵：您还陪瓦尔德施密特教授的夫人去看节目。

季羡林：后来他从军哪，是这个样子。瓦尔德施密特教授原来是少校，后来"二战"一起，被征去从军。德国人的这个娱乐活动，城里的娱乐活动一般集中在冬天，夏天一般不搞娱乐活动，是出去到海滨，洗海水浴。冬天不能到海滨，就在城里边，城里边一晚上一个节目，一个冬天，节目大概有十几个，内容很不同，有的是歌唱家、有的是钢琴演奏家，来演出，内容不一样。往往一包就是一个冬天，大概十几次。后来瓦尔德施密特被征从军，他去不成了。所以陪同师母看节目就成为我的任务。天天，不是天天，一个礼拜有几次，忘了，总起来一个冬天十几次，我陪她看节目，然后看完表演之后，把师母送回家，就是我的任务。因为他们家的房子在城外，城边上，是新盖的。

蔡德贵：大概她也害怕。

季羡林：看完表演，就送师母回家。

蔡德贵：整整一个冬天。

季羡林：嗯。

蔡德贵：这是尊师的一个典范哪。您是冲着瓦尔德施密特老师的。

季羡林：嗯。对。

蔡德贵：给西克教授的蛋糕是怎么做的呢？

季羡林：蛋糕就是这个样子。自己得节省出来，蛋糕是三种东西，一点奶油、面粉、白糖。我节省了大概有几个月，少吃吧。

蔡德贵：那个时候，您吃好多德国配给的东西，肚子里都存气，当时不是说在电影院里，屁声不断吗？大家都在挨饿，很难受的。

季羡林：主要是面包，那个面包的面粉很少，他们讲，是用一点面粉和鱼粉做的。德国侵略别的国家，有一阵，抢了一批鱼，把鱼晒干，磨成粉，掺一点面粉，做成面包，那样的面包，怎么办哪，那当然吃了以后只能放屁。

蔡德贵：电影院里屁声不断了。

季羡林：嗯，嗯。屁声不绝。

蔡德贵：德国人是好面子的。

季羡林：（笑）德国人公开场合不能放屁的。我们中国人也不能，在公开场合也不能屁声隆隆。

蔡德贵：控制不住了。

季羡林：嗯。他那个时候真是控制不住了。他吃的那种面包，必然放屁。因为里面主要不是面，有点面，里面主要是鱼粉。

蔡德贵：骨头大概也磨到里边了。

季羡林：嗯。有一回不知道从哪一个国家弄来一批乌龟，乌龟德国人是不吃的，他们就在报纸上大肆宣传，说乌龟怎么怎么的有营养。

蔡德贵：在报纸上宣传乌龟的营养。

季羡林：大肆宣传。德国人不吃乌龟。

蔡德贵：当时有吃的吗？

季羡林：不吃反正就挨饿。怎么吃，我也不知道。

蔡德贵：刘先志当时养着乌龟。

季羡林：他的乌龟就是分到的。分到以后舍不得吃。就养起来了，起个名字叫“马科斯”。那个空袭的时候，他带着乌龟到郊外去逃空袭，放在包里，是最珍贵的东西。

蔡德贵：您和刘先志[②]来往很多吗？反正经常和他躲避空袭。

季羡林：我们天天见面么。他是搞物理的，后来他回到山东，原来在山东工学院当教授，后来做到山东的副省长。

蔡德贵：合校以后，又成了山东大学的了，山东大学也搞纪念他的活动。给西克除了做蛋糕，还有什么别的事情吧？还记得捧着蛋糕您去的时候，心里是怎么样想的啊？

季羡林：我那个蛋糕就那么一个，我给他一半，我就那么一个，只能给他一半。

蔡德贵：西克夫妇两个激动得老泪纵横。

季羡林：德国人不大装假。所以我跟他西克的关系，形同祖孙。我那时候岁数小。

蔡德贵：您才二十几岁。

季羡林：那时候，本来他已经退休了，但是瓦尔德施密特从军，他又出来。我那时候脑袋里装的语言够多了，不想学。他说，不行。我的本领要全部教给你。首先是吐火罗语。

蔡德贵：他是真看好您了。

季羡林：嗯。就在那个梵文研究所，高斯—韦伯豪斯，在大图书馆对面。后来德国学生都当兵去了，一个比利时人古勒，他来学这个吐火罗语，再加上我，两个外国学生学吐火罗语。老头天天到那个梵文研究所，教这两个外国学生。我记得最清楚的就是，冬天，外边天寒地冻，到了黄昏下班的时候，我扶着他，送他回家，然后我再回家。因为我住的地方离他家很近。

蔡德贵：您的家在曼彻斯特街？

季羡林：我的家住在Münchhausen，明希豪森街，门牌号是20号，离他家不远。就是欧扑尔太太的家。西克的家就在这个街的外面一条街。

蔡德贵：后来这个比利时学生，他吐火罗语学的怎么样？

季羡林：学的很好啊。回到比利时后是大权威啊。全世界没有几个人懂吐火罗语的。

蔡德贵：后来您的日本研究生辛岛静志（也懂吐火罗语）。

季羡林：我冬天每天晚上天寒地冻，德国这个民族老实，当时已经不分国界了。

蔡德贵：说到德国这个民族很老实。送西克教授回家。

季羡林：就是我们差不多也顺路，我扶着他回家。他那时候80岁了，早就退休了，瓦尔德施密特从军之后，他又出来了。德国大学校园里，有一个阶段没有男生。因为都当兵去了。后来，男生回来了，架着双拐，大概不是缺一条腿，就是掉一只胳膊。就那样一个局面，我看了以后，心里很不好受，德国人却处之泰然。

（此时医生进来查房，发现季老腿部有挠痕。）

稍后楚水进来看望，说李国一要来看先生，李国一是李鸿章的孙女。台湾中央研究院的百岁院士。

季羡林：李国一是百岁院士。

蔡德贵：苏雪林还在吗？

季羡林：早就不在了。

注释：

①戴叔伦（732—789），唐代诗人。字幼公，一说字次公。润州金坛（今属江苏）人。大历时，曾应刘晏之召，在其盐铁转运使府中任职。建中元年（780），任东阳县令。此后几年，在唐宗室李皋的湖南观察使、江西节度使幕中。后任抚州刺史。贞元四年（788），改任容州刺史，兼容管经略使，在任上去世。他在任地方官期间，较能关心农业生产，史称“清明仁恕”，有一定的治绩。在大历、贞元间的诗人中，戴叔伦诗是以反映当时农村生活见长的。《女耕田行》写封建压迫下妇女从事田间劳动的艰苦情况；《边城曲》写兵士远戍边城之苦，并以都城长安的豪华生活相对比；《屯田词》表现了诗人对处于苛重压迫和剥削之下的劳动者的同情。这些作品，大多“即事名篇”，采取七言歌行的形式，可以看作白居易所提倡的新乐府体的先导。五律《除夜宿石头驿》等，则情景交融，真挚动人，颇为历来传诵。晚唐诗论家司空图在《与极浦书》中曾援引过戴叔伦论诗的话：“诗家之景，如蓝田日暖，良玉生烟，可望而不可置于眉睫之前也。”对宋、明以后主张神韵、性灵的诗人产生过影响。《新唐书·艺文志》著录戴叔伦《述藁》10卷，已佚。《全唐诗》录其诗2卷，其中有别人之作羼入者。《全唐文》录其文两篇。事迹见《新唐书》本传及《唐诗纪事》、《唐才子传》。

②刘先志（1906—1990年），力学家、工程教育家。长期从事力学教学、研究和教学组织工作。在固体力学、流体力学、一般力学、振动力学、传热学、应用数学和机械工程等许多领域中都进行过研究工作，并作出了贡献。山东省高密市人。1926—1930年在燕京大学数学系学习，获理学学士学位。1934—1939年在德国柏林工业大学机械系学习，毕业获特许工程师学位，并留校任教。1945年毕业于德国哥廷根大学数理系，获自然科学博士学位。先后任上海工务局正工程师，上海同济大学教授、教务长，无锡开源机械厂（现无锡机床厂）设计部主任、山东工学院（1983年改名山东工业大学）教授、教务长、副院长、山东省工业厅副厅长、山东省第四、五届政协副主席、山东省副省长。

第十五次口述

2008年11月10日下午4：30～5：10
（这天是讲得最不清楚的一次）

蔡德贵：这是那一天去崔如琢先生家，他给您题款的2009年的小台历，"季公方家雅正"，崔如琢。您上次讲到西克、瓦尔德施密特和哈隆教授。

季羡林：就他们三个。

蔡德贵：还有没有别的要讲的？如像布劳恩？

季羡林：那布劳恩（不是直接的老师）。得要几个啊？

蔡德贵：不知道啊。中外恩师谱里，德国您说了三个了，说到西克、瓦尔德施密特和哈隆教授，几个您自己确定。其他的还有要说的吗？

季羡林：中国的我写了什么？

蔡德贵：中国的，您还没有具体说，但是说到的，朱光潜、陈寅恪您说到了，吴宓先生您说到了。不过说的还不是很细，随便您什么时候想到了，什么时候想说，您自己考虑，都可以打乱次序。

季羡林：嗯。我还得仔细考虑。

蔡德贵：对，没有关系，我们也不着急。

季羡林：现在我们干吗呢？

蔡德贵：德国还要讲什么吗？

季羡林：《留德十年》我都忘记了，写了些什么东西呢。

蔡德贵：主要上的课程都有了，自传里都提到了。然后交往的人里边，这三个教授都提到了。毕业论文，伊姆加德那边，传记里都提到了，房东欧扑尔太太，教您德语，也提到了。

季羡林：（我们当时念）房东叫奥扑尔太太。

蔡德贵：对。

季羡林：国内第一个当然是陈寅恪先生了，那没有问题。第二位就是汤用彤先生。

蔡德贵：他在北大开魏晋玄学的课，他讲的课您都听完了。

季羡林：整个的听完了。我那个笔记本可惜……他自己没有讲义，我记得最详细。所以汤一介说，那个笔记本，我记的，现在放在什么地方不知道了，他自己没有讲义，将来找出来，会是一个很有价值的东西。

蔡德贵：他当时连打印的讲义也没有发？

季羡林：嗯。什么都没有。

蔡德贵：当时在北大，正教授听正教授的课，您是独家啦。

季羡林：嗯，对。我不但听我的真正的老师的课。就是比我年轻一点的周祖谟，比我小的老师，周祖谟先生的课（我也听）。

蔡德贵：他的课您也听了？

季羡林：嗯，他的课我也听，语音学，我也听了。

蔡德贵：就是音韵学和训诂学吗？

季羡林：我缺什么，听什么。

蔡德贵：周祖谟先生的课，您也记笔记了吗？

季羡林：我听了起码一个学期。我听，就是一堂不缺。

蔡德贵：您也记笔记了？

季羡林：也记笔记。

蔡德贵：您速记很快的，在济南高中，您记过地理老师的报告。

季羡林：那是这样子，他是临时世界形势报告，祈蕴璞（老师讲的），他报告过。因为那时候，那个中学里的很多老师，也都不大念书。加一个“也”字。祈蕴璞呢，是例外，他会日文，英文大概不行。所以他买一些日文书，爱惜书啊，鲁迅先生爱惜书的，祈蕴璞也爱惜书。祈蕴璞先生爱惜书，是这样子，他把书放在自己大褂的袖子上翻看（用手比划着），生怕把书弄脏。他上的是世界大事，不是一门课，就是临时形势报告。讲了几次，也忘记了。我反正都有笔记。所以我当时对他非常佩服。

蔡德贵：您说他是真正念书的老师。

季羡林：他是念书人。

蔡德贵：他是山东人吗？

季羡林：山东，他是（益都人）。他嘴是说话有点结巴。他说"石榴拉"三个字，来调节结巴的。

蔡德贵：是开头讲吗？

季羡林：不是一开头，讲的中间"石榴拉"。"石榴拉"（也不知道什么意思），没有意思。当时我对他特别佩服，那个中学教员啊，一般是不求上进。他们觉得，弄一个中学教员也不容易。在济南的教高中的教员呢，有北大派和师大派。师大派呢，占上风，因为师大本来就培养教员的么。清华大学的没有，我是一个例外。因为清华那个，我在那里的那一年，也是不得已而为之，我没有别的事可干，而且我教国文，我是学西洋文学的，当时都是文言哪。文言，我也不能说一点造诣没有，就是当时我在正谊中学念书，下午三点以后下课了，就找了一个老师徐金台，台湾的台，他教《左传》哪，就教那些书。每天下午三点下课后，徐金台老师上古文。晚上回家，吃完晚饭，就去尚实英文学社学英文。我这个人哪，比较内向，我叔父大概认为我这种人没有什么出息。所以，他看我大概（没有什么希望），就逼我考邮政局，没有考上。

蔡德贵：邮政局那时候的管理者是外国人吗？

季羡林：外国人。

蔡德贵：是外国人管理。

季羡林：外国人。

蔡德贵：那是怎么回事呢？凭您的才能应该没有问题啊。

季羡林：不行，反正没有考上，如果考上，就麻烦了。一辈子就邮政局了。那是铁饭碗，你只要不犯错误。

蔡德贵：那就没有后来的梵文、巴利文、吐火罗文了。

季羡林：嗯，没有这个了，都没有了，德国也去不成了。当时，这个，我给你讲过，就是清华大学、北大我都考上了。为什么选清华，就要出国，我是押宝，让我押中了。如果不考清华，还就真出不去。当时那个，不是当时了，多少年来都是重理轻文，国家，每个省派出去的留学生都是理科的，文科的留学生没有。所以那时候，有钱的人可以自费留学。我们家里边，那时候是中产之家，够上够不上，反正是有饭吃，不太缺钱。就这么一个水平。所以我押宝呢，就押到清华，让我押中了。就是我在济南教那一年高中啊，也很吃力。

蔡德贵：很吃力？就是学的国文还不够用的？

季羡林：吃力。都是文言文哪。

蔡德贵：全部课本都是古文啊。

季羡林：所以，我这个对《辞源》，老的《辞源》，不是新的。这新的《辞源》哪，你大概没有对过。

蔡德贵：我有一本老《辞源》，是大厚本的，大概很早的。

季羡林：郑孝胥写的字。这新《辞源》哪，是越来越差，因为什么？我要查《辞源》，主要是古典的。这新《辞源》呢，把古典去掉一部分，增加了一些新词，所以不伦不类。所以我查辞源哪，也有本领。那年就靠查《辞源》。

蔡德贵：靠《辞源》就应付得了国文课了？

季羡林：嗯？应付不了，也得应付啊。那有什么办法啊？我主要是查典故。我选的文章，大概我喜欢的，就是文章写得好的，从《左传》开始，下面就是司马迁，我对那个司马迁的那个《报任少卿书》，原来我背得滚瓜烂熟。后来我选的文章都是那种抒情的。那个《报任少卿书》也是抒情的。他受了宫刑，一肚子牢骚。司马迁啊，他对李陵说了一句话，就这样，下蚕室①，受宫刑。李陵啊，不是后来出来赝品，《李陵答苏武书》，"苏武牧羊"么，他们两个其实没有关系。

蔡德贵：牟善初②牟院长，当时是您的学生。

季羡林：嗯，就是那一年。他的文章写得好啊。别的也看不出来。别的不教。那时候还没有白话。为什么呢？"五四"运动提倡白话文，那时候还没有怎么彻底，所以还都是文言。

蔡德贵：其实高中学点古典的可能比现代汉语更为有用。

季羡林：应该有（古典的）。我觉得，原来我也提倡过，这个高中学生啊，高中文理分科，我就不赞成，不能文理分科。文理分科，考大学，文科高中啊，数学这一关很难过。我自己就是这样子。我高中学了点数学，就到小代数，平面几何。

蔡德贵：微积分没有学。

季羡林：没有到那个程度。

蔡德贵：立体几何没有学吗？

季羡林：立体几何？几何里面立体、平面，当时也没有那么清楚。所以到了我考大学，数学这一关哪，很麻烦。

蔡德贵：您不是考了4分么。

季羡林：我考了4分，后来到清华呢，我还想入数学系，你说怪不怪啊？那个数学系我想上。

蔡德贵：那您比臧克家好多了。

季羡林：他？不知道。

蔡德贵：他考山东大学，数学是零分，语文是98分，写了几句话。数学考零分。

季羡林：哦。山大可以啊。

蔡德贵：两门，数学零分，语文98分。

季羡林：那时候我们山东的学生一流的，都不考山大。我那一年，到北京考学的有80个人，大概是。

蔡德贵：您对宋还吾先生很感激的，给了一只饭碗啊。

季羡林：当然很感谢，就是啊。那个工资很高啊，160块现大洋，这个助教啊，80，比助教高一倍。

蔡德贵：您在高中教书，自己买了英国老飞鹰牌自行车[③]？

季羡林：买了自行车。因为高中在杆石桥，我在佛山街。平常我不住在学校里面，就骑自行车，走过那个正觉寺街，就走那条街。

蔡德贵：那5分钟就到了，一溜往西去。

季羡林：往南，佛山街南边。佛山街、朝山街，朝山街是直通苇子门那条街，往左一拐就是佛山街。

蔡德贵：自行车是进口的。

季羡林：进口的，那时候国内啊，造不出来。后来，你是永久牌的、飞鸽牌的。

蔡德贵：那晚了。

季羡林：开玩笑啊。

蔡德贵：您这一年里，在济南每周和朋友去吃饭馆。

季羡林：就是，反正那个工资很高。我也不全给家里边，幸亏我留了，没有全部给家里了。要不留的话，去德国就没有钱买车票了。我不像乔冠华，乔冠华家里有钱，人家不在乎啊。我到德国买车票，得自己对付啊。到教育厅，我跟何思源去要钱，要200块大洋，没有要来。还是宋还吾陪我，他没有给。④

蔡德贵：宋还吾的面子也不给。

季羡林：到了后来……当时我就讲：我说，何厅长，你给留一个将来见面的机会啊！到了后来，果然，我回到北京后啊，在北大教书，何思源呢，调到北京，做过（北京市）市长。有一个山东中学，不是校友会，董事会吧。我不是山东中学的，我当董事，我和李广田都是董事。我见到何思源，他也是董事。我对他说，当年跟你要200块钱，你不给。他说，我都忘记了。

蔡德贵：他是清官吗？

季羡林：他反正是，我们也没有什么好谈的。他走之后就是王寿彭，状元做教育厅长兼山东大学校长。

蔡德贵：王寿彭早。

季羡林：哦。

蔡德贵：您在高中的学生里面，除了牟善初，吴传文是一个吧？

季羡林：吴传文是。

蔡德贵：最好的学生里边，还有两个当过很大官。

季羡林：嗯。

蔡德贵：牟善初是一个，还有其他的。

季羡林：牟善初，他写的文章，写得好。

蔡德贵：您那时候在山东民国日报主编的《留夷》有没有发表他的文章？

季羡林：我是主编，发表过《游灵岩》，现在找不着了。

蔡德贵：找不到了，哈佛大学图书馆都找了，没有。清华大学连《山东民国日报》都没有。

季羡林：嗯。

蔡德贵：还有个陈丽妫（guī）。

季羡林：他念wěi。

蔡德贵：还有孙玺琪。

季羡林：孙玺琪，对，后来革命啦。东北哪一个省的书记。当时的那个文章里面就流露出革命的情绪。

蔡德贵：还有张国珍。

季羡林：嗯。

蔡德贵：还有王绍祖。

季羡林：王绍祖印象不深了。

蔡德贵：三个年级各一个班。

季羡林：嗯。

蔡德贵：那时候您和吴传文一起打乒乓球，也是校园里的一景了？和学生玩，也没有老师架子[5]。

季羡林：少见。我和小孩玩玩也可以。那时候济南一中有一位老师，我和他打了一年乒乓球，没有赢一次。一中的，一中和高中，一左一右。

蔡德贵：那时候济南高中和济南一中不是一个学校？

季羡林：一中那是济南顶呱呱的学校。

蔡德贵：还有曹州六中吧？

季羡林：曹州府六中，菏泽，就是后来的菏泽六中，（学校里）有六中、北大、美国哥伦比亚大学毕业生很多。教育厅的一个科长，就是六中、北大、哥伦比亚留学回来的。那个哥伦比亚留学回来的，在高中教书的很少。那留美的学生在高中，有留学生，还有法国的。法国的这一派，在济南高中不行。有法国的，蒋程九就是留法的。后来蒋程九[6]是，由于他的背景，他（解放后）到社会主义学院去了。社会主义学院是专门对民主党派人士办的。蒋程九到那里了。

蔡德贵：当院长去了吗？

季羡林：不是院长，学员。

蔡德贵：解放初吗？

季羡林：解放后啊。不解放，不会有这个。

蔡德贵：您和蒋程九共事过一段时间。

季羡林：嗯。应该是。王大牛跟我同事。

蔡德贵：王大牛没有什么行政职务？

季羡林：王大牛教书，我在那里教书。蒋程九、王大牛，还有李井泉。

蔡德贵：哪个井，水井的井吗？

季羡林：水井的井。也是法国留学生。蒋程九是教务主任。

蔡德贵：当时教国文的老师还记得吗[⑦]？

蔡德贵：冉性伯教您点名。

季羡林：冉性伯，他就传授经验，说你这个教书，首先把那个名单（点名册）念熟。不认得的字，查字典。不然，到了课堂上，临时救急的办法，如果碰到不认得的字，先空着，不念，然后问：还有遗漏的没有？就站起来了，你叫什么名字？

蔡德贵：您遇到过吗？

季羡林：没有。

蔡德贵：您有没有不认得的名字呢？

季羡林：没有不认得的了。我小心，都查过字典了。这是传授经验，这个经验很重要。

蔡德贵：是不是那时候的学生还有比您大的？

季羡林：有比我大五六岁的，有的二十七八啦。

蔡德贵：有没有大学生想欺负您这个年轻教师？

季羡林：倒没有给我捣乱的。因为我这个人处事待人比较温和，没得罪人。

蔡德贵：像牟善初算岁数大一点的吗？

季羡林：他不属于那个偏大的。大的是什么呢？我记得曹州府的大地主的孩子，在家里念私塾，念了好几年，想拿一个证书。我在新育小学的时候，一进门南面那个房子，就有一些曹州府大地主的孩子。有一次，有一篇文章，《游开元寺》，那时候我的文言文哪，那个水平很差。而他们在家念过私塾，游完开元寺之后，写的文章贴出来了，老师批了几个字：颇有欧苏真气。不过这个老师，也就这么个水平。他自己也不见得会写得出来

蔡德贵：他们国文底子不错。累了就歇会。

季羡林：嗯。

注释：

①蚕室即宫刑异名。

②牟善初，1917年生于山东省日照县。原解放军总医院副院长，现任中华老年医学会名誉主任委员、总后卫生部专家组成员等职。济南一中1936年毕业生，1937年—1943年在中央大学医学院医疗专业学习并获学士学位。1944年—1948年任前南京中央大学医学院医师、讲师，1949年—1958年任第四（五）军医大学内科代主任、副教授，1958年—1974年任第四军医大学附属一院内科主任、教授，1974年起，任301医院主任医师、教授，1986年起担任中央保健委员会内科总医师。曾任中华医学会理事、中华老年医学会主任委员、中华老年医学杂志副主编、中华医学杂志、中华内科杂志编委，全军老年医学专业组组长。牟善初教授是我国著名的心内科及老年医学专家，是我国老年医学的创始人、医学超声波的开拓者。1958年与心外科专家一起开创了国内体外循环治疗心脏病的先河。1950年领导参加了血吸虫病防治工作，提出了一整套防治措施在全国推广，为治疗血吸虫病做出了重大贡献，为此荣立二等功。一直在临床第一线工作，医术精湛，医德高尚，多次担任党和国家领导人的医疗保健组组长。2003年8月6日已87岁的牟善初老院长说："昨天第一次分享了恩师季羡林的生日蛋糕，而且是在自己就职的医院"。他感慨之余，思绪回到70年前的国文课堂，"当时，季老用'这个太婆不是人，却是天上一个神，生来儿子会作贼，偷了蟠桃献母亲'的祝寿词，启发学生写作文要有波折、跌宕。"

③据弭菊田（妹夫，即秋妹季惠林的丈夫）说：季羡林回到济南以后，叔父婶母非常高兴，特意买了辆崭新的自行车（英国老飞鹰牌）送给他。季公非常爱惜这辆自行车，每天下午回家都要擦洗一番。后来很晚了，有什么飞鸽牌的永久牌的。有一次他的内兄彭平如（书法家）向他借骑一下，他说什么也不肯。彭公甚为恼火，于是趁其不在时，在自行车前放一香炉，插上三炷香，向人们诉说，他把自行车"供"起来了，言下颇有揶揄嘲讽之意。

④8月以后，应母校山东省立济南高中校长宋还吾先生的邀请，回母校任国文教员。宋还吾时称成武三杰之一（与杨鹏飞、孙东生并列），在济南高中教过的学生，一共是一年，三个年级，三个班，学生中牟善初（心脏病学家，山东日照人。是为开国元勋保健的善于与病魔作战的将军）、杨翼骧（山东省金乡县人，南开大学

历史系教授，已经去世）后来成为著名学者。而赵修德、梁千仞等成为革命军，后来是高干。

⑤学生中还有：杨翼骧（1918—2003）当代著名史学家，在中国史学史研究领域贡献卓著，他在中国史学史史料的整理与编纂上做出了开创性成绩，并在研究中形成了特有的治史精神和平实文风。自20世40年代开始涉足中国史学史，是新中国史学史学科的奠基人之一，在西南联大、北京大学、南开大学讲授中国史学史课程，主编了第一部史学史词典，《中国历史大词典史学史卷》历经半个多世纪的教学和科研生涯，桃李芬芳，著述等身。

⑥季羡林在《回忆济南高中》中说：教务主任是蒋程九先生，山东人，法国留学生，教物理或化学，记不清楚了。我们是高中文科，没有上过他的课。据学生杨翼骧的资料：当时的省立济南高中，聚集了许多日后成为大学教授、知名学者的教师：数学老师缪蕴辉，物理老师周荫阿，化学老师蒋程九，英文老师张友松、卞之琳、顾绶昌，国文老师李何林、季羡林等。

⑦季羡林当时教国文的同事有山东人冉性伯、江西人童经立、安徽人李何林，他们每人教一个年级的三个班，而季羡林教三个年级的各一个班；其他同事有英文教员张友松、顾绶昌，历史教员梁竹航；“王祝晨老师也在这里教历史，我们成了平起平坐的同事。在王老师方面，在一师附小时，他根本不会知道我这样一个小学生，他对此事，决不会有什么感触。而在我呢，情况却迥然不同，一方面我对他执弟子礼甚恭，一方面又是同事。心里直乐。”

第十六次口述

2008年11月11日下午3：40～5：00

先生这天的眼睛非常好。

进去以后没有多一会，护士给先生眼睛贴冷敷，用两块冷敷胶布贴住两只眼睛。十几分钟之后，先生着急，让护士拿下去。然后说，要解决大问题，吃喝拉撒睡是大问题。先生要如厕。先生的护工岳爱英用轮椅推先生时，方向不是平常的顺时针，而是逆时针方向，先生说："你怎么这么快啊，我本来就糊涂，这样我不是更糊涂了吗"？护工说："不是难得糊涂吗？"先生说："我现在糊涂也不难得了"。

蔡德贵：讲到国内的恩师，第二位是汤用彤先生。第一位是陈寅恪先生。还讲到听周祖谟的课。

季羡林：听课不等于老师，周祖谟我光听课。我比他还年长。那时候我们都在（沙滩）北楼，我那个系主任办公室在二层，三楼就是上课的地方。所以下来就是办公室，上去就听课。我听课，最有意义的就是听汤用彤讲魏晋玄学。后来汤一介告诉我，汤用彤讲课没有稿子。我记得非常详细，那个本子好多年我没有回家，回家可以找一找。

国内的，第三位就是胡适。胡适的课我没有听过，不过他的书，我读的是很多的。后来我到北大来的时候，他是校长。胡适那个人，是"我的朋友式"的人物。他的口头语是："我的朋友"，他也真是像我的朋友。有一次，我给你说过这个故事，我在他的校长办公室，进来一个学生，学生显然是地下党员，而且跟胡适很熟。进来以后，他说胡校长，延安哪，传来信息，请您不要走，请您做北京大学校长兼北京图书馆的馆长。胡适笑了一笑，说了一句很有意思的话：人家，信我吗？

蔡德贵：人家信我吗？

季羡林：人家就是共产党。后来，胡适，那时候邓广铭是他的秘书。

蔡德贵：邓广铭也是山东人吧？

季羡林：嗯。邓广铭是山东老乡。他告诉（我们），蒋介石在南京搞总统选举，扬言说要胡适当总统。我们都不相信，蒋介石是干吗的啊？他是大流氓，他掌权，怎么会让胡适当总统呢。哪有那么回事啊？而胡适真有点信，很幼稚。

蔡德贵：胡适这么幼稚。

季羡林：有一年旧历十二月，北大校庆怎么（的），北大校庆，我搞不清楚，在12月中旬[①]，我也搞不清楚到底为什么是12月中旬，那时候解放军已经围了城啦，我们就讲，校外炮声隆隆，我们说是为北大校庆放礼炮，庆祝北大校庆。后来，外边的机场去不了了，在东单，东单现在看不出来了，东单原来啊，有一块空地，飞机在那里可以勉强起飞。那时候到南京或者其他地方，都是从那里起飞，东单。现在看不出来了。

蔡德贵：胡适就是从那里走啊？

季羡林：胡适就是从那里起飞到南京的。走了以后，我们有过争论，他走得对不对。他走的时候，我们当然认为他不应该走。后来随着情况的发展，让我们这些主张不该走的人改变了主意，认为他走得好。要不走，有两重身份，一个是批判的对象，就是从学术来讲，批判的靶子，胡适是最好的靶子。

蔡德贵：实用主义是他特别提倡的。

季羡林：另外一个，就是1957年的右派。他要不走，如果不划右派，那才怪呢。所以，我们后来认为他走对了。我到台湾以后，不是有一篇文章吗，《站在胡适之墓前》，那时候当然没有讲得那么详细，那个心情就是，认为他走得还是对的。离开北京以后，到台湾，他就来往于台湾和美国之间。当时他还在研究《水经注》。有一点，他不是研究《水经注》么。

蔡德贵：已经入迷。

季羡林：入迷的这个例子，我也说过。有一次，北京图书馆袁同礼[2]，他是馆长。袁同礼，那时候首都在南京，他俨然是北京的南京政府外交部的代表。只要有外宾来，他都请客。

蔡德贵：袁同礼是双重身份吗？

季羡林：不是外交部，那是我们给起的，外交部没有那么个代表，只要有外宾来，他就请客。图书馆反正有钱。胡适到南京的时候，北京已经被围城了，他派专机到北京接人，他有个名单。名单里接的有很多人，首要的是汤用彤。[3]

蔡德贵：那个名单有没有您？

季羡林：我当然不够资格，那时候我是个小毛孩子，不够格的。大概有汤用彤、徐炳昌，还有马衡[4]，故宫博物院的院长。胡适在南京机场恭候，与老友见面。结果飞机一到，名单上有的，一个也没有去，名单上没有的，毛子水倒去了。听说胡适当时大哭，哭了一场。那时候，北京IE知识分子的心理是这样子的：共产党我们不了解，但是国民党我们了解啊。怎么能跟他走呢？

蔡德贵：结果名单上的一个没有去，就是毛子水去了。毛子水是北大图书馆馆长吧？

季羡林：毛子水走了，北大图书馆馆长。那个人也不能说是学者，也没有什么著作。

蔡德贵：他的名气还是很大。

季羡林：名气不知道啊，北大图书馆馆长也是个人物啊。到后来我们到台湾，胡适在台湾的墓，那个字都是毛子水写的：胡适之先生之墓。胡适这个人，我们说，他当然反对共产主义，可是从来没有写过文章骂共产党。国民党他倒是骂过，他说“知难，行亦不易”，孙中山不是说“知难行易”吗？胡适说“知难，行亦不易”，主要就是针对孙中山那个的。后来我们认为他走得对，理由就是，一个是批判的靶子，一个是1957年的大右派。

蔡德贵：他走了以后，照样批，空对空批判了一通。

季羡林：后来空对空，批得不少啊。

蔡德贵：我们学习过批判他的材料。

季羡林：他是资产阶级知识分子的代表，他这么个身份。

蔡德贵：他对员工特别好。

季羡林：胡适这个人是这样子，对什么人都是这样子，"我的朋友"么，包括那个工友，就是对校长办公室工友。那时候在北京只有一辆私人汽车，就是胡适的。

蔡德贵：您那个时候是35岁。

季羡林：嗯。沈崇事件，你知道。北大、清华的学生，所有大学学生都起来示威，打倒美国帝国主义。北京那时候，国民党军队的头是李宗仁，他是桂系，广西的，与蒋介石合作。沈崇事件一出来，学生闹学潮。蒋介石派的是北京市宪兵第五团，蒋介石的贴身队伍，去抓了一些学生。后来，胡适就坐他那辆北京仅有的一辆汽车，奔走于李宗仁和其他党政要员之间，（要他们）释放学生，抓学生不行。

蔡德贵：他这个人很有正义感。

季羡林：他这个人，就是，聪明是聪明。就是，人说，一心不可二用。他一心，一个是做学问，那真是好料子。另外他又想当大官，当总统。

蔡德贵：政治幼稚病。

季羡林：嗯。政治幼稚病。蒋介石是坏蛋，他认识不清楚。我们那时候也不清楚，不过蒋介石是坏蛋，这个，大家啊，老知识分子都知道。蒋介石到北京来视察工作，住在后圆恩寺[5]。那个房子，后来康生在里面住过。我也去过，后来成为高级饭店，那是解放后，在那里吃过饭。

季羡林：我从来也不相信（鬼）。原来我住在东厂胡同，明朝杀人的地方，那是北京有名的凶宅，说有鬼。我就住在里面，因为进门好几层院子，第四层我住的。晚上有人去找我，先得问季羡林是不是在里面，如果不在里面，谁也不敢进去。我有一篇文章，叫《马缨花》，就是写这个。因为我在国外多年，不信鬼，也不信神。没有这个玩意儿。现在世界上鬼神是不存在的。

蔡德贵：很多人佩服您，研究了一辈子宗教，但是没有信任何宗教。

季羡林：于道泉哪，在英国念书，陈寅恪在那里治眼睛，陈寅恪在那里视网膜脱落。范文澜也是视网膜脱落。后来医生就劝他吃海参，说海参有胶质，可以粘起来。后来这个于道泉在英国留学，怕这个陈寅恪先生寂寞，天天到医院去陪他，念什么呢？《资本论》。陈寅恪就告诉我，他哭笑不得，说我不相信共产党，他天天来给我讲共产主义。于道泉的妹妹于若木，陈云的夫人，已经嫁给陈云。后来于道泉从英国回来，他这个妹夫，想培养培养这位大哥，把他接到他家里边，过了一阵，观察他不是做官的料子。于道泉是有意思，一方面给陈寅恪讲这个马克思主义，另外一方面，研究鬼。他作为一个课题研究鬼。还研究在碗里种豆子，无土栽培。于道泉是个天才，天才往往有怪癖。另外那个沈有鼎，也是个怪才，沈有鼎架着双拐，提着走。两腿走路，架着双拐，不用，他双拐提在手里走。他是金岳霖的学生。金岳霖说最有天才的之一，就是沈有鼎。

我在高中啊，学过逻辑。结果到了清华呢，清华那个规定，每个文科的学生必须选一门理科的课，那时候让我选什么？物理、化学，我一窍不通。后来又规定，逻辑可以代替，所以结果，清华教逻辑的老师满堂。第一个金岳霖，第二个冯友兰，另外一个张崧年。结果这个哲学系啊开会，我最愿意去旁听。因为一开会，冯友兰和金岳霖就辩论。有一次辩论一个问题，很有意思，说我们现在，在这里，是存在，在两千年以前，我们知道不知道？当时可能不是用的知道这个词。辩论的结果呢，每次都是冯友兰脑袋瓜不如金岳霖灵，磕巴嘴，往往越辩论越说不清楚。金岳霖呢，是挥洒自如，那个聪明。我上过金岳霖的课，清华规定必须选逻辑代替理科的课，逻辑当然选金岳霖的啦。有一次，金岳霖在逻辑学的课上说，中文我讲不下去了，我用英文讲吧。因为他学的逻辑学是通过英语学来的。

蔡德贵：结果，您就多听了英文的课了。我们在学校的时候听说一个笑话，郑昕先生讲康德，也不知道是黑格尔的，说讲着讲着，哭了，说自己讲不下去了。他是不是一级教授？

季羡林：郑昕是不学无术。一级教授就是哭出来的。两个哭来的。一个杨晦，（都是哭出来的教授）。原来这个没有排级的时候，一调整工资，北大几个老头，翦伯赞、杨晦、曹靖华，都排在前边，到后来决定一级教授，这就麻烦了。几个老头，都是不念书的，一级当然选不上了。从那以后工资就上轨道了。有一段时间我们拿工资，以小米折合钱币，我是1100斤小米。哪一年我记不住。

蔡德贵：1952年前后，东方语专合并来的时候。

季羡林：差不多。

……

季羡林：也没有什么（窍门）。那时候济南，有个本地的班子，三个大名：一个胡风亭，胡风亭演丑角的，女的叫云金兰，云金兰、胡风亭。我看过他的戏。那时候，这个我们住在佛山街啊，火神庙，有一年火神庙，从来没有过给火神上供，火神庙演戏了，我去看过了。胡风亭、云金兰，还有耿永奎。

有一次金岳霖告诉我，就是那个金先生啊，他说，都说他糊涂，也说潘梓年糊涂。潘梓年，那时候中国科学院那时候还没有分院，潘梓年是哲学社会科学部的主任。就有一次，说是大家赛一赛，究竟谁更糊涂。果然开会了，签名，金岳霖讲，我姓什么来着？大家都说，你姓金，金岳霖。啊，金岳霖。问潘梓年，也是：我姓什么来着？大家告诉他，潘梓年。他又问：哪个潘哪？结果潘梓年获胜了。因为潘梓年更糊涂。（大笑，笑得眼睛眯起来了）

注释：

①据钱耕森先生《解开北大校庆日的百年之谜》一文（发表于1998年8月5日的《中华读书报》）：一般学校的校庆日，都来自于该校成立之时的首次开学日。按照这个惯例，北大的校庆日应来自于其前身京师大学堂于戊戌年（1898年）创建时的第一个开学日。新北大的5月4日的校庆日，是为了纪念1919年爆发的著名的“五四”运动而特别改的，当然与100年前京师大学堂的第一次开学日无关。那么，老北大的校庆日，是12月17日。这一天是否就是北大一个世纪以前的首次开学日呢？12月17日，确是老北大的校庆日。1948年，是北大50周年。老北大就是在12月17日的校庆日，举行50周年大庆的。时任北大校长胡适于1960年还回忆说道：“北大五十周年校庆，是民国三十七年（即1948年——引者注）十二月二十七日。”（胡颂平编著：《胡适之先生年谱长编初稿》，台北联经出版事业公司1984年版）

②袁同礼（1895—1965）河北徐水人。字守和。1916年毕业于北京大学，入清华图书馆工作。1920年赴美国，先后入哥伦比亚大学历史系与纽约州立图书馆专科学校学习。1924年归国，任广东岭南大学图书馆馆长。1925年任北京大学目录学教授兼图书馆馆长、北京图书馆协会会长。1926年任北京图书馆图书部主任，翌年6月任副馆长，1929年1月任馆长。1929年8月北平图书馆新馆建成，蔡元培任馆长，袁氏改任副馆长，代理馆务。1937年抗日战争爆发后，在西南从事图书资料的搜集

整理。1945年5月获美国匹兹堡大学法学博士名誉学位，9月返国任北平图书馆馆长。1949年9月出席在巴黎举行的联合国教科文组织会议后去美国，在国会图书馆任职。1951年任斯坦福大学研究所编纂主任。1957年参加美国国会图书馆编目工作。1965年退休。在北平图书馆任职期间，多方筹集经费，1934年派王重民去巴黎法国国立图书馆拍摄敦煌遗书，并协助伯希和对其手稿进行编辑整理；1935年派向达去伦敦影印及研究英国博物馆所藏敦煌写经。王、向二氏共摄回照片一万二千余张，入藏于北平图书馆。1944年8月敦煌土地庙遗书发现后，曾上书教育部请求将其收藏于北平图书馆。撰有《国立北平图书馆现藏海外敦煌遗籍照片总目》。

③1999年季羡林访问台湾回来写出的《站在胡适之先生墓前》说：五十年前在北平结识的老朋友，比如梁实秋、袁同礼、傅斯年、毛子水、姚从吾等等，全已作古。我真是"访旧全为鬼，惊呼热衷肠"了。天地之悠悠是自然规律，是人力所无法抗御的。

④马衡（1881—1955）字叔平，号无咎、凡将斋主人，鄞县邱隘盛垫桥人。早年肄业于上海南洋公学。1917年任北京大学附设国史编纂处征集员，后受聘任北京大学讲师。精于史学，能诗善书工篆刻，与沈尹默等主持北大书法研究会。1923年任北大史学系教授，兼研究所国学门导师，旋任考古学研究室主任，奠定北大考古学科基础。既专注室内拓片、文物研究，更注重实地考察。同年赴新郑、孟津考察出土铜器，次年赴洛阳调查汉魏石经。1925年任故宫博物院理事，主持古物馆。次年任博物院维持会常务委员。1927年初讲学日本，回国后任故宫博物院管理委员会干事兼古物馆副馆长。次年参加辽东半岛貔子窝考古发掘。1930年任燕下都考古发掘团团长，参与考察发掘。1933年初任中央古物保管委员会委员，9月任国立北平故宫博物院院长兼古物馆馆长。1935年兼任故宫博物院南京分院工程委员会委员、吴越史地研究会评议。抗日战争期间，负责抢运文物到内地，对保护国宝殊多贡献。北平解放前夕，拒去台湾，又设法延滞国民党政府空运故宫珍宝去台湾，使大批珍贵文物得以留在大陆。新中国成立后，任故宫博物院院长，仍致力文物保护研究。1952年任北京市文物整理委员会主任委员。毕生从事金石考古研究，于秦石鼓、汉魏石经及古代度量衡有深入研究，考释新朝王莽时代"新嘉量"，依据实物作《隋书·律历志》的十五等尺的阐述，擅书法篆刻，著有《汉石经集存》、《凡将斋金石论丛》等。病逝北京。

⑤后圆恩寺胡同东起交道口南大街，西至南锣鼓巷，与黑芝麻胡同相接。元朝建有圆恩寺，现已不存。清朝属镶黄旗，乾隆时称后圆恩寺胡同，由于在圆恩寺之后，故而得名。后圆恩寺胡同7号友好宾馆，是一座保存完好的四合院，该院落中部为一西洋楼房，楼前有一个带喷泉的圆形水池，周围还点缀着采自圆明园的刻石。池东南有一花岗岩的西式拱形顶圆亭，由瓜棱柱支撑，再往东有一组假山及仿古建筑；池北为大楼，池西为后置一座中式四合院。原为清末庆亲王奕劻次子的宅第，民国时曾是蒋介石行辕。

第十七次口述

2008年11月12日下午3：40～5：20
（中间季承到，范曾来访）

蔡德贵：昨天讲到您在国内的恩师，第三位是胡适先生，说到办公室的故事了。

季羡林：对。胡适这个人是这样子。原来在那个极左还厉害的时候，我曾经写过一篇短文《为胡适之先生说几句话》，发表在《群言》杂志上。

蔡德贵：《群言》是民盟的杂志。

季羡林：民盟的。在那篇文章里，我说胡适这个人，你要求他信仰共产主义，那是不可能的。共产主义既然是一种信仰，也应该允许人家不信仰。我讲他这个写文章，批评过国民党，“知难，行亦不易”。他没有写文章批评共产党。我并不是说他赞成共产主义，你要求胡适赞成共产主义，要求过高了。他能不公开骂共产主义，我说这就是进步，国民党他可是不满意，“知难，行亦不易”，一直批评到孙中山。

蔡德贵：他没有公开批评蒋介石，是不是说明他对蒋介石还抱有幻想，希望让蒋介石实现他当总统的幻想。

季羡林：幻想是有的。当时在北京的与他接近的几个人，一个他的秘书邓广铭，还有阴法鲁。

蔡德贵：阴法鲁也是秘书吗？

季羡林：阴法鲁不是秘书，是我们的同事，是来往比较密切的。当时我们都认为蒋介石是流氓出身，他当了总统，会让你来当总统？一个稍微有点理智的人都不会相信蒋介石会让胡适当总统。不过胡适自己还真有点迷了。

蔡德贵：他自己流露过这种情绪吗？

季羡林：他也没有流露，当时我的印象就是，他不大在学校里，经常往南京跑。

蔡德贵：去要官了。

季羡林：不是要官，是等着坐宝座，当总统。一个小官，他也看不上。北大我不清楚，清华大学的教授，到南京啊，蒋廷黻在南京当了新闻局长，后来到苏联当大使。也没有什么大官给你做。

蔡德贵：大使很低了，最多也就是厅局长级别的。

季羡林：对。蒋廷黻就是新闻局长，后来当驻苏联大使。

蔡德贵：说到蒋介石，先生，我插一句，1931年9·18以后您去南京请过愿？

季羡林：我去过。

蔡德贵：记得都不详，没有详细线索，您能不能详细说一点？

季羡林：当时是这个样子。清华大学全体学生开会，决议：绝食请愿。请愿干吗呢？请蒋介石要抗日。这是全体学生做的决定，结果绝大部分的学生，做了决定回家睡大觉了。

蔡德贵：回家睡大觉了？

季羡林：不是，是这个说法啊。做傻瓜的，我是其中之一。

蔡德贵：做了决定，回家了。

季羡林：全体做了决定，我是傻瓜，我们一小部分傻瓜真正到南京去了。怎么去的呢？大概100多人吧。我们到了前门车站，上车了。上车要去南京，后来站长讲，你们这样，这让我怎么交代啊？后来我们明白了，赶快下车，卧轨。

蔡德贵：在前门车站卧的轨。

季羡林：卧轨，真把脑袋枕在铁轨上，眼睛看着的是那个绿旗红旗，红旗，车就不开，绿旗，车开。绿的就开，红的就止。所以我们这些傻瓜躺在那个铁轨上，眼睛老看着红绿旗，一看到红旗啊，放心了，知道脑袋压不了了。

蔡德贵：您不傻呀。

季羡林：一看到绿旗，就想着，这个车真开了的话，脑袋就没有了。

蔡德贵：说开就开啊。

季羡林：真正开的话啊，你是不是把头缩回来。（大笑）是这个问题。

蔡德贵：那谁也不愿意无谓牺牲。

季羡林：人之情也。这有什么？

蔡德贵：最后就没去南京吗？

季羡林：去了。我们受了站长的暗示，下来卧轨，脑袋就看着红绿旗。结果这个绿旗啊，就不变了，那个车就不走了，老是红旗。我们就放心了，放心就出来和这个站长谈判。那时候，我是学生里边的年轻的，我也不希望干这玩意儿。两个派别，在那儿争发言权，一派是共产党，一派是国民党。一路争，一直争到南京，谁来发言？是共产党发言，还是国民党发言？就争这个问题。在前门卧轨以后，眼睛看着旗老是红的，车就不走了。我们就……

范曾等人进来，暂停40分钟。

蔡德贵：卧轨，上了车，争发言权。

季羡林：上车以后啊，争论的两个问题是，一个是绝食什么时候开始？另一个见了蒋介石谁来讲话？那个开大会议决的是绝食请愿，议决啊。大家七嘴八舌，在车上决定，过了江再绝食，要不就饿死了，那时候铁路火车走的挺慢的啊。争发言权，结果那时候共产党不行，全靠国民党的人多。最后还是一个国民党的，代表我们这个请愿团发言。这一路上就是搞这个玩意儿。

蔡德贵：国民党的代表名字叫什么，您还想着吗？

季羡林：忘了。

蔡德贵：共产党的也忘了。

季羡林：当时我也不参加。

蔡德贵：但是您去了。

季羡林：去了。既然是议决的，那当然去了。可是聪明的人哪，三分之二，回家了！我们这些傻瓜，100多个。

蔡德贵：真是过了江，就开始绝食了？

季羡林：绝啊。那有什么办法啊？

蔡德贵：实际上，过了江也就到南京了？

季羡林：不，还得走。那时候就是步行啊。步行到总统府。一去的时候，那个总统府满人哪。主要是上海来的，也是蒋向介石请愿出兵抗日。我们进去的时候，大受欢迎啊，全场鼓掌。

蔡德贵：你们还打着校旗吗？

季羡林：没有校旗，什么也没有，就是人。我们进了总统府，看见总统府里面放着饼干箱子，大的，我们从来没有见过那么大的箱子。但是我们不能吃啊。所以，（我们）去的时候全体鼓掌，又来了援兵了。

蔡德贵：您作为参与者，饿得受得了吗？

季羡林：饿也得受啊。不能吃啊，那有什么办法啊。一个人饿一个礼拜，饿不死。进去总统府以后，蒋介石这个人是极端狡猾。他派出的是清华大学过去的同学，留美的，出来招待。他大概是这个样子，哪个学校去的，找一个老校友，招待。那个校友啊，叫什么来着，我忘记了。

蔡德贵：《清华周刊》对这次请愿好像没有报道。

季羡林：不知道。结果，到那里以后，他找一个清华的留美的学生，出来劝说，第一个劝说就是吃东西，我们不能吃。第二个是劝说，不要在总统府等，让我们到中央军校，国民党的。他说你们要在总统府啊，蒋介石永远也不会出来见你们的。我们那时候，特别是我，是学生里面年轻的，听他们大的指挥。结果国民党胜利，国民党发言。后来，国民党那个代表做过东北四平市的市长。

蔡德贵：吉林的。他在清华时是大学生了。

季羡林：大学生了。

蔡德贵：您是二年级。

季羡林：（我是）六级。那个代表叫尚传道①。后来做到东北四平市的市长，那时候林彪不是在东北吗？后来那个接待我们的清华老校友，是钱昌照②。

蔡德贵：最后这个饭，您吃了吗？

季羡林：当然不能吃了，人家都在那里绝食。主要是上海来的。

蔡德贵：他们也绝食了吗？

季羡林：他们也没有吃。我们那时候就对北大的特别佩服。为什么原因呢？北大到了那个南京以后啊，那时候北大也就100多人，蒋介石派了（军队），两个军人架一个学生，架到火车上，一直送到北京。

蔡德贵：武装押送。

季羡林：北大就敢闹，清华就不敢闹。清华留美的那个代表，花言巧语，说你们的目的不是要见蒋委员长吗？你们在这里等他永远不会见你们的。

蔡德贵：骗你们呢。

季羡林：到哪儿去呢？中央军校。结果我们那个头，国民党的那个尚传道，就下命令，撤出总统府，到中央军校。结果后面的学生就骂。来的时候大声欢迎，你走的时候，人家就骂，全体骂。当时我们就赞成北大，北大就绝对不会撤的。两个兵架一个学生，架到火车上，一直送到北京，清华就不敢。结果没有办法，我们就走吧，到了中央军校。还是不能吃东西啊，硬是饿着肚子。尚传道就讲，你们在总统府这里，蒋委员长不会见的。让我们到中央军校，到中央军校，蒋介石果然出来了。

蔡德贵：蒋介石真出来啦？

季羡林：真出来了。不过，第二天，蒋介石也到总统府了。（笑）

蔡德贵：耍你们了。

季羡林：耍了我们了。

蔡德贵：那他还给你们讲话了吗？

季羡林：讲了。他说，你们从北京来，没有看到，我派军队、列车，到北京、到北方去抗日吗？我们当然看到好多的，但哪里知道军队啊。他说，你们没看着吗？我已经派军队抗日啦。

蔡德贵：真能忽悠啊。

季羡林：后来说是，先吃饭，那时候我们没有主张，就听国民党那个领导的。到了半夜里，大概真吃了。他下命令，吃饭。我倒无所谓，下命令吃，就吃，不让吃，就饿呗。结果听说，那时候就听说，北大没有那么老实，北大是蒋介石派兵，两个兵，架一个学生，架到火车上，一直送到北京。我们说清华不行，没有骨气。

蔡德贵：半夜吃上这顿饭。

季羡林：半夜里吃啦。

蔡德贵：饿了一天多啦。

季羡林：从早晨开始的，饿的够受了。第二天，蒋介石就到总统府去了。

蔡德贵：你们都撤了么。

季羡林：我们当时后悔了，让钱昌照给骗了。

蔡德贵：到底年轻啊。

季羡林：不如北大。我们那个头，是国民党的。

蔡德贵：胡乔木那时候是不是已经是共产党了，他没有参加这次活动吗？

季羡林：胡乔木没有参加。他那时候已经离开清华啦，北京市国民党要抓他，到浙江大学了。

蔡德贵：真有意思。这一段非常精彩。您从来没有说得这么细。你们吃完饭，怎么回北京的？

季羡林：吃完饭，就是我们打了败仗了，老老实实地上车，也用不着军队架，自己垂头丧气，就回来了。北大比我们厉害，当时清华的学生对北大的学生大为羡慕。

蔡德贵：回清华以后，那些做决议的人，有什么态度？你们这一百个傻瓜蛋。

季羡林：那些人举手通过以后回家了。我们回来没有什么表示，回来就完了。这个人群里，也有狡猾的啊。我这个人就是老笨蛋。

蔡德贵：您就是实在。年轻时实在，到老了还是实在。

季羡林：我是人家说绝食，我就绝食，吃完饭叫走，就走。我也不是共产党，也不是国民党，听头子的。

蔡德贵：尚传道后来呢？

季羡林：他后来在东北被抓起来了，到抚顺战俘营了。

蔡德贵：这就补充了过去的不足了。

注释：

①尚传道（1910—1994），字希贤，浙江长兴人。1929年考入清华大学政治系，与乔冠华、俞国华等同学。学期期间，曾担任两年多的学生会主席。他领导学生，团结教授，迫使校方由“校长治校”，改为“教授治校”，赶跑了两个投靠蒋介石的校长。1931年“九·一八”事变后，尚传道带领200多学生南下请愿，在南京国府大院搞绝食，要求向蒋介石面陈抗日主张，后迫使国民党中央常委集体接见而胜利北归。在清华读书时就关心政治，在校期间发表文章《德国的地方政府》，翻译了《比例代表制之普通选举法及其在政治上所发生之影响》（均载《清华周刊》1931年第6期）1933年他以优等成绩毕业，获学士学位，留校担任《清华周刊》总编。8月，参与政府的国防设计工作。1935年考取高等文官，分配行政院，襄助张金先、甘乃光等主持行政革新运动。1945年任国民党吉林省政府委员兼吉林省民政厅长、长春市长。改革开放后，曾任民革中央监委常委，北京市政协委员。

清华五级共毕业学生209人，这些学生在各自专业中的地位不好确定，就以社会知名度而言，也真可以说是人才济济，如林庚、吴祖湘、钱钟书、曹禺、乔冠华、王宪钧、周辅成、孙敏棠、王铁崖、赵九章、娄成后、王竹溪、张民觉、常风等等。在清华校史上，一级出现如此众多的知名学者，还是比较特殊的。

孙浩然对此回忆说：

“九·一八”之后，我们去南京请愿，当时我负责交通联络。到了南京，被安排住在中央军校，上海也有学生代表来，国民党采取各个击破。当时我们绝食，蒋介石在中央党部接见我们，还拿出饼干给我们吃，大家都不吃。蒋介石讲了一套什么先安内后攘外，攘外必先安内的鬼话。在我们请愿团里有个叫尚传道的，是个国民党，他坐在第一排，蒋介石讲完了，他就站起来说：“蒋委员长的意见，我们接受，完全接受。”这把大家气坏了，他同谁也没有商量就这样做了。这个人是政治系的，毕业后进了政界，长春解放时被我们俘虏了，当了战犯。家宝也知道这件事。我好像记得他也去南京了。

②钱昌照是蒋介石早年最主要的幕僚，长期为蒋介石主持资源委员会这个庞大的重工业部门。1899年11月，钱昌照出生于江苏常熟。1918年，他毕业于浦东中学。1919年赴英国留学，先后在伦敦政治经济学院和牛津大学深造。回国后，任当时政府的教育部常务次长、资源委员会副主任委员等职。建国后，钱昌照历任政务院财政经济委员会委员、计划局副局长、全国人大常务委员会委员、全国政协常务委员、全国政协副主席、民革中央副主席和对台工作委员会副主任等职务。

第十八次口述

2008年11月13日下午3：50～5：10

蔡德贵： 尚传道不是四平市市长，是吉林民政厅厅长兼长春市市长。

季羡林： 嗯。

蔡德贵： 钱昌照后来是政协副主席。

季羡林： 钱昌照大概是副部长。政协副主席，那是解放以后了，不然没有政协的。

蔡德贵： 是您和饶宗颐老提到，在泰国创办的《华学》杂志，国内没有发行。

季羡林： 我都不记得了，出了没有？

蔡德贵： 上次讲到胡适的办公室，涉及到胡适的总统梦，引出了清华大学到南京向蒋介石请愿。一系列很精彩的故事就出来了，今天还是讲胡适吗？

季羡林： 根据你的线索讲吧。胡适就是这样子，当时邓广铭不是他的秘书么，那时候我们办了一个什么《大公报》的副刊，胡适是很矛盾的一个人物，他对学术很有兴趣。他研究《水经注》到了入迷的程度。有一次，我们在北京图书馆开会，胡适来了，他说，我还有紧急的一个会，这个会的时间一到，我就走。一谈到《水经注》，胡适不走了。

蔡德贵： 谁引起这个话题？

季羡林： 忘记是谁了，乱七八糟开会的，有人讲到了。竟然忘记了

另外重要的会议了

蔡德贵：就一直讨论《水经注》。

季羡林：我跟你说过北大的沈崇事件，学生不是闹学潮么。那时候北京市怎么好像是李宗仁的头，桂系的。学生闹学潮，那个蒋介石派了他的宪兵第五团，最嫡系的部队，到北京来镇压学生，抓了一些学生。后来，胡适坐着他那辆北京市仅有的私人汽车到处奔走，主要是（找）李宗仁，就是要求放学生，北大的学生不能抓。那时候李宗仁哪，还得买他一点账，为什么原因呢？嚷着胡适当总统，当然是胡说八道啦，既然嚷出来了，虽然是胡说八道，但既然有了说法，也不一定就是空穴来风。李宗仁知道了这一点，就小心了一点。要是他真当了总统，这个人还不能得罪。就是要放学生，没有什么话好讲，主要是（放）北大的学生。清华那时候的学生，不像北大的学生那样关心政治。昨天不是讲过了吗？我们在南京请愿，绝食请愿，清华的，包括我自己在内，受了一肚子窝囊气。北大呢，闹得是有声有色，两个兵架着一个学生，送上火车，一直送到北京。清华让那个钱昌照（忽悠了）。我们在中央军校，半夜呢，蒋介石果然来了。

蔡德贵：半夜来的啊？

季羡林：蒋介石来了，半夜来了，就一篇谎话。他说，你们从北京来，就没有看到我派兵，到北方抗日吗？当然火车南南北北都有，谁知道里边是不是有抗日的啊？他说，我派了兵了，到北方去抗日。那时候说，机关枪不能打败日本人，民间传说大刀能够砍日本人。当时我也相信，机关枪打不了，大刀打得了，不成道理啊，可是都相信。那时候宋哲元在北方，还有这个阎锡山，太原也靠北方，他没有退路。后来这个山东啊，就是韩复榘，韩复榘这个人哪，原来是冯玉祥的人，后来倒戈了。倒戈了以后，就叛变了冯玉祥。结果冯玉祥就没有办法，就下台了，下台干吗呢？就来山东找韩复榘，结果冯玉祥就住在了泰山，那时候住在什么地方，我不知道，现在知道就是住在斗母宫。请这个人哪，教书，就是吴组缃，冯玉祥这个人，对老师啊，对吴组缃执礼甚恭。

蔡德贵：吴组缃那时候地位相当高了。

季羡林：吴组缃那时候在清华比我高一级，他是五级的，我是六级的。

蔡德贵：那他就和那个尚传道是一级的，也是五级的。而且尚传道好像还是学生会主席。

季羡林：对。当时那个学生会啊，也是两派争。两派争啊，后来共产党抵不过国民党。共产党有个什么人呢？有一个唐锡潮①，唐朝的唐，金银铜铁锡的锡，潮水的潮。后来到联合国当副秘书长，那是解放以后了。就是后来的唐明照，我们跟他开玩笑，叫他"唐三毛"。因为他头上啊，没有头发了。当时不是有一部流行的书《三毛流浪记》吗，他头上的头发非常少，就叫他唐三毛。他那个人是英文忒好。

蔡德贵：唐锡潮就是唐明照？

季羡林：唐锡潮就是唐明照。

蔡德贵：后来唐明照叫得多了。

季羡林：唐锡潮就不用了。

蔡德贵：叫他唐三毛，他也不恼啊？

季羡林：就是开玩笑。他也是很随和的人。

蔡德贵：后来用唐明照的时候更多了。

季羡林：唐锡潮后来就不用了，在联合国当副秘书长。

蔡德贵：在清华，您跟他熟吗？

季羡林：不熟，没有什么来往。

蔡德贵：解放后您是不是经常能见到他？

季羡林：也不经常见。他在联合国做副秘书长，那个工资非常高，后来回国以后，多少万美元，大概有几百万美元，都捐给国家了。唐三毛，唐闻生是他的女儿。

……

季羡林：嗯。后来我们在钓鱼台国宾馆，有一次开会，我碰到过唐闻生。

蔡德贵：她不是北大的学生吧？

季羡林：她不是。可能是二外的，二外当时英语很有名气，就是现在的北京外国语大学的前身。

蔡德贵：二外？

季羡林：第二外国语学校，现在就是北京外国语大学，现在的校长是郝平。

蔡德贵：郝平是不是当过您的助手啊？

季羡林：他在校长办公室工作过，给张学书当秘书。

蔡德贵：张学书在13公寓住。

季羡林：我在那时候住13公寓。那时候郝平是外事处长，外事处是有钱的机构，每到过年过节，办几桌酒席，一个送给他的老上司张学书，另外也给我送一份。

蔡德贵：他也是山东人，青岛的。

季羡林：我没有注意。

蔡德贵：您在钓鱼台国宾馆见过毛泽东吗？

季羡林：我见毛泽东不是在钓鱼台国宾馆，是在北京饭店。当时印度庆祝国庆节招待会，租了北京饭店，毛泽东参加了。平常毛泽东不出席这种会，对印度是例外，不是一个有名的讲话吗？毛泽东说，印度是很好的民族，是伟大的民族，中印两国的关系几千年来是很好的。这是那个有名的讲话[②]。

蔡德贵：就是在北京饭店讲的？

季羡林：就是在北京饭店，那是印度大使借北京饭店召开招待会，毛泽东参加了。一般的这种会他是不参加的。

蔡德贵：他在招待会上还吃东西了吗？

季羡林：吃了。

蔡德贵：那应该是准备的印度餐了。

季羡林：有点印度菜，主要是中餐。印度饭有一种炸的东西，挺脆的。里边有点咖喱。

蔡德贵：见毛泽东就这一次吗？

季羡林：以后也见过，在八大[③]。

蔡德贵：您是列席代表吗？

季羡林：不是，翻译处的。

蔡德贵：翻译八大的文件。

季羡林：就是同声传译，另外，八大文件。

蔡德贵：翻译处很多人啦。

季羡林：当时人数不少。当时那个中央组织部通令全国，只要八大翻译处要的人，不管是什么，都得来，不管是局长还是教授，只要八大翻译处点了名，都要来。那时候调了不少人。当时住在西苑饭店。

蔡德贵：那您是翻译德语还是英语？

季羡林：同声传译我在德语组。后来我发现一个问题，就是世界语言长短不一，你开大会，你总得同时鼓掌么，结束的时候。可结果不行，哪一种语言也不如中国语言简捷。所以后来，不能同时鼓掌成了一个问题，那时候秘书长是周恩来，八大的，就给他请示怎么办？原来他建议，发言的桌上装一盏红灯，你上边同声传译啊，认为这个，主要是中国代表，讲的快了，你就按一下红灯。要不，就不能同时鼓掌。

蔡德贵：用这种方法解决。

季羡林：最初是适得其反，这个中国代表一看红灯，更紧张了，越来越快。到后来，就又请示周恩来，他说，你们可以删节。反正最后要印出来的，删节一点不要紧。所以我们后来，发言的主要问题不是翻译本身，而是怎么删节。就是研究这个玩意儿。

蔡德贵：八大的花絮很多了。听说周恩来这个人对翻译比较随和，陈毅脾气比较大。您给陈毅当过翻译吗？

季羡林：没有。陈毅是这样子，有一次碰到一个词：倚老卖老。是周恩来接待外宾，用了倚老卖老。那个翻译当时卡了壳，翻译不出来了。招待会完了后，周恩来就把中国的招待人员，包括翻译留下，研究怎么叫倚老卖老，怎么翻译（倚老卖老），英文，研究半天，也没有想出一个大家都同意的。后来，那个哪个社，出版《汉英词典》④。

蔡德贵：商务印书馆。

季羡林：不是商务印书馆，一个什么社。

有一次这个社开会，这个社长呢，为了出版这个《汉英词典》，举行一个招待会，这个社长说，我要准备划出1000万，来推广这个《汉英词典》。后来我就拿到这个词典以后，翻译就看这个倚老卖老怎么翻译，我觉得他翻译得不错。我说，社长同志，有这个倚老卖老，你们这个词典质量很高啊。你们这1000万啊，可以省了。倚老卖老就是，他翻译成为，to take advantage of one's seniority or old age。他自己年老的，or old age，在里边得到好处。to take advantage of one's seniority or old age。老么，old age，我觉得他翻译是对的，就是利用自己这个老作为资本，得到好处。

蔡德贵：周恩来那次就没有翻译出来。

季羡林：周恩来那次没有翻译出来，中国人都留下啦，研究啊。周恩来与斯大林一样，也是夜猫子。

蔡德贵：愿意开夜车，那你们给他当翻译也要开夜车。

季羡林：嗯。后来，那个谁，斯大林啊。传说，请外交官吃早饭，什么时候呢？吃早饭，是晚上8点。他说吃，我晚上8点就吃早饭。他是彻夜工作的。8点他吃早饭。

蔡德贵：喝口水吧。您给周恩来当过翻译吗？

季羡林：有一次，是这样子，(1957年9月)印度（副）总统（拉达克里希南）来了，演这个《沙恭达罗》[⑤]，周恩来陪他，在东单中国青年艺术剧院，院长是吴雪。看《沙恭达罗》，主演是吴雪，我是中文的译者。吴雪就演这个《沙恭达罗》的婆罗门，她本来就是搞戏剧的。周恩来是中国的主人，陈老总是外交部长么，也一起招待。那个《沙恭达罗》演过几次，不止这一次。都是在那个青年艺术剧院，东单。

蔡德贵：那您还要把剧情翻译吗？

季羡林：汉文译本已经发了。

蔡德贵：刘少奇您接触过吗？

季羡林：刘少奇没大跟他接触，不知道为什么。他这种场合，他也（不大出席）。他那时候，不是彭真讲的吗？两个主席，国家主席是刘少奇，党的主席是毛泽东。彭真，他是说分为两派，一派是井冈山，一派是国内做地下斗争，地下党的。地下党，后来怎么刘少奇一下子变成叛徒、内奸、工贼了。后来我说，前一天是国家领导人之一，一下子就变成叛徒、内奸、工贼。那个文化大革命就是针对刘少奇的，就是打倒刘少奇。那个，我们都不知道了。

蔡德贵：您跟周恩来的交往也不算很多啊。他是不是也在德国待过？

季羡林：嗯。不多。(周恩来)在德国和法国都待过。

蔡德贵：您跟朱德还是哥廷根大学的校友呢。

季羡林：对。他在哥廷根待过。可他那个房子，我始终没有找到。他住的房子，始终我不知道。在哥廷根，我找不着。都传说，说他在那里住过。找过，我在哥廷根住10年么，没有找到。大家都不知道。大家都知道中国的一个元帅，在哥廷根待过，哪幢房子不知道，恐怕也许拆掉了，不知道，我在那里没有找到。

蔡德贵：哥廷根很小，如果找可以找到的。

季羡林：没有多少人的。

蔡德贵：国内的恩师这三位。

季羡林：第四位还找不找？

蔡德贵：找。对您影响大的还有没有呢？对您影响深的是不是都谈？

季羡林：国内够得上师的水平的人哪，我就想不出几个来，再想的话呢，就是高中，不过那个王崑玉什么的，国内的，他没有法和陈寅恪、汤用彤、胡适比。国内恩师谱，陈寅恪、汤用彤、胡适，这是肯定没有问题。第四个不知道。

蔡德贵：那吴宓算不算？

季羡林：不算。不算的原因就是……

蔡德贵：您在《清华园日记》里，对他印象不是很好。

季羡林：他这样子，他这个人，只喜欢……这个现在不谈了。不谈老师的事。

蔡德贵：德国还有别的吗？[6]西克、哈隆、瓦尔德施密特。

季羡林：应该加一个布劳恩。原来我忘记了。他是教斯拉夫语言的。当时德国考博士，不是要三个系么。我的主系是梵文、巴利文，副系一个定了，一个英文，英文我可以省点劲。英文之外就是俄文。俄文不能成为系，一个斯拉夫语。斯拉夫语，那个语言当时，我就考虑了，就是南斯拉夫，但是不叫南斯拉夫语，没有这个说法，叫塞尔维亚·克罗地亚语。当时这个教俄文的啊，叫冯·格林，他那个始终没有成为教授，所以他这个一肚子牢骚。他一个大学啊，一个系，只有一个教授，它不像美国、中国，一个系一大堆教授。

蔡德贵：冯·格林教俄文。布劳恩教？

季羡林：冯·格林教俄文。布劳恩教塞尔维亚·克罗地亚语。

蔡德贵：实际上塞尔维亚·克罗地亚语学好了，和南斯拉夫人对话没有问题了。

季羡林：这个我不知道。反正他们讲，意大利和西班牙，要是自己讲啊，对面能够听懂。

蔡德贵：歇会吧。

季羡林：嗯。

注释：

①此人应为唐锡朝。唐明照原名唐锡朝，广东恩平人，1910年生。少年时代，唐明照随家从广东迁居美国旧金山，在那里读完小学和初中。1927年回国，在天津就读于南开中学，毕业后考入清华大学政治系。"九·一八"事变后，唐明照参加中国共产党，翌年任中共北平市委组织部长。1933年唐中断了在清华大学的学习，赴美国留学，入加州大学历史系研读西方近代史，并任美国共产党加州大学支部书记兼组织部长、宣传部长。1937年唐明照在加州大学毕业，担任了纽约华侨洗衣馆联合会英文干事，这使他有机会接触美国社会的最底层。1940年，唐与冀贡泉先生等共同创办著名的《美洲华侨日报》，出任第一任社长，后又任该报总编辑。太平洋战争爆发后，唐曾在美国政府中任职。唐明照在纽约结识了后来成为他妻子的张希先——她的美国名字叫"康斯坦斯"。据斯诺前夫人海伦·福斯特介绍，这位加利福尼亚莴苣种植园主的女儿曾是燕京大学"最漂亮的姑娘"。张希先和她的兄弟张炜逊（解放后曾任首都医院院长）、梁思懿（梁启超第二位夫人王桂荃所生）夫妇都是北平"一二·九"学生运动的骨干，多次参加示威游行。

朝鲜战争爆发后，为避免麦卡锡主义迫害，唐明照挈妇携女秘密返回祖国。唐的出生在纽约布鲁克区的女儿唐闻生那时还是八九岁的小姑娘。现任铁道部外事局局长的唐闻生操一口流利、漂亮的美国英语。迄今为止，她是外交部里进入中央委员会的唯一女性。在"文革"开始后的十年间，唐闻生和另一位崭露头角的风云人物王海容女士在中国外交界拥有极高的知名度。这对庶几形影不离的"孪生姐妹"作为高级翻译和外交官，几乎参加了毛泽东、周恩来和来访的各国政要、知名人士的历次会见。1971年基辛格假道巴基斯坦来华访问，唐闻生随新近去世的杰出外交家章文晋专程前往伊斯兰堡迎接美国客人。秘密来访的基辛格对生性活泼的唐闻生留下极为深刻的印象。当时，基辛格因唐出生纽约可依照美国宪法竞选总统，故而常与之逗乐打趣。基氏在其长篇外交回忆录《白宫岁月》里写道："这个前途对她似乎没有什么吸引力；她既聪明又活泼，很长一段时间掩盖了她的狂热的意识形态信仰。她认为自己不仅是一个翻译，有好几次她当着我们的面毫不犹豫地与周恩来争论。”(该书第三册,世界知识出版社,1980年11月第1版)自那以后,唐闻生参加了中美间多次重要会谈。她在外交部担任的最后一个职务是美洲大洋洲司副司长。粉碎“四人帮”,在经历了8年沉寂之后,唐闻生于1984年出任英文《中国日报》副总编辑,数年前调任现职。

唐明照回到祖国后历任外交部专员、中国人民保卫世界和平委员会联络部副部长、中共中央对外联络部处长、副秘书长。1971年第二十六届联合国大会以压倒多数通过阿尔巴尼亚、阿尔及利亚等23国提案,恢复我国在联合国合法权利。唐明照作为中国代表团副代表赴纽约参加大会,未几即就任副秘书长。1980年后,唐任中联部顾问、南开大学兼职教授。现年八十一岁的唐明照是第一、二、三届全国人大代表,第六届政协委员。这位饱经风霜的老人是中国大陆第一个“万元户”。刚去联合国总部任职时,年薪4万多美元,离任前高达近9万。7年任期内,唐明照除了雇佣一华侨司机和自己日常开销外,将积余的26万余美元全部上交国家,表现了一个有着60年党龄的革命家廉洁奉公的高风亮节。

②1951年1月26日,毛泽东在百忙之中抽出时间出席印度驻华大使的国庆招待会,并在会上祝贺道:印度民族是伟大的民族,印度人民是很好的人民。中国、印度这两个民族和两国人民之间的友谊,几千年以来是很好的。今天庆祝印度的国庆节日,我们希望中国和印度两个民族继续团结起来,为和平而努力。全世界人民都需要和平,只有少数人要战争。印度、中国、苏联及其他一切爱好和平的国家和人民团结起来,为远东和平、为全世界的和平而努力。庆祝印度国庆,祝贺印度人民,祝贺你们的总统。后来,应印度大使小尼赫鲁(尼赫鲁的侄子)的邀请,毛泽东又赴印度使馆参加晚宴。由于主人怕印度菜太辣,便少搁了香料,但爱吃辣子的毛泽东尝了一口就问:“印度咖喱在哪儿?”主人马上把菜送回厨房,加足香料,毛泽东才吃得满意。席间,毛泽东还讲了中国民间有关“归西”的典故,说中国人死后都希望到印度去投胎,一时语惊四座。

③八大是1956年9月15日至27日在北京政协礼堂召开的。当时59个国家的共产党、工人党、劳动党和人民革命党的代表团,以及国内各民主党派和无党派民主人士的代表应邀列席大会。

④由北京外国语大学英语系《汉英词典》组织编写的《汉英词典》于1978年由商务印书馆出版,修订版于1995年由外语教学与研究出版社出版。修订版共收单字和多字条目共8万条,共1,435页,约550万字。外研社出的这本《汉英词典》,现在大家在用。季羡林查了一下翻译得非常得体。译为“倚老卖老,利用你的资历或晚年,标榜你的资历。”

⑤按照梵剧的结构体例,序幕中,戏班主人和他的助手有段引出剧情的对话。为纪念世界文化名人迦梨陀娑,青艺排演了《沙恭达罗》。将印度戏剧搬上中国舞台这大概是首次。《沙恭达罗》是迦梨陀娑作的印度古典梵语戏剧。描写净林修女郎沙恭达罗和国王豆扇陀的恋爱婚姻故事。全剧诗情画意,塑造了印度古典美的女

性形象。自20世纪20年代起就有多种译本，中国青年艺术剧院上演的是季羡林的那个译本。

⑥在哥廷根大学，季羡林还有一些德国老师关系都是不错的。其中有阿拉伯语教授冯·素顿，英文教授勒德尔、怀尔德，哲学教授海泽，艺术史教授菲茨图姆侯爵，德文教授麦伊，伊朗语教授欣茨等等。而布劳恩教授是斯拉夫语言学的老师，接触是最多的一个。

后来季羡林选的副系是英语和斯拉夫语，讲课的教师是布劳恩，斯拉夫语研究所设在高斯-韦伯楼里。塞尔维亚·克罗地亚斯拉夫语由他亲自讲授。他只让季羡林看了一本简单的语法，立即进入阅读原文的阶段。

在这以前，他已经有了学习俄语的经验。教俄文的老师是一个曾在俄国居住过的德国人，俄文等于是他的母语。他的教法同其他德国教员一样，是采用把学生推入游泳池的办法。俄文每周两次，每次两小时，德国的学期短，然而季羡林却在第一学期内，读完了一册俄文教科书，其中有单词、语法和简单的会话，又念完果戈里的小说《鼻子》。季羡林最初念《鼻子》的时候，俄文语法还没有学多少，只好硬着头皮翻字典。往往是一个字的前一半字典上能查到，后一半则不知所云，因为后一半是表变位或变格变化的。而这些东西，季羡林完全不清楚，往往一个上午只能查上两行，其痛苦可知。但是不知怎么一来，好像做梦一般，在一个学期内，竟把《鼻子》全念完了。下学期念契诃夫的剧本《万尼亚舅舅》的时候，季羡林就觉得轻松多了。

有了学习俄文的经验，他拼命翻字典。南斯拉夫语同俄文很相近，只在发音方面有自己的特点，有升调和降调之别。在欧洲语言中，这是很特殊的。季羡林之所以学南斯拉夫语，完全是为了应付考试，学习的兴趣并不大，可以说也没有学好。大概念了两个学期，就算结束了。任课时，当时布劳恩还不是讲座教授。

在哥廷根最后的两年里，季羡林几乎每周最少去一次他家。他家离季羡林的住处很近，两三分钟就能走到。

布劳恩的父亲是莱比锡大学的斯拉夫语言学教授，因此他有家学渊源，子承父业，能够流利地说斯拉夫语言中的许多种语言。季羡林见他时，他还非常年轻，还没有获得讲座教授的资格。因为年轻，和瓦尔德施米特教授一样被征从军。但是他没有上前线，而是在最高统帅部当翻译。苏联的一些高级将领被德国军队俘虏，希特勒有时候要亲自审问，以便从中挖出一些机密。给希特勒担任翻译的就是布劳恩。他每逢休假回家，总愿意给季羡林讲一些翻译时的花絮。透露一些苏军内部高层的真实情况。他甚至把苏军的一种大炮说得神乎其神，德国难以望其项背。这样的消息，显然是绝密的，但他也给季羡林说。

季羡林每周起码一次到布劳恩的家里去聊一次天，消磨一个晚上的时光。他有一个非常美丽年轻的太太，有两个可爱活泼又天真的男孩子，像小天使。大的叫安德烈亚斯，5岁多，虽然还没有上小学，但是已经能看些书了。季羡林教给他一些中国字，他很快就记住了。很快，他们成了朋友。每天晚上睡觉以前，他总要缠着母亲，让她讲童话故事给他听。有一次，季羡林眼看着他瞪大了眼睛看着母亲嘴动的时候，一片童稚清晖的闪光。他每次都听个没够，直到母亲说第二天多讲一点，他才悻悻地去睡觉，仍然不满足的样子。小的叫斯蒂芬，特别喜欢季羡林。季羡林每次去他们家，他总要飞快地扑到季羡林的怀里。这时候，他的妈妈告诉季羡林，要抱住孩子转上几圈，这个孩子特别喜欢这玩意儿。教授的夫人很和气，说话不拐弯，但是有时候也愣头愣脑，说话没有谱儿。但不会有什么隔膜。季羡林和他们全家都成了好朋友。

布劳恩教授是一个多才多艺的人。他喜欢中国古代的刺绣，家里就藏着一幅。上面有五个大字：时有溪山兴。他让季羡林把这几个字翻译出来，从此喜欢上了中国字。自己去买了一本德汉词典，念起了唐诗。他靠词典把每个字都查出来，然后把句子连在一起，居然有时候也能讲出一些意思来。季羡林帮助他纠正语法的错误，再讲一些语法常识。汉语的语法结构，他在开始的时候非常不适应，觉得有点怪。但是学下去，发现也有道理。他认为汉语没有形态变化，可能是优点，使读者有极大的联想自由，不像印欧语系那样被形态变化捆住了手脚。

布劳恩教授还擅长画油画。有一次，他主动提出，要给季羡林画像。有一段时间，季羡林几乎每天到他家去，端坐在那里，当了好一阵子模特儿。在画画上，德国教授也非常认真。画完了征求季羡林的意见。季羡林对画自觉不是内行，但一看很像自己，就很满意了。

在学术研究方面，他不搞德国传统的语言考据之学，他擅长的是义理方面的学问。他自己有一本著作，是写19世纪沙俄文学的，把托尔斯泰和陀思妥耶夫斯基作为两座高峰，开展论述，有许多精辟的见解。

这样的一个多才多艺的人，在哥廷根大学却是郁郁不得志的。他的升迁没有希望，院士更是不沾边，因此他一度想离开哥廷根到斯特拉斯堡大学，去补一个正教授的缺，而且表示把季羡林也带过去。但是后来没有实现。以后终于在哥廷根大学拿到了一个讲座正教授的职位。

1980年，季羡林去德国访问，也拜访了布劳恩教授。那时夫人刚刚在一个月前去世，两个儿子在外工作，不在身边。老人成了一个寂寞的人，季羡林这时认识到在西方社会的学者，一旦失去了实用价值，只得如此。

第十九次口述

2008年11月17日下午4：00～5：00

刚刚要录音，欧阳中石先生的夫人张颐京到了，开始问候，问季老：牙掉了几颗啊？

季羡林：我的牙不是掉了几颗，而是还有几颗了。

蔡德贵：谈到美人，我读《红楼梦》，查一下曹雪芹对美人的界定，没有找到。林黛玉是美人，但是没有具体描写。对于林黛玉：只说她眉毛比较淡（罥烟眉），对薛宝钗：说她唇不点而红，眉不画而翠，脸若银盆，眼如水杏；对迎春：说她微胖且白，对探春：说她削肩细腰，个子较高，鸭蛋脸；对凤姐：说她丹凤眼，柳叶眉，身材苗条；对于贾母的亲戚史湘云，曹雪芹使用了八个字来形容：蜂腰、猿臂、鹤势、螂形。这八个字，有两件事没有讲：脸白没有讲，腿长没有讲。没有讲，是缺陷。《红楼梦》里对其他人的美，都没有具体的描写。其实美人应该是脸白、腰细、腿长。有这三项，一闭眼，眼前就是一个美人。一想这三项，美人就出来了。实际上美人没法描写，美人仪态也画不出。毛延寿[①]死得有点冤。

张颐京：现在讲美，是思想美。

季羡林：要里外结合，都美。

蔡德贵：您在《病榻杂记》里提到苏东坡的词所描写的美人。

季羡林：苏东坡的词收在《十大名家词》里。

张颐京：古人谈美人是：杏眼、柳眉，樱桃小口，如果真那样，也不一定就美了。

季羡林：世界上都喜欢讲美人，但是西方词典里没有美人这个词。英文、法文都没有。西施是历史上的人物，而嫦娥，我们则把她送到月亮上去了。送去就回不来了。李商隐在《嫦娥》一诗中写道“云母屏风烛影深，长河渐落晓影沉，嫦娥应悔偷灵药，碧海青天夜夜新。”月亮里就剩下她孤零零的一个人，月亮上什么都没有，要谈恋爱都没有对象。

张颐京：宋庆龄是不是美人啊？

季羡林：宋庆龄我认识，解放初我们经常在一起开会，招待印度大使。与她有过交流。她和宋美龄姐妹两个判若两类人。宋庆龄是很高贵的，大炼钢铁的时候，她在自己家的院子里，架起一口锅，弄来一个炉子，也开始大炼钢铁。

蔡德贵：张明老让我代他问候您。

季羡林：他的父亲张韶庭，与我叔父是同事。张明与孔德成有交情。

蔡德贵：孔德成给您写了对联“文章到处精神老，学问深时意气平”。孔德成的书法不错的。

季羡林：孔德成写的是台阁体②。清朝台阁体的字，像刘墉的，刘罗锅的，我不喜欢。

张颐京：您就喜欢欧阳中石的字。（笑）

季羡林：我是艺术欣赏家。

张颐京：还有弭菊田③，我跟他叫二哥。

季羡林：弭菊田不简单。他家是吃瓦片的（指向外租房子），分家的时候，弭菊田和他大哥平分。结果，他大哥不本分，吃喝嫖赌吹（烟泡），捎带着砸烟灰。后来瞎了，也聋了。在街上摆摊，有一次，我给他兜里塞了2000元钱。我就对弭菊田说，你应该帮帮他，拿出很少的一点钱，帮一下大哥。他这样吃上顿不管下顿，自己也不能说。不管怎么样，起码把摊收了。结果，他二太太死了，三太太离了。自己后来也猝死了。

注释：

①据《西京杂记》《历代名画记》等史书记载：“毛延寿（？—公元前33年）汉杜陵（今陕西西安）人。画人形，好丑老少，必得其真。元帝后宫既多，不得常见，

使画工图形，案图召幸之。诸宫人皆赂画工，独王嫱（昭君）不肯，遂不得见。后匈奴入朝，求美人为阏氏，上案图以昭君行。及去召见，貌为后宫第一。帝悔之，而名籍已定。乃穷案其事。画工毛延寿等皆同日弃市。”王昭君，名嫱，字昭君，后人又称明君或明妃，西汉时南郡秭归人（今湖北省兴山县），后为汉元帝后宫的待诏，就是等待召见吧。后宫待诏很多，汉元帝不可能每个都见，由画工毛延寿画像，汉元帝看过画像，满意的才会召见。很多待诏的都贿赂毛延寿，让他把自已画的漂亮一些。可王昭君认为自己很美丽，不肯贿赂，毛延寿给王昭君画像时不但没有画昭君的美貌，还在画像上点了丧夫落泪痣，王昭君被贬冷宫三年不得面君。公元前33年，在汉匈两族人民迫切要求民族和好的形势下，匈奴呼韩邪单于入朝求和亲，汉朝和匈奴和亲，都得挑个公主或者宗室的女儿。这回，汉元帝决定挑个宫女给他，他吩咐人到後宫去传话：“谁愿意到匈奴去的皇上就把她当公主看待。”后宫的宫女都是从民间选来的，她们一进了皇宫，就像鸟儿被关进笼里一样，都巴望有一天能把她们放出宫去。但是听说要离开本国到匈奴去，却又不乐意。有个宫女叫王嫱，字昭君，长得美丽，有见识。自愿到匈奴去和亲。元帝则择日让呼韩邪单于和王昭君在长安成亲。呼韩邪单于和王昭君向汉元帝谢恩的时候，汉元帝看到昭君又美丽又大方，使汉宫为之生色。传说汉元帝回到内宫，越想越懊恼，悔恨不识画中人。他再叫人从宫女的画像中拿出昭君的像来看。模样虽有点像，但完全没有昭君本人那样可爱。这才知道王昭君不愿意送礼，所以毛延寿没有把王昭君的美貌如实地画出来。汉元帝一气之下，把毛延寿杀了。王安石有一首《明妃曲》：

明妃初出汉宫时，泪湿春风鬓角垂。
低徊顾影无颜色，尚得君王不自持。
归来却怪丹青手，入眼平生几时有？
意态由来画不成，当时枉杀毛延寿……

王安石认为毛延寿死的有点“冤”。因为真正的美人，是美在气质、神韵上，这些是画不出来的。

②台阁体又称馆阁体，“台阁“原指尚书，后为官府代称，台阁体书法早在宋代即已出现，至明代，永乐、正统年间，杨士奇、杨荣和杨溥先后入直翰林院和文渊阁，写了大量的制诰碑版，以姿媚匀整为工，号称“博大昌明之体”，即“台阁体”。士子为求干禄也竞相摹习，横平竖直十分拘谨，缺乏生气，使书法失去了艺术情趣和个人风格。因其为皇帝所赏识，而获得很大发展，遂成为一种独立的书体形式明代台阁体书法结体平正，笔致光洁，景色乌黑，风格秀润华美，适合皇家的欣赏口味和审美标准。但也有人认为台阁体书法结体缺少变化，意趣不足，而持批评态度。台阁体书法，对于有才华的书法家来说，是一种无形的束缚，是对书法抒发情性本质的悖反。

③弭菊田（1914—2000年），男，汉族，山东济南人。季老叔父的女儿季惠林的丈夫。自幼酷爱绘画，早年毕业于北平美术专科学校。初随王悦之学西画，后受教于胡佩衡，专攻国画山水。1946年应聘为南华学院美术系教授，后从事专业创作。擅山水，取法传统，注重写生，对明代唐寅、清代恽南田尤为推崇，受益颇深。所作笔墨酣畅，法度缜密，气韵空灵，情景动人。作品多次入选全国美术作品展览及在报刊上发表，或被选送国外展出及被美术馆，博物馆收藏。1948年在上海举办个人画展，1981年应邀访问日本。在日本山口市举办个人画展，1982年与另外五位画家合作《台湾同胞爱国怀乡诗意画》在中国美术馆展出。代表作品有《泰山望人松》、《泰山红日》、《绿树红楼》、《成山巨浪》、《泰山龙潭水库》、《李白下江陵诗意图》、《空潭泻春》、《峨眉天下秀》、《泰山经石峪道中所见》等。工书法，善篆刻，喜吟诗。出版《怎样画山水》、《弭菊田画选》等。曾任中国美术家协会会员，中国书法家协会会员，中国美术家协会山东分会常务理事，中国书法家协会山东分会常务理事，山东省文联委员，济南市美术家协会名誉主席，济南画院名誉院长。

第二十次口述

2008年11月19日下午3：50～5：10

蔡德贵：中外的恩师，您说就差不多了。国外的说了四个，西克教授、瓦尔德施密特教授、哈隆教授、布劳恩教授。国内的说了三个，是陈寅恪教授、汤用彤教授、胡适教授。

季羡林：就是国内的，第四个啊，太多了，怎么选，不知道。

蔡德贵：随您，由您定。有些是老师，但不一定是恩师。您觉得够恩师系列。

季羡林：恩师就是对我影响最大的。董秋芳，这四个就够了。

蔡德贵：您七八十年舞文弄墨，就是受董秋芳老师的影响。

季羡林：对。

蔡德贵：您看看，德国那面还有什么要讲的吗？

季羡林：《留德十年》都有了。不讲了，《留德十年》很详细了。

蔡德贵：那德国就不讲了。

季羡林：就是最近，哥廷根大学每年啊，选一个杰出的校友，2008年选的我。哥廷根大学，杰出校友，一年选一个，证书发给我了。

蔡德贵：一年一个，文理两科都有吗？

季羡林：哥廷根大学整个的学校，就一个。

……

蔡德贵：北方人在那样的地方（西贡），是不是觉得蒸得慌？

季羡林：对。就这样，从西贡到香港，从香港到了上海。

蔡德贵：有没有人到码头去接您啊？

季羡林：哪里有什么人接我啊。后来啊，在上海的时候，我首先跟李长之联系上了，他当时在南京国立编译馆。那时候，我这个身上一分钱也没有，我在瑞士曾经有过200美元。后来在瑞士碰到一个德国教授，他是逃避法西斯逃到瑞士去的，我给他翻译《四书》，我们两个合作。后来出版没有，我不知道。

蔡德贵：把《四书》全部翻译出来了？

季羡林：我拿了这笔稿费，在瑞士买了一块表，是欧米格的。

蔡德贵：欧米格就是用稿费买的啊？

季羡林：除了稿费，我哪里有别的钱啊。

蔡德贵：那您稿费很多啊？那个表很贵吧？

季羡林：在瑞士，那个表不怎么贵。使馆给点钱，我本来能够买两个的，结果呢，我想留一点现金，结果我错了。如果买两块，我回来以后就阔极了。回来的时候，正是国民党五子登科的时候，那个钱多的要命啊，那新贵啊。我在上海去卖这块表，我受了人家的骗，怎么受人家的骗呢？他问我在瑞士多少钱，我告诉了他。他就说，我给你比瑞士多一倍的价格。多一倍也不行啊，当时是不知道啊，只卖了十两黄金，国民党五子登科的时候，那个钱多的要命，卖二十两黄金也可以的。卖掉了一个金表，十两黄金，兑换出什么当时的钱，法币啊，也不知道什么玩意儿的，往家里寄钱，我十年没有管家啦。我换这个黄金的时候，他多给我一两，我立刻就退还给他了，我对他说，这个不义之财，我一辈子不发。你错了，我不能错。

蔡德贵：您寄钱之后，自己手头就没有多少钱了。

季羡林：当时不大清楚，反正是我给家寄了。第二次的时候啊，我那时候还在南京，没有地方住，就住在李长之的办公桌上。白天，人家办公，我就去南京玄武湖啊，瞎溜，晚上人家不办公了，回去睡在那个办公桌上。后来文化大革命中间，我反对那个聂元梓，（她）造了谣说我在上海受到国民党的热烈欢迎。人家怎么知道我这么个人啊，什么热烈欢迎啊，胡说八道。

蔡德贵：您在南京是不是也做过讲演？

季羡林：做过讲演？在南京讲过，上海也讲过。是李长之安排的，大概一个什么乱七八糟的这么一个讲堂。后来这个李长之讲，你这个中国话不怎么地道啦。十年没有说啦。

蔡德贵：有十一年不说了。

季羡林：嗯。当时我有一个字，就是“搞”，搞什么？现在我们张嘴就说“搞”，中国以前没有“搞”这个字。到西贡以后，听他们说搞这个，搞那个。中国这个“搞”字，起了很大的作用。

蔡德贵：您在上海讲什么内容呢？

季羡林：我记得，还是那一套，因为新的内容我不知道，旧内容啊，反正是我学的就是这玩意儿，大概99%的人听不懂。

蔡德贵：谁在上海给安排的呢？

季羡林：就是李长之在那里搞的，上海、南京。后来主要是在南京。那时候臧克家在上海，还不是现在这个夫人。郑曼跟我讲，不是我。

蔡德贵：是不是臧克家的原配呢？

季羡林：也不是原配。那个原配，大概丢啦。后来我们在这个大跃进的时候，济南我们那个房子是大的，就把我们都赶出去，在那个大房子里面吃大锅饭。被赶出去以后，住在一个小地方，臧克家的原配，就住在那里。我也不知道给她吃什么？

蔡德贵：应该是郑曼。

季羡林：第一次醉酒。我以为是郑曼，郑曼说不是她，是谁我不知道。我就住在臧克家的榻榻米上，日本那个垫子啊。

蔡德贵：休息吧。

第二十一次口述

2008年11月20日下午

蔡德贵：您在南京中央文化运动委员会做过讲演？

季羡林：是。

蔡德贵：也是做吐火罗文吗？

季羡林：我就是西域这一套，别的我不知道。

蔡德贵：教育部长朱家骅[①]还请您吃过饭？

季羡林：没有请吃饭。

蔡德贵：他让中央图书馆馆长蒋复璁[②]宴请了您。

季羡林：这个可以。那个教育部长不会宴请我的，不会的。那时候我……

蔡德贵：但是您当时已经很知名了，胡适已经知道您了，他不会跟别人说吗？

季羡林：嗯。

蔡德贵：您在中央文化运动委员会的讲演就是蒋复璁宴请之后安排的。

季羡林：嗯。

蔡德贵：1946年回国以后，一直没有机会回济南。

季羡林：回哪儿？

蔡德贵：1947年才回济南，坐人家的包机吗？

季羡林：不是私人包机，私人哪里包得起啊？就是运货的飞机，运输机，乘客大概就是我一个人。它不是运载乘客的，在南苑机场。

蔡德贵：买机票了吗？

季羡林：忘记了，反正飞机上装的是汽车轮胎，运货的。

蔡德贵：那时候济南能降落飞机吗？

季羡林：可以。

蔡德贵：那时候您从飞机场回家还是很困难的，当时也没有出租车的。

季羡林：也没有出租车的，不记得怎么回去了。

蔡德贵：就是这一年王耀武宴请了您一次。

季羡林：王耀武，还有阴法鲁。

蔡德贵：王耀武做东，阴法鲁陪同。

季羡林：也很难说陪同，都是北京去的，王耀武要接待教育界的几个人士，给自己贴点金。

蔡德贵：1947年的春天，王耀武和张天麟、王昭建一起吃饭，闲聊时王耀武提到对留德学生比较看好，觉得留英美的学生不怎么样。王耀武务实，认为留德的学生扎实。他们提到当时的留德学生，有一个叫丁基石，是民国元老丁惟棻的侄子。他们吃饭时提到了当时留德的十几个学生，王耀武问张天麟，对他说的留德学生好的意见如何？张天麟说王的见解很对。而王昭建和张天麟是世交，所以说话也不避讳，直接对王耀武说，你们提到的十几个，不如一个季羡林。所以他要宴请您。

季羡林：嗯。当时阴法鲁已经在北大工作，回来探亲。

蔡德贵：现在是不是该谈北大了？

季羡林：我去北大是陈寅恪介绍的，这个问题我提过，当时陈寅恪是清华的教授，为什么他不介绍我去清华，介绍我到北大，我到现在也不明白。不过当时啊，北大那个门槛很高。我们去见……当时胡适不在国内。汤用彤文学院长，兼管这个学校的，那时候北大六个学院，文理法，农工医，北大六个学院，汤用彤是文学院的院长。是不是院务委员会主席，我不知道。反正我们去见汤用彤，在路上走的时候，中间有傅斯年，傅斯年是北大的副校长，代理校长，胡适的校长。路上走，他主要介绍北大这个门槛怎么怎么难，讲到别的大学教授要进北大，要降一级，教授改成副教授。就是介绍这个门槛高。一路就讲这个。到了那个，那时候是在城里，在这个啊，不是红楼，那时候是在北大图书馆后面，一个北楼，北楼就是办公的地方。陪我去见汤用彤，一路上就讲这个北大门槛怎么高，那个意思就是给我一个副教授，就已经是天恩高厚了。反正我记得一路上，就讲这个玩意儿。见到汤用彤，还没有进入正常的谈话阶段，他就先讲，我让你当一个礼拜的副教授，立刻给你改成正教授。当然出我意外啊，至于为什么，我不知道。不过当时我这个，你要说我没有资格，我1941年在德国哥廷根大学，拿到哲学博士学位。这是1946年了。

蔡德贵：那五年是不是博士后？

季羡林：没有这个名词。

蔡德贵：您不是在哥廷根大学已经当了汉学研究所的讲师吗？

那个“讲师”啊，就是翻译就完了，其实跟大学讲师不是一码事。德文的Lactal，就是外国语教员，不是进入教授、副教授、讲师，不是那个系列。所以它不要求你获得什么学位，你只要会那个国家的语言，就当那个国家的Lactal。Lactal这个字，英文里不知道怎么翻，英文里的lecturer那是真正的讲师，它Lactal，英文里面没有这么个词。

蔡德贵：德国没有博士后吗？

季羡林：(德国)没有这个名词。不过德国有一个，一个是拿了博士以后，就是doctor，拿第二个博士，就是habil，这就是第二个博士，这个habil就可以当教授了，也可以副教授，也可以教授。没有habil，光一个博士doctor，不行。这个制度啊，别的国家没有。

蔡德贵：那就是德国惟一的。

季羡林：还有毕业这个词，德文里面没有毕业这个词，为什么原因呢？这个德国的大学里面，没有毕业这个行动。有的人骗人，德国某某大学毕业，一看这个说法就是骗人的，德国没有毕业这个词。什么意思呢？什么时候得到博士学位，就是毕业了。德国有个词，叫永恒的学生(eternal students)，因为德国的那个大学是入学随便你入，离开学校随便你离开，可是没有得博士学位。它根本就没有毕业这个词。得到博士学位，就算完了。所以有人讲，是德国某某大学毕业，光是这一个词本身，就是骗子，没有这个玩意儿，美国有这个玩意儿。德国那个学生自由，你愿意上哪一个学校，随便，没有入学考试。你随便考，随便上。你转系啊，随便转。你学了文科，愿意转这个医学院，也可以，随便。所谓永恒的学生啊，什么意思呢？永远拿不到学位。

……

季羡林：对王寿彭评价不高，怎么评价啊？他那个人啊，前清状元啊，大概，我也不敢说，前清翰林真正有学问的，前清翰林是凤毛麟角，没有学问，翰林一堆废料，就是除了八股文以外，什么都不懂。偶尔出一个，袁枚[③]是翰林哪，他那个《随园诗话》，袁枚后来不在北京混了，在南京，搞了一个“随园”。“随园”是干吗的呢？来了巡抚，两江总督，他就以这个随园的（名义），人家知道他是翰林啊，那时候不得了的，就先送一座酒席。江苏巡抚，两江总督，送一座酒席，后来，那个银圆就源源而来了。当时叫做“清客”，他也不用（什么东西）。他那个《随园诗话》写的还是挺不错的。我以前经常看，挺愿意看那个《随园诗话》的。

袁枚就是清客，反正是自己也不用劳动。他那个诗写的，他那个《随园诗话》，讲这个佛手（《随园诗话》里面收录了镇江布衣李琴夫的《咏佛手》）给我印象忒深：白业堂前几树黄，摘来犹似带新霜，自从散得天花后，空手归来也（总）是香。佛手啊，散花以后，我觉得这个意境是真不错的，白业堂前几树黄，摘来犹似带新霜，自从散得天花后，空手归来也（总）是香，有点意思。

……

蔡德贵：您不是也提倡小题大作吗？糖不也是小题目吗？

季羡林：像糖不是小题。每天人人都要吃的。

蔡德贵：但是谁都不注意的。

季羡林：不注意。它糖这个（历史），世界上原来有两本，一本是德国人的，一本是英国人的。德国人的那本主要说糖suger在全世界传播的过程，阿拉伯国家在里边起很大的作用。有一次，他们一个敦煌卷子，敦煌卷子那时候，谁拿到敦煌卷子就如获至宝，一定拿到手就写文章，那个敦煌卷子传来传去，不知道怎么传到我这里来了。因为里面有一个词，谁也解释不了，“煞割令”。[④]

注释：

①朱家骅（1893年—1963年），字骝先、湘麐，浙江湖州人，中国教育界、学术界的泰斗、外交界的耆宿，中国近代地质学的奠基人、中国现代化的先驱，然以其特出的聪明才智和过人的精力，担当过教育、学术、政府、政党等多项重要职务，与中国政局的演变有密不可分的关系，影响现代中国甚巨。

②蒋复璁（1898—1990），字美如，号慰堂，海宁硖石人。江南著名藏书家蒋光煦曾孙。1923年北京大学哲学系毕业。时梁启超自欧洲购回大批图书，与其叔蒋百里创办松坡图书馆，复璁出任编辑。1924—1926年，在清华学校兼课。1926年北京图书馆建成，任该馆编纂，负责中文图书编目。期间刻苦钻研，主张对传统分类进行改革。1930年，经浙江省政府选派，赴德留学，在柏林大学研习哲学，并攻读于图书馆学院，同时在普鲁士邦立图书馆任客座馆员。1932年学成归国。次年，派为中央图书馆筹备处主任，多方奔走，影印《四库全书》珍本，以筹措经费，并与世界各国建立交换关系，馆藏外文书刊得以大量增加。1937年抗战爆发，随蒋百里出使意、德。次年初回国，即投入护送善本图书西迁工作。1940年，中央图书馆正式成立，任首任馆长。1941年初，冒险潜往孤岛上海，抢救沦陷区的珍贵古籍，多方收购，达数万册。1945年抗战胜利，奉命担任教育部京沪区特派员，主持江南地区文教单位接收事宜。曾从戴笠手中收回举世闻名的珍贵文物毛公鼎，又通过我国驻日军事代表团收回日军从香港劫走的珍贵古籍。此时，南京中央图书馆藏书已达100万册，国民政府授予胜利勋章，以为表彰。1948年起，大陆善本图书被分批运往台湾，复璁奉命参与其事。1950年，寓居香港教书。1951年去台湾大学讲授国文。是年皈依天主教。1954年任台湾“中央图书馆”馆长。1965年任台湾“故宫博物院”院长。曾精印经过复制的历代法书名画，并主持影印出版《四库全书》。在此期间，兼任文化大学、辅仁大学等校教授，并多次到美、日、韩国、前联邦德国、比利时等国和地区考察访问。曾当选台湾“中央研究院”院士，先后得到过韩国成均馆大学和美国圣约翰大学名誉博士学位，以及罗马教廷“圣额我略高级爵士”称号。1983年退休时，台湾当局授予二级景星勋章。在此前后，又获得台湾“教育部”金质奖章及“行政院”文化奖章。退休后任台湾“总统府”国策顾问、国民党中央评议委员等职。学识渊博，尤精图书、博物。著有《珍帚斋文集》130余万字，主编有《徐志摩全集》和《蒋百里先生全集》。

③袁枚（1716—1797），中国清代诗人，诗论家。字子才，号简斋。钱塘（今浙江杭州）人。乾隆四年（1739）进士，授翰林院庶吉士。乾隆七年改放外任，在溧水、江浦、沭阳、江宁等地任知县，有政声。乾隆十三年辞官，定居江宁（今江苏南京市），筑室小仓山隋氏废园，改名随园，世称随园先生。从此不再出仕。从事诗文

著述，广交四方文士。晚年自号仓山居士。袁枚与赵翼、蒋士铨并称乾隆三大家。他活跃诗坛40余年，有诗4000余首，基本上体现了他所主张的性灵说，有独特风格和一定成就。袁诗思想内容的主要特点是抒写性灵，表现个人生活遭际中的真实感受、情趣和识见，往往不受束缚，时有唐突传统。在艺术上不拟古，不拘一格，以熟练的技巧和流畅的语言，表现思想感受和捕捉到的艺术形象。追求真率自然、清新灵巧的艺术风格。其中较突出的佳作主要有两类：即景抒情的旅游诗和叹古讽今的咏史诗。袁枚亦工文章，散文如《祭妹文》、《峡江寺飞泉亭记》等，骈文如《与蒋苕生书》、《重修于忠肃庙碑》等，传为名篇。袁枚又是乾、嘉时期主要诗论家之一。继明代公安派、竟陵派而持性灵说。《随园诗话》及《补遗》、《续诗品》是他诗论的主要著作。《随园诗话》除阐述性灵说以外，对历代诗人小说诗歌文学作品、流派演变及清代诗坛多有评述。《续诗品》则是仿司空图《二十四诗品》之作，立36目，用四言韵文简括诗歌创作过程、方法、修养、技巧等具体经验体会，即所谓创作“苦心”。与公安派相比较，袁枚的性灵说更有反道学、反传统的特点，指出诗并非说教的手段，而要抒写性灵。他把“性灵”和“学识”结合起来，以性情、天分和学习为创作基本，以真、新、活为创作的追求。他并不一概地反对诗歌形式的声律藻饰、骈丽用典等讲究，只要求从属于表现性灵。袁枚的性灵说较公安派前进了一步，全面而完整，被认为是明、清性灵说的主要代表者。

④“煞割令”是什么？“煞割令”是多年没有人能够啃动的硬核桃，季老啃动了，他用比较语言学破解了“煞割令”，原来是一种粗糖。

糖是一种微末的日用食品，平常谁也不会重视它。可是“糖”这个字在西欧各国的语言中都是外来语，来自同一个梵文字，这充分说明了，欧美原来无糖，糖的原产地是印度。

在哥廷根大学留学时，季老已经发现“糖”这个字在西欧各国的语言中都是外来语，来自同一个梵文字sarkarā，这充分说明了，欧美原来无糖，糖的原产地是印度。这样一来，糖一下子就同他的研究工作挂上了钩。于是开始注意这个问题，并搜集这方面的资料。后来，又由于一个偶然的机会，一张伯希和从敦煌藏经洞拿走的，正面写着一段佛经，背面写着关于印度造糖法的残卷，几经辗转，传到了他的手里。季老说，大家都知道，敦煌残卷多为佛经，像这样有关科技的残卷，真可谓是凤毛麟角，绝无仅有。从伯希和起，不知道有多少中外学人想啃这个硬核桃，但都没有能啃开，最后终于落到我手中。我也惊喜欲狂，终于啃开了这个硬核桃。

季老写了一篇《蔗糖的制造在中国始于何时？》的论文。这篇文章的意义，不在于它确定了中国制造蔗糖的时间，而在于它指出中国在唐代以前已经能够自制蔗糖了。唐太宗派人到印度去学习制糖法，不过表示当时印度在制糖技术的某一方面有高于中国之处。中国学习的结果是，自己制造出来的糖“色味逾西域远甚”。文化交流的历史往往如此。在以后的长时间内，中印在制糖方面还是互相学习的。

1982年，季老又写了一篇《对〈一张有关制糖法从印度传入中国的敦煌残卷〉的一点补充》。补充不牵涉重大问题。1983年，他写了一篇《古代印度沙糖的制造和使用》。促成写这篇文章的原因是德国学者O.von Hinüber 的一篇关于古代印度制糖术的文章。von Hinüber 的文章引用了一些佛典中的资料，但显得十分不够。后来中国四川一个糖厂的工程师李治寰写了一本书，是从制糖技术方面写的，不注重文化交流。季老于是也主要使用汉译佛典中的资料，写成此文，资料比德国学者的文章丰富得多了，我们对于古代印度制糖术的了解也充实得多了。1987年，季老又写了一篇《cīnī问题——中印文化交流的一个例证》，他告诉我，当时他发现cīnī是一个孟加拉文，他向东语系孟加拉文教师请教，问他cīnī除了中国，中国的，还有什么意义？回答说，还有糖的意义。他因此发现了中国白沙糖传入印度的问题。糖本是一件小东西，然而在它身上却驮着长达一千多年的中印两国文化交流的历史。同年，又有一篇文章《唐太宗与摩揭陀——唐代印度制糖术传入中国的问题》发表，更有系统、更深入、更详尽地叙述白沙糖传入印度的过程。

季老说：据我所知，迄今世界上只有两部完整的《糖史》，一本是Von Lippmann的，一本Deerr的，一德一英。二书的写法不尽相同，德文的谨严可靠，材料也丰富。英文的则差一点。二书都引用过中国资料，英文的引用时错误多而可笑，可见作者对中国以及中国材料是颇为陌生的。德国人的那本主要说糖suger在全世界传播的过程，阿拉伯国家在里边起很大的作用。有一次，他们一个敦煌卷子，敦煌卷子那时候，谁拿到敦煌卷子就如获至宝，一定拿到手就写文章，那个敦煌卷子传来传去，不知道怎么传到我这里来了。因为里面有一个词，谁也解释不了，“煞割令”。我的《蔗糖史》既然后出，应当做到“后来居上”。至于我做到了没有，则不敢说。反正我除了参考以上两书外，我的重点是放在中国蔗糖史上。我不讲饴糖，因为在饴糖制造方面，不存在国际交流的问题。仅是一个Sugar，先生就从英文、阿拉伯文、印地文、梵文、巴利文、中文考证了个遍，弄清了“糖”在传播过程中的来龙去脉，搞清了为什么最初发明糖的印度，将粗糖叫做Sugar，而将精制的食糖却叫做“中国雪”的问题，从中发现了文化交流的轨迹。

季老说，写文章引用别人的著作甚至观点，是决不可避免的，但必须注明出处，这是起码的学术道德。如果想开辟一个新领域，创造一个新天地，那就必须自找新材料，偷懒是万万不容许的。他说：我自知不是大鹏，而只是一只鷦鷯，不敢作非分想，只能低低地飞。即使是大鹏，要想开辟新天地，也必付出巨大的劳动，想凭空“抟扶摇而上者九万里”，其结果必然是一个跟头栽下来，丢人现眼，而且还是飞得越高，跌得越重。搜集资料，捷径是没有的，现有的引得之类，作用有限。将来有朝一日，把所有的古书都输入电脑，当然会方便得多。可是目前还做不到。我只有采用一个最原始、最笨、可又决不可避免的办法，这就是找出原书，一行行，一句句地读下去，像砂里淘金一样，搜寻有用的材料。我曾经从1993年至1994年用了差不多两年的时间，除了礼拜天休息外，每天来回跋涉五六里路跑一趟北大图书馆，风雨无阻，寒暑不辍。我面对汪洋浩瀚的《四库全书》和插架盈楼的书山书海，枯坐在那里，夏天要忍受书库三十五六摄氏度的酷暑，挥汗如雨，耐心地看下去。有时候偶尔碰到一条有用的资料，便欣喜如获至宝。但有时候也枯坐半个上午，把白内障尚不严重的双眼累得个“一佛出世，二佛升天”，却找不到一条有用的材料，嗒然拖着疲惫的双腿，返回家来。经过了两年的苦练，我炼就一双火眼金睛，能目下不是十行，二十行，而是目下一页，而遗漏率却小到几乎没有的程度。我的《糖史》就是在这样的情况下写成的。季羡林先生对“糖”字从英文、阿拉伯文、印地文、梵文到中文考证了个遍，搞清了为什么最初糖发明于印度，以及“糖”在传播过程中的来龙去脉。 季 先生从糖的“小”中，见到的是文化交流之“大”。他写《糖史》的目的，是想让人们都认识到，人类是相互依存、相辅相成的，大事如此，小事也不例外。像糖这样一种天天同我们见面的微不足道的东西后面，实际上隐藏着一部错综复杂的长达千百年的文化交流的历史。通过糖背后的文化交流， 季 先生认为，世界文化是世界上各个国家和民族共同创造的，而不是一元起源论。在糖史背后季羡林重视的是文化交流，在蔗糖制造方面的国际交流。

季老对我说，欧洲过去基本没有蔗糖。欧洲熬糖是用甜萝卜，即甜菜。只有欧洲南部有少量的甘蔗，没有什么熬糖的价值。用甘蔗制糖是印度的发明，而把甘蔗制的粗糖加工成细糖即白糖却是中国人的发明。

而中国人的这个发明却是一次意外。据记载，一个中国人把从印度运来的粗糖放在一个大缸里，安置在墙边。突然墙上掉下一块墙皮，正好落在大缸里。这时奇迹发生了。墙皮接触的那些粗糖，突然变白了，成了细糖。这位中国人依此发现了白糖的制作技术。

第二十二次口述

2008年11月21日下午（季清从美国回来看望爷爷）

蔡德贵：上次讲到您和阴法鲁到北大图书馆北边的北楼去看汤用彤先生，一路上傅斯年先生就讲北大的门槛怎么怎么高，您是和阴法鲁先生一起去的是吗？

季羡林：有阴法鲁，还有傅斯年。

蔡德贵：傅斯年不是在路上遇见的吗？

季羡林：不是在路上遇见的，是一起去的。阴法鲁、傅斯年，我们一起去的。傅斯年那时候是代校长。

蔡德贵：汤用彤说让您当一个礼拜的副教授。

季羡林：我当时是大喜过望啊。因为就是让我当两年（副教授），我觉得到北大来，我也感到是很光荣的事情。所以让我当一个礼拜，我确实是没有想到的。没有想到的，后来就，国内那时候没有学位制，没有博士。我就想到，我1941年在德国，哥廷根大学获得博士学位。1941年，这时候是1946年了吧。

蔡德贵：对。

季羡林：那时候，德国倒有两个阶层，就是博士阶层，一个就是一般的博士，所以毕业这个词在德文里是没有的。所以只要碰到，中国人在德国某某大学毕业，肯定是骗子，德国没有毕业这个词，德国获得博士学位了，就是毕业了。德国没有毕业这个词，美国有这个毕业的词。

在德国，它的博士有两个层次，一个就是一般的doctor，这个完了以后，再写论文，这论文当然水平要高了，这个再通过了，（就获得一个）doctor habil，到了这个doctor habil，就有资格当教授。只要哪一个地方有缺，就可以调你去当教授，就有资格了，可以当教授，也可以当副教授。没有doctor habil，不能当教授。它是两个层次，光一个博士不行。我1941年到1946年，中间5年，5年能不能拿到一个doctor habil，habil还得再写论文，那个论文当然要求很高了，那我就不知道了。后来就要离开德国，那时候，还没有航空，而且是因为战争的结果，交通没有航空，铁路我记得也给炸了。我们那时候只能通过瑞士回国，别的路没有。一个美国的少校，他的目的是到瑞士去逛一逛。所以他自告奋勇啊，拿一辆吉普车，我们中国的留学生有我，我是孤身一人，张维、陆士嘉夫妇，有一个小孩，刘先志、滕蔻君夫妇两个，没有小孩。没有小孩，刘先志带着一个兜，兜里面装着那只大乌龟，名字给起的叫"马科斯"。那只大乌龟，他一直带到中国了。后来，我不知道结果怎么样了。那时候德国没有东西吃，法西斯到处搜罗，最后搜罗到海里边，不知道在哪个岛搜罗到一大批乌龟，不是一个两个，而是成千上万的。意思就是让大家吃，就在报纸上宣传怎么吃乌龟，那个乌龟如何有营养，西方人不会吃，拿到中国，我们中国人有办法啊。我们就随着美军少校就驾着吉普车，我们这边就是，我孤身一人，张维、陆士嘉夫妇，和一个小孩，刘先志、滕蔻君夫妇再加上他那个"马科斯"。就到瑞士边境，当时瑞士没有正式外交代表，要签证，找不着（代表）。有一个德国人，人家说他就是驻瑞士的代表，他自己说，并不是正式代表的身份，他说，他的签证有没有用，自己也不知道。结果是不让我们进，我们是箭在弦上，不得不发。还是上车，往前走，到了瑞士边境，留在那里，不让进。那时候瑞士有中国的公使馆，我们就与公使馆打电话，公使馆就派人来接，接了，当然就接进去了。我讲过一个小故事，讲过了，就是找一个地方，扔那块有腥臭味的面包，没有找到。

蔡德贵：您讲过了。但是您翻译《四书》的那一段讲的不细。

季羡林：那是到瑞士以后了。

蔡德贵：您和德国克恩教授合作翻译《四书》有多长时间？

季羡林：我在瑞士（差不多）有半年吧。那个书出不出，我不知道。反正稿费拿到了。（1945年10月，我们到了瑞士。在这里待了好几个月。1946年春天，离开瑞士。）①

蔡德贵：把《四书》翻译成德文，有没有难度？

季羡林：难度没有，小时候我都念过了。

蔡德贵：您小时候都背过了吧？

季羡林：嗯。

蔡德贵：但是一些概念术语，有关中国哲学的东西，转化的时候是不是很难哪？

季羡林：那当然难了。

蔡德贵：那个德国教授懂汉语吗？

季羡林：不懂，他一点不懂。这个德国教授叫Fritz Kern。他是德国的正教授，为了逃避法西斯，逃到瑞士去了，在那儿找不着工作。瑞士的学术，和德国比当然不行了。

季老孙女季清到，结束。

注释：

①那是我在瑞士弗里堡的时候，认识了几位奥地利学者W．施米特（Schmidt）、科伯斯（Koppers）等，他们都是天主教的神父，又是人类学家，也是所谓奥地利维也纳学派的领导人。“二战”爆发，奥地利很早被德国纳粹吞并，为了躲避凶焰，他们逃到瑞士，在弗里堡附近的一个小村，叫弗鲁瓦德维尔（Froideville）的，建立了根据地，有一个藏书相当丰富的图书馆。这一学派的许多重要人物，也都来这里聚会，同时还接待外国学者，到这里来从事研究工作。我于1945年10月23日首次见到克恩教授（Fritz Kern），是在圣·朱斯坦公寓的主任诺伊维尔特（Neuwirth）的一次宴会上。第二次见面就是两天后在弗鲁瓦德维尔的这个研究所里。弗里茨·克恩（Fritz Kern）教授原来是德国一所大学，大概是波恩大学历史教授，思想进步，反对纳粹，在祖国待不下去了，被迫逃来瑞士。但是在这里无法找到一个大学教席，瑞士又是米珠薪桂的地方，他的夫人在无可奈何的情况下，到弗里堡附近一个乡村神父家里去当保姆。这位神父脾气极怪，又极坏，村人给他起了一个绰号，叫Tempate（暴风雨），具体形象地说明了他的特点，脾气一发，简直如暴风骤雨。在这样一个主人家里当保姆，会是什么滋味，一想就会明白。然而为了糊口养家，在德国一般都不工作的教授夫人，到了瑞士，在人屋檐下，焉得不低头，也只有忍辱吞声了。教授年纪已经过了五十，但是精力充沛，为人豪爽，

充分表现出日耳曼人的特点。我们萍水相逢，可以说是一见如故。有一段时间，我们几乎天天见面，共同翻译《四书》。他告诉我，他有一个极其庞大的写作计划，要写一部长达几十卷的《世界历史》，把中西各国历史、文化等等，从比较历史学和比较文化学的观点上，彻底探讨一番。研究中国的经典，也是为这个庞大计划服务的。他的学风，常常让我想到，德国历史上那一些Universalgenie（多学科巨匠）。有时候，我跟他开玩笑，说他幻想过多，他一笑置之。有时候，他说我太Kritisch（批判严格），我当然也不以为忤。我们之间的关系非常融洽。他夫妇俩都非常关心我的生活。我在德国十年，没有钱买一件好大衣。到瑞士时正值冬天，我身上穿的，仍是十一年前在中国买的大衣，单薄，破烂。他们讥笑，称之为Mnatelchen（小大衣）。教授夫人看到我的衣服破了，给我缝补过几次，还给我织过一件毛衣。在我这个背乡离井，漂泊异域十年多的游子心中，会产生什么情感，一想就可以知道，用不着我再讲了。你可以查一下《留德十年》，在1945年11月20日的日记里，有下面一段话：Prof. Kern（克恩教授）劝我无论如何要留下。我同他认识才不久，但我们之间却发生了几乎超过师生以上的感情，对他不免留恋。他也舍不得我走。我只是多情善感，当然有痛苦。不知为什么上天把我造成这样一个人？

可见我同他们感情之深。他们夫妇成了我毕生难忘的人。我回国后还通过几次信，后来就“世事两茫茫”了。至今我每次想到他们，心里就激动、怀念，又是快乐，又是痛苦，简直是酸甜苦辣，说不清是什么滋味了。

在那里，有两次我都见到了科伯斯教授，第二次见到施米特教授和一位日本学者名叫沼泽。施米特曾在中国北京辅仁大学教过书，他好像是人类学维也纳学派的首领，著作等身，对世界人类语言的分类有自己的一套体系，在世界学人中广有名声。我同这些人来往，感觉最深刻的是他们虽是神父，但并没有“上帝气”，研究其他宗教，也颇能持客观态度。我认为，他们算得上学者。由于克恩教授的介绍，我还认识了一位瑞士银行家兼学者的萨拉赞（Sarasin）。他是一位亿万富翁，但是颇爱学问，对印度学尤其感兴趣，因此建立了一个有相当规模的印度学图书馆，欢迎学者使用他的图书。大概就是由于这个原因，克恩教授介绍我去拜访他。他住在巴塞尔，距弗里堡颇远。我辗转搭车，到了巴塞尔，克恩教授在那里等我。我们一同拜访了萨拉赞，看了看他收藏的图书。在世界花园中，有这样一块印度学的园地，颇为难得。他请我们喝茶，吃点心。然后告辞出来，到一个在中国住过多年的牧师名叫热尔策（Gelzer）的家里去，他请我们吃晚饭。离开他家时已经比较晚了，赶到车站，一打听，知道此时没有到弗里堡的直达通车。?

“二战”时期，败亡在即的德国，百姓生活陷入困境，食物短缺，燃料匮乏。由于德国地处中欧，冬季非常寒冷，缺燃料会导致许多居民冻死，不得已，各地政府只得让市民上山砍树。林业人员先在茫茫林海中搜寻，寻到老弱树或劣质树时，在上面画一个红圈。政府规定，如果砍伐没有红圈的树，将要受到处罚。尽管当时政权处于真空状态，根本就找不到具体执行处罚的人，但直到战争结束，全德国未发生过一起居民滥砍滥伐的事，他们全部忠实地执行了这个不成文的规定。

第二十三次口述

2008年11月24日下午3：50～5：00

蔡德贵：先生，我查了一下，您上次说到的克恩教授，1884年出生，1950年去世。那个《四书》是否出版，还没有查到。他在世界历史方面，比较文化出了一些书，很有造诣的。

季羡林：嗯，克恩不搞那个，你说的是谁？

蔡德贵：克恩教授。

季羡林：嗯。对。

蔡德贵：《全集》那里，一些您的文章没有日期，有些我查出来了，有一篇《略说中国传统文化及特点》我没有查出来。不知道您是不是还记得？是讲话呢？还是文章？

季羡林：我也不知道。忘记了。

蔡德贵：上次说到您在东语系被汤用彤聘为教授的事情了。现在该说东语系创建时候的事情了。

季羡林：嗯。当时他们这样子，这个在我之前哪，你知道有个吴晓铃吧？

蔡德贵：我知道，搞印度文学史的吧？

季羡林：吴晓铃、罗常培，他们当时酝酿着要成立一个北大东语系，而且内定这个吴晓玲为系主任。

蔡德贵：吴晓铃是罗常培的学生吧？

季羡林：他是。吴晓铃是罗常培的学生。所以，我在世界上，还不知道吴晓铃这个人的时候，结果就有了一个仇敌了。

蔡德贵：您一来就把他得罪了。

季羡林：结果，我占了他的位置了。我怎么知道呢？所以我说，没有见面，就成为仇人。

蔡德贵：您那时候一点都不知道啊！

季羡林：不知道啊！后来知道他这个，在印度待过，梵文学得很不怎么样，因为他只会英文。从英文学梵文哪，反正水平是很不怎么样。他翻译了一本《小泥车》，你知道这本书吗？

蔡德贵：我没有看过。泥土的泥吗？汽车的车吗？

季羡林：哦。他翻译的。我也没有对过。

蔡德贵：没有看过这本书。

季羡林：嗯。结果我不知道世界上有个吴晓铃，就有了仇敌。他的夫人是学孟加拉文的。后来，我在创办东语系的时候，我就把孟加拉文给去掉了，结果是火上加油了。这都是我后来才知道的。当时吴晓玲、罗常培他们要创办东语系，这我根本就不知道。因为我回国以后，陈寅恪先生那时候本来是清华大学的教授，他为什么没有介绍我到清华，介绍我到北大，到现在也不明白。总而言之就是，一个是我夺了他东语系系主任的位置，我根本不知道。后来又把他夫人的孟加拉文，东语系又去掉了，火上加油了。

蔡德贵：那时候您还不知道他。

季羡林：不知道世界上有这个人。这个人是这个外国的东西，包括梵文在内，都不行。就是搞这个，中国演剧，你知道吴雪吗？青年艺术剧院的院长。

蔡德贵：中国青年艺术剧院的院长，后来的。

季羡林：他跟吴雪很好。

蔡德贵：演过您翻译的《沙恭达罗》。

季羡林：演的时候，是印度总统来了，周恩来陪他。在这个东单中国青年艺术剧院，在那里演，演我翻译的《沙恭达罗》，在剧里面，吴雪演婆罗门。那个婆罗门在剧开始以前出现过一次，你看过那个《小泥车》没有？

蔡德贵：没有。

季羡林：就那个《沙恭达罗》，真正宣传什么东西？在中国青年艺术剧院上演之前，让我讲一讲，必须突出其中的政治意义，后来我说没有什么政治意义，它就是歌颂爱情，就是歌颂纯真的爱情，那个故事，好像是《元曲》里也有。

蔡德贵：《元曲》里有？

季羡林：类似的，不是完全一样的，它两个没有传承的关系。意思就是，一开始就是一个婆罗门哪，不知道怎么得罪他了，他就气愤愤地说，我一定要报复。（吴雪）就讲了这么一句话，后来就没有啦。

蔡德贵：吴雪就演这个角色，婆罗门。

季羡林：吴雪演完了，所以就下来陪了。这主要是讲这么一个故事，要报复，让这个剧里边的主人公忘掉一件事，最主要的一件事，要他忘掉，婆罗门说话都是算数的。就是那个故事的细节，我记不得了。

蔡德贵：我回去查。

季羡林：后来一定要我讲什么政治意义。我说人家不讲这个东西，它就是只是讲爱情至上，爱情的纯真。要套我们当时的论调，套不上的。所以让我讲，我讲不出来，我就知道，这个故事本身很美丽，很曲折。就是那个故事，我现在不大清楚了。你刚才讲到哪个？

蔡德贵：这个和《小泥车》有没有关系？

季羡林：《小泥车》就是吴晓铃翻译的。《小泥车》与《沙恭达罗》没有关系。吴晓铃就是，本来要当东语系系主任的，结果半路杀出一个季羡林，所以我根本就不知道世界上有这个人的时候，结果就结仇了。那个人，你知道，类似于中国的清客，那种作风。

蔡德贵：他没有当成系主任，就嫉恨您了。

季羡林：对。我都不知道的。当时大概罗常培和他谈过。

蔡德贵：罗常培在北大是什么角色？

季羡林：没有什么角色。

蔡德贵：没有什么角色，是不是和胡适议论过这件事？

季羡林：嗯。当时校长是胡适，文学院院长是汤用彤。胡适老是不在北京，实际上管事的，是汤用彤。汤用彤这个人还是很有学问的。他的《汉魏两晋南北朝佛教史》是很有工夫的。

蔡德贵：那是他的代表作了，我们读中国哲学史是必须读他这本书的。

季羡林：嗯。

蔡德贵：先生，我想问一下，是不是胡适和陈寅恪先生商量过，已经想让您组建东语系了。

季羡林：这个不知道啊。

蔡德贵：但也不一定没有啊。

季羡林：嗯。也不一定没有。不过，当时陈寅恪是清华大学的教授……

蔡德贵：但是他和胡适的关系是非常不错的。在清华不可能组建东语系的。

季羡林：对。可是，在清华组建也一样的，什么地方组建都一样的。创办一个系，并不难，挂一个牌子就完了么，请几个教授就可以了。

蔡德贵：但是还要招学生啊。

季羡林：我们这种语言哪，也招不了多少学生，梵文、巴利文，哪有什么人学啊！费力不讨好。

蔡德贵：那时候就出力不讨好。除了吴晓铃，在您以前马坚先生去了吗？马坚先生、金克木先生已经在北大了吗[①]？

季羡林：没有，（他们不在）。我把他们请来的。就是成立东语系么，还有于道泉，于道泉是于若木的哥哥，于若木是陈云的夫人。于道泉这个人，实际上是个天才，就是他主意拿不定。那时候，陈寅恪先生在伦敦治眼睛。

蔡德贵：他给读《资本论》。

季羡林：（陈寅恪）治眼睛，这个于道泉怕他寂寞，到医院去看他。他给讲马列主义，这个陈寅恪先生又不能说，你别来啦，天天讲马列主义，所以陈寅恪先生说腻歪透了。于道泉一会研究鬼，一会无土栽培，于道泉实际上是个歪才，你抓不住他，他就一事无成。后来我就把他抓了一下，你看过一本书吗？就是《仓央嘉措情歌》[②]，西藏的一个《仓央嘉措情歌》。

蔡德贵:《仓央嘉措情歌》。

季羡林:那是我们抓住的，他这个外号叫于喇嘛，他住在雍和宫，学这个藏文、学蒙古文，很有点才能的。《仓央嘉措情歌》[③]就是他翻译出来的，那是我把他抓住的。

蔡德贵:逼他，他就干了。

季羡林:你不抓他，他瞎搞。研究鬼和无土栽培，相差不可以道理计。但是他就这么搞。他不是在英国念书么，他回来以后，陈云一看这个大舅子，本来想让他在政界发展，所以让他先住在陈云的家里边，后来一看大舅子不是做官的料，后来就不让在家里住，他就出来了。出来开始先在北大东语系，后来到这个北大东语系中间改革了一次，国内的语言到中央民族学院去了。都弄到中央民族学院去了。

蔡德贵:除了于道泉还有马学良。

季羡林:嗯。马学良也是。

蔡德贵:马学良也是受您影响才走上这条学术道路的。

季羡林:也很难说。

蔡德贵:马学良在济南高中上学的时候，校长说，几年前，季羡林就是我们这个学校毕业的，他现在怎么怎么样。马学良就立志要学习季羡林先生。他后来是这么考上来的。

季羡林:这个我不知道。

蔡德贵:在马学良的传记里提到的。

季羡林:他没有跟我说过。他的传记，我没有看到过。

蔡德贵:于道泉和马学良后来合并到中央民族学院去了。您请的马坚先生、金克木先生了。

季羡林:对。金克木是武汉大学的。马坚他是埃及开罗爱资哈尔大学毕业的，马坚原来在这个伊斯兰教圈子里，没有什么名气。后来，他写了两篇文章，一篇是《回民为什么不吃猪肉?》，第二篇是《穆罕默德的宝剑》。这两篇文章，让毛泽东看到了，毛泽东就派胡乔木去找我，我那时候住在东厂胡同。

蔡德贵:胡乔木还到东厂胡同去过找您啊。

季羡林：找我啊。他说毛先生派我来，主要是传达他对马坚教授的那两篇文章，说那两篇文章，毛先生评价很高，对团结少数民族起作用。

蔡德贵：那大概是1951年的时候。我查了一下，起因是当时天津的回教徒因为吃猪肉而发生过一次群体事件。

季羡林：那是经常发生的，经常的。

蔡德贵：天津那次比较大，马坚先生的那篇文章对平息事件起作用很大的。

……

蔡德贵：王绍曾先生和您同岁。王绍曾先生非常了不起，版本学、目录学非常好。90岁以后当了博士生导师。

季羡林：哦。那个不简单。

蔡德贵：关德栋和王绍曾先生经常提到您。歇会吧，李铮的爸爸后来也没有到北大？

季羡林：李铮的爸爸没有来，他也不是一个学者，满文能懂。后来这个人民大学成立清史研究所，我建议当然首先是研究满文，他们认为是奇谈怪论，满文的老档，研究清史要研究满文的老档。鲁迅不是当时是教育部的佥事，受命到东华门去看满文老档。后来人民大学成立清史研究所，我说首先当然要学满文的。

蔡德贵：这是理所当然的事情。就和研究印度佛教必须学习梵文、巴利文一个道理的。当时有没有人反对？

季羡林：这个没有听说有反对的。这个是真理啊。既然成立清史研究所，满文不学，怎么行呢？人家日本人啊，研究满文的人才比我们多，水平也比我们的高，今西龙、今西春秋父子，都是日本研究满文的啊。这个研究清史，而且是他们有个责任的，中国这个国家很奇怪的，一个朝代老变化，别的国家是少有的。变化了以后呢，这个新的朝代第一件工作就给旧的朝代修史，这个很有意思，他的用意当然是很清楚的，就是旧朝代是怎么垮台的，利用修史来总结经验。怎么能够统治长久了。

蔡德贵：李铮的爸爸没有来，满文就没有人教了。

季羡林：没有人教了，根本也没有开。

蔡德贵：您开设梵文、巴利文，金先生也是梵文、巴利文，您没有开印地语？

季羡林：没有。印地语是后来添的。

蔡德贵：您在德国学过印地语吗？

季羡林：没有学过。印地语我没学过。

蔡德贵：孟加拉文，刘建学过吗？

季羡林：刘建主要是英文的。孟加拉文是石素真，她是吴晓铃的夫人。

蔡德贵：后来她也没有在北大？

季羡林：后来就没有在。当时我认为学生恐怕招不到，所以在东语系里面没有把孟加拉文纳入教学过程的。就是于道泉教蒙古文、藏文。

蔡德贵：马坚先生是阿拉伯文，金克木先生是梵文、巴利文，跟您一块。这些人都是您当系主任以后请来的啊？

季羡林：嗯。我那时候这个系主任，是光杆司令上任啊。要成立一个系，当时我一个人，加一个秘书。先是于道泉，后来是金克木。金克木当时在武汉大学，调到北大来的[④]。金克木这个人是有才气，他没有上过大学，在印度待过几年。我调他来以后，有一年我神经衰弱。我那时候神经衰弱，报纸都不能看，神经衰弱到极点。那时候人大代表、政协委员每年可以出去视察一个月，政府出钱，地方由自己选。有的人就是什么事情也不干，就每年专门去视察一个月。因为又不是自己出钱，又可以游山玩水，人家见了还都很尊敬。

蔡德贵：您睡不着，怎么着呢？到哪里了？

季羡林：后来我就利用这个（机会），到云南西双版纳。就是那次去的。

蔡德贵：见到李广田先生的那一次。

季羡林：李广田在云南。李广田是北大的，在沙滩。李广田、卞之琳、何其芳在北大。

蔡德贵：三个人，这您在清华读书时，和他们都熟悉。

季羡林：认识，那时候我们就认识了。他们到清华参观，我招待。

蔡德贵：李广田也是山东人吧？

季羡林：嗯。山东人。

蔡德贵：大概是章丘一带的。

季羡林：后来，在文化大革命中，李广田是云南大学校长，后来就文化大革命，前边是一个水塘，他把自己的衣服放在水塘边上，衣服叠得整整齐齐的，他自己就跳水了。我写过一篇文章叫《春城忆广田》。"春城"就是昆明了，"冠盖满京华，此人独憔悴。"

蔡德贵：1946年前后，您写过《大嫂》的小说没有？

季羡林：没有写小说。

蔡德贵：有一天在一起吃饭的时候，季承大哥说，您在佛山街的时候，见过您写的小说。

季羡林：没有。不是小说，没有写过这篇小说。

蔡德贵：季承大哥说见过您的稿子。

季羡林：那是"天眼通"。没有这么回事。

……

蔡德贵：第一批学生，在东语系的是哪些人？

季羡林：第一批学生，当时啊，就是梵文、巴利文招了几个学生，后来都到香港去了，也没有用上。阿拉伯文的，是没有招学生，是送的。胡适校长，那个牛街，那个教长，大阿訇马松亭校长（成达师范），他派了一些学生，送给胡适的。这些学生当时如果考，那是考不上的。而且还差得很远，当时清华、北大是很难考的。他送来一批，后来这批人，有些在国外阿拉伯国家使馆里边当参赞的，当武官的都有。那是马松亭送给胡适的。他们考是考不上的。北大、清华那时候难考极了。我们那年到北京赶考的，80多个人，北大、清华，四个名额，三个人。我占了两个。

蔡德贵：这批学生，是马松亭大阿訇送来的，那不是正式招生的。那胡适也真给面子了。那时候北大是几年制，四年还是五年？

季羡林：四年。

蔡德贵：累了吗？

季羡林：那时候只有一件好事，就是我要求学东方语言的学生必须学英文，这一条我坚持了。你不学英文，不行。光靠东方语言不行。行啦。

注释：

①季羡林教授讲话（1995年6月9日，摘要）

马坚先生于1946年夏季来到北大。我于这一年的深秋来到北大。不久金克木先生也来到了，加上原来在北大的王森先生，我们四个人，在校长胡适先生和文学院院长汤用彤先生的领导下，共同创办了北京大学东方语言文学系。这个系到明年整整50年了。（《阿拉伯世界》1995年03期）李振中《学者的追求——马坚传》说马坚1946年初秋到北大，另外一个材料说马坚是10月到北大。

②仓央嘉措（1683—？）是藏传佛教的第六世达赖喇嘛，他幼年当过牧童，对民间歌谣非常喜好，15岁被认定为五世达赖喇嘛的转世灵童，由名师教习佛学经典，但他对世俗生活并未忘情，竟写作了大量情歌，并把其中的60多首代表作编成了诗集《仓央嘉措情歌》。后来仓央嘉措因此而遭难。

③此处先生记忆可能有误，《仓央嘉措情歌》由于道泉编注，并加汉、英译文，赵元任记音，国立中央研究院历史语言研究所，1930年（中华民国十九年）北平出版。

④金克木1912年8月生于江西，祖籍安徽寿县，只上了一年中学就因各种原因而失学，其最高学历不过是小学毕业。三十年代后到北京求学，曾在北京大学图书馆任职员，他利用一切机会博览群书，广为拜师，勤奋自学，同时还掌握了英语、法语、德语、世界语等多种语言。1941年先经缅甸到印度，任一家中文报纸编辑，同时学习印地语和梵语，后到印度佛教圣地鹿野苑钻研佛学，同时跟随印度著名学者学习梵文和巴利文，走上梵学研究之路。

1946年金克木回国，应聘任武汉大学哲学系教授，1948年后任北京大学东语系教授。金克木博学精深，在印度文化各个领域的研究中纵横驰骋，称得上是真正懂得印度文化的为数极少的人之一。新中国成立以后，他和季羡林一道，培养出新中国第一批梵、巴语学者，现在我国年轻一代的梵语学者们，都曾受惠于季羡林和金克木。金克木写作的专著《梵语文学史》是学习印度文学的必读课本，他不仅研究印度文化最古老的经典，对印度古代文化有深厚的功底，而且对于印度近现代的论述也不落俗套，独具慧眼。他论述泰戈尔，不是把泰戈尔与印度文化隔离开来，作为孤立的人来研究，而是把这颗印度文化的璀璨的明珠放到印度文明的长河之中，他能真正懂得并欣赏泰戈尔；他的《略论甘地在南非早期政治思想》、《略论甘地之死》等文章，运用他对印度社会的了解，分析了印度近现代的社会状况，历史地、客观地对甘地作出了评述。读金克木的文章，令人感到他对于印度社会和文化的谙熟与深刻理解。金克木在其他领域也同样是多才多艺，他的诗、文，文笔清秀，充满美感，寓意深刻，颇有韵味，有《旧巢痕》、《难忘的影子》等文学作品传世，一本《天竺旧事》把人们带回到20世纪四十年代的印度，不但给人以美的享受，使人增长见识，而且给人们留下了印度文化方面的宝贵资料。

凡是和金克木有过接触的人无不对他的健谈、博学、多闻、敏锐留下深刻的印象。据金克木早年的学生回忆：1949年他们进北大学习时，作为梵语教授的金先生却给学生们上政治课，讲辩证唯物主义和历史唯物主义，他还深入地钻研过政治经济学，有的学生至今还能记得金克木当时对资本主义社会主要矛盾所作的深刻阐述。其实不光是社会科学，举凡数学、天文、地理、生物等自然科学领域，他也广泛涉猎，他很有兴趣地钻研过费尔马大定理等数学问题，他在临终前不久写的一篇文章中就涉及到高等数学的问题，为此还和北大数学系读博士学位的一位亲属的孩子进行了认真的探讨。他早年即同数学大家华罗庚先生很谈得来，华先生也是文理兼通。他还曾就具体的数学问题请教过丁石孙先生，并能从丁先生的解释中判断出他所擅长的数学研究领域。

金克木晚年虽出行不便，但他对新思想、新事物的了解和接受程度，对社会和时代的变革无不具有深入的了解，对许多社会现象、社会时尚都有深刻、绝妙的评论。比如他对电脑即很有兴趣，他向许多人了解这方面的情况，甚至家中来了幼童他也会与其探讨电脑知识。前几年家里买了电脑，金克木以80多岁的高龄开始使用电脑进行写作。外语学院的领导去给他拜年，金克木谈论天下事滔滔不绝，对北大正在进行的改革和北大外国语学院的成立也提出许多有针对性的意见，一针见血地指出改革应该达到什么样的目的，成立外国语学院应该怎样形成自己的特色。

金克木临终前还注意到目前正在进行的人类基因组研究计划，他以一位饱学之士和哲人的眼光不无忧虑地指出：人类在改造自然、改造世界的过程中出现了很大的麻烦，如不慎重从事，在改造自身的过程中也可能会出现更大的麻烦，但是我已经看不到了。金克木一生，淡泊名利。80岁生日时人们要给他祝寿，他坚决拒绝，并风趣地说我可不希望提前听到给我致悼词，他认为祝寿时和悼念时都会对人充满溢美之词，其实质是一样的，没有多大意义。

金克木的学生还记得1956年召开知识分子会议后，一时社会上对知识分子十分照顾，公共汽车上甚至还专设了高知席，给高级知识分子留出座位。金克木看到这种情况幽默地说："孕妇在车上没位子坐，受到摇晃可能要呕吐，高级知识分子知识多，但总不会摇晃得吐出来吧。"即使是在"文革"时期，金克木受到迫害，全家被挤到一间半屋子里，家具没有地方可放，只好把桌子、茶几等摞上好几层，他仍不失幽默，套用当时一切都要加上"革命"的名义，戏称之为"革命杂技"。

金克木晚年不愿意参加各种社会活动，不接受新闻界的采访，但他始终关注着天下大事和其学术事业的继承和发展，仍笔耕不辍，每年都有学术专著、随笔、翻译作品、散文集等出版，并在《读书》等报刊上发表了大量文章，讨论各种学术文化问题，影响很大。金克木喜欢有才能的学生，他有许多学术方面的探索由于受到种种影响而没有展开，希望能够有学生继承下去。他也很乐于指导学生，学生们拿来一本厚厚的书，一篇十几万字的博士论文，他随意翻阅一遍，立刻就能告诉你问题所在，毛病所在。其机敏不减当年，许多学问都很不错的学生，在他的面前经常被问得张口结舌，感到和老师相比实在是孤陋寡闻，难以望其项背。

金克木虽体弱多病，但他从不愿过多地麻烦别人，生了病也不让家人告诉系里，不愿让人来家中看望。多次到医院看病都是子女用自行车、三轮车推去的，这次临终前最后一次去医院，也是由儿子背下楼，用三轮车送到校医院的，后来还是家人看到病情严重，才不得不告诉系里，金克木的学生们说：先生以往生病住院，我们都不知道，没有能去照顾，为先生略尽心意，现在先生已经走了，只能留下不尽的遗憾和思念。金克木先生静静地离开了我们，临终遗言不举行遗体告别仪式，然而，许多得到噩耗的人还是自发地前来为先生送行，但是人们并没有看到他的遗容。先生深通印度文化，对死亡问题更为从容，所以不愿意以遗容示人。斯人已逝，一代智哲、大师的风范却长留在后人的心间！（《人民日报·海外版》2000年09月13日第九版）

据程千帆口述，张伯伟整理《劳生志略》说，20世纪40年代，武汉大学哲学系聘请了刚从印度回来的金克木先生，历史系有唐长孺。唐长孺先生不仅是史学很好，文学也很好。他的文章、诗词都做得很好。要是拿中国的传统来说，在文学方面，他是金松岑的学生；在历史方面，他是吕思勉的学生。金克木先生我原先不认识，最初是看到他写的新诗，觉得很好。抗战胜利以后，哲学系聘请了金先生，他刚从印度回来，哲学系需要有个人讲印度哲学，就把他聘来了，那时他还没有结婚。隔了两三年，胡适希望金克木到北大去，当时北大有季羡林，还有一些懂梵文、印度文、乌尔都文的先生，金克木在武汉大学如果讲中国哲学还有朋友，如果讲印度哲学，就他一人，所以他也很想去北大。唐长孺的妹妹唐季雍在北大哲学系读书，金克木要调到北大去的时候，唐长孺就对他说：我有个妹妹，还没有结婚，如果你们见了面，觉得很好，也可以谈。后来金克木到了北大，一谈就觉得很好，就要胡适给他们证婚，他们就结婚了。这样，唐长孺和金克木就成了亲戚。金克木是无师自通，外文特别好。他的法文非常好，他最初在湖南大学就是教法文，他去看杨树达先生，杨先生看他很年轻，还以为是个学生。后来他去了印度，在印度的一所大学里教书，他的职称是在印度定的。他这个人非常聪明，他在北大先是教梵文，后来北大希望印度文化的内容近代化一些，不要讲太古老的，他就教乌尔都文。乌尔都文大概是印度多种语言中流行得最广泛的一种语言。他写过一本《梵语文学史》，还翻译了一些印度的书。他对于中国的佛学也知道得很多。他想买一部《大藏经》。因为拆零了，不完全，他就把自己感兴趣的部分都买了。买回来以后，家里的房子太小，没地方放，只好又退还给书店。他又懂天文学，所以解释《古诗十九首》中“玉衡指孟冬”就解释得很好。

金克木与季羡林住同一幢楼，但早上散步，他见季羡林却不打招呼。他的理论是：打招呼是说废话。他把这种理论再推进一步，甚至读者想请他在书上签名他都不干。有一回几位读书人买了他和张中行的书，想求签名，先到张中行家，张老签了，但几位拿了签名本却还不走，说还想请金克木签名，只怕金克木不答应。张老一听，说："我带你们去。"率先下楼，后面跟着几个手捧小本本的人，向西百米，二楼，敲开金克木家的门。几位说明来意，金克木果然摇头："不签不签。"张中行不吃这套，转身问："谁带钢笔，拿来。"把笔塞到金克木手里："签！"金克木虽然不情愿，但只好签了。事后，张中行说："我在金先生面前还是有面子的。"

1946年马坚在季羡林之前，应聘到北京大学任教授，参加北大东方语言文学系的组建，并亲自在该系建立阿拉伯语专业。马坚先生的夫人马存真回忆说："当时是既无教材，也无前例可循，一切都要从零开始。他肩负重任，独自一人给首批中国自己培养的阿拉伯语大学生开出了阿拉伯语、高级阿拉伯语、伊斯兰宗教史、伊斯兰教育史和《古兰经》研究这5门专业基础课和专业课，为专业的发展打开了局面。他重视教材建设，积极编写阿拉伯语教材，系统归纳了阿拉伯语语法规律。他所确立的一整套阿拉伯语语法概念和术语，一直为国内各高等院校阿语专业沿用至今。""他奠定了中国阿拉伯语教学的基础，开辟了阿拉伯语教学的新时代，使阿拉伯语在中国教育史上首次进入高等学校。""他还付出大量心血，主编了《阿拉伯语汉语词典》。甚至在糖尿病加重而住院治疗期间，仍然耐着盛夏酷暑，挥扇坚持工作，使医生、护士和病友为之感动。为了把住质量关，他在定稿时对每一个词条都要反复研究，博采众长，斟酌再三。经过多年的辛勤劳动，终于使这部具有重要意义的词典得以问世，为中国人学习使用阿拉伯语提供了最基本的工具书，也为以后编写各种类型的阿汉词典和汉阿词典奠定了基础。"

北大阿拉伯语专业英年早逝的邬裕池老师在《平生风仪兼师友——忆马坚先生》一文中写道："马坚先生对自己是勤奋刻苦，学而不厌；对学生则是循循善诱，诲人不倦。尽可能地把自己的知识传授给年轻一代，直到他生命的最后阶段。虽然身染沉疴，长期缠绵病榻，然而只要有人前来请教，他总要挣扎着起来不辞辛苦地介绍有关资料，或反复思考作出详尽的答复。"又写道："马坚先生在努力培养和造就大批大学生的同时，还非常重视提高教师的业务水平……非常难能可贵的是他还用很大力气指导青年教师阅读原著，如语法原著《克里莱和笛木乃》和《一千零一夜》。"

马坚从1946年到北大任教直到1978年病逝，共在北大工作了32个春秋。他以自己辛勤的工作开辟了中国阿拉伯语教学的新时代，迎来了中国阿拉伯语教学的巨大变革。他为我国外事、文教、出版、科研、宣传等部门培养了一代又一代阿拉伯语言文化人才，成为发展中阿关系和阿拉伯伊斯兰文化研究事业的骨干力量，有的还是国家重要的领导干部。北大阿语教研室中，他的学生已是四世同堂，真可谓桃李满天下。

1949年以后，中国各民族的关系得到了根本的改善，回汉关系也进入了一个前所未有的良好的时代。从根本上说，这是中央政府实行正确民族政策和宗教政策的结果，但马坚先生作为一个有重要影响的穆斯林学者，也为消除民族隔阂、推动这一政策的顺利实施，作过许多积极的努力和有益的工作。马坚先生认为，民族隔阂除了历史上反动政府鼓吹民族沙文主义、推行民族歧视政策的原因之外，民族之间缺少充分了解也是一个重要原因。为此，他运用自己丰富的伊斯兰学识，撰写了大量文章，一方面解除回族有些人在参与全民共同活动的某些疑虑，一方面又从维护民族大家庭团结的真诚愿望出发，对某些无知现象提出了坦诚的批评。1951年1月10日，《光明日报》在发表卢洪基的文章中，将穆斯林的先知穆罕默德与美国强盗（时称美帝国主义）相提并论，引起北京穆斯林强烈不满。16日，各界穆斯林代表汇集中山公园，召开声讨大会，表达对作者及报社的义愤。会上，《光明日报》代表作了诚恳的检讨。19日，为澄清事实真相，《光明日报》发表了穆斯林学者马坚教授的长文《穆罕默德的宝剑》，批评了作者的无知，从而达到了促进民族之间的相互了解，维护国家安定团结的目的。20日，《人民日报》全文转载，新华社也全文播发。

马坚（1906—1978），字子实。云南省个旧市沙甸人。在家乡上小学、高小，1922年，考入昆明成德中学。1925年，成德中学毕业。1929年，来到上海伊斯兰师范学校阿文班就读。1931年12月29日，抵达埃及开罗，在爱资哈尔大学宗教学院读书。读书期间开始翻译埃及著名学者穆罕默德·阿布笃的《回教哲学》，1934年由上海商务印书馆出版。将《论语》翻译成阿文，1935年，开罗古籍出版社出版。1935年下半年，转到爱资哈尔大学阿拉伯语言师范学院继续深造。1936年翻译侯赛因·吉斯尔的《伊斯兰教真相论文集》，中文译名是《回教真相》，1937年在上海出版。1939年结束了埃及8年留学生涯，1940年赴上海参加中国回教学会的译经委员会，利用空闲时间翻译白话文《古兰经》。1941年《伊斯兰教育史》在重庆出版。1942年，受聘于云南大学，开设伊斯兰文化讲座，《回教哲学史》在重庆出版。1945年，白话文汉译《古兰经》初稿完成。

1945年底1946年初，北京大学因为有清华大学陈寅恪教授的推动，经胡适校长、傅斯年代校长、汤用彤文学院院长批准，准备筹建东方语言文学系。经向达和白寿彝教授推荐，北大文学院院长汤用彤教授代表北大聘请马坚到北大任教。1946年10月，马坚偕夫人马存真到北京，在北京大学东语系开设阿语专业。季羡林也于稍晚一些时间到系，从此马坚与季羡林成为同事，一直在北京大学任教，直至1978年去世。

当时的东语系名称叫东方语言文学系，是北京大学最小的系，教员除了季羡林、金克木、马坚，还有藏语的于道泉。当时的条件极差，几乎是白手起家。他们共同创过了很多难关，终于把东语系办起来了。后来又增加了两位教师，但是学生的数目很少，学生要少于老师。全系开会的时候，在一小间十几平方米的教室还坐不满。到了解放前夕，胡适批准了马松亭大阿訇推荐的十几名阿拉伯语的学生入系，才壮大了系的队伍。而马坚当时成了学生最多的教授。后来在建国前夕，胡乔木到季羡林住的翠花胡同，征求季羡林的意见，想把南京的东方语专、中央大学边政系的一部分、南京边疆学院的一部分合并到东语系，这时候，东语系从最小变成了当时北大最大的系。

1951年1月19日，在《光明日报》发表《穆罕默德的宝剑》，3月20日，在《人民日报》发表《回民为什么不吃猪肉?》。有一天，季羡林的清华老同学胡乔木同志去看季羡林。告诉季羡林说："请你转告马坚先生，毛泽东先生认为他那两篇文章：《回民为什么不吃猪肉?》和《穆罕默德的宝剑》写得很好，增强回汉两族人民的团结。请你向他在示谢意！"1959年，中国文化代表团访问伊拉克，马坚、白寿彝系团员，季羡林为团长。

到1950年代以后，阶级斗争无所不在的思想已经深入人心。这种思想甚至在教材编写的时候也表现出来了。有一年，阿拉伯语教研室选了一篇阿拉伯国家的一个著名作家写的尼亚加拉大瀑布的文章，语言生动流畅，描绘的色彩绚烂，是一篇非常好的文章。但是这样的文章，不可能涉及到政治的内容，学生读了，不仅可以学到地地道道的阿拉伯语，而且还能够领略美好的自然风光。然而就是这样一篇课文，有人提出异议，硬把一个资本主义国家的风光写得如此美丽，岂不是长资本主义的威风?季羡林作为系主任也不得不出面调停，他特意让人把它翻译成中文，供大家讨论。像这样的事情在现在看来都是笑话，但那时候谁也不敢掉以轻心。马坚先生在"文革"中被批斗，也是与所谓的白专道路有关系的。

1960年，毛泽东在一次接见各国青年代表时，马坚任翻译，毛泽东向众人介绍中国共产党的统一战线政策时，举例说；"马坚先生是信仰伊斯兰教的，不是共产党员，我是信仰马列主义的，是共产党员，但这不妨碍我们一起工作和合作呀！如果没有他，你们讲阿拉伯语我听不懂，我讲的汉语你们也就不懂，现在我们彼此都沟通了，这就是说我与马先生合作得很好么！"

1973年工宣队搞了一些麸子，做成糠窝窝，又蒸了一些糖三角，每人各发一个，要求先吃糠窝窝，后吃糖三角，算是"忆苦思甜"。马坚不知道吃的要求，把二者合在一起吃了，结果招致现场批判，被勒令写出书面检查，第二天，马坚的检查贴在东语系一楼东头楼梯口："昨日我没有先吃糠窝窝，后吃糖三角，而是一起吃了，这不符合工宣队的要求，因此我作检查。——人老心红战斗队，67岁队员马坚。"落款的"人老心红战斗队"纯属政治幽默。

1978年8月16日凌晨，马坚因病情恶化，抢救无效，顺命归真。有译作《阿拉伯通史》、《阿拉伯半岛》、《古兰经》、《阿拉伯通史》，组织东语系阿拉伯语教研室教师集体编写《阿汉词典》。1984年，经中国伊协认可和世界伊盟同意，伊斯兰世界最高权威出版机构——沙特阿拉伯王国法赫德国王《古兰经》出版社出版了马坚《古兰经》译文中阿对照本，这是对马坚毕生致力于译经工作的最好肯定，也是给予一个穆斯林无比崇高的荣誉。

于道泉（1901．10．28—1992．4．12），山东临淄（今淄博）人。据他的妹妹陈云的夫人于若木说，在她出生之前，她家已迁往济南。父亲于丹绂，又名于丹甫，是中国第一批派往日本的留学生之一，毕业于日本著名的早稻田大学。回国后担任山东第一师范校长，是山东教育界的老前辈，山东近代教育的奠基人。（叶永烈《陈云夫人于若木》）这样看来于道泉也是生于济南。他早年就读齐鲁大学、北京大学，攻数学。齐鲁大学肄业。1934年赴法国巴黎索邦大学留学，师从巴考（J. Bacot1890—1967）研修藏文。1938年至1947年任英国伦敦大学东方非洲研究院高级讲师。后来在北平中央研究院历史语言研究所工作过，历任北京大学讲师、中央民族学院教授。中国民主同盟盟员。从事藏学研究，研究运用拉丁字母拼写拉萨话全部声韵调的符号系统。与赵元任合译《第六代达赖喇嘛仓央嘉措情歌》，主持编纂《藏汉对照拉萨口语词典》。他著有《藏语口语字典》、《北京图书馆馆藏满文目录》、《四角号码索引》，并指导汉译《四部医典》等，为中国藏学研究的走向世界作出了卓越的贡献。

于道泉是我国学术界从事藏学研究之先驱，藏学奠基人。有语言天才，精通藏语、蒙语、满语、英语、法语、德语、土耳其语和梵文等。当然，于道泉精通多种语言，主要由于他的勤奋好学。他为了学习藏语，曾到雍和宫自愿服杂役。

新中国成立后，在1952年进行院系调整，北京大学东语系以来属于国内少数民族的语言统统划归中央民族学院，国内外都有的民族和语言，如朝鲜语和蒙古语，与中央民族学院分工培养，北大东语系主外，中央民族学院主内。这样，于道泉与马学良先生等一起创建了中央民族学院少数民族语言文学系，开拓了一批学科，培养了大批人才。他自己也成为国内外著名的藏学泰斗。

于道泉和赵元任合作翻译的《仓央嘉措情歌》，季羡林早就读过。在于道泉回国在北大工作以后，季羡林经常从他那里听到赵元任的一些情况，他们都很佩服赵元任的语言天才，学说方言的本领令人称奇。

在季羡林的心目中，于道泉是一个有天才的人，也是行动有点“怪”的人。他自己对此似乎有所感。有一次，于道泉亲口对季羡林说：“我的脑筋大概是有点问题。”他的“怪”表现特多，如为了学习藏文和蒙古文，他干脆搬到雍和宫去，和蒙古喇嘛住在一起，因此有了个“于喇嘛”的绰号。他在巴黎留学时，听说西红柿极有营养，于是天天只吃西红柿，结果一天竟然能吃五六斤之多，把肚子给吃坏了。在伦敦时，恰巧陈寅恪先生在那里治眼疾，他天天去给陈先生解闷，给陈先生读书读报。读的书中，就有马克思的《资本论》。奇怪的是，他相信有鬼，却又喜欢马克思的著作。到中央民族大学以后，他还研究无土栽培，后来又研究号码代字音的问题，而且都取得了成就。这些行动无不显示其怪。

季羡林说：

为什么这样的“怪”会同天才联系在一起呢？一个有天才的人，认准了一个问题，于是心无旁骛，精神专注，此时此刻，世界万有不存在了，是非得失不在了，飞黄腾达不存在了，在茫茫的宇宙中，只有他眼前的这一个问题，这一件事物。在这样的情况下，他焉能不发古人未发之覆，焉能不向绝对真理走近一步呢？

但是在平凡的人眼中，这就叫“怪”，于道泉就是这样一个怪人。

对于于道泉，还必须进一步更深入更彻底地挖掘一下。我们平常赞美一个人，说他“淡薄名利”，这已经是很高的赞誉了。然而，放在于道泉先生身上，这是远远不够的。他早已超越了“淡薄名利”的境界，依我看，他是根本不知道，或者没有意识到，世界上还有名利二字。他的这种超越，同尘世间庸俗之辈的蝇营狗苟的争名夺利的行经比较起来，有如天渊。于道泉是我们的楷模。（《千禧文存》，新世界出版社2001年，第178页）

1946年8月3日，北京大学校长胡适先生致函伦敦大学，欢迎于道泉先生回国，到北京大学东方语文系担任蒙、藏文教授。胡适先生诚恳的态度，促使于道泉先生下了归国服务的决心。

1949年4月来到北京。在极短的休息之后，于道泉迫不及待地与当时担任东方语文系主任的季羡林见面、磋商，确定在东方语言文学系开设藏语专业，季羡林推请于道泉先生担任组长。组内还有王森、金鹏、韩镜清几位同事，并立即开始招生。第一期虽然只有两名学生，却使藏学这一专业在高等学府内正式立足，开始了万里长征的第一步。新成立的东方语言文学最初分设为三个组。第一组包括蒙文、藏文、满文；第二组包括梵文、巴利文、龟兹文（吐火罗文A），焉耆文（吐火罗文B）；第三组是阿拉伯文。三个组的具体负责人，第一组应该是稍后从英国回来的于道泉，第二组是季羡林本人，第三组是马坚。五十年代以后，东方语言文学系，后来改称东方语言系，再改名东方语言文学系，一度称为东语系，后来改为东方学系，现在则分为东方语言文化、日本语言文化和阿拉伯语言文化三个系。

担任新闻出版总署第一任署长的胡乔木听说了于道泉的轶闻故事，也知道他通晓多种语言，而且是欧洲留学多年的专家。于是把筹办藏语广播这一重要工作交给了他，请他协助中央人民广播电台设立藏语翻译和播音小组。

经过努力，中央人民广播电台聘请了于道泉，以及由他推荐的李永年、李春先（曲吉洛卓，拉萨藏族旅京人士）和图丹尼玛喇嘛等人作为藏语广播组第一批成员，1950年4月10日开始工作，做好各项准备，5月22日晚上正式播音。

负责筹备中央民族学院工作的刘春——一位资深的从事民族工作的老革命，与费孝通教授合作共事，邀请了季羡林和于道泉共同商量，如何能尽早、尽快地培养一批藏语人才以适应紧迫的需要。经季、于两位教授建议，从国内若干高校文科中抽调一些在校学生集中到北京，用速成的方法，突击学习藏语，以应当前工作的紧迫需要。说来令人惊叹:这个藏语学习班，居然能在中央民族学院成立之前开班上课。这批来自北京大学、复旦大学、湖南大学、广西大学、山东大学、安徽大学、南京大学等校的青年学子，云集北京，在于道泉教授门下，开始了藏语的学习。

“文革”中于道泉在劫难逃，他成为第一批住进“牛棚”的“座上客”，白天于道泉在一座楼前浇灌花木，晚上到“牛棚”受训。在一次对他的批判会上，全系教师及部分学生共有200多人，主持会议的党总支副书记先作了简短发言，要全系师生批判相信有灵魂的迷信思想，帮助于道泉。发言者一个接一个踊跃举手，慷慨陈词，有的声色俱厉，有的甚为惋惜其落后，有的十分鄙夷其陈腐，有的引经据典指陈其谬误，总之五花八门，不一而足，闹腾了3个小时。而于道泉老先生却端坐在一根柱子后面，一手抚摸下巴，一手一根一根地拔自己的络腮胡子，全神贯注，神情肃穆，已进入了沉思状态。主持人叫道:“于先生!于先生!”他完全没听见。主持人急了，提高八度厉声喝叫:“于道泉!”他这才惊醒，茫然地问:“什么事?”主持人说:“刚才大家帮助你3个钟头了，你也表个态，说几句嘛!”于道泉老先生颇感惊讶:“什么?帮助我?3个钟头了?对不起，我一句也没听见!”引得哄堂大笑!这是真话，他的确没听别人在说什么。于道泉老先生早已置身事外，进入自己的冥想王国。原来他在琢磨“一对多”的翻译机械化问题。

说怪也不怪，于道泉于对这一工作醉心已久，早在1956年就在中央民族学院是周报上发表过议论，但当时没有人理会，还有人认为是“幻想”，说他不务正业。这下子可好了，一切繁琐事务都摆脱得干干净净，他倒可以在“牛棚”中冥想苦思。有志者事竟成，他终于发明了一套“数码代音字”，卓有远见地认为，这一套数码代音字可以供翻译机械化使用，就是说他早在20世纪60年代后期就思考出一套可以在电脑(当时人称电子计算机)上使用的汉文和藏文的软件系统了。可惜他的这种超前思维在学院、在社会无人理解，也没有人接受。直到1982年8月，在北京召开的第十五届国际汉藏语言学学会上，于道泉提交的一篇论文“Numerical Script for plain Texts Numerilised Script Versus Romanised Script”(数码字简表:数码字与罗马字对照表)，文中列举了他所设计的数码代音字用来拼读汉字和拼读藏文的规则。热心学习应用这种数码代音字的张默生教授，于1977年3月1日用这一体例的数码代音字给于道泉写来一封信。信除了用数码代音体系写出，还用汉字逐字对照一并写就，请于道泉验看。张默生就是季羡林在济南高中上学时的校长，当时任四川大学中文系主任，与于道泉既是世交，又有戚谊，同为山东临淄的著名奇人，这一文件堪称双绝。

李铮是季羡林的助手。他1933年9月生于北京的一个满族之家，1998年12月不幸去世。李铮从刚满17岁的时候，经人介绍到北京大学东方语言文学系系主任季羡林的办公室工作，后来一直在季羡林身边工作。季羡林的一言一行，一举一动，都对他有很大的影响。

李铮初到系里，就被安排在系办公室工作。当时陈玉龙担任系秘书，陈玉龙是1949年从南京东方语言专门学校合并北大以后被安排到这里来的，他们几个人在一个办公室工作。在系办公室里，陈玉龙和季羡林对面办公。季羡林的书架就放在办公室里，上面摆放着一卷卷的名人字画，旧书店不断有人送一些旧书供季羡林选购。李铮的工作环境是很不错的，如在芝兰之室。但是李铮作为当时"一个极端无知的孩子，跻身于知识分子圈子里，有时并不自在"。到系办公室拜访季羡林的人很多，郑振铎、向达、曹葆华、肖离、金凤女士、德国籍专家傅吾康……

季羡林很佩服傅吾康身上所具有的德国学者的那种彻底性。傅吾康的父亲是清代末年的德国汉学家福兰阁，担任过德国驻清朝的外交官，经常"上山"。季羡林从他儿子傅吾康嘴里经常听到"上山"这个词儿。上哪个山呢？他从来没有问过，反正他每次来北京，总有一半时间"上山"。最近他才知道，他们父子俩上的山就是大觉寺，德国人毕竟是热爱自然的民族。傅吾康是研究过东南亚华侨史的，为了调查华侨的历史情况和现状，他跑遍了印度尼西亚、新加坡、马来西亚等国家的城市和农村，市场与学校，古庙与墓地，只要有有关华侨的资料，不管是匾额，还是碑铭，活资料，死资料，全都收集起来。即使冒险，也无所顾忌。

接触这些学者，对于提高李铮的境界大有益处。李铮那时在办公室的事情不多，做完了他就看书、学习、打字，或者去听课。季羡林和陈玉龙都对他进行鼓励，从来没有责备过他。尽管这样，他仍然感到不自在。系里的毕业生离校前，照毕业合影像，他犯了难。合影的地点在沙滩的孑民堂前，放了一排椅子，是让教师坐的，后边是一排比一排高的凳子，是让学生站的。李铮本来就不想参加这类活动，一见这一场面，更是不想参加了。站在哪里呢？这成了他犹豫难定的难题。当学生吗？自己觉得不够格。万一有人让自己到教师队伍里，那就更没有办法处理了。这样他就决定不参加照相。季羡林找到他，劝说了半天未果，最后叹了口气，说："唉，你这个人！"只得和陈玉龙走开了。1951年，陈玉龙被调到马寅初、江隆基、汤用彤的身边工作，李铮的工作基本不变。

有一次系里进行政治学习，讨论毛泽东的《实践论》。讨论了很长时间，他一直在那里傻听。几位老师见他一言不发，就一再鼓励他发言，哪怕提提问题。他当时根本看不懂这种深奥的哲学著作，能提什么问题呢？碍于老师们的一再催促，他大着胆，问了一句："什么是'道听途说'？"他当时不知道老师们的表情如何，但给他印象最深的是季羡林笑眯眯地给他讲了这个成语的含义。听罢，他若有所悟，知道自己跑题了。

搬到西郊以后，李铮在1958年下放到农村劳动锻炼，种地、养猪、修公路，什么活都干。他给季羡林写了一封信，汇报在农村的情况。季羡林很快就回了信，信中表达了前辈对后辈的殷殷之情。

1978年开始，李铮做了季羡林的专职助手。北大有些教授，配备有助手，但是都是本系的助教、讲师或研究生兼任。而季羡林是学校给配备专职助手的教授。没有人给李铮谈该干什么，不该干什么。他根据自己的情况，确定了一个原则：凡是先生需要做而自己也能做好的，只要做了不给先生添乱，只要能节省先生的时间，就是自己该做的工作。1980年代初，学校考虑到先生的书太多，怕把楼压坏，让先生从二楼搬到一楼，给了两套单元，大小7间。季羡林的子女不在北大，家中只有三位老人，先生、老伴和婶母，这样就难以照顾另一个单元。这时候，李铮主动提出他可以晚上过来住。从那一年起，他一住就是七八年，直到外孙大学毕业留京工作，每天可以回家住宿了，他才回家住了。

谁都知道，季羡林爱猫。他把对猫的态度分为三类：不爱猫，假爱猫，真爱猫。而李铮偏偏不喜欢猫。在季羡林家里，他从来没有抱过猫。有时，他不注意，坐到季羡林常坐的藤椅上，猫们也跳到他的身上，他赶忙把它们推开。猫喜欢在人的裤腿上蹭痒，他从来不让它们靠近。有时候，他请示工作的时候，需要把书刊、文稿或信件摊到桌面上。常常有猫女士会跳上桌来，端坐中央，一副目中无人的样子。他知道，它经常在桌子上的文稿上静卧，有时候也小解一下，先生从来也不动怒。而李铮则要把猫推开，他的理由是，这样才能工作。遇到这种情况，他轻手轻脚把它们抱到屋外去。李铮为自己被划在不爱猫的一类感到遗憾，但又感到自得自慰，因为他的不爱猫是坦荡荡的，没有一点假，比那种假爱猫的，要好多了。

季羡林全家和睦在北大是有名的。有一次，晚间停水，忘了关水龙头，结果夜里水来了，水漫金山。早晨，李铮接到电话赶过来，看到先生站在水中间，一簸箕一簸箕地往脸盆里舀水。就是这样季羡林也从来不发火，没有一句怨言。李铮赶快帮忙把水处理干净。

李铮多年来一直和季羡林的一家和睦相处，彼此如同家人。季羡林的家人给李铮写信赞扬他们夫妇说："我对你们二位兢兢业业为老人工作一生，由衷敬佩。应该说，你们是最了解老人、也最了解我们家的朋友了。尤其可贵的是没有其他'图谋'。"

李铮老师一家三口，多少年来一直挤在北大西门外蔚秀园一套一室半（美其名曰两室一厅）的房子里，退休前不久，或者竟是在退休以后，方才分配到一套西三旗的三居室，高兴是不必说的。他的祖上本是满洲贵族，老夫人或老太夫人是康熙后裔，老太爷是不多见的满文专家。李铮从中学毕业后，就一直追随季羡林，担任季羡林的助手。文化大革命期间，季羡林既然被打成反动学术权威，在"牛棚"里饱受非人折磨，以后又被指派到学生宿舍看门、打铃、扫厕所，当然也就不再需要什么助手了。李铮于是就沾光下放，到北大附小当教员，颇当了几年孩儿王。"文革"一结束，季羡林刚从"牛"变回人，就马上又将李铮调回身边。

李铮是家中长子，满人家中长子地位很高，长子也自律很严，自小就一般不参与弟妹之间的嬉戏。李铮因此也就给人以非常严肃、不苟言笑，甚至略显拘谨的感觉。虽然李铮家住蔚秀园，和季先生朗润园的住处相距甚近，步行不过二十分钟，但为了便于协助先生研究工作，李铮却在季先生东面那套书房里搭了一个铺，平时不常回家。搭铺的那间房子里存放着先生解放前后用一两黄金从上虞罗氏买下的日文原版《大正新修大藏经》，个子高高的李铮总是佝偻着身子，戴着发白的套袖和老花镜，静静地伏案工作，白天的阳光、夜间的灯光映照着他的丝丝白发。季先生的事，无论巨细，李铮都要管。他和夫人就一如先生的儿、媳，视先生如父，确实有不少前来拜见先生的人搞不清楚。季先生的经济也基本上由李铮管理，虽然说起来不过是工资和稿费，但是，季先生的稿费奇多，数额大小不一，来处四面八方，跑邮局、取款、核对、登记、联系，总之，是一件非常琐碎麻烦的事情。大概也只有李铮能够应付裕如、锱铢不差。季先生不止一次赞叹："交给李铮，肯定错不了！"先生当然也视李铮一家如家人，且不说例开两桌的每年团圆饭必有李铮一家同吃胡萝卜羊肉馅饺子；李铮和夫人平时要上班，他们的公子晓军小时候也和先生的孙辈一同玩耍，病了也由季师母（弟子们都称季奶奶）和季先生的婶婶（弟子们都称老祖）照料。两位老人家对偶或患病的孙辈信奉饥饿疗法，弄得晓军长大后回想起来依然叫苦不迭。

当然，作为季先生的助手，需要承担的主要是学术方面的工作。季先生的文稿的中文字迹非常清楚，外文则习惯写手写体，虽然很是规范而且美观，但是季先生掌握并用于研究的外语实在太多且怪，不要说是一般编辑，就是连弟子，有时也未必能够分辨。李铮却仿佛有特异功能，能用一台老式打字机在文稿上，把印刷体的外文在上面打印出来，再用笔标上长短音和各种稀奇古怪的符号，省去编辑很多麻烦。季先生的绝大多数著作，倘若不是全部的话，都由李铮阅读校样。先生对李铮找错字的本事在在表示惊叹。北大出版社出版的《季羡林散文集》40余万字，居然连标点符号在内只有四处错误，差错率十万分之一！李铮一向有书出版之后再核对一遍的习惯，一对之下，连这四个错误还是他早就校出来的！这样的工作成绩是要有不同一般的敬业精神为前提的，李铮用一把尺子一行一行地比着审读校样。

季先生的日常学术事务，李铮差不多都一人担当了。先生著作繁多，而且每每被一些非常冷僻的杂志转载，其中的情况只有李铮搞得清楚；季先生书一出，就会寄赠国内外同行友好，李铮就有一份用铅笔蝇头小字多年来写就的名单，谁在什么时候收到了第几册，一清二楚；先生有时送书会将手头最后一本自存本也送掉，不用急，李铮早就预留一本；先生半个多世纪以前发表的文章连自己也早就忘了，不要紧，李铮会到图书馆找出来，复印甚至手抄一份，以备编集。这类的事情数不胜数。李铮连编辑都不是，他的名字只有出现在季先生几乎每一本书的感谢名单中。先生一再说，李铮的工作节省了他的生命。这是一种至高的赞誉。

李铮连大学教育都没有受过，但是，他的汉语水平恐怕要高于很多所谓的大学教授。这是季先生的话。而且这也不是季先生一人之私言，是相当多的一流学者的公论。季先生曾经主持《大唐西域记》的校注，后来又出版了《大唐西域记今译》，许多著名学者参加了这项工作，李铮也负责其中一部分的今译。稍有学术常识的人就会知道，这决不是一项轻而易举的工作。李铮的译文精确流畅，如今铺天盖地的所谓"今译"恐怕今人看不明白，古人也不知所云，实在不足与李铮的译文同日而语。李铮对汉语是下过工夫的，而且从很早起就有兴趣，据他的夫人徐老师讲，他在"文革"下放干校时，曾经写过一个相声段子"老李识字"，讽刺不仅当时而且现在也举目皆是的白字先生。可惜，连这份唯一的作品也没能留存下来。

不过，留存下来又怎样呢？如今著作等身者比比皆是，有教授头衔者如过河之鲫，用季先生的话来讲，正是"讲师不如狗，教授满街走。"和他熟悉的钱文忠经常看到李铮的身影：高高的个子，白的短发直立着，低着头，微驼着背，左肩略倾，手拎老掉牙的塑料包，脚蹬布鞋，在从西门外文楼通向朗润园的路上郁郁独行……。他的著作就是他的背影，投射在地上的只有四个字："认真的人。"

李铮陪季羡林西去泰国，在曼谷停留十余天，东渡日本。李铮对季羡林付出的实在很多，而且如果他健在的话，还可以付出得更多……然而，他过早地走了！李铮的早逝是季羡林的一大损失。

第二十四次口述

2008年11月25日下午4：00～5：00

蔡德贵：就是那一次（访问印度），您看到郑振铎和冯友兰先生开玩笑[①]，冯友兰先生的胡子被剃掉了。

季羡林：（大笑）冯友兰在中国驻印度大使馆理发，大使馆那里有中国理发师，郑振铎站在旁边，他们对冯友兰没有敬意，为什么没有敬意呢？因为冯友兰要当蒋介石的帝王师。

蔡德贵：实际上没有做成，冯友兰坐过蒋介石的牢。

季羡林：冯友兰的《贞元六书》，就是他的那个主要思想，是想给蒋介石帝王师准备的。

蔡德贵：就是新理学的那一套。

季羡林：对。《新理学》、《新事论》、《新世训》、《新原人》、《新原道》、《新知言》。郑振铎这个人是民主人士啊，很早的，他瞧不起冯友兰。冯友兰在使馆里，坐在那里理发，郑振铎站在旁边，跟那个中国理发师说，给他把胡子刮掉，理发师一刀刮掉了一块，别的就不能留了，不能留一半啊，结果胡子没有啦。

蔡德贵：结果剩下的不行了，全部就刮掉了。

季羡林：结果到印度，被授予第一个荣誉博士的就是冯友兰，中国哲学史么。当时下边就对他讲，说你致答词的时候，就是要注意措辞，什么措辞呢？就是，当然要表示感谢，措辞就是不要认为了不起，对资产阶级的东西，要掌握分寸。冯友兰他也掌握不了。

蔡德贵：冯友兰还惹麻烦了吗？

季羡林：没有麻烦。那时候中国代表团规模很大，周小燕也去了，唱歌的，张骏祥、周小燕就是那次认识的，后来结婚的。走的时候，在北京我们筹备了半年，后来坐火车，到武汉，停留了几天，到武汉大学，在东湖。

蔡德贵：在武汉您有没有讲演？

季羡林：没有。到了印度以后我讲了一次。在国内的时候，我们坐的火车不是专列，专车吧，是特意挂了一节车厢。代表团里面还有个老和尚，五台山的，表示中国宗教自由啊，而且对佛教那么尊重。准备的时间很长。

蔡德贵：就是在印度，您用英文发表的讲演引起的震动很大啊？

季羡林：震动也不清楚。印度这个国家，没有历史概念，和中国正相反。

蔡德贵：您那次讲的什么内容呢？

季羡林：就讲中印友好。题目《天雨曼陀罗》②的散文，曼陀罗花，就是讲中印关系。我们那时候到了广州，叶剑英那时候在广州，10月10日，我们在广州度过的。

蔡德贵：叶剑英是广州市长啦？

季羡林：他叫，不是，比市长还大。

蔡德贵：是元帅了？

季羡林：那时候还没有评。

蔡德贵：他宴请过代表团吗？

季羡林：不光是宴请，我们还到观礼台，检阅游行队伍。

蔡德贵：那是10月1日了。

季羡林：10月1日。

蔡德贵：那这个代表团规格很高了。

季羡林：当时第一次出国的代表团。新中国建立不久，所以一定要精心。准备的时间很长，那时候在北京饭店举行过一次招待会，就是为此做准备，毛泽东去了。发表了一个讲演，印度人民是很好的人民，印度人民是伟大的人民。几千年来中印两国人民是友好的。后来他这个讲话到处大字印出来。北京饭店这次就是为代表团举行的宴会。也把印度大使请去了。

蔡德贵：您那时候的身份就是北京大学教授啊？

季羡林：就是。（参见第17次录音，11月13日下午）

蔡德贵：五台山老和尚叫什么？

季羡林：当时我也不知道。

注释：

①在这次出国访问期间，季羡林和郑振铎、冯友兰两位老师，同坐一列火车，同乘一艘轮船，同登一架飞机，朝夕相处，增进了相互间的友谊。郑振铎先生是代表团副团长，他身躯高大魁梧，说话声音宏亮。冯友兰先生是团员，他长须飘胸，道骨仙风。郑先生同冯先生年龄相若，郑先生生于1898年，冯先生生于1895年，但他们风格迥异。郑先生当时已经渐入老境，但仍不失其赤子之心，他同谁都谈得来，也喜欢“抬杠”，开玩笑。恰好代表团中有几个人都愿意“抬杠”，于是成立了一个“抬杠协会”，简称“杠协”。会员们想选一个会长，领袖群伦，月旦朱紫，唇吻雌黄，最后都觉得郑先生喜欢“抬杠”，又不自知其为“抬杠”，已经达到圆融无碍的“抬杠”圣境，便一致推举他为“抬杠”协会会长。在他之下，团中“杠业”发达，会员们皆大欢喜。和郑先生相比，冯先生是威严有余，活泼不足。他说话有点口吃，偶而也愿意说点笑话，是一个懂得幽默的人。而郑先生开玩笑，找的对象恰恰是冯先生。郑先生管冯先生叫“大胡子”，不时地和他说些开玩笑的话。在印度的中国大使馆冯先生正在理发、刮脸的时候，郑先生在旁边起哄，连声对理发师高呼：“把他的络腮胡子刮掉！”理发师被呼得不知所措，一失手，真把冯先生的胡子给刮掉了一块。郑先生胜利似地大笑，旁边的人也陪着笑。然而冯先生只是微微一笑，神色不变。

②此处先生记忆有误，《天雨曼陀罗》是1978年5月访问印度时候写成的，不是1951年。

第二十五次口述

2008年11月26日下午4：00～5：30

蔡德贵：您在历史研究方面发表了文章，有些影响。

季羡林：东方历史写过。

蔡德贵：您在1950年以后，主编过一套小丛书，《新时代亚洲小丛书》，有些影响。陈玉龙、陈炎都写了。

季羡林：陈玉龙、陈炎都有。

蔡德贵：1951年上海东方书社先后出版，其中有吕毅、陈玉龙《越南人民反帝斗争史》、陈炎《战斗中的马来亚》、马超群，李启烈译《朝鲜民族解放斗争史》、郭应德《维吾尔史略》、王宝圭《缅甸人民的解放斗争》、任美锷编著《东南亚地理》、[日]渡部彻著，陈信德译《日本劳工运动史》、[越]长征著黄敏中译《论越南八月革命》；马霄石《西北回族革命简史》、白寿彝《回回民族底新生》、陈肇斌、王清彬《美帝国主义奴役下的日本经济》。

季羡林：不过那个小丛书水平不高。

蔡德贵：可能有一点政治因素。

季羡林：为政治服务的。

蔡德贵：是小册子性质的。

季羡林：对。不是真正研究的学术著作。

蔡德贵：您在《历史研究》还审过稿子吗？

季羡林：我忘记了。在郭老家里边啊，开过编委会，郭老先在西四的家里。后来他搬到什刹海。在他家里开过一次会。

蔡德贵：那时候您当编委有待遇吗？

季羡林：没有。

蔡德贵：您就是一级教授的工资，您人大代表、政协委员有钱吗？

季羡林：没有钱。

蔡德贵：连车马费也没有吗？

季羡林：政协委员是这样子。我二、三、四、五届，四届当过20年政协委员。就是困难时期，政协委员每个月有8张吃饭的票。那时候你有钱买不到东西啊，有吃饭的票，8张就可以到政协礼堂旁边的食堂去吃八顿饭。人大代表没有。

蔡德贵：人大代表没有啊？

季羡林：人大代表也不应该有啊。人民选出你做代表，你借这个代表图谋私利，不行的啊！我开始不是人大代表，是政协委员，二、三、四、五届，20年政协委员。那时候最高兴的，就是到政协礼堂的食堂去吃饭。（大笑）可以带家属。政协礼堂那时候在张自忠路那个老地方，人大会堂还没有盖。带着老祖，（指季承）你奶奶和季承去吃过一次，这顿饭，我们三个人用了两张票，还没有"畅所欲吃"。

蔡德贵：那时候一级教授挣那点工资，家里也挺紧张吗？

季羡林：一级教授最初并没有这个词，解放前后，有几次调工资，调工资呢，本来有几个老的，翦伯赞、曹靖华，我记得一调工资是他们先调。原来这个什么曹靖华、翦伯赞啊，没有人给他们什么名义。不过大概是翦伯赞与中共有什么联系，后来周恩来给他一辆汽车。那时候北大有汽车的，就他一个人。当时调工资，前面的没有什么可以商量的。大概开始有一阵是，一级工资空着，因为毛泽东不领。行政的，教授也是行政的，马寅初是三级，二级就是国务院总理，一级就是国家主席。所以马寅初三级。

蔡德贵：马寅初拿行政工资。

季羡林：那时候，教授也是拿行政级别的工资。后来征求大家的意见，平衡，这个一级教授，就不能凭你的年龄啦，主要靠学术著作，找了好多人，评这个一级教授。

蔡德贵：您可是第一次就是一级教授。

季羡林：第一次。

蔡德贵：冯友兰先生第一次还不是。冯友兰是因为政治问题。

季羡林：也不是没有根据。他的目的是蒋介石的帝王师。

蔡德贵：没有当成。

季羡林：就是这样子，大家都知道的。就是“太傅”啊。他不是“太子太傅”，就是“太傅”。后来，这个对冯先生啊，就是大家不是从心里尊敬。郑振铎，我跟你说过了，我们在印度的中国使馆给开玩笑，把冯先生的胡子剃掉了。就是出于对他不尊敬。郑振铎对他不尊敬，因为他想当蒋介石帝王师。理发师给冯友兰理发的时候，郑振铎在旁边站着说，把他胡子刮掉，理发师是中国人，一下子把胡子剃掉了。一半不行了，这一半也剃掉吧，开了一个玩笑。（大笑）

蔡德贵：冯友兰先生也不发火。您说是保持大雅。

季羡林：不发火，有两种情况。一种是狡猾的，不发火，另外一种是真的不发火。

蔡德贵：您从1946年一直是教授。您的工资的变化，1946年那时候工资是多少钱？

季羡林：那时候论小米。

蔡德贵：一开始就是小米吗？不是吧！那是解放初吧？

季羡林：最初工资忘了，解放前可能大概是法币。

蔡德贵：那法币不值钱啊。

季羡林：也不是一开始就不值钱。最早的是银圆券，金圆券。

蔡德贵：那时候陈寅恪先生在清华大学还很困难，冬天连烤火的煤都解决不了，您还帮助联系胡适先生，用书换了美元，才解决了烤火煤。您在北大没有碰到困难吗？

季羡林：我这个人反正是，那时候我吃饭，就在地摊吃。

蔡德贵：地瓜也吃。

季羡林：在地摊上，蹲在地上，喝豆腐脑，吃葱花饼。那时候季承去了。那个葱花饼啊，最好吃了。

蔡德贵：北大的教授像您这样，到街头吃饭的人多吗？

季羡林：这我没有见过。

蔡德贵：有一次您在沙滩理发馆，还见过老舍。

季羡林：老舍那是，不是吃饭，那是理发了。

蔡德贵：老舍走的时候，把您的理发费也付了。

季羡林：对。

蔡德贵：喝点水吧？要不要小便？

季羡林：不要。

蔡德贵：那您个人，在季承他们去以前经济方面也没有感到困难啊。

季羡林：没有感到困难。那时候我在辅仁大学兼课。

蔡德贵：您是在辅仁大学兼过课啊？

季羡林：嗯。兼过，教语言学。那时候辅仁大学系主任是余嘉锡[①]，他亲自到东厂胡同来请我。一个月三块大洋。

蔡德贵：才三块大洋啊！讲一次啊？还是一个月啊？

季羡林：一个月。

蔡德贵：那太惨了。

季羡林：那时候有三块大洋，拿在手里边啊，觉得心里稳当极了。外边那时候是法币。三块大洋不得了的。

蔡德贵：您教了多长时间语言学？

季羡林：起码教了得有一个学期吧。那时候东四啊，有人手里边拿着大洋，哗、哗、哗，换法币，可以用这个法币讲价钱。反正他也不赔。

蔡德贵：在辅仁大学教的学生有没有印象特别深的啊？

季羡林：没有。也没有什么接触，我反正讲语言学，讲完了就走。后来送给我一个月三块大洋，最后送了一匹布。

蔡德贵：送了一匹布？这就算给您的讲课报酬了。

季羡林：反正是拿着这三块大洋，心里就觉着踏实了。

蔡德贵：怪不得台湾辅仁大学把您做校友了。

季羡林：应该做啊，我在那里教过书的。

蔡德贵：解放初您拿1100斤小米了。刘麟瑞先生拿400斤小米。两倍半还多啊。小米值钱啊。到1956年就正教授了，是北大正教授里最年轻的了。刚刚过40岁。

季羡林：大概是。清华大学是张光斗，水利专家。

蔡德贵：那时候张维在清华是一级教授吗？

季羡林：张维在清华。是不是一级，那我就不知道。

蔡德贵：反正吴组缃跟您是同学，他没有评上一级，是二级。

季羡林：二级。对吴组缃当时争论很大。就说他这个，没有什么站得住的学术著作。

蔡德贵：他有小说。

季羡林：《一千八百担》。而且他是作家协会书记处书记。凭这两个，要给他评一级，后来没有通过。

蔡德贵：您还帮他说过话。

季羡林：对。我说应该给他一级，但是没有通过。所以他始终是二级。

蔡德贵：林庚没到二级，是不是三级？

季羡林：林庚本来是燕京大学的，没有动。

蔡德贵：他在燕京大学啊。合并到北大的。他也没有定到二级吧？

季羡林：嗯。后来是二级，最高的就是二级。他没有定到一级。

蔡德贵：那时候一级教授确实是很少的。北大文科就是七个人。陈岱孙最大，翦伯赞、冯定、郑昕，您是最小的。也羡慕啊。那个一级教授。

季羡林：忘记了。

蔡德贵：那时候您到食堂吃饭，后边就有人说一级来了，一级来了。

季羡林：（大笑）。就是啊，是这样。那时候，沙滩有几个有名的饭馆，菜根香，就是卖一样，煮的鸡，你去了以后，给你一只鸡，还有一碟泡菜。在那个菜根香吃饭，我碰到过几个著名的京剧演员，有杜近芳。那个馆子的水平还是高。另外呢，一个四川的馆子，干煸牛肉丝，好吃。

蔡德贵：四川的馆子啊。那时候川菜就有名啦？山东人喜欢吃鲁菜，您还喜欢川菜。

季羡林：我喜欢辣的，咸的。

蔡德贵：那时候经常在外边吃饭吗？

季　承：我们到莫斯科餐厅，13个人吃一顿，45块钱。

注释：

①余嘉锡，中央研究院院士，语言学家，目录学家。湖南省常德县人，1884年2月9日出生于常德县长茅岭。少年立志读书求知，能诗善文，博闻强记，长于著述。14岁作《孔子弟子年表》。15岁又注《吴越春秋》。18岁乡试中举人。入京都，为吏部文选司主事，后因父丧回籍。科举废除后，在常德师范学堂任教。1927年去北平，参加审阅《清史稿》，受私立辅仁大学校长陈垣赏识，被聘为讲师，主讲目录学。随后又在北京大学、中国大学、民国大学、女子师范大学等校兼教目录学。1931年被聘为辅仁大学教授，兼任国文系主任。1942年兼任辅仁大学文学院院长，至1949年北平解放。他把毕生精力用在教学和著述上，治学严谨，博览群书，既是文献目录学家，又是史学家，最精于考证。已经出版的著作有《目录学发微》、《古书通则》、《四库提要辨证》、《世说新语笺疏》以及《余嘉锡论学杂著》等。特别是《四库提要辩证》一书，为毕生精力所萃，它就原著指陈得失，旁征博引，考证详实，为学术界的一部名著。《世说新语笺疏》于校诂文字外，尤重于魏晋人事的品评之中。他说："一生所著甚多，于此最为劳粹。"这部书是后人研读古典名著《世说新语》的最佳版本。余嘉锡学贯古今，荐作等身，文笔灵活，跌宕有致，无呆板冗蔓之病，风格和李慈铭相似。他既是文献目录学家，又是史学家，曾经有"宋人史学胜清儒"的论断。著作有《目录学发微》、《古书通例》、《四库提要辨证》、《世说新语笺疏》、《汉书艺文志索隐》以及《余嘉锡论学杂著》等。以上著作，学术界极为重视，尤其是一部历时五十余年创作的八十万字的《四库提要辨证》，声震国内外，被誉为"是一部从微观角度研究我国古籍的巨著"。1948年3月，当选为中央研究院第一届院士。解放后，被聘为中国科学院语言研究所专门委员。1952年秋，撰就《元和姓纂提要辨证》书稿。1955年1月23日在北京病逝，终年72岁。

第二十六次口述

2008年11月28日下午3：30～5：10

汤恩佳和夫人汤甄得萍拜访，开始与汤恩佳院长谈话。谈及国子监孔子书院的事情。汤恩佳介绍在世界各国讲孔教的情况。

蔡德贵：您给香港孔教学院讲一点。

季羡林：当时奥运会啊，我提出孔子，有两个考虑。一个是对中国来讲，我们现在弘扬中华文化，怎么弘扬？要弘扬中国文化，必不能缺少孔子。

另外，从世界来讲，现在世界啊，地球越来越小，问题越来越多，怎么能挽救世界？我们中华民族的最大的特点，就是和，“礼之用，和为贵，先王之道斯为美。”和，孔子就是提倡和的。所以有世界意义，不限于中国。现在我们成立了很多孔子学院，后来我就说，孔子学院不要光学汉文，汉文要学，很重要，但要有内容，内容就是中国的文化。中国文化最有代表性的就是孔子，所以我说，这个现在啊，世界越来越小，问题越来越多，怎么能够让世界和平共处，只有中国文化能够救世界。礼之用，和为贵，这个和，孔子就代表了和。所以我们弘扬中国文化，不是为了我们中国人，而是为了世界的人。只有中国文化能够救中国，能够救世界。

汤恩佳：对了！救中国，救世界，就是这样。您的意见和我一样。救中国，救世界。

蔡德贵：汤院长现在和国子监合作，如果条件允许，就要建立孔子书院。

季羡林：国子监很好，其实国子监那个地方成立孔子书院最好。国子监大家现在都不大清楚了。现在在那里成立孔子书院最好。

蔡德贵：汤院长表示，一旦成立起来国子监孔子书院，他会全部投资。

季羡林：嗯。对。

汤恩佳：我不是很有钱的人。金融危机我损失了15个亿。今天见到您很开心啊。您脑筋很好。您吸收了很多的学问。

蔡德贵：有人形容你的大脑硬盘特别大，您知道吗？

季羡林：知道。

汤恩佳：希望您长寿。

季羡林：嗯。不敢当。

汤恩佳：希望您活到120岁。

季羡林：我现在98岁，我感觉到我很年轻。

汤恩佳：您要多运动。希望您多一点运动。

蔡德贵：他提倡运动，您提倡不锻炼。

季羡林：我有一个想法，这个运动很重要。这个脑筋的运动，精神的跟物质的相通，所以我的脑筋不停的。所以我不是反对运动，我用脑筋运动，代替体育的运动。

汤恩佳：后会有期。

季羡林：后会有期，下次再见。

蔡德贵：上次讲到吴晓铃，您来北大以前内定为系主任，没有见面就得罪了。

季羡林：是啊。我就是没有听说过的。

蔡德贵：然后您说过，东语系有过一次大发展，到了几百个学生，到了高峰。

季羡林：那时候，刚解放，刚解放就到处需要了解东方的干部，包括这个地质部和不知道还有一个什么部来，大概有五个部，闹得沸沸扬扬，说东语系要扩大，扩大就是，不是一百二百的，而是几百。后来这个问题出在什么地方呢？就是东语系要扩大，这个我也不反对。问题出在，是高考已经过去，没有及格的学生，不单是业务差，有的是人品也不好。所以后来，这个要了解东方的人才，我们招收第一流人才的机会放过了。结果只招了一些（落榜生）。最初，几个部还很有兴趣，地质部还有什么部，到了后来，这个学生招来以后，我刚才说过，好学生都已经一网打尽了，剩下的一些人不但业务不好，品质也有有问题的。原来是积极的部，后来情况一变，他们一走了之。后来我们怎么来处理这个问题呢？当时就只好交给教育部（蔡德贵按：此处应该是高教部）了。

还有一个问题，就是比较晚一点的了，就是东语系的学生招来以后，大概是出于工作分配有困难。尽管原来那些部嚷着怎么需要，怎么需要，到了成品出来以后，他们溜啦。溜啦，这个苦果，就得我们自己吃了。自己不吃，谁管啊？当时有好几个部，其中有地质部，至于为什么地质部，为什么需要东方语的人才，我到现在也不清楚。原来那几个积极的部，一走了之，不管啦。

蔡德贵：那是上世纪50年代吗？

季羡林：刚解放。

蔡德贵：那压力可太大了。

季羡林：后来反正是，那时候教育部没有现在这么多副部长，我记得大概只有两个。其中一个，老一点的姓黄，黄副部长。

蔡德贵：黄辛白吗？

季羡林：不是，黄辛白是后来的了，那个叫黄松龄。我们就交给教育部，教育部有办法。还有一次，就是东语系办了一阵了，后来因为分配工作有困难，东语系的学生们纷纷要求转系。

蔡德贵：是不是就是何芳川转系的那次？

季羡林：对。要求转系。当时我们东语系，没有力量把学生介绍到别的系。就请示教育部（高教部），还是教育部（高教部）的那个副部长黄松龄[①]就来了，他们就把这个烂摊子都接过去了。

蔡德贵：这些学生是不是也是给地质部招的那些呢？还是后来的呢？

季羡林：不是。后来的事情了。两个事。这个转系呢，我们没有权力，只有请示教育部了，教育部就把这个问题接过去了。他们怎么分配，后来我们就不管了。当时气势汹汹啊！

蔡德贵：学生有没有到您办公室闹的呢？

季羡林：不是闹啊。就是开会啊，在办公室，我坐在中间，他们这些学生的椅子就往前挪，一大批学生。后来，教育部呢，派来了个司长叫胡沙，高教司的司长，他把这个事情揽过去了。那次开会，当时学生椅子往前挪的时候，胡沙在场，还是转走了一些。

在教室里开会啊，那个黑板上写着"救救没娘子！"，没有母亲的儿子，"救救没娘子！"那个气氛。

蔡德贵：把您挤在中间了。

季羡林：那时候胡沙也在场。那时候教育部还是很负责。

蔡德贵：要是失去理性，动手的可能性都是有的啊。

季羡林：到了失掉理性的程度了。教育部还是转了一些，何芳川就是那时候转的。

蔡德贵：何芳川是学缅甸语的。他是不是和仲跻昆同届的？

季羡林：仲跻昆是学阿拉伯语的。

蔡德贵：山东师范大学也有一个，是当时转过去的。那时候您系主任的压力不小啊！

季羡林：当然压力不小了，不过教育部还是负责任的。他们就都把这些烂摊子接过去了。那开会的时候，椅子往前，把我挤在中间了。那时候胡沙还在那里。当时教育部呢，很负责。

蔡德贵：还算给您解围了。要不您还真是麻烦啊。

季羡林：那我怎么办哪？毫无办法啊。

蔡德贵：那时候失去理性，动手都是可能的。

季羡林：嗯。那煽动啊！"救救没娘子"，他都成了没有娘的孩子了，那我就是元凶啊！

蔡德贵：把责任推到您这里，可招生计划不是您一个人定的啊！

季羡林：嗯。

蔡德贵：那是1958年前后，是不是招生多与大跃进有关啊？

季羡林：倒不是大跃进，一解放的时候，就嚷着需要东方的人才。

当时还准备啊，把东语系改成为东方学院。胡乔木同意的，那上面还有毛泽东啊，胡乔木也是同意的。另外，就是还要大房子，东方学院，不是东语系了。是不是还在北大，不知道。反正有这个说法。后来情况一转变，情况改变了，那些积极的部，也不积极了，一走了之啦。完全是不负责任的态度。那些学生后来怎么处理的，我不清楚。但是业务是不行，因为那些好的都取过了。业务不行，有些品质也不行。后来怎么解决的呢？教育部把这个烂摊子接过去了。

蔡德贵：这些学生的去向就不知道了，除了在北大的，您还知道。

季羡林：别的不知道了。

蔡德贵：转在本校的不多，就是何芳川几个人。

季羡林：不多，教育部接过去了，后来，我和杨秀峰几个人去非洲，非洲很多国家。

蔡德贵：胡沙也去了？是不是还有钱其琛？

季羡林：有胡沙，钱其琛是随员，法文翻译是北大的一个王泰来。有法文，因为非洲啊，法文比英文流行。

注释：

①黄松龄，“五四”运动的发起人和组织者之一，著名的中国社会主义经济问题研究专家，中国科学院哲学社会科学学部委员，高等教育部副部长。黄松龄1898年出生于石首县岳军乡（今湖南省华容县操军乡）一个富户人家，幼年父母双亡，全靠祖父抚养。他5岁入私塾读书，1915年考入北京中央法政专门学校学习法律，他如饥似渴地阅读进步书刊，接受新思想。1953年，黄松龄调任高等教育部副部长，他对学制安排、课程设置、院系调整等一系列问题进行了大量的调查研究，提出了结合中国特点进行教育改革的主张，反对“全盘苏化”。1958年，黄松龄以政协委员的身份视察了河南、湖北、湖南等地，他对大跃进中出现的“浮夸风”和“共产风”深为忧虑，指出“不能把社会主义与共产主义混淆。”由此，黄松龄受到批判。

第二十七次口述

2008年11月30日下午4：00~5：00

蔡德贵：东方的外国元首到北大东语系来，周恩来是不是经常陪啊？

季羡林：有过啊，东方的国家不少，只要是国家首脑，他都陪。江泽民那次到北大去。

蔡德贵：1998年。

季羡林：（江泽民）到北大去，后来教授会推我讲话，我说，北大这个全国高校之首，只要外国元首或政府首脑来中国，就要到北大来，参观的话呢，都是周恩来陪同。中国元首，就我知道的，毛泽东没有到北大去过。江泽民呢，我说这个，你是中国的元首里，第一个人到北大来的。他见了我，拱拱手。

蔡德贵：我看过电视片，他见您时说：季老，我对您是久仰大名，如雷贯耳，今日一见，三生有幸。

季羡林：对，对。

蔡德贵：您说没有说过：我们中国的知识分子，物美价廉，经久耐用，不光我一个啊。说过类似的话吗？

季羡林：我当时在他讲完之后，当然要"颂圣"了。我说，这个中国的元首啊，真正的元首，没有到北大来的。周恩来常来，但他不是元首。江泽民是国家主席，真正的国家元首。我说你是真正的元首第一个到北大来的，北大将来写校史要写上的。毛泽东没有去过的。从那以后，我提了两个意见，第一个是，不要重理轻文，这是当时北大的文科教授让我讲的。第二个就是防止人才外流。

蔡德贵：那时候您就提了。您说没有说过，我们中国的知识分子，物美价廉，经久耐用？

季羡林：这话我说过。什么时候我忘记了，不知道是哪一次。

蔡德贵：就这一次。您说完以后，北大就传开了。您颂圣，他高兴吗？

季羡林：嗯。当然高兴啊。

蔡德贵：都愿意听恭维话啊。

季羡林：当然高兴了。这个没有问题。（大笑）

蔡德贵：您批评重理轻文的话，就是那时候讲的。从那以后才有985规划。

季羡林：就是啊。重理轻文哪，起码有半个世纪了。我年轻的时候，当时大学毕业生没有一个不想出国的，出国留学当时叫去镀金，镀一层金。当时出国，主要是到美国。到美国，一回来的话呢，美国留学生，有的拿学位，有的学位也不拿，回来以后呢，都可以当教授。我那时候就一定要出国留学，目的啊，不纯。为什么原因呢？我想批评去美国留学回来的教授，可是你要自己没有出国，人家会说呢，那就是狐狸吃不到葡萄，就说葡萄酸。不要人家说我葡萄酸的，所以我也一定要争取出国。可是那时候国家公派，不管哪个省，没有派文科的，都是派理工科的。后来和德国交换研究生，交换研究生就是他派一个，我们派三个。他一个人30块大洋。我们到德国的话呢，是250马克。250马克啊，大概一半吃饭，一半住房，一点零用钱都没有。我为什么感激那个哈隆教授呢，我一到哥廷根大学，他就给我一个中文讲师，一个月给我350马克。我阔了一阵。350加250，600啦，有一段时间，很阔绰的。

蔡德贵：江泽民这次见面以后有没有再联系？

季羡林：没有联系。

蔡德贵：“颂圣”以后，他也高兴了，您也解决了一个文科的大问题。

季羡林：对。

蔡德贵：算是皆大欢喜了。没有那一次讲话，就没有后来的“985规划”。文科的都感谢。

季羡林：这个重理轻文严重的很，简直等于瘟疫。起码有半个世纪。

蔡德贵：在燕南园这边，重要的活动就是这次和江泽民的见面了。周恩来来东语系，每次您都要陪了吧？但是没有照片。

季羡林：当时哪儿有照片哪？没有人照。北大校史馆可能有。那里面可能有。北大不是有个校史馆么。

第二十八次口述

2008年12月1日下午4：00～5：00

蔡德贵：国子监的国学馆馆长要来拜访，请教孔子书院的筹建问题，可以来吗？

季羡林：来吧，我反正也没有什么好主意。

蔡德贵：张立文教授，人民大学的，也想来看您，探讨《儒藏》的事。

季羡林：张立文我认识，见过。

蔡德贵：您在北大的好多活动还没有说到。比如说泰戈尔访问北大，您没有说。

季羡林：我第一次见泰戈尔，在济南。那是在我小时候的事情了，大概是1924年，我13岁，泰戈尔到济南。那时候，什么叫泰戈尔，什么叫诗歌，都不清楚。忽然听说来了一个诗人，在山东省议会，有一个大堂。我挤进去了，看了一眼，那时候不会发票给我的，小孩子也没有票，一钻就进去了。

蔡德贵：徐志摩陪着吗？

季羡林：就是徐志摩陪同泰戈尔，一直是徐志摩陪啊。

蔡德贵：徐志摩夫妇吗？

季羡林：他爱人是陆小曼。

蔡德贵：您见过徐志摩吗？

季羡林：见过。泰戈尔给徐志摩起名叫Susima，是不是陆小曼陪着徐志摩？

蔡德贵：他用英语讲，有人翻译吗？

季羡林：有一本泰戈尔在中国的讲演集，我好像看过这本书。大概没有出版，成了一本书，他每次讲话都不长。

蔡德贵：像13岁的孩子，就您自个了。您听完了吗？

季羡林：没有听完。看了看，一个大胡子，就出来了，也听不懂，觉得没有什么意思。1924年。

蔡德贵：泰戈尔后来呢？

季羡林：后来在1931或者1932年，又来过一次。那时候极左，来了以后就没有让他活动。

蔡德贵：到清华了吗？

季羡林：清华去过。我那时候在清华念书。

蔡德贵：也没有讲演，也没有和学生座谈？

季羡林：那时候，座谈不大举行。也没有人哪，杜威都是来讲演，是胡适当翻译，他不是杜威的学生么。杜威什么实用主义，我也不懂。

蔡德贵：在清华见过泰戈尔吗？

季羡林：就是在济南见过，1924年。1931年或者1932年的那次，那时候没让他有活动，认为他是宣传封建主义观点的。

蔡德贵：到北大办泰戈尔画展，是1948年吧？

季羡林：对。那个具体日期我忘记了，那时候有徐悲鸿，画家啊。泰戈尔的画，好像还有齐白石。向徐悲鸿借他的名作《泰翁的画像》。画展筹备期间，又请徐悲鸿、廖静文夫妇和吴作人来作指导。

蔡德贵：好像没有齐白石。您记得齐白石参加了吗？

季羡林：不敢说。那次有个印度学生，个子很高，一定要站到前排，我让他往后挪一挪，庞然大物。他不听那一套，站在那里。

蔡德贵：站在第一排吗？

季羡林：对。

蔡德贵：是北大的学生吗？

季羡林：对。印度派来的留学生。

蔡德贵：那次和泰戈尔有交流吗？

季羡林：没有。后来我到印度泰戈尔国际大学，那时候泰戈尔已经不在了。

蔡德贵：那次您见过那位女士，写过《家庭中的泰戈尔》，是（印）梅特丽娜·黛维夫人著的。

季羡林：那个赛珍珠啊？

蔡德贵：赛珍珠是美国的那个了。

季羡林：嗯。就是那个谈话集，我翻过，出版了吗？

蔡德贵：出版了。在国际大学的那一年，泰戈尔已经不在了。

季羡林：1951年了。

蔡德贵：您始终没有跟泰戈尔聊啊？

季羡林：那时候我也没有资格啊。

第二十九次口述

2008年12月2日下午3：20～4：30

蔡德贵：您周游列国，分成很多次。1951年第一次，一直到1999年出境到台湾。回来没再出境。

季羡林：台湾是圣严法师邀请的，人数挺多的，十几位呢。

蔡德贵：您，有任继愈、汝信，主要的是你们三个。汝信不大懂佛教的，是所谓的马克思主义哲学家，以宣传马克思主义为主的，他在那儿演讲吗。您和任继愈是演讲过的。

季羡林：对。演讲过。

蔡德贵：您和释圣严法师是什么时候认识的，在泰国认识的吗？

季羡林：不是，他到大陆来过。他在颐和园听鹂馆[①]设宴招待大陆的客人，他自己吃素斋。

蔡德贵：您也吃素斋吗？

季羡林：我不吃素斋。圣严法师吃素很瘦，瘦的那样，我就劝过他，多喝点牛奶。他大概牛奶也不能喝，属于禁喝的。不能喝牛奶。

蔡德贵：有一件事很怪，您说，圣严法师是信佛教的，星云法师也是信佛教的。星云法师怎么就红光满面呢？

季羡林：星云哪。那是一个……

蔡德贵：政治和尚。

季羡林：嗯。政治和尚。

蔡德贵：政治和尚是不是也吃肉啊？

季羡林：偷着吃。

蔡德贵：您和星云大师也见过面的？

季羡林：过去我们不是说过，一个撑死，两个饿死。见过。好像是叫星云大师，好像是赵朴初出面，在人民大会堂宴请他。我们那个政协啊，原来有和尚，没有道士。

蔡德贵：政协副主席，政协常委，有和尚没有道士。

季羡林：后来人家感觉着不行啊，道教还是中国的，应该有道教的。原因就是这个道教啊，没有什么理论，佛教有理论。佛教的理论是印度来的，那个理论很深的。道教就是中国自己的。道教实际上不是老子的那个，是张鲁[②]的。

蔡德贵：他是把老子作为经典之一。

季羡林：嗯，对，崇拜的圣人之一。

蔡德贵：《庄子》也是经典之一。有一个现象，我琢磨不透。和尚一个个红光满面，而道士一个个脸色特别难看，道士注重养生，道教的经典好多都讲养生，道士脸色铁青，为什么反而这样呢？是不是搞辟谷一类的，把身体消耗得太多。

季羡林：不知道什么原因。

蔡德贵：真怪。

季羡林：道教提倡服食求神仙，服食就是吃五石散[③]，一些矿物。那个唐太宗啊，就是吃五石散毒死的。

蔡德贵：那就是道教的责任了。

季羡林：追求长生不老。

蔡德贵：唐朝把祖宗追到老子那里了。

季羡林：他姓李么。这是附会了。这个李啊，大概不是中国人，这个李白，碎叶人。中亚那一代的。李白啊，有一种说法，说山东李白，他不是山东李白。这个李啊，唐朝的李，大概就不是汉族。

蔡德贵：陈寅恪先生考证，唐朝的李姓不是汉族。

季羡林：不是汉族，对。那个碎叶啊，李白是从那里来的。

蔡德贵：现在属于吉尔吉斯斯坦，大概。李姓是很杂的。回族里面也有好多人姓李。其他族也有姓李的。刘姓也不是纯汉族的，听说有一支是汉代赐给匈奴归化的那些人。

季羡林：嗯。

蔡德贵：这说到李白，李白和杜甫，您都很欣赏吧？

季羡林：他两个，两派。李白和杜甫不是一派。因为毛泽东啊，欣赏李白，而不欣赏杜甫。所以结果呢……

蔡德贵：李白有点道家的味，杜甫有点儒家的味。各有偏重，是吧？

季羡林：咱们那个郭老，不是《茅屋为秋风所破歌》么，他考证，杜甫是大地主，因为他屋顶盖的草，是三层，一般的穷人是盖一层草。因为毛泽东欣赏李白，而不欣赏杜甫。所以郭老就附合毛泽东，《李白与杜甫》[④]是不是他写的啊？

蔡德贵：我不记得了。是不是针对萧涤非的《杜甫研究》而发表的一系列论文集成的一本书？因为萧涤非特别赞美杜甫，引起郭沫若的一系列批判。

季羡林：郭沫若是因为，毛泽东喜欢李，他就吹捧李，扬李抑杜。

蔡德贵：这方面郭老是弱点，跟风。

季羡林：不是有个名词吗？"四大无耻"[⑤]？这个别给他宣传了。

蔡德贵：他自己也说过么，"文革"开始的时候，他看了《欧阳海之歌》，自己的著作都要全部销毁么。

季羡林：因为是毛泽东不喜欢的。他的《十批判书》，毛泽东不是说"十批不是好文章"么，他就（把《十批判书》）赶快否定了。因为上边……

蔡德贵：郭老这方面和冯友兰先生有点类似。有点唯上，跟风。

季羡林：冯友兰是这样子。他是要当蒋介石的帝王师，《贞元六书》就是这方面的书。

蔡德贵：实际上，冯友兰也是江青的师爷啊。

季羡林：后来，当然啊。他一看……1976年，那年不是几个巨头相继去世么，下大雨，江青到北大燕南园去了，就是周培源什么的，这些人都站起来，站出来欢迎，江青根本不理，一直往前走，去找冯友兰，要去看冯友兰。难怪人家说是，圣之时者也。

蔡德贵：实际上是孟子说孔子的话。这些人物也有他们的苦衷，我们这些后人看他们，也是求生存的手段了。对吧？

季羡林：对。

蔡德贵：因为高压之下，如果不改变自己的立场，生命可能都有危险的。

季羡林：对。是这样。

蔡德贵：特别是冯友兰先生，开始在中国哲学史界，口碑比较差。我就跟他们争论，说冯友兰他这样做，正是反映了我们解放后那一段历史。

季羡林：嗯。

注释：

①听鹂馆饭庄是著名的中华老字号宫廷风味饭庄，国家级特级餐馆，北京市旅游局四星餐馆和中国药膳名店，以经营正宗的宫廷风味菜肴、满汉全席、宫廷御膳、宫廷寿膳、宫廷滋补药膳闻名于世。1750年，乾隆皇帝为其母亲孝圣皇太后祝寿而修建，听鹂馆当时是园内唯一一处供帝后进行娱乐的场所。公元1860年被英法联军烧毁。光绪年间，慈禧太后挪用海军军费重建，慈禧太后亲自题写匾额"听鹂馆"，而后这里就成为慈禧太后宴请外国使臣，及和其宠臣、妃嫔们看戏、听音乐、饮宴的场所。因借黄鹂鸟的叫声比喻戏曲、音乐之优美动听而得名。

②张鲁（?—216年），字公祺，沛国丰县（今属江苏丰县）人，东汉末五斗米道首领，五斗米道创立者张陵（张道陵）之孙。汉初平二年（191年），曾在益州牧刘焉手下任职督义司马，后与别部司马张修率徒众攻讨汉中太守苏固，共取汉中，后来张鲁杀掉了张修，独据汉中；刘焉死后，其子刘璋继任，尽杀张鲁之母及其家室，张鲁叛变，建立政权，以五斗米道教民。

张鲁少膺祖训，在各地设立"义舍"，置"义米义肉"，免费提供给过路者食宿，又怕人多吃，特地在教规上加了"人若食用过量，鬼能使其生病"。如有人生病，张鲁将病人"引入静室，令其思过"，然后要病患写上自己姓名，一式三份，称为"三官手书"，"其一上之山，著山上，其一埋之地，其一沉之水"。并发布禁止酿酒、春夏禁止杀牲的命令，史称"民夷便乐之"。犯法者"原宥三次"，再犯才处以刑罚。小过者则修治道路百步。他的政权持续近三十年，在动荡东汉末年属于比较安定的地区，因此很多人迁居到那里。建安二十年（215年），曹操攻汉中。张鲁先退避到巴中（今四川巴中），后封存库藏降曹，曹操看很重他，任镇南将军、封阆中侯迁还中原，诸子皆封为侯。

③所谓"五石散"，是一种中药散剂。它的主要成分是石钟乳、紫石英、白石

英、石硫黄、赤石脂，此外还有一些辅料。这种散剂据说是张仲景发明的，张仲景发明这个药方，是给伤寒病人吃的，因为这个散剂性子燥热。

④晚年的郭沫若写了许多迎合时代的文字，因此受到后人诟病，理论专著《李白与杜甫》一书更是令人齿冷。因此郭沫若其人在中国文化界成为人格方面的反面例证。人民出版社1972年出版的《李白与杜甫》作为郭沫若的学术绝笔，借对李白和杜甫的政治性评论对自己进展进行灵魂解剖，实际上是生命暮年的一次沉重的精神涅槃，主旨是以李白与杜甫为标本，对“中国的庸人气味”进行批判。其矛头直指其核心内涵忠君思想，以及门阀观念、功名欲望等诸般病相，并揭示了政治动乱中这种庸人气味造成的种种文人悲剧。尽管作者自己晚年在行动上并未真正摆脱他从理性上批评的庸人气味，但在当时的情况下仍然表现了乱世中的清醒和针砭时弊的勇气。

⑤北京有“四大不要脸”一说，其实是街头巷议，所以究竟谁人为正宗“四大不要脸”，还需要考证。一说为周一良、冯友兰、魏建功、林庚四人，盖大文人周一良为“文革”期间大名鼎鼎的“梁效”写作班子的骨干之一，而冯友兰、魏建功、林庚三人则为“梁效”写作班子的顾问。随着“四人帮”的垮台，“梁效”中的御用文人不用说，立刻由红色笔杆子变成了“三种人”（至少算与“四人帮”帮派体系有牵连的人）。四位学者可谓一失足成千古恨，死后还被谥为“四大不要脸”。

但这“四大不要脸”中并没有郭沫若其人，想是流传到海外的版本和大陆版本有区别。郭沫若的成就和名气远大于“梁效”中的文人，港台人把他列为“四大不要脸”之首，可能因为他是历次运动的不倒翁的缘故。郭沫若之所以没有在反右、反右倾、文化大革命中被打倒，自有他的生存之道。或曰，他的文字多有对当权者拍马的特色，所以可以左右逢源，立于不败之地。尽管如此，李敖先生还得登在郭沫若的肩膀上解释“且”字，可见即使冠以“四大不要脸”之首的坏名声，也打他不倒。

其次，冯友兰先生的学术成就大体可以与郭沫若比肩，他之所以“不要脸”，除了成为“梁效”的顾问外，还归因于在“批林批孔”运动中，他意外地“从旧营垒里冲杀出来，给了孔丘一个回马枪！”结果为天下有气节的学人所诟病。他可能成为李敖先生痛斥的第二“不要脸”。

至于周一良、魏建功、林庚诸人虽然都学富五车，但谁人能荣幸地列入李氏“不要脸”谱，辉山兰狐不敢妄自猜测，或者李敖先生而后能给以指点迷津。

第三十次口述

2008年12月3日下午3：00～4：00

蔡德贵：说到“文革”，您会不会有伤感？如果有伤感，可以不说的。

季羡林：我没有伤感，无事不可对人言。

蔡德贵：上次从“文革”说到人善恶的问题，您主张性恶。

季羡林：有关性善性恶，中国哲学史上两大流派，儒家呢，是性善，荀子我记得大概是性恶。其实我觉得，主张性善性恶都是极端的。

蔡德贵：荀子是性恶，属于儒家的。

季羡林：我主张，有关性善性恶，都是极端的。这个人啊，好人坏人啊，我有点迷信，我说一下生啊，好人就是好人。

蔡德贵：这个观点有人批判您啦。

季羡林：我知道，批判也不行。“人之初，性本善，性相近，习相远”，怎么我觉得这个人，就是这个好坏、善恶，不是后来环境造成的，这是我的主要论点。一下生，在娘胎里面，就造成是好人、坏人。这当然有点唯心主义。不过不唯心主义讲不通。我这一生，还真碰到过坏人。

蔡德贵：能够说明这些人一下生就是坏人吗？

季羡林：不单是一下生，在娘胎里就是坏人。（不然）没有法子解释，为什么呢？下生以后，同样的环境，说环境影响人，为什么有人好，有人坏，都是同样的环境。这是为什么呢？环境影响人，是同等的，为什么有人接受，有人不接受。历史上也是这样子。中国人讲良知，良能。良知，良能，本来就是讲，生的知，生的能。有人大概不赞成这个说法，我赞成的。我刚才讲过，我真还碰到过坏人。坏人，比方说是两个人结仇，为了名，为了利，有个道理，有的没有什么道理。没有什么道理，为什么有的成为朋友，有的成为敌人？“无友不如己者”，这话不好解释。“不如”，这个“如”，怎么讲？不好解释。“无友不如己者”，“如”有两个解释，一个解释是，不要跟不如自己的人交朋友，赶不上自己的，另外一个呢，是不像自己的，“如”有这两个解释。哪个解释对，我现在不知道。

蔡德贵：您说人一下生就决定好坏，还是有点偏激吧？网上有人批判您的这个观点。

季羡林：嗯。我认为一下生（就决定了）。

蔡德贵：这不是说，坏人一下生这一辈子就得做坏事不可吗？

季羡林：在娘胎里面就决定好人坏人，这个你批判还不好批判吗？这是唯心主义啊！不过我解释不了，确实有这种人。我还没有看见一个人，我活了100年了，从坏人变好人，我没有碰到。好人变坏人，老实说，也没有碰到。

蔡德贵：可是有人会说，您居住和生活的范围毕竟太小了，会不会在您以外，没有准有呢？

季羡林：我这个范围小，但是比我大的不多了，第一，我活了100岁，第二，我走过世界40多个国家，（可以说是，）识多见广。

蔡德贵：这个是没有问题的。

季羡林：我就回想起来，就是小人、坏人哪，没有一个变好的，人之初，性本善，性相近，习相远，为什么变不好？这没法解释，我只能唯心主义地解释。人一下生，下生前，就决定他好坏了。你要讲这个社会环境，社会环境大家都一样么！并不是因为这个，你要是那样讲的话，咱们从社会环境来讲，解放前，解放后，判若两个世界，政治上是判若两个世界，可从人性上讲，并不判若两个世界。解放前有好人，历史上也有好人，你像那个包拯。有人说，这个人我也不用说，你也知道是谁，“坏人啊，有功，好人有罪”。这个说法你知道是谁的，你不必讲。他这个说法，为什么原因呢？因为坏人他能促进人民起来反抗，把这个封建主义能够推翻。这个说法，出于某公，某公这个人哪，自己认为是自己了不得，实际上他的主张啊，都是偏颇的，不公正。就是还讲这个人性，我说人性就是，无论如何，不能说那个坏人啊，比好人好。他就主张坏人比好人好。

蔡德贵：德国哲学家康德也有类似的说法，说恶是推动历史前进的动力。这个观点对中国影响很大的。

季羡林：嗯。有一次，我跟你讲过，在西四西大街路南，那时候的电影局，演两个电影，一个《武训传》，一个《早春二月》。《武训传》，我是崇拜武训的。他为什么？武训那时候，他那个环境也不是为名为利，他究竟为什么，他的动机我到现在也不懂，他朦朦胧胧认为念书好，就是这么一个观点，所以别人不念书呢，他就急。那次，我说过了，就是同时看《武训传》、《早春二月》这两部电影。那时候，就是新电影啊，先请一部分人去看。我去的那次，就是《武训传》、《早春二月》。后来看完一个，我有事，就走了。走了，就没有参加座谈，（看完的那些人，）参加座谈的，大概一直，几乎一直，赞美这《武训传》、《早春二月》是好电影。结果报纸上第二天一发表以后，我们那位公，后边就支持批判。后来江青这个人最初是怎么出来的，你知道这个故事吗？

蔡德贵：最早的，这个我还不知道。

季羡林：江青这个人是，她不叫李云鹤么，山东人，济南。

蔡德贵：诸城的。

季羡林：诸城，她是在济南长起来的。她到解放区，用心不良。就是要接近毛主席，结果到解放区，每次毛主席作报告，她都坐在前边，看毛泽东。

之后国子监博物馆馆长吴志友、国学馆馆长纪捷晶拜访。

季羡林：谢谢你们光临。

吴志友：我们作为国学国子监的普通管理者，来听听国学大师的教诲。孔庙国子监要还其旧制。今年（2008）6月份就叫孔庙和国子监博物馆了。这个馆怎么办，请您讲讲意见。

季羡林：不敢当。你请讲吧。

吴志友：现在就叫博物馆了。国子监过去是太学，现在挂牌，是孔庙国子监博物馆。我们想讨教先生。

季羡林：我没有去看过，你们有图书馆吗？

吴志友：有个资料室。

季羡林：还应该大一点。这个书籍最重要，与这个有关的，韩愈的《劝学解》说：国子先生晨入太学，招诸生立馆下，诲之曰："业精于勤，荒于嬉；行成于思，毁于随。"这就是韩愈的，国子监（祭酒），就是等于现在的大学校长。因为这个中国的最高学府啊，从东汉开始，名称有几次变化。有的叫太学，有的叫国子监。这个韩愈就是国子先生晨入太学，太学与国子监，搞在一起的。一般讲是两个，有时候叫国子监，有时候叫太学。就是每个朝代的最高学府就是国子监。每个朝代都是这样子，这是中国历史的一个特点。别的国家啊，没有这么重视文化研究的。中国那是历代，都是这样。我就说，这个一定要搞一个大的图书馆。有人愿意捐助，可以捐助图书，有人专门从香港购买图书到大陆来的，香港的石景宜，有一次，他在深圳，就是邀请了80个大学，高等学校的校长，每个学校都分到一些他捐的书，他捐的书，有特点，主要就是海外的、台湾的，我们买起来，不容易得到的。他专门捐助这些书。

蔡德贵：他们原来有个图书馆，现在归文化局管了。想建孔子书院，然后建图书馆。

季羡林：就是啊。孔子学院现在已经不少啦。

吴志友：我们不是专门经营图书。主要搞讲座，讲中国文化，讲孔子。

纪捷晶：孔子书院，想请您当院长。

季羡林：不敢当。孔子是大成至圣先师，可是这个解放以后啊，也经过一段艰苦的历程，不是解放，就是"五四"运动以后啊，打到孔家店么。"五四"运动，那个运动当然很重要了，但是有些作法有点极左，有的过了头。孔家店是不能打倒的，应该大大地开张。孔子这个人是非常了不起的，他是礼、乐、射、御、书、数，德育、智育、体育全部包括，全面发展。

纪捷晶：请先生看照片，是我们举办的活动，包括拜师礼。

季羡林：我眼睛看不见。

吴志友：博物馆展览介绍孔子的思想。国子监介绍科举制度的展览，科举制1300年，通过展览，了解中国的传统文化。我们想听听您对传统文化的见解。

季羡林：对。中国文化与西方文化有根本的区别，西方文化就是讲斗斗斗，中国的是和为贵，建立和谐社会。孔子是这样子，“五四”运动啊，在中国历史上是很重要的一个运动。“五四”运动当时有些做法过了头，打到孔家店，是当时提出来的口号，这些事情都难免。后来“批林批孔”，后来这个我们特别有一阵子，极左相当的严重。

吴志友：现在形成国学热。

蔡德贵：这个与先生有关。上世纪90年代初，有一次在还没有改建的北大大讲堂里开了一个什么会，专门向同学们谈国学。当时主席台上共坐着五位教授，每个人都讲上一通。您是被排在第一位的，《人民日报》的一位记者是北大校友，在报上发表了一篇长文《国学热悄悄在燕园兴起》。从此以后，其中四位教授，包括您在内，就被称为“国学大师”。

季羡林：我说国学啊，就是中国文化，这是可以划等号的。中国文化是对世界有广泛的影响。中国这个民族也是了不起的民族，我们发明造纸，发明印刷，如果没有造纸，没有印刷，整个世界文化得要推迟200年，我说200年，当然是估计了。有了造纸，有了文化，传播就容易了。就推动整个世界文化的前进，中国文化有很大的功劳。我们不抹杀人家别的国家文化，也有功劳，但是我们讲自己，我们的功劳，是功不可没。我们现在提出和谐，这个概念，我觉得是很了不起的。现在全世界在那里你争我斗，可唯独我们提出和谐。天人合一，就是这个人跟天，不要斗争，人与大自然要和谐，不要斗争。这个西方跟东方有很大的区别，西方是《天演论》那一套。“物竞天择，适者生存”，西方首先要提出竞，要斗争，然后适者生存。马克思主义就是斗、斗、斗，不过马克思主义提出斗、斗、斗，有他的必要。如果你不这样提倡的话啊，封建主义照样统治，那怎么行呢？因为马克思有马克思的时代必要性，不能因为现在，你就否定马克思，他有他的功绩。可我们现在完全根据他的说法，也不行。时代变了，我们不能讲斗、斗、斗，我们要讲和、和、和。我说，什么思想都要根据当时的政治环境，它不是一成不变的。历史唯物主义的观点就是变的，变的根据，就是人类要向更高的层次发展。

第三十一次口述

2008年12月4日下午3：00～5：00

蔡德贵：物以类聚了。昨天您说，坏人永远不会改变，那我们对坏人怎么办哪？

季羡林：我这一辈子遇到几个坏人，就是改变不了。所以我就讲，坏人从什么时候坏起？这是个怪问题啊，也没有见人讨论这个问题。性相近，习相远。那个，性相近，儒家就是性善，我倒不赞成性善。我赞成性有善，有恶，问题就是，这个善哪是天生的，还是后来学习的，一般的解释，认为坏啊，是后天学习的，我的解释是，在娘胎里就是坏的了。我们讲良知、良能，什么叫良知？良知就是天生的。我觉得，我一辈子碰到过几个坏人。而且坏人哪，是全面的坏，包括业务在内。

蔡德贵：那就是业务弄虚作假的。

季羡林：即便不弄虚作假，他也不知道自己的业务不行。

……

蔡德贵：先生，改行有时候是很难的。我是改行的，原来学语言的。您不喜欢义理，但是您“四书”背得滚瓜烂熟。我是不喜欢义理，但是必须搞中国哲学。我觉得德国的放任，跟放羊一样，这有个好处，就是发挥自己的积极性。

季羡林：对。随便，你愿意怎么样，就怎么样。完全发挥自己的积极性。而且教授和学生，最初也不发生关系。除非学过几年之后，参加那个教授的讨论班，习密那尔，我们过去不是有个习密那尔吗，英文、法文、德文都有这个，就是讨论班。你参加那个讨论班，你在上边，一般学生就光听课，德国每个学生有一本学习手册。学生这个听的课有这么几种，一种是你听的时候，让教授给签个字，这是一种，另外一种是需要走的时候，结束的时候，教授再签一个字。（见学习簿扫描本）他那个教授一般讲起来，都不理会学生的。除非你学了几年之后，对你这个专业有兴趣了，参加了一届、两届的习密那尔，教授就注意你了。平常教授也不管，就是放羊。

蔡德贵：德国教授选研究生是不是很严格？生怕给自己丢面子，如果研究生没有培养前途的话，就不选。

季羡林：他就是这样子，经过这么几个过程，他选中了。你再经过这么几年，参加几届习密那尔，你发言，教授就看你这个材料够不够，如果够的话呢，他就给你博士论文题目。一般讲起来，这个德国大学生，前四年，能够读八个大学，一年两个大学。反正多念也没有关系啊。经过了八个大学，你就可以考虑考虑，哪一个大学最适合你，然后那个大学哪一个教授最适合你。然后你参加他的习密那尔。这样再过一个两个三个学期，教授看你孺子可教，就给你博士论文题目，这时候啊，这个学生才真跟教授发生密切的联系。平常那个教授对学生视若路人。

蔡德贵：那和中国还是不一样。

季羡林：那个德国的教授讲课啊，学生是收费的，每个学生一学期3个马克。所以这个讲大课的，比如历史，那些教授都挺阔的，有500个学生，就1500马克。

蔡德贵：那可是，像国内的公选课，德国也有公选课吗？

季羡林：有。它是这样子，比方说，研究历史的，世界通史，这是必学的。德国通史，然后是研究哪一个阶段，或者哪一个范围。

蔡德贵：您在德国哥廷根大学，也听过教授给本科生上课吗？

季羡林：我到哥廷根的时候啊，那是学术交换处指派的，不是我自己要去的。乔冠华派到图宾根。哥廷根大学选课也还是自由的。那个德国教授上课，愿意听，就听，不愿意听，就走。教授也不管。

蔡德贵：外国留学生也交钱吗？

季羡林：都交钱。

蔡德贵：那您每个月250马克，可够紧张的了。

季羡林：我运气好，那个哥廷根有汉学研究所，那个哈隆教授给我一个汉学研究所的讲师，每个月给350马克。哈隆是这样子，后来不是调到剑桥吗，剑桥的讲座教授。哈隆教授不会说中国话，但是能够看中文书。章用，就是章士钊的公子，他到哥廷根的目的是念这个理科的课。

蔡德贵：章用主攻数学。

季羡林：数学。他这个家学渊源啊，念的书很不少的。那时候哥廷根大学的中国留学生，还有几个。有个学医学的，姓马的。章用不是给我一首诗吗？“空谷足音一识君”。

蔡德贵：您也给章用和诗了。您的《另一种回忆》这本书里面插入的明信片上有。

季羡林：当时，没有，后来的，那就是比较晚的了。

蔡德贵：章用那时候还没有回国吧？

季羡林：章用先回国了。章用不是自费的吗？后来没有钱了。他母亲吴弱男留在哥廷根，他自己回来弄钱。也没有弄到钱，他家是安徽的大地主，因为革命了，也没有弄到钱。吴弱男，他母亲，英国留学生，当过孙中山的英文秘书。她在德国住了七八年，一个德国字也不会说。出门拿着字典，德英字典。买东西就拿着字典，德英字典，指着德文，看着英文，德文给看看，就买这个东西。

蔡德贵：她经常说我们大户人家。

季羡林：我们官家，你们民家的。天天这么说。不过我觉得她坦白，不拐弯。

蔡德贵：您跟吴弱男往返的明信片有好多。有些看不清楚。不知道能不能找着了？那些明信片很珍贵的。

季羡林：对。不知道（在哪里）了。

第三十二次口述

2008年12月5日下午3：00～4：00

蔡德贵：您在沙滩的时候是不是和沈从文经常有来往？

季羡林：我那时候没有这个资格。我崇拜沈从文，为什么呢？我有个议论，就是一个作家，拿出他的著作看两页，就知道作者是谁。结果呢，这个作家，就是说，有他的独特个性。个性最突出的就是沈从文，沈从文没有受过什么教育，他当兵出身，出生的地方是湘西的，我对他的文章特别赞赏。后来，这个我给你讲过，就是郑振铎、巴金、靳以办过一个《文学季刊》，我在上面写过一篇书评，你给我纠正过，就是《夜会》的书评。因为什么呢？以前对丁玲那时候我不认识，她当时已经得过苏联的一个斯大林文学奖。我对她的印象是怎么来的呢？胡也频，她的丈夫，在济南高中教过书，我也算是他的学生么。那时候，他其实每次讲，都是讲什么叫现代文艺，什么是现代文艺的使命，现代文艺呢，就是普罗文学，使命呢，就是革命。因为他也没大念过多少书，也讲不出多少道道来，老是讲那么一套。后来居然在那个学生宿舍里面，在走廊里组织现代文学研究会，宣传革命。那时候我是积极分子，我写过一篇文章，这个没有价值的，《现代文艺的使命》，很简单，就是革命，革命，革命！后来我说，当时的青年革命家啊，太幼稚，不成熟，要是真正的革命家，不能那样，不能暴露。他不光是暴露，简直就是直接告诉人，我就是革命者，那国民党能够允许他啊？那个现代文学研究会，我是积极分子。国民党后来就通缉胡也频，胡也频到上海去了，被蒋介石抓起来了，和柔石等大概七八个人，在龙华监狱里面被（蒋介石下令）枪杀了。

蔡德贵：假如胡也频不走，您有没有可能加入左翼作家？

季羡林：我没有加入啊。我后来这样子，（在清华大学读书），胡乔木在半夜里，到我宿舍里面，劝我参加共产党，我说，我不干，玩命的事，我不是那个材料。实际上，我有一个论调，就是不知道从什么时候开始，有这个论调的：政治都是肮脏的，历史上也肮脏，现在也不干净。就是这个论调。到后来，思想改造运动，你知道叫洗澡，洗澡有大盆、中盆、小盆。大盆是校长，那时候北大真正管事的，是汤用彤，汤用彤啊，是校务委员会主席，洗了个大盆。因为我这个，认为“政治是肮脏的”，思想改造运动主要就是针对我这个思想来的，对于我来讲。

……

蔡德贵：冯友兰先生当时还在清华大学吧？

季羡林：对。在清华。

蔡德贵：那他怎么洗澡，您清楚吗？

季羡林：他怎么洗澡忘记了。当时在教授里，他的声誉，因为当蒋介石的帝王师，也不高。

蔡德贵：在沙滩的北大时，沈从文是北大教授了吗？

季羡林：不是教授。开始的时候作家有名的，当教授还是不容易的。不过后来啊，比较容易了。当时还要讲资格。有个笑话，他在西南联大的时候，我没有在西南联大待过，他的意思就是明天下午有事，不能上课，他写“明天下午，因事未能上课。”就是证明他对汉语的掌握啊，还不如大学生。

蔡德贵：您这几个陈寅恪先生的弟子，推着他到中山公园赏花，是在沙滩吗？

季羡林：是在沙滩。

蔡德贵：您特别尊敬陈寅恪先生。后来您还到西郊的清华大学给陈寅恪先生送酒，对吧？

季羡林：我对他真尊敬。陈寅恪先生到清华，我知道陈先生年老体弱，最喜欢当年住北京的天主教外国神甫亲手酿造的“栅栏”葡萄酒，便到神甫的静修院（今车公庄北京市委党校），那是利玛窦的坟墓所在地，到那里的地下室去买了几瓶“栅栏”葡萄酒，带到清华园去。这个天主教的牧师啊，不是不能结婚吗？他们讲，我就牺牲这一条，不结婚，但是一辈子可以吃香的，喝辣的。所以他们对这个烧酒有些办法。所以那时候，就是这样子，陈寅恪先生在清华，我就到栅栏去买葡萄酒。栅栏大概是个地方的名字。

蔡德贵：不是前门的大栅栏吗？

季羡林：不是。

蔡德贵：买了好几次吗？

季羡林：就一次。买了几瓶。那时候出门或者要坐校车，或者坐洋车。坐校车很贵，一次要一块大洋。清华大学的校车在东城一个点，西城一个点。西城的点在桂香村，东城的点在稻香村。坐校车有时间限制，而坐洋车是很危险的。我买的那个，就是那个天主教徒烧的红酒，送给陈寅恪先生。那时候出门两种办法，一种是坐校车，另外一种就是坐洋车，洋车很危险的，因为路上有劫道的，大概吴宓先生么，好像就被劫过，带的一些书。后来在旧书店里，发现有吴宓的书，就是强盗劫道，卖到旧书店的。那时候坐洋车的时候啊，比较少，没有办法，一般就不坐，有危险。路上有劫道的。路上有一个老头，拿着个铁锨，天天在那里，锄那里的路，走过的话呢，他就说要点钱，也不多。

蔡德贵：拿着铁锨够吓人的。您是不是没有坐洋车，走过去了？

季羡林：我也坐洋车了，但是走的一段路，够长的。坐那个校车啊，很贵，我记得汽车是一块大洋，很贵的。

蔡德贵：那时候可能已经是法币了。您在辅仁大学兼课一个月才三块大洋，汽车就一块大洋。那了不得的。

季羡林：那时候这个发工资的时候啊，大家也不管什么体面了。那些教授啊，也在那里领工资，排队，领了那个法币，跑百米的速度，到东四，东四那时候那个贩子啊，拿着大洋，哗！哗！哗！表示我这里可以兑换。因为比价老是变，教授赶快往东四跑。那就是贩子，它那个价钱老是变，所以赶快跑，你可以占点便宜，要是晚一个小时，大洋就升值了。

所以一发工资，都在那里等。

蔡德贵：几瓶红葡萄酒，现在算不了什么，但是在通货膨胀、物价飞涨的当年，却是非同小可的事。您知道他愿意喝酒啊？

季羡林：反正是年老的人，都喜欢喝一点吧。

蔡德贵：1947年冬，天寒，煤价猛涨，陈寅恪先生这位被称为“教授的教授”的学界泰斗，没有钱买煤取暖。您还给陈寅恪先生解决冬天的烧煤问题。

季羡林：他穷的，是冬天冷，生不起火。我回来跟胡适讲，那时候北京私人的轿车啊，没有几辆，胡适有一辆，他用他自己的轿车，让我带着钱，我记得是带的美元[①]，到清华，陈寅恪先生的书啊，卖了一批。后来这个东语系图书馆，就收藏一批陈先生卖的（书）。那时候，我坐胡适的私人汽车到清华去送美元，把一些书拉回来。

注释：

①季先生在其他地方说：我得知此事，立即报告北大校长胡适先生。胡适想赠送陈先生一笔数目颇大的美元，但是陈寅恪先生拒不接受。最后，陈寅恪先生决定用卖掉藏书的办法，来取得胡适先生的美元。胡适责成我来办理此事。我就乘胡适自己的汽车，到清华园新南院52号陈先生家，装了满满一车西文关于佛教和中亚古代语言的极为珍贵的书。这个数目在当时虽然不算少，然而同书的价值比起来，是微不足道的。在这批书中，仅一部《圣彼得堡梵德大词典》市价就远远超过这个数目。这批书实际带有捐赠性质，在东语系图书馆里还有这些书。陈先生对于金钱一介不取的狷介性格，令我大为感动，对陈先生的人格更加崇敬。

第三十三次口述

2008年12月6日下午4：00~5：00

蔡德贵：郑振铎是燕大的，冰心也是燕大的。

季羡林：郑振铎在燕大，当时冰心在燕大不是教授。

蔡德贵：是不是从法国回来的？

季羡林：不是。他父亲在烟台，她的《致小读者》写的还是好的。

蔡德贵：冰心是福建长乐人。

季羡林：郑振铎也是福建人。

蔡德贵：福建的教育比山东发达。

季羡林：嗯。山东的教育中不溜丢，不是最发达的。

蔡德贵：按说应该发达。

季羡林：它是这样子，历史各个阶段不一样。总起来说，江浙是出人才的地方，最初不行，后来到了清朝后半，江浙就起来了，出状元。江浙的状元挺多的，山东就一个王寿彭。

蔡德贵：还有别的，清末是王寿彭。刘墉也是状元。

季羡林：不知道了。

季羡林：中华民族是个很伟大的民族，但是怎么会缠脚，缠脚是野蛮的。从任何观点看都是野蛮的。满族就不缠足，满族就这一条，就不得了。当然也不能因为这一条，就说中华民族不是伟大的。如果承认这一条伟大，也就有问题了，满族就不干。我小时候，流传一句话，女人不缠足，没有人娶。流传什么，缠足是“步步生莲花”，真是岂有此理。[①]

“步步生莲花”，小脚怎么是生莲花？大脚才能生莲花。现在没有人研究了，我们研究中华民族，中华民族的民族性，对研究世界文明有很大贡献，但是我们缠足的弊端延续了那么长时间，我到现在也不懂。缠足的历史是怎么起源的，中国文化史研究是不能打马虎眼的。中国的民族性，我们都知道是个伟大的民族，但是缠足的习惯无论如何也不能说是伟大的。这个习惯怎么出现的，不知道了。我觉得跟歧视妇女有关系。这个以男人为主，他说什么是美，妇女就跟着。说缠足美，妇女就缠足，裹小脚。你说是美，美这个概念是很复杂的。这个美应该包含眼睛看到的美，不只是味道的美为美的。口味的美和视觉的美是两个概念。

蔡德贵：您见过北大的辜鸿铭[②]吗？

季羡林：没有。我岁数太小，没有机会见他。我听说过辜鸿铭的故事。他是个怪物，主张一个茶壶，五六个茶碗，所以一夫多妻是合理的。

北大的教授我就认识杨炳辰，他是德语系的系主任，学生考试，交上卷，他接着就给分。他划完了分数，一个学生站在那里不走，他问嫌少啊？给你加十分。他是河南人，河南三杰之一。三杰是杨炳辰、徐炳昌、姚雪垠。姚雪垠小一点。我写过一篇文章，是说系主任和工友的笑话。系主任杨炳辰在办公室问工友：你又偷了几本书啊？工友回答：老爷，不多，两本。完了，戛然而止。我与杨炳辰比较熟悉，他推崇佛教的“四大皆空”。在清华工字厅，他有一间屋子，桌子上有一张玻璃板，下面压着四个大字：四大皆空。既然是四大皆空，工友偷几本书，有什么了不起的？

注释：

①《南史·齐纪下·废帝东昏侯》：“（东昏侯）又凿金为莲华（花）以贴地，令潘妃行其上，曰：‘此步步生莲华（花）也。’”废帝命令工匠用黄金凿成莲花的形状，一朵一朵地贴在地板上，再让他心爱妃子潘玉儿袅袅婷婷地行走其上。皇帝在一边欣赏着美人轻盈的体态，不禁赞叹道：“这真是步步生莲花呀。”这个故事很有名，很多人能够知道这个被废的皇帝和潘玉儿，恐怕都是由这个故事而来的。这个故事之所以有名是因为被看作了裹小脚的起源，小脚被叫做“金莲”，便是由此而来。所谓“步步生莲花”，使人觉得这肯定是指潘玉儿那一双纤纤的三寸莲瓣。但

是，这种说法其实来自于佛经。据《杂宝藏经》中记载，一位仙人提婆延的女儿鹿女，在她所走过的路上，均出现了莲花，故又称莲花女。所以，这里赞叹潘玉儿“步步生莲花”，其实就是用的这个鹿女的典故。不过，不论鹿女还是潘玉儿，那“莲花”都是在地上的，并不是她们的脚。而后来南唐李后主有一个缠过脚的妃子窅(yǎo)娘，李后主效法潘玉儿，为她也打造了一朵金莲花，让她舞蹈其上。此时这缠足才和步步莲花联系在了一起，后人追溯其源，又想当然的以为潘玉儿的步步莲花也和窅娘一样，于是这潘玉儿竟被不少人认为是缠足之祖，只怕也是她自己始料未及的吧。

②辜鸿铭（1857—1928年），名汤生，字鸿铭，号海滨读易者，晚年自号“东西南北老人”。祖籍同安，生于马来西亚槟榔屿。10岁时被义父母布朗夫妇带到英国苏格兰上学。光绪三年（1877年）获爱丁堡大学文学硕士学位，成为中国完成全部英式教育的第一人。接着进德国莱比锡大学研修土木工程学，获博士学位。其后赴法学法文，通晓中、英、德、法、俄、日、马来、拉丁以及希腊等多种语言、文字。光绪六年返回槟榔屿，在新加坡海峡殖民地政府任职。不久接受朋友马建忠的劝告，辞职回槟榔屿，潜心钻研中国古籍。以后到香港一家英国商行当助理，业余时间专攻四书五经。辜鸿铭是将中华优秀文明向西方介绍的先驱，曾将儒家经典《论语》、《孟子》、《中庸》、《孝经》等译成英文、德文，刊行于国外。他也用英文写政论文章，光绪二十五年（1900年）在横滨《日本邮报》连续发表文章，谴责八国联军侵略中国，破坏礼教，呼吁列强以道德、公德、公理处理义和团问题。这些文章后来汇集成册，书名为《总理衙门来书》，被称为“中国民族主义宣言”。宣统二年（1910年）撰写《中国的牛津运动》，民国四年写成《原华》（又名《春秋大义》）。辜鸿铭的中文著作有《读易草堂文集》、《辑蒙养弦歌》和《张文襄幕府纪闻》等。

“一个茶壶可以配四个茶碗，哪有一个茶碗配四个茶壶的？”是辜鸿铭为“一夫多妻制”做辩解的话，他纳妾的传闻说，有一女子，为造“三寸金莲”而裹脚，多年未洗，其脚奇臭无比，人有近之者则掩鼻而走。辜鸿铭听说有此等奇女子，决定纳之为妾，因为据传他最喜欢闻女人裹脚布之臭味，且是越臭越来劲。洞房花烛夜，辜就迫不及待地搂着那女子双脚，要闻臭脚味，岂料并无他期待以久的臭味，问何故，那女子说：“妾为好好侍候老爷，早把脚洗干净了。”辜老怪大失所望，生气地对那女子说：“我就是因为喜欢你的臭脚味才纳你的，现在你的臭脚味没了，我要你何用？你回去吧。”于是便将此女休掉了。辜鸿铭是个矛盾的混合体，中西文化的激烈碰撞，不仅没有把他改造成为新人，反而使他成为更加守旧的人物。常有一些怪癖之举，因此世人把他看作一怪物。辜鸿铭的夫人淑姑，出身于诗礼之家，是他30岁上所娶，有着一双标准的三寸金莲，辜鸿铭很是满意，把夫人淑姑的一双“特别神气美妙的金莲”视为至宝，时刻握在掌心把玩、嗅闻，不如此，便整天萎靡不振似的。他曾戏称淑姑的三寸金莲是自己今生不可或缺的“兴奋剂”，他说自己之所以扬名中外，都要归功于那双地道的三寸金莲。

第三十五次口述

2008年12月9日下午3：00～4：30

季羡林：我这个人是从来不跟人斗，不搞小圈子，在北大，我当了一辈子中层、高层干部，跟同事没有矛盾过。我主张大事化小，小事化了。当然，也有人认为我不对的，好人主义，我还有一个主义，一个是好人主义，一个是修正主义。什么是修正主义？业务至上、智育第一，就是修正主义。我这一辈子啊，幸亏修正了一下，要不然的话，我这个皮上就一根毛也没有了。现在留了一些毛，就是因为修正了一下。当时就是，那时候那个思想改造啊，动不动就得检查，我检查的基本思想呢，就是修正主义，业务至上、智育第一。检查完了，我还是认为，一个人在学校里，不念书行吗？后来我说是，我这个人是，“假话全不说，真话不全说”。世界上真话全说的人哪，我认为没有。他总得有点（保留），所以我的“假话全不说，真话不全说”，这句话颇有点名气了。不过假话全不说的人哪，也是凤毛麟角了。

蔡德贵：好多人说您这句话说到家了，充满了哲理。

季羡林：那假话全不说？有人来，你不愿意见他，就说不在家。这不是假话吗？（笑）你不说，行吗？（笑）能够说，我不愿意见你？这种情况，日常生活里边多极了。比方说，做了菜，明明不好吃，问你好吃不好吃？（笑）你能说不好吃？不行的！好吃，好吃。这不是假话吗，全不说行吗？这个人生活里边啊，非常有意思。德语里有个词，别的语言里没有的。叫“not Lüge”。Lüge就是假话，not就是必要的时候。“必要的时候说假话”。我觉得这个词很好。比方说，一个人来了，不愿意见他，不在家，这是Lüge，假话，可是总比说我不愿意见你要好，不得已而为之，not。别的语言里没有这个词。

蔡德贵：德国人经常这么做吗？

季羡林：德国人是这样子。我在德国住了那么久。德国人的品质啊，恐怕在世界上是数一数二的，老实。我在那里没有受过欺骗。

蔡德贵：也没有受欺负？

季羡林：德国人不欺负外国人。中东有的国家，就是张口就讲假话，我的姨父是外交部长，我的姑夫是外贸部长，说完了以后，告诉你，可别信啊！(笑)

蔡德贵：我头几年，和您讨论过“齐俗喜夸诈”的问题。沿海的齐文化是在商业社会的基础上形成的，商人们“以其所有，易其所无”，要推销自己的商品，形成了夸诈之俗。在《论语》的“齐一变至于鲁，鲁一变至于道”的地方，朱熹注释说“齐俗急功利，喜夸诈”（《论语集注·雍也》）。

季羡林：齐鲁这两个地方，人民的性格不一样。鲁就是孔子那个地方。齐啊，做生意，沿海的，做生意的不讲假话，做不了生意。有一本书，忘记了，说君子国，说商人要5毛钱，买者说6毛，7毛，争执不下，买者说太少，商人说太多，这是君子国。君子国是这样的风格。现实中是不可能的。君子国，商人就说我这个货不好。买的人说，你这个货好极了。①

蔡德贵：这样的君子国现实中不知道存在不存在。

季羡林：几乎是不可能的。商人总是要说假话的。不能说我这个货不好。买者说太少，商人说太多，这是一种想象出来的，实际生活中没有君子国的。

……

季羡林：唐伯虎因为王后死了，他还在喝酒，被杀死了。死前还高喊，杀头至痛也，于无意中得之，不亦乐乎？

中国的士很不简单，士可杀，不可辱。祢衡骂曹，那就是中国的士。中国的士，就是不畏强暴，坚持真理。后来文化大革命，那时候，我是政协委员，那个周扬也是政协委员。当时我们文化大革命一开始的时候，用政协的那个信封，那个委员给打一个叉，打一个叉，就证明（这个人有问题），过去枪毙人不是打一个叉吗？过了以后，恢复政协委员了，周扬见了我，说羡林同志啊，他哈哈大笑，我们证明啊，中国的士，可杀，亦可辱。他说，你看，你是士，我也是士，不是现在照样活着吗？你要按那个老的办法，应该自杀啊。我说文化大革命这个账啊，还应该算。我说，中国人（有时候）是小事精明，大事糊涂。你像文化大革命，这样就完了啊？死了多少人啊？现在没有人提了，再过几年就忘记了。

蔡德贵：文化大革命的书，就您这本书影响最大。

季羡林：四川一个作家马识途，也有一本类似的书。人家不给他出。我的那一本书，是中央党校出版社曲伟出版的。

蔡德贵：叫王维吗？

季羡林：曲伟。

蔡德贵：您见过吗？

季羡林：我没有见过。我这个《牛棚杂忆》出来以后啊，《南方日报》，我没有看过那个报，说是写了不少文章，我没有看。我说《牛棚杂忆》那本书，有两个要素，一个没有气，一个没有刺。完全是平心静气地写历史事实。

蔡德贵：您对“文革”当中批斗过您的，没有报复。您当了系主任、副校长，您没有报复。您提到的“东方文化集成”的事情。

季羡林：就是现在那个“东方文化集成”。“东方文化集成”现在还继续出。当时的计划啊，太庞大了。准备出500册，中间100册是中国的。东方文化么，大概出来一些了。

蔡德贵：北大去年开过会，出了100多本了。开始是经济日报出版社，后来转到昆仑出版社。

季羡林：经济日报出版社后来不干了。

蔡德贵：嫌赔本吗？

季羡林：嗯。

蔡德贵：昆仑出版社实力也不强。

季羡林：恐怕不如经济日报出版社。

蔡德贵：累了就歇会。

季羡林：我说这个既然念书，怎么不让人读书。说智育第一，业务至上，是修正主义，我到现在也不懂。

蔡德贵：对我们影响很大的是读书无用。你们是肉体上受迫害，我们精神上受迫害，不让我们念书。

季羡林：读书无用，还有一个厚今薄古，古代的不能讲，厚今薄古？

蔡德贵：厚今薄古是毛泽东提倡的。

季羡林：就是。

……

季羡林：这个人，这个大概中国与外国一样。大学学的东西，出来以后完全能用得上的，不是太多，不是每个人都用得上的，大概一半都不到。后来我就说，大学学什么东西啊？最重要就是你大学毕业。

蔡德贵：要重新学习啊。

季羡林：对。

蔡德贵：我们这一代更是这样。"文革"就不说了。"文革"以后，该说说您当副校长的时候了。

季羡林：我这个当副校长，是周培源推荐的。其实，我当副校长的建树啊，因为我那时候，我这个每个礼拜五下午的校长办公会，我去参加。别的事，我都不管。我就做了两件事，一件事呢，就是那个北大不是有个新辟的西门吗？西门里面有个假山，不是假山，是土堆，不是山，那是我建议的。为什么呢？我们中国忌讳啊，是一进门什么都有了，都看到了。你到那个苏州，你看，它不论多么小，不能进门什么都看见，总得要挡住。我建议在西侧门，弄个土山挡住。一进门，不要一眼望尽。第二件事情，就是李大钊有个塑像，在俄文楼前面，他后背（屁股）对着俄文楼，前边是……后来讨论怎么办。我就说在后面栽两排树，不就挡住了。我当副校长，就干了这两件事。

蔡德贵：《人民日报》发表的《为了下一个早晨》的文章。

季羡林：杨匡满。

蔡德贵：杨匡满的文章说您连学生的水龙头坏了，都管的。您还接待过很多外国学者代表团的。

季羡林：对，招待过。那个日本，大江健三郎，诺贝尔奖金（获得者）啊。他，我招待过。那时候他还没得诺贝尔奖。后来我就说，巴金，像巴金这样的人，得诺贝尔奖金，完全是应该的。结果没有得到，没有得到的原因啊，巴金是生在中国，中国是共产党的中国，瑞典那个保守主义，将来得诺贝尔奖，到瑞典出席会议，还得发表演说。他一个共产党国家的人，到瑞典科学院，发表演说，好像不妥。后来有一阵，我就说，将来中国啊，不要老是宣传诺贝尔奖，诺贝尔奖那个奖，政治性太强。巴金要不生在中国，诺贝尔奖少不了他的，那些得（诺贝尔奖）的，跟他比起来，差一大截子，特别是那个赛珍珠。赛珍珠那个作家，我认为是三四流的。但是她得了诺贝尔奖。

蔡德贵：《大地》。

季羡林：《大地》。

蔡德贵：还有《诸子》。

季羡林：嗯。

蔡德贵：池田大作您是什么时候熟的？

季羡林：池田大作是，我在日本的时候认识的。

蔡德贵：在去日本以前不认识吗？

季羡林：他到中国来过，认识啊。中国来过，他在颐和园这个听鹂馆，举行盛大宴会。

蔡德贵：听鹂馆是慈禧太后举行宴会的地方吗？

季羡林：听鹂馆慈禧太后听唱戏的，听京剧。听鹂么，黄鹂啊。

蔡德贵：您还说到圣严法师也是在那里。

季羡林：他到大陆举行宴会，圣严法师也是在那里宴请的。

蔡德贵：不是和池田大作一次吧？

季羡林：不是一次。

蔡德贵：池田大作是佛教的改革派。

季羡林：他带着一些小玩意儿，变戏法的，在听鹂馆宴客，在那里表演。圣严法师是严肃的学者，我们去台湾，是圣严法师邀请的。他出钱，请了不少人，有十几位呢。

蔡德贵：星云大师您也见过的。

季羡林：见过。那是在中国，好像是赵朴初出面宴请的。

蔡德贵：在人大会堂

季羡林：那时候在人大会堂，盖起来了。范文澜后来有一本《中国通史简编》，没有想到对佛教破口大骂。我讲谩骂不是斗争。

注释：

①季羡林认为：齐文化和鲁文化，不一样。“孝悌忠信”是鲁文化，“礼义廉耻”是齐文化。就是说鲁文化着重讲内心，讲内在的；齐文化讲外在的，约束人的东西多。“孝悌忠信”是个人伦理的修养；“礼义廉耻”就必须用法律来规定，用法律来约束了。鲁国农业发达，鲁国人就很本分地在务农。齐国商业化，因为它靠海，所以姜太公到齐国就以商业来治国。具体的例子，如“刻舟求剑”，这种提法就是沿海文化的。而“日出而作，日落而息”，恐怕就代表鲁文化了。齐鲁文化互补，是中国传统文化的重要组成部分。

第三十六次口述

2008年12月10日下午3：00～4：30

中国人民大学孔子研究院院长张立文教授拜访。拿出《国际儒藏》的第一册，韩国卷，给先生看。

张立文：季老，这是我们做的《国际儒藏》，主要是韩国编的。原来汤先生一再请我去主持《中华儒藏精华》，当总编，因为我还没有退休，纪宝成不同意。我跟汤先生商量，我搞国际部分的。因为您是人民大学孔子研究院的顾问，所以您还是我们的顾问。

季羡林：嗯。

张立文：我们想跟温家宝总理讲讲，儒学早就走出去了。中国传统文化在公元前，早就走出去了。韩国、日本，还有欧美，做四编。中国文化很早就走向世界了。

季羡林：韩国啊，尊孔比我们要强。我去过韩国，有一次谈到一个宗教，他们谈到，韩国的宗教30%是天主教，30%是什么教，100%是儒教。这是韩国人他们自己讲的。

张立文：现在他们还有乡校。

季羡林：对。

张立文：我们先把韩国的“四书”部分做出来。

季羡林：汉城大学有一个什么奎章阁，我去看过那个地方，奎章阁藏书不多，但是很有特点。李退溪就是韩国的。《儒藏》必须做，你们做了好工作。

张立文：希望您支持。我们想申请一部分经费。

季羡林：新闻出版总署，他们管这个事。

张立文：希望季老多支持。

季羡林：不敢当。我力量有限，尽力而为。《儒藏》实在是非做不行啦。要不然影响我们国家的面子。人家问，《佛藏》有了，《道藏》有了，为什么没有《儒藏》。人家一问，你回答不出来。不过这个课还得补，年轻人还得认识繁体字。我们的情况，不能不认识繁体字，必须改变。原来我有个想法，我说大学生，不管哪个系，一年级，不是都讲学马克思主义吗？马克思主义是要讲，和马克思主义同时也开中国的国学。不管哪个系，一年级，没有这个，不能毕业。我觉得应该这样子。咱们这个藏啊，《道藏》是抄的《佛藏》。《道藏》抄的啊。过去有个说法，我们的《四库全书》就是《儒藏》，这是不对的。不光是儒学，那个是代替不了《儒藏》。当然，《四库全书》是了不起的东西，但《四库全书》不能叫《儒藏》。

张立文：现在我们缺乏古籍整理的人。

季羡林：并不容易。国务院不是有个古籍整理小组吗？组长是周林。

张立文：季老，您是我们的大树，有您在，就好说话。我们就有力量。

季羡林：大家一起来鼓吹，众志成城啊。汤一介现在在做这件事啊。

张立文：我们在一起做。汤一介那里已经出了八本了。

张立文：您有什么想法，交代给我们。

季羡林：第一个想法，就是你们做了一件好事，要不然不像话啦。儒释道三家，《佛藏》有，《道藏》有，独有《儒藏》没有，你交代不过去啊。你中国不是提倡中国文化吗？藏里面就包含中国文化。当然，这个工作做起来也要慎重。日本《大正大藏经》，那个经，是我看到的，国外的学者都引那个书，很方便，我也引那个书，可是那个标点哪，一塌糊涂，一塌糊涂不够，就“两塌糊涂”。没有一个对的。那个现在我们习惯了，不看标点，标点不存在。第二个，这个标点很不容易，你看二十四史，好多年以前组成一个班子，后来一直有人挑错，特别是那个《元史》，《元史》的名字就古里古怪的。《元史》的错，最多。

……

季羡林：刘波，刘波是博士，他写的那个博士论文，他研究中医，对东方文化知道一些。他写的论文反正是挺庞杂的一篇。后来有人就问我，我说，我研究的这门学问不是东方学，是印度学，只要跟印度学有关的，都是我的范围，不是东方。刘波那个写的，与印度有关系。

蔡德贵：是中印医学交流的。

季羡林：嗯。

蔡德贵：他顺利答辩完了？

季羡林：顺利答辩是这样子。当时我采取德国的办法，把任继愈也请去了，参加答辩委员会，任继愈。说到答辩委员会，讲一个笑话。在德国往往是要三个系，才能毕业，一个主系，写论文，两个副系。后来一个中国学生呢，认为三个系太多，说我是中国人，我就用中文做副系，搭个桥，因为是学中文的，就选中文为副系之一。那次答辩的时候，上来问他，是莎士比亚早啊，还是杜甫早。他两个差七八百年，他没有这个概念，因为我们认为杜甫是比较近的了，英国人莎士比亚是1616，它就是英国历史短哪。他就说，莎士比亚早。那个答辩委员会主席说，对不起，你落第了。

蔡德贵：也是您在哥廷根大学时同时的学生吗？

季羡林：嗯。后来这个，还有一次，也是答辩的故事，端来一盘猪肝，问这个学生这是什么？学生不敢答复。到了后来，那个，老是不答复也不行啊，后来这个时间已经过了，答复也没有用了。那个答辩委员会主席问，你看到什么东西？学生说，我看到的是猪肝。教授说，那你为什么不敢说啊？你这个人不能研究医学，也不能研究科学。

蔡德贵：是那个姓马的吗？

季羡林：不是，不是姓马的，另外一个。他研究科学的人啊，眼睛看到什么东西，就说什么东西。你不管，怎么端一盘猪肝进来呢？这个不是你的任务。他这个训练很重要。你研究自然科学，看到是什么东西，就说是什么东西，要严格。后来有一个学生进来了，那个答辩委员会主席问学生，我这个大衣是什么颜色的？这个学生看了看，回答说，教授先生，您这个大衣曾经是……什么颜色的。这位教授大为欣赏。这叫科学态度，严谨。曾经是灰色的，现在已经穿了几十年了，不知道什么颜色了。所以说：及格，答辩通过。曾经是，什么颜色的，就是这么严谨。

蔡德贵：德国人是很严格。开放初，德国到山东招学生，第一道题是山东有多少人口？答不出来，就没有希望了。那个姓马的学医的叫什么？

季羡林：马耸云。他是学生物的。

蔡德贵：这个人没有成大名啊？

季羡林：没有。

蔡德贵：您哥廷根大学有一张合影，有马耸云吗？

季羡林：可能有。还有龙丕炎。

蔡德贵：龙丕炎给过您梵文词典啊？

季羡林：不是，龙丕炎后来研究炼钢炼铁，这种学问。他有一个专利，炼钢炼铁，做了很薄很薄的书签，比这个纸啊，方便。他后来到美国去了。

蔡德贵：那张照片有没有章用呢？

季羡林：应该有他。章用是研究数学的。章用的母亲，是章士钊的夫人吴弱男，就是孙中山的英文秘书。这个老太太很有意思，她在哥廷根住了七八年，不会一句德国话。英国人这个民族很奇怪，说世界上所有的语言，只有英语是惟一能够叼着烟斗可以说话的语言。这个可没有试过。因为我没有抽过烟。

蔡德贵：中国话是不是叼着烟斗也可以说啊！英国人自己吹的吧？

季羡林：反正英国人他自己吹。老太太住了七八年，出门带一本英德词典，使用这个词典，她买什么东西，指着英文单词，告诉人家德文单词，就买这个。

蔡德贵：吴弱男很长寿的，1973年才去世。这以前你们有联系吗？

季羡林：有联系。后来我还跟她通信。章用是自费留学，后来没有钱了，回去弄钱。他家是安徽的大地主。她的父亲吴保初，在朝鲜战争期间，袁世凯就是他的部下。我给吴弱男写过信联系。

第三十八次口述

2009年1月28日下午2：45～5：00

蔡德贵：有几个小事情，我想是不是落实一下。

季羡林：好的。

蔡德贵：一个是王邦维[①]读研究生的时候，需要查阅一本善本书，图书馆说只有像您这样的学者，才有可能。于是您陪同王邦维去首都图书馆，把这本善本书借出来，您在旁边看自己的稿子？

季羡林：对。是有这么回事。我坐在那里陪着，不能走。但是忘记是不是带稿子了。

蔡德贵：这是王邦维读硕士还是读博士的时候？

季羡林：忘记什么时候了，反正有这么回事。

……

蔡德贵：我去年第一次10月13日来的时候，没有带录音笔。

季羡林：嗯。

蔡德贵：您叫我来做口述历史。

季羡林：对。

蔡德贵：年前不方便，所以是不是请您再说一次为什么要做口述历史。

季羡林：为什么，也很简单。首先流行啊，这么一种做法。我就是在大潮中，参加了一份。不是我发明的，口述历史流行了很长时间了，很多了，而且有的已经出版了。所以，既然别人可以做，我说我也可以做。因为口述历史有一种好处，关于我的传哪，有一本公开出版的，《季羡林传》（《季羡林先生》），作家出版社是不是啊？有一本是张光璘写的。张光璘这本，我从头看了一遍，另外几个人写的，我没有看过。

蔡德贵：我的那本，您没有看过？

季羡林：看了一点。张光璘现在在什么地方啊？

蔡德贵：还在北大，退休了。

季羡林：他那个我看过一遍，别的我都没大看。现在市面上流行的是哪一部啊？张光璘的啊？

蔡德贵：都差不多吧。论印的次数多，可能我的那本发行比较多，山西古籍出版社印了1万册，后来转给人民出版社印5千册。因为人民出版社影响大一点。

季羡林：那当然了，那是全国最高的权威啊。

……

蔡德贵：您萌生口述历史的想法，2007年年底就有这个想法了吗？

季羡林：嗯。这个也不是我的发明创造，当时流行了，流行而且可以出版，我也可以试一试。口述历史有什么好处呢，就是有许多季羡林传记一类的，不能写到的，口述容易讲到，所以要想了解我这个人，是一个怎么样的一个人，口述更为可靠一些，更细致一些。

蔡德贵：去年10月以前，您在我以前录过一些吗？

现在口述历史我们见到的，影响比较大的就是梁漱溟的，美国一个学者艾凯给他整理的，反响比较大的，梁漱溟晚年的一些思想活动，合盘托出了。

季羡林：我知道，这本书我没有见过。梁漱溟这个人哪，我是很钦佩的。我很钦佩的标准，除他之外还有一个人。就是有谁敢跟这个顶嘴的。武的呢，我崇拜的是彭德怀，文的就是梁漱溟。他们两个的特点，就是敢顶嘴。

蔡德贵：实际上，您跟彭德怀没有什么关系，就是佩服他。

季羡林：我见过他。见过，见在并不是一个很好的地方。文化大革命，是在航空学院组织的一次批斗会。那时候见的彭德怀。

蔡德贵：您那时候参加过批斗会啊？

季羡林：不是批斗我的。我那时候还没有被批斗，我去参加，是看了。

蔡德贵：是北大组织的吗？

季羡林：不是，是航空学院组织的。那时候我去看过批斗会。不是批斗我的会，那时候我还是没有被批斗的。我去的时候很担心，彭老总的脾气很暴躁。我说那个集会啊，不是讲理的地方。他一暴躁，就不可收场了。那时候这个文化大革命啊，把人性啊，完全歪曲了，好人坏人也分不清楚，真正活跃的，大概都不是好人，好人不参加的。所以我去看，老是捏一把汗，我怕彭德怀脾气爆发，那个不堪设想。什么叫不堪设想呢？一个是被挨打，一个是甚至于被打死。那时候打死太容易了，没有问题啊。所以我常讲，这个中华民族啊，当然是很伟大的民族，有一个问题就是，我们（有时候）大事糊涂，小事不糊涂。吕端大事不糊涂，但是我们中华民族呢，大事糊涂，小事不糊涂。什么叫大事呢？像文化大革命这样的事情，到今天应该有一个结论吧？可是据我的观察，很多人把文化大革命忘掉了，好像没有发生过什么，这是不应该的啊。这叫大事糊涂。这个文化大革命应该有一个说法吧？现在年轻人哪，大概都忘记这件事了。我说这个问题，就是很值得研究，我们中华民族啊，对这样的大事，我们糊涂起来了。我始终认为，我们讲中华文化史，讲中国的民族史，讲中国民族性，文化大革命这样的事情，必须有一个说法，说法就是为什么我们这么伟大的民族，为什么会产生那个现象？就是没有个说法。年轻人忘记了，这不能忘记的。你研究中国历史，文化大革命你不研究，那行吗？如果没有一个说法，是很可悲的一件事情。

……

蔡德贵：那这样就是，武的您佩服彭德怀，文的佩服的是梁漱溟。

彭德怀和梁漱溟。我跟彭德怀没有什么接触，跟梁漱溟接触比较多。一个中国文化书院，它有个院务委员会，原来的院务委员会主席是梁漱溟，后来他让我干了。汤一介搞的，他是院长，叫创院院长。

蔡德贵：这个书院您在北大的时候，搞过很多活动。搞过国学讲座，您还参加了林毅夫的经济中心举办的文化讲座，您和张岱年老，可能还有侯仁之先生，一共有三次，大概。您做的是东方文化，讲东方文化会再现辉煌。

季羡林： 对，不在朗润园。好像做讲座，反正在北大二教一带。二教有个后门，是不是啊。

蔡德贵： 中国经济研究中心邀请您做的，大概还有张岱年、侯仁之一共是三个人。您有一次提到《毛选》五卷有毛主席与梁漱溟辩论的。

季羡林： 是第一篇吧？

蔡德贵： 我后来查了一下，不是第一篇，是在100多页上。

季羡林： 那后来那个书为什么禁止啊？

蔡德贵： 听说是因为华国锋搞的，说五卷不能代表毛泽东思想了，和毛泽东思想背道而驰了。那个书，毛泽东说，孔子是法西斯，杀少正卯么。

季羡林： 我佩服的，文的是梁漱溟，武的是彭德怀。我佩服的就是敢顶，敢顶是中国的士。中国的士，是任何语言都翻译不了的，士可杀，不可辱，士跟中国这个侠啊，有联系。祢衡骂曹，就是中国的士，士跟这个侠有联系的，其实是中华民族优秀民族精神的一部分。路见不平，拔刀相助。这就是很了不起的举动。他心中有一个是非观，看见不是，不对的，不是"是"而是"非"的，他就起来抗拒。我觉得，这是中国士的一个特点，中国的士啊，与中国的这个侠啊，是不能分开的。我曾经让人给我复印那个《史记》的《游侠列传》，我后来始终也没有看到（复印的），忘记托的谁了，好多年了。我想研究研究，这个士，外国语言，任何语言没有办法翻译的这个士，现在翻译成知识分子，太浅薄了。这个士，是知识分子，但并不仅仅是知识分子。

蔡德贵：《游侠列传》可能有朱家、郭解（jiě）。

季羡林： 对。朱家、郭解（xiè）。

蔡德贵： 都是路见不平，拔刀相助的。

季羡林： 嗯。"祢衡骂曹"，我觉得就很有典型意义。曹操这个人奸诈，他不杀祢衡[②]。他把祢衡送到黄祖那里，让黄祖杀，让别人杀。《捉放曹》的那个戏，后来还演吗？

蔡德贵： 不知道，"文革"以前经常演。"文革"当中就是八个样板戏了。

季羡林：中国的京剧啊，现在还是应该加以提倡。为什么呢？因为艺术是一个典型的，这么一个完整的体系。中国老百姓啊，对中国历史的了解，大半是从京剧来的，当然有一些是不真实的。不过起码会知道一些。你像曹操这个人，如果没有京剧，不会像现在这样，人人都知道奸诈的曹操。《三国志》《三国演义》那个人名，大多是两个字的，只有两个人，是三个字的。两个三个字的，《三国演义》人名都是两个字的，你知道这个故事吗？

蔡德贵：诸葛亮吗？

季羡林：诸葛亮，是一个字，诸葛是复姓。

蔡德贵和季承：一时想不起来。

季羡林：《捉放曹》[③]那个，就是，叫黄伯奢（应该是吕伯奢），是不是啊？黄伯奢，奢侈的奢。他不是要欢迎啊，那个曹操跟那个陈宫，陈宫不是县长么。《捉放曹》就是陈宫捉到曹操，又放了。后来跟曹操一起闹革命去了。一离开那个首府，就欢迎他，杀羊欢迎陈宫跟曹操。曹操听到，杀那个肥的，曹操以为是要杀自己，就拿起宝剑来把黄伯奢一家都给杀了。杀了以后，曹操知道自己是错了，他怎么讲呢？"宁教我负天下人，休教天下人负我"。负就是对不起。还有一个（三个字名字的，）是诸葛亮的老丈人。全《三国》，就是这么两个人是三个字的。这个我不敢说了，这个名字的多少（字）啊，对我们来说无所谓，可对派出所就很有关系，现在可能过了这一段，过去都是什么什么军，张军、李军的，绝对的军，还有什么宁，王宁、张宁，太多了。造成了很大的混乱。一个单位里有两个李宁，来了信谁也不敢拆。是哪一个的呢？

蔡德贵：不用说张姓、李姓的了，我的蔡姓是小姓，在《百家姓》里大概排在40名以后。叫蔡德贵的大概都有十几个了。

季羡林：你这个名字，太一般化了。（笑）

蔡德贵：还有女孩叫蔡德贵的。

季羡林：你这个"德贵"，本来是不分性别的。

蔡德贵：我以前是得到的"得"。

季羡林：哦。得到的"得"，是自己改过来的啊。

蔡德贵：您以前主张复姓。现在香港和台湾，女的往往在结婚以后，把丈夫的姓放进去了。

季羡林：对，像刘王黎明。旧时代都是这样，先把夫姓放到前面去了。我那个妹妹，季香，我们本来有个林字辈，她没有排上，就没有名字。我那二妹就排上了。秋妹季惠林，还有季漱林。中国这个旧社会可恶，男尊女卑，是最可恶的，瞧不起妇女。中国有一个，我最不了解的，中国这么一个聪明、伟大的民族，怎么缠小脚？到现在我没法解释。有一阵，也是几十年以前了，好多人研究这个问题，裹小脚是从什么时候开始的，那是学术问题。不管怎么样，这对中华民族不是一个光荣的一面。妇女每个人为什么缠小脚呢？那个鲁迅的一篇文章《藤野先生》，藤野先生就是，他就不懂，他说，这个不知道是什么样的，就是那个脚缠起来。

蔡德贵：缠的厉害的，肉都臭了。

季羡林：臭，就是“好”，烂了，脚就越来越小了。烂掉了，溃疡，残酷极了。我觉得，中国这么一个伟大民族，这个习惯我始终不懂。因此我对满族很佩服。满族不缠脚，统治中国这么多年，好东西人家都学，就是不缠脚。我觉得这个满族啊，不是汉、满、蒙、回、藏，五族共和，我对满族很佩服的。我们小时候，这样子的，你要不缠脚，女的不缠脚或者缠脚不小，嫁不出去的。

蔡德贵：慈禧太后都不缠脚吗？

季羡林：她不干的。

蔡德贵：歇会吧。

蔡德贵：《真话能走多远》的编辑问，稿费怎么送，是不是直接送给您？

季羡林：给我。我这个人，财运哪，不亨通。不是说我赚的钱不多，我挣的钱很多，可是都被截流了。

季　承：我说你身上有侠气，身上有钱要散光，散光才能再进来。

季羡林：不过他这个话有道理。所以我的理想啊，就是把士和侠结合起来做人。

季　承：当官的是不是士？秀才和状元当了官，如果有侠气，是不是就是士？

季羡林：当官的和士是两个范畴。这个士是指一个人的文化水平。当官的是另外的事。这个当官的，不是有清官和赃官吗？有清官和赃官，老百姓当然欢迎清官了，但是有人主张赃官比清官好？你们知道这个事吗？很正经的讲的。什么道理呢？如果都是清官的话，封建社会啊，消灭不了。因为有了赃官，才创造了封建社会消灭的基础。

季　承：当官的就不是士。

蔡德贵：当官的是单立人的仕了。彭德怀是侠，梁漱溟是士了。

季羡林：士和侠不可分。梁漱溟……不过这个侠跟士是分不开的。因为不怕生死，就是侠气，梁漱溟就是不怕生死。《毛选》五卷有梁漱溟。我也买过五卷，现在不知道哪里去了。

蔡德贵：《真话能走多远》的编辑还问，要编辑《国学典藏》，想把您以前的国学观点放在前边做序言，不知道行不行？

季羡林：应该念藏（zāng），藏（cáng）是个动词，一个名词，一个动词。这个人怎么样啊？

蔡德贵：就是编《真话能走多远》的那个人，叫老愚，钱文忠比较熟悉。

季羡林：你们知道江青是怎么出头露面哪？

蔡德贵：批《武训传》吗？

季羡林：毛主席知道，江青这个人不是个好玩意儿，是控制，这个江青到延安的目的就是对毛主席，每次听讲话，江青都是坐在最前边，毛主席知道她要控制，不是个好东西。毛主席并不是傻瓜。后来呢，这个与武训有关系。怎么跟武训有关系呢？不是有个《武训传》吗？赵丹演的。武训这个人，我们老百姓啊，100%都是很崇拜的。他一个叫花子，他自己念不起书，帮助别人念书，这有什么坏处呢？可是我们那一位，就认为这个人要不得。要不得，怎么办呢？就派江青到冠县，找那些什么人，做一个调查，专门找说武训坏话的人，人非圣贤，孰能无过？金无足赤，人无完人。调查的目的呢，是专在鸡蛋缝里挑刺的。毛主席很重视，后来这个调查的结果呢，在《人民日报》发表了，那写的《按语》，都是毛主席自己写的，后来知道调查人是江青，给她的任务就是鸡蛋缝里挑刺。《人民日报》的什么什么按语，都是毛主席写的。赵丹这个人啊，是个老实人。

注释：

①王邦维教授在做季羡林先生研究生的时候，做硕士论文需要到北图去看《赵城藏》。《赵城藏》是北图的镇馆之宝、一级文物，以研究生的身份根本不够格。跟北图联系之后，北图答复："季先生这种人物可以看。"王邦维跟季先生说了这种情况，季先生毫不犹豫，跟王邦维去在文津街那里的北图。王邦维说：季先生跟我去了之后，拿到《赵城藏》之后只是大致看一下，然后就自己去看《罗摩衍那》的校样去了。他就坐在我的旁边，我拿着《赵城藏》在他身边一看就是几个小时，是他等我而不是我等他。这样的导师跟学生的关系蛮有意思的吧。另外据李娟《任继愈：热风冷雨过来人》（《济南时报》2009年7月18日，27版）：1987年，任继愈担任国家图书馆馆长后不久，就在图书馆里遇到了一位老朋友——季羡林。放在季羡林旁边的是国家图书馆镇馆之宝、国家一级文物《赵城金藏》，但正在小心翻看的却是季老的学生，这是怎么回事？经过交谈，任继愈才明白其中原因，"研究生没有资格看，季羡林用自己的名义陪着这个研究生来。季羡林坐在旁边等着，研究生一个上午、一个下午地看。"

②祢衡（173—198）字正平，平原般县（今山东临邑）人（《山东通志》载祢衡为今乐陵人）。东汉末年名士，文学家。与孔融等人亲善。后因出言不逊触怒曹操，被遣送至荆州刘表处，后又因出言不逊，被送至江夏太守黄祖处，终为黄祖所杀，终年26岁（《三国演义》中为24岁）。《击鼓骂曹》系京剧的传统剧目，亦称《打鼓骂曹》或《群臣宴》。取材于罗贯中《三国演义》第二十三回《祢正平裸衣骂贼，吉太医下毒遭刑》：曹操欲使人下书劝说刘表归顺，孔融推荐处士祢衡前往。曹操召见之，不加礼，祢反唇相讥，又将其门下人才一一批斥。曹操恼羞成怒，命充当鼓吏以辱之。祢衡于宴上裸衣击鼓，尽情泄愤，当众痛骂曹操。曹操不愿负杀戮贤士之名，遂遣之。祢衡在众人的劝说下无奈奔赴荆州。祢衡到了荆州之后激怒了刘表，最后被刘表的部将黄祖杀死。一代名士祢衡最终还是死于曹操的阴谋。此剧充分表现祢衡的高傲性格，不为威武所屈，大骂当朝丞相，剧中唱腔和念白，都是表现封建社会"名士"的形象。

③京剧传统剧目《捉放曹》根据《三国演义》改编，三国时，曹操刺杀董卓未遂，改装逃走，至中牟县被擒。公堂上，曹用言语打动县令陈宫，使陈弃官一同逃走。行至成皋，遇曹父之故友吕伯奢，盛邀曹、陈至庄中款待。曹闻得磨刀霍霍，误认为吕存心加害，便杀死吕氏全家，焚庄逃走。陈见曹如此心毒手狠，枉杀无辜，十分懊悔，宿店时；趁曹熟睡后独自离去。《演义》的第四回和第五回，在"孟德献刀"之后，接下来叙述曹操东归，路过中牟县，为守关军士所获，押解着去见县令陈

官。陈宫认出是曹操，在夜里暗把曹操从监牢中提出，进行盘查。曹操说：“吾将归乡里，发矫诏，召天下诸侯兴兵共诛董卓。”陈宫为曹操的忠心所感动，弃官与曹操同行。行至成皋地方，投宿于曹操父亲的结义弟兄吕伯奢家。伯奢吩咐家人杀猪款待，自己骑驴到西村去沽酒。曹操忽闻庄后有磨刀之声，与陈宫潜入草堂后窃听，听到有人说：“缚而杀之，何如？”曹操疑心是要杀他和陈宫二人，便先下了手，杀了吕家男女八口。搜至厨下，却见缚一猪要杀。陈宫说：“孟德心多，误杀好人矣。”二人急出庄上马而行。在路上遇见吕伯奢沽酒回来，曹操又把他杀了。陈宫大惊说：“适才误耳，今何为也？”曹操说：“伯奢到家，见杀死多人，安肯罢休？若率众来追，必遭其祸矣。”陈宫说：“知而故杀，大不义也！”曹操说：“宁教我负天下人，休教天下人负我。”二人夜行数里，在一客店投宿。陈宫知道自己是看错了人，原先认为曹操是个好人，原来是个狠心之徒。便乘曹操正睡时，离开了他，自投东郡去了。

第三十九次口述

2009年2月1日下午4：30～5：10

和老愚（高晓岩）到301医院时是2点40，进病房看到先生在休息，在走廊和老愚聊天，后来季承到，继续聊，3点多，小岳出来，说先生还在休息，我们就在走廊聊天，一直到4点20多，先生醒来，叫小岳。我们随即进去，先生连说对不起，对不起。

蔡德贵：上次跟您说到于友先主编的《国学典藏》丛书，188本，山东一个房地产商出资印1000册，赠送给干部阅读，想请您写一篇序言。

季羡林：古文今译不是难不难的问题，我说，你要彻底消灭中国文化，就读今译。你要临时保留那个（古文）原文，你今译帮助一下是可以的，要不然，看不懂。原文一定要保留。

蔡德贵：他们的意图是前边印古文原文，后边附上今译。

季羡林：这样可以。不能光有翻译的。

老　愚：中间加注。原文用繁体字，今译用简体字。竖排的线装的。

蔡德贵：原文用繁体字。

季羡林：原文当然要用繁体字了，要不用繁体字，改成简体字那不像话了。保留原文，原文不能搞简体字。

蔡德贵：很多出版社出古文用简体字了。而且简体字版很多用错的。中华书局还是坚持用繁体字印古文的，竖排。

季羡林：有几个字啊，用了，后来又取消了，其中就有这个“后”，还有一个云，赵云的“云”，说话的“云”，前后的“后”，皇后的“后”，这两个字后来撤销了。不能把皇后的“后”，改成前后的“后”，这里边会产生很大的误解。当时我们就举一个例子，元旦，元旦是圆圆的鸡蛋哪，还是过年的元旦……它就是简体字，有几个撤销了，前后的“后”，皇后的“后”，“云”，赵云的“云”，说话的“云”，我记得撤销了两个字。因为我原来参加文字改革委员会，参加了很多年哪。当时有一个秘密不许说，什么秘密呢？要把汉字废掉，改成拼音。后来说不许公开。这是从最高层来的，后来说不许公开，但是说过。要变成今天越南那样的拉丁化的字母。周恩来呢，推波助澜，1954年在日内瓦开会，就讲，别的国家在那里开会的结果，立刻就可以报道，中国不行，中国先把那个汉字翻译成数字，12345678，一个字用4个数字来代替，也不是密码，回中国以后再把它翻译过来。我记得，是毛主席的思想啊，就是取消汉字。因为当时我开始参加文字改革委员会，一开始我就参加了，参加的时候，出面的是吴玉章，当时是人民大学校长，延安来的，他不是搞汉字拉丁化的吗。吴玉章上边是胡乔木，胡乔木上边是毛泽东。

蔡德贵：日内瓦的会议您没有去吗？

季羡林：没有去。

蔡德贵：那时候如果取消了汉字，那后果不堪设想啊！台湾繁体字还是保留着，甚至有人提出，统一先统一到繁体字，然后再谈政治上的统一。这个有道理。

季羡林：这个整个的简体汉字啊，我就反对。我们学了几千年了，没有事，到现在，你怎么说麻烦了呢？怎么麻烦了呢？简化汉字就是多此一举。多此一举啊，就用到“折腾”这个词了。什么叫“折腾”呢？这就叫折腾，折腾，不是成为流行的了吗？怎么讲折腾，后来我看到有人告诉我，报纸上说，季羡林解释啊，说：折腾就是Trouble-making，创造、制造麻烦就是折腾，不制造麻烦就是不折腾，就是这个意思，No Trouble-making。

蔡德贵：这话您对谁说的呢？

季羡林：对谁说忘记了。

季　承：对钱文忠说的。

老　愚：唐师曾也在。

季羡林：哦，跟钱文忠说的啊。

蔡德贵：据说，当场的翻译是音译直译过去，就是buzheteng，

季羡林：我听说了，成为英语的新词汇了。过去我就讲，简化字是六指划拳，多此一指。

蔡德贵：现在是春节，您99年的春节，在德国十年到春节，"一年将尽夜，万里未归人。"您过春节感触是不是很多啊？

季羡林：那当然是很多了，"一年将尽夜，万里未归人"。那就是我自己啊。

蔡德贵：在德国肯定是很难受了，挂念着家里，孩子那么小。在清华和其他时间的春节，有什么感受呢？

季羡林：在清华没有问题啊。其他的，那有什么感觉啊？我就感觉，在欧洲的时候，他们最大的节日不是过年，而是过圣诞节(Christmas)。那是他们最大的节日，而中国最大的节日还是春节。

蔡德贵：您有没有印象，袁世凯以前，春节叫新年，袁世凯改成春节。

季羡林：哦，这个我不知道。

蔡德贵：袁世凯改的。把原来的新年元旦，用到西历上了。

季羡林：原来我们小的时候，把新年叫阳历年。阳历年，老百姓不重视的。

季　承：先生想写一篇春节的文章，1月23日写一个开头，没有写完。

蔡德贵：您在德国的十年艰难，是可以设想到的。

季羡林："一年将尽夜，万里未归人。"那时候不知道是谁的诗。上次你说到是戴叔伦的。这得感谢你啊，原来我不知道。现在越南啊，就弄一套不伦不类的拉丁字母，头上戴帽，脚上穿靴，自己找麻烦。

蔡德贵：有个好消息，韩国政府提倡恢复汉字了。

季羡林：哦。所以这个问题啊，原来以为是麻烦。不过这个科学发展，一天比一天进步，原来以为是麻烦的，可能符合科学发展。

蔡德贵：中国的造字是很科学的。

季　承：现在的电脑五笔字形打字的速度是很快的。

蔡德贵：一个小孩一天打五万六万字，一点没有问题。

季　承：汉字的麻烦也没有了。过去发消息，还要使用数字。

季羡林：那是周恩来的发明。最厉害的，好像1954年在日内瓦开会。

蔡德贵：您是不是借此机会呼吁使用繁体字？

季羡林：（笑）现在我这个，编这个全集，出版社讲，准备出500套繁体字的，其他的都是简体字。繁体字供港澳台，我有个想法，我说，港澳台，另外海外侨胞用，我有个什么想法呢，将来卖的话呢，繁体字的先卖光。

蔡德贵：您的《糖史》里很多"食"字边的字，简体字里很多都没有。

季羡林：哦。一个古书今译，我说古书今译，现在有一些比较高级的干部看不懂原文，临时帮一帮，是可以的。不过古书的那个原文一定要保留。不保留，就没啦。我就说，要想彻底消灭中国文化，就改简体字。

蔡德贵：您估计在多大范围内恢复使用繁体字啊？

季羡林：现在啊，恐怕很难号召恢复。原来我就讲简体字是六指划拳，多此一招。

蔡德贵：现在的中学生大多数不会繁体字了。

季羡林：我说，无论如何古代的原文要保留。我有一个想法，时间越往后，对古书了解就越清楚。"曰若稽古，帝尧曰放勋，钦明文思安安。"[①]《书经》啊，"曰若稽古，帝尧曰放勋，钦明文思安安。"这段原文啊，这个现在当然是，不但一般人看不懂，就连学者也不懂。你临时把它翻译一下，是可以的。但是古文的原文一定要保留下来。咱们现在保留甲骨文，是不可能了。你从中国的这个发展来看，李斯创小篆这是一个进步，比那个甲骨文是进步了，小篆啊，不是李斯创的么！我说，隶书到楷书也是进步的一个过程。我还是那句话，要想彻底消灭中国文化，就改今译。那样，古代文化就彻底消灭了。

蔡德贵：您这个观点不知道能不能得到大范围学者的认同。

季羡林：现在我跟外界接触不多，不清楚今天的学术界怎么样。

蔡德贵：我们现在读古书也有难度，像《管子》，就有难度，《孟子》《荀子》好一些。

季羡林：最近我写过一个字：弘扬国学，要从娃娃抓起。你知道这个字吗？

蔡德贵：我知道。但是现在遇到障碍了。上海、广州搞过孟母堂，但是被认为不符合教育体制，被取消了。

季羡林：现在要弘扬国学，但是很多干部，不知道什么是国学。国学就是中国文化，这个明白易懂。现在我发现好多干部啊，不大念书，为什么呢？我听过一些干部的讲话，从讲话里边，我就发现，此人哪，读书不多。中国有一句老语，“学到用时方恨少，事非经过不知难（杜甫）”，一副对联。当然问题就是，要防止另外一个极端，食古不化。那是另外一回事。怎么处理，食古不化对这个提倡国学，中间一个界限，还是很清楚的，不要把两个混在一起。从娃娃抓起，我写过一幅字：弘扬国学，要从娃娃抓起。这话是对的，对的。有一个问题啊，弘扬国学，要从娃娃抓起，这个书，谁来写，这个很难。你给娃娃讲明白，不容易。给娃娃讲国学，首先要讲中国这个国家，之所以在世界上有这么高的声誉，就是由于我们有很高深的、历史悠久的文化，问题就是给娃娃讲中国文化，和给大人讲，不一样，就是更难，怎么叫娃娃了解中国文化的博大精深，这在于作者。我的意思就是，给这个成年人，有一定教养的成年人，弘扬中国文化，和给娃娃讲弘扬中国文化，不是一码事。是一码事，又不是一码事。写这样的文章是非常难的，让孩子懂了。

……

我再说一句：弘扬国学，绝不是复古。任何事情都是要前进的，国学也要前进，里边的精华要保留，也难免有一些糟粕，那就去掉。总是要向前看，不要向后看，向后看的目的是为了向前看。

注释：

①《尚书·尧典》：曰若稽古，帝尧曰放勋，钦明文思安安。允恭克让，光被四表，格于上下。克明俊德，以亲九族。九族既睦，平章百姓，百姓昭明，协和万邦，黎民于变时雍。

[注释]

曰若稽古：古时成语，用于追记古事的开端。曰若：发语词。稽：考。

钦明文思安安：据郑玄说，钦为敬事节用，明为临照四方，文为经纬天地，思为虑深通敏。安安是柔和的意思。

允恭克让：允：信。恭：恭谨。克：能。让：让贤。

第四十次口述

2009年2月2日下午3：00～5：00

先聊天，说了一阵笑话。

噢！先生连买火车票找黄牛（票贩子）都知道。

季羡林：中国有个《笑林广记》。还印吗？

蔡德贵：网上可以看。

季羡林：这不影响销量吗？

蔡德贵：当然影响。您喝点水。

季羡林：没有事。讲到什么地方？

蔡德贵：还是讲国学吧。

季羡林：就是一句话：国学与中国文化，就这一句话，你琢磨琢磨，咱们弘扬国学，就是弘扬中国文化。

蔡德贵：这就涉及到，我前年与刘小晖来给您谈国学的问题，您说中国五十六个民族的文化，都属于中国文化，都属于国学的范畴，是大国学，不能说汉学是国学。

季羡林：他不接受……。

蔡德贵：这是个事实。

季羡林：我就是说，他们出版界，过去好多中国哲学史、中国文学史、中国医学史，这个中国都是汉族的，满族的沾一点边。这是不对的。我说中国这个，五十六个民族，它发展程度很不一样，不过我们脑袋里想着中国，必须想着五十六个民族。每个民族的发展都不一样，当然其中汉族发展程度最高。其次就是满族，原来讲五族共和，汉满蒙回藏，满族在第二，是对的。

蔡德贵：然后您说到满族继承了中国传统文化，就是不缠脚，很了不起。

季羡林：我很佩服。就是了不起。那么多好东西，人家都接受。缠脚过去有一段，昨天我说过，学术界讨论，缠脚是怎么产生的，几千年是怎么产生的，过去写过不少文章。有人讲，那个潘妃“步步生莲花”，这个小脚不是莲花，这个用不上的，小脚踩在地上，怎么是莲花呢？莲花很大的。小脚是怎么产生的，我不知道，现在讲中国文化史，这个中国文化史的对立面，它不是文化，但是你讲中国文化史，对立面你也得讲。讲那个潘妃“步步生莲花”，原来一提，我就不赞成。小脚踩在地上，不是莲花。这个满族了不起，什么都学，就是不学缠脚。过去我们叫旗人，八旗啊。

蔡德贵：相当不简单。

季羡林：就是不简单，人家就是不干。

蔡德贵：除了不缠脚，有一个满学吧？满学是存在的。您对人民大学清史研究所说，要研究清史，必须研究满文。有人接受，有人不接受。

季羡林：现在就是事实上不接受。研究清史，人家日本哪，满文专家很多。过去我的助手李铮，是满族的。他爸爸会点满文，我想叫他爸爸到北大讲满文，他爸爸叫李德什么（李德启），忘记了。现在人民大学的那个清史研究所，叫清史研究所，不提倡学满文。（这方面）日本人比我们强，日本研究满文的，人数多，水平又高。东语系过去一个教日文的教员，叫今昔春秋，他是干吗的呢？他是日本侵略中国的时候，原先在那个铁路上工作，后来日本垮台了，就把他留下来了，在东语系教日文。他叫今昔春秋，他的父亲叫今昔隆（龙），是日本有名的满文专家。一直到现在，我说过那个清史研究所不提倡满文。鲁迅，我给你说过这个故事，搞过满文老档。当时鲁迅在教育部，当个佥事。签字的签去竹字头。原来他自己也不知道这个佥事是个什么官。有一次，这个北洋政府老拖欠工资，不发工资，他们有一个组织，就专门追政府发工资。当然不能全发，发了一部分。发了一部分的话呢，就通知鲁迅去领钱。鲁迅以为佥事是个小官，就到小官的那个地方去领，人家告诉他，佥事是个大官。

蔡德贵：大也不会很大吧？

季羡林：大不了很多，大概司长一类的。那时候教育部不叫部长，叫教育总长。章士钊当过教育总长。佥事很高了，鲁迅去领工资，他到小官那个地方，找不着。告诉他，佥事是司长一类的。后来这个教育部就把这个佥事取消了，没有这个官了。现在参事还有，参事原来是处理安排民主人士的。地位比较高的，有个参事室。

蔡德贵：去年春节以前，温家宝在国务院参事室那里讲过中国文化博大精深。

季羡林：参事不是实职。

蔡德贵：给政府提咨询的。满学除了满文，还应当包括哪些方面？

季羡林：不管满学有哪些方面，首先要学点文字，这是没有问题的。鲁迅整理满文老档，在西华门。也可能是东华门，我忘记了，可能是东华门。那时候他在教育部做佥事，受（教育）总长的命令，他去看这个事情，他自己没有参加，不整理，去看这个事情。同时期，日本的满文专家不是一个两个，成群的。

蔡德贵：日本这方面我们很钦佩，他们分科很细，专家研究很细。大东文化大学的原孝治先生，治墨子，有一套《墨子全书》。中国大陆没有一部。他退休的时候，准备复制一份，捐给中国。

季羡林：这就不得了。

蔡德贵：满文还没有引起足够重视。

季羡林：一直到现在，那个清史研究所并不着重满文，应该着重提倡满文，清史研究所不会满文，摆在日本去就是个笑话。这个清史有一个特点，中国这个国家很奇怪，（前）一个王朝被推翻了，第二个王朝首先要给它修史。你推翻这个王朝，先修史。这个《清史稿》，为什么叫"清史稿"，就是还没有修，这个"稿"是准备修的，后来，民国一来就把这个旧的好习惯忘掉了，当然后来也没有王朝了。

蔡德贵：那就是清史研究现在还有很大的缺陷。

季羡林：而且是自己有缺陷哪，还没有感觉到，自己还不知道，最悲哀的就是“哀莫大于心死”。人民大学有个清史研究所。

蔡德贵：戴逸的所长，对吧？

季羡林：嗯。戴逸的所长。

蔡德贵：有一次清史的会，您参加了，您去呼吁满文。

季羡林：对。没有用。和日本一比，就感觉很惭愧。人家会满文的，不是一个两个。

蔡德贵：除了满学，国内的蒙古学也是成立的吧？

季羡林：这个蒙古学，它是一个世界学说。是世界的蒙古学，在这个汉满蒙回藏里边，蒙古学在世界上占很重要的地位，是显学。各个国家几乎都有蒙古学专家。这个原因也很简单，蒙古当时统治了半个世界。

蔡德贵：成吉思汗大军横扫亚非很多地方，帖木儿的军队到过开罗。

季羡林：蒙古学到现在也是个世界显学。因为蒙古当时征服的地方很多，涉及的语言也很多。当时有一个笑话啊，说蒙古人啊，到伊朗，看见一个人，要杀这个人，但是没带刀。他就告诉这个人，我没有拿刀，你在这里等，我回去拿刀。结果，他就在那里等。那个“威”，把那个人吓得不敢动了。

蔡德贵：那就像老鼠见了猫一样。

季羡林：我想杀你，没带刀，你等着我，我回去拿刀，他就在那里等。

蔡德贵：是个笑话吗？

季羡林：也可能是真的。所以到现在啊，世界上蒙古学是显学，欧洲大国都有研究蒙古学的。

蔡德贵：国内是不是很弱？

季羡林：咱们国内啊，学术界眼光不够远大。戴逸，他现在应该提倡满文，结果他自己也不学满文，也不提倡学。

蔡德贵：他应该提倡啊。

季羡林：对。

蔡德贵：蒙古学方面，国内的学者有吗？

季羡林：在德国认识几个。国外的。

蔡德贵：国内的呢？

季羡林：蒙古学在国内的，不认识。

蔡德贵：荣新江不是研究蒙古学的？

季羡林：他是研究敦煌学的。研究蒙古学的队伍，国内好像还没有，有成绩的，在世界上占有地位的，还没有。

蔡德贵：在世界蒙古学这个显学领域里，我们失语了，和您说的我们的大国地位不符合。

季羡林：可能有个姚士宏？记不得了。他搞过一段蒙古学。

蔡德贵：东语系的蒙古语教研室没有蒙古学的专著吗？

季羡林：没有。那是蒙古文，他们是搞语言教学的。到后来东语系分家了，（……以前讲过的此处删节。）国内语言到民族学院了。民族学院好像也不提倡研究学术，是搞民族政策的。所以这方面咱们跟日本比起来，惭愧。

蔡德贵：那“回”这一块呢？

季羡林：“回”就是穆斯林啦，信仰伊斯兰教的。

蔡德贵：是不是陈垣先生是研究回族学的？

季羡林：陈援庵先生，他也不是专家，是中西交通史的专家。陈垣我认识，也不是专搞回族研究的。

蔡德贵：您在辅仁大学兼课的时候，校长就是陈垣先生吧？

季羡林：就是他的校长，辅仁大学后来不是归到北师大了吗？

蔡德贵：台湾一部分。台湾辅仁大学把您作为校友。

季羡林：台湾有。我在辅仁大学教语言学。一个月三块大洋，当时高兴啊，帮了大忙了。另外送了我一匹棉布。

蔡德贵：陈寅恪先生是不是研究过回族？

季羡林：反正涉及。因为他的范围很广。

蔡德贵：白寿彝先生也不是专门搞回族研究的。

季羡林：主要是中国通史研究的。他本人是回族。白寿彝当时雄心勃勃，写一个千万字的《中国通史》。

蔡德贵：已经出版了。

季羡林：其中有一篇是约我写的，《法显》很长的文章，他要长的。

蔡德贵：已经出版了，我们见过了。这本书好像得过国家图书奖。

季羡林：德国法兰克福不是每年举办世界图书展吗？我写的法显，很长，起码有2万字。中国的出版界不正规，你出版了书，起码应该给作者送，也没有送。“礼失而求诸野”，礼失了，野是日本了。它这是不近人情。

蔡德贵：白寿彝去世以前不知道见过这本书没有。

季羡林：他去世得早了一点。巴格达建城1500周年，中国派了一个代表团，团长是吴晗，我和白寿彝是团员。

蔡德贵：马坚先生有没有去？

季羡林：没有。还有一个辛毅，北京市组织部的一个副部长，大概是。

蔡德贵：您提交论文了吗？

季羡林：有论文。就是“中阿文化交流”，那个论文写起来并不难，有个《中西交通史料汇编》，张星烺编辑的。那个书，有用，错误很多。

蔡德贵：那是张先生编的。

季羡林：所以那个巴格达建城1500周年，我的中阿文化交流史，材料主要是那本书。这个应该是张星烺。张政烺是搞国学的。那个书，部头很大，陈援庵先生题书名。那本书水平是没有的，可是很有用，用的材料，小心点的话，要查原书，错误极多，就是编撰的完全不负责任。

蔡德贵：有些像日本出版的《大正藏》，也有这种情况。

季羡林：《大正藏》的标点，我都忘掉（忽略）了。但是那本书错字很少。这个是了不起的。后来我养成习惯，标点不看。标点等于不存在。

蔡德贵：实际上中国的信仰伊斯兰教的十个民族，研究也欠缺。马坚先生几乎没有研究。

季羡林：马坚不是学者，他不是学者。北大多少周年，出纪念论文集，他写一篇文章，没有用，没有水平。他没写过什么论文。没有什么内容，他讲了一个是什么花草的。没有水平，不像学术论文。

蔡德贵：那是不是解放前的？

季羡林：嗯。一直到解放后，也不行。解放以后，马坚本来在穆斯林那里没有什么名望，因为他自己没有学术，后来他写过两篇文章。

蔡德贵：《穆罕默德的宝剑》和《回民为什么不吃猪肉？》。

季羡林：对，就是这两篇。这两篇文章被毛主席看到了，毛主席认为这对团结汉、回有用。那时候我住在东厂胡同，毛主席派胡乔木去找我，那时候他知道我们叫毛主席叫不惯，他说毛先生，毛先生派我到这里来，请你转告，马坚先生那两篇文章，对团结中国民族起了很好的作用，向他致谢，就是《穆罕默德的宝剑》和《回民为什么不吃猪肉？》。

蔡德贵：当时天津的汉回因为猪肉问题，发生过一点纠纷，这两篇文章对解决纠纷发挥了作用。

季羡林：马坚这个人，不是个学者。在中国，这个正途出身的，小学、中学、大学，一般都有点，大学当然，我们那时候到北京，就是一个两个学校，考北大、清华，别的我们不考，报北师大的啊，几乎没有，都不愿意当老师。其实北师大也不是都当老师。我们那一年举子赶考，我报的就是北大、清华，别的没报。不是考北大，就是考清华。

蔡德贵：北师大是不是有优惠啊？

季羡林：可能有点优惠。因为不愿意当教师。可是学术地位啊，没有。反正我们那一年，到北京来，举子赶考，我报的就是北大、清华，别的没报。怕北师大毕业之后当老师，其实北师大毕业以后，也有很好的学者，也不一定都当教师。我作过一年中学教员。

蔡德贵：您那教中学一年的日记，还能够找着吗？

季羡林：我那时候已经写日记啦。

蔡德贵：是不是在李玉洁那里啊？

季羡林：我那个日记，在什么地方，我不知道。因为屡次抄家，影印过。“文革”时期抄家，影印过。影印不止一次，估计不难找，原日记在什么地方，就不知道了。《清华园日记》只有两年。

蔡德贵：《清华园日记》在谁那里？

季羡林：《清华园日记》那就是，只有两年。原来不记日记。

蔡德贵：对。1932年8月份开始的，到1934年毕业。

季羡林：济南我不记得写过日记。

蔡德贵：您在济南任教的时候写过的。

季羡林：我学西洋文学毕业的，一个外行，教国文。那时候在中学教学，而且是在什么情况之下呢？我的前任，有被学生架走的。这样的情况之下，一个外行，学西洋文学的，教国文。

蔡德贵：我看过您的《那提心吊胆的一年》就是这时候的。

季羡林：就是那时候。我当时不敢答应，因为我是西洋文学的，我哪能啊，因为写过几篇文章，当时有个习惯，写几篇文章的，就成为作家，既然是作家，就能当（国文）教师。所以当时我最后考虑了很久，最后下了决心去，你敢请我，我就敢去，可心里边打鼓。所以我对这个旧《辞源》哪，为什么有兴趣，我查《辞源》还是有本领的。我主要就是靠查《辞源》，查这个古典，旧的《辞源》。新的《辞源》，越来越坏。这什么意思呢？旧《辞源》里边的，一些古典哪，比较多，而全。新《辞源》呢，把它都删掉了，所以旧的、好的东西丢了，新的东西没有建立起来。新《辞源》现在还有人买吗？

蔡德贵：有人买，旧的没有了。

季羡林：其实是，旧《辞源》是郑孝胥写的字。两个很大的字，是郑孝胥的。后来新《辞源》精华都没有啦。我们查《辞源》，主要是查典故的出处。人家编书是越来越好，这个《辞源》呢，是越来越差。

蔡德贵：先生，您喝点水吧。要不要方便？然后再接着谈谈藏学。您对藏学也有过呼吁。

季羡林：因为藏学跟印度关系更密切。而且藏文字母啊，这个我没有研究过，是那个婆罗米字母，婆罗米字母演化的。婆罗米字母是和田那个地方用的。用了以后，西藏就根据那个演化的。藏文我没有搞过。

蔡德贵：您呼吁加强研究藏学。

季羡林：要加强的。

蔡德贵：密宗应该是藏学的重要内容吧？

季羡林：密宗是。

蔡德贵：好，歇会吧。您的生日是1911年8月2日。

季羡林：我是1911年，辛亥革命那一年，闰年的，闰六月初八。把那个阴历折合成公历，折合得对不对，没有检查过。

蔡德贵：我估计是根据您去德国护照写的，护照是根据阴历写的。可能把月和日颠倒了，德国好像是月在前可以，日在前也可以。所以把阴历的六月初八写成8月6日了。换算不会错，但是误把阴历写成公历了。

季羡林：嗯。

蔡德贵：歇会啊。

第四十一次口述

2009年2月3日下午3：20～5：00

蔡德贵：接着昨天的藏学还说一点吗？西藏的字母是一种婆罗米字母的变体。是和田这个地方的。

季羡林：对。婆罗米字母是一种总的名称，一些细小的分别是有的。和田这个地方的婆罗米字母，藏文的字母就是通过和田的婆罗米字母演变出来的。

蔡德贵：和田就是出和田玉的那个吗？

季羡林：对。

蔡德贵：那贝叶经属于藏学吗？

季羡林：贝叶经不是藏学，什么经都可以写，贝叶就是一种我们没有见过的一种什么树的，也不是叶子，一种树啊，大概底下有一块（可以当作“纸”），当时没有纸，你知道，没有纸，就在上面写字，叫贝叶经。

蔡德贵：现在的贝叶经都是佛教经典吗？

季羡林：那倒不一定啦，当时贝叶就是“纸”，你写什么就是什么，（其他经也可以写在贝叶上）。因为佛教东西多，所以用贝叶写的也就多。

蔡德贵：贝叶经有多少翻译成汉语的？

季羡林：不能叫贝叶经，为什么原因呢？贝叶就是纸，是什么经，必须加上。贝叶什么经。

蔡德贵：其他的经典也有写在上面的吗？

季羡林：其他的，当然不止一个啦。现在一听贝叶经，就认为是佛经，不一定。贝叶就是一种纸，写什么算什么。

蔡德贵：现在以为贝叶经就是佛经，不是的啊。

季羡林：不是啊。大部分是佛经。

蔡德贵：您是不是鉴定过好几部贝叶经？

季羡林：当时鉴定是这样子，有缅甸文字母写的，有泰文字母写的。

蔡德贵：这两种您都见过。

季羡林：它的内容啊，都是小乘佛教的，不是大乘（佛教的）。现在的伦敦，不是有一个Pali text society（巴利文协会）？他们用拉丁字母写这个小乘佛经，都是小乘。

蔡德贵：小乘佛经和大乘佛经的卷数，差别很大吧？

季羡林：卷数，反正量都不小。

蔡德贵：那翻译成中文的佛经，哪个多，小乘还是大乘？

季羡林：小乘、大乘都有。唐僧玄奘翻译的都是大乘的。

蔡德贵：法显也搞过翻译吗？

季羡林：法显搞过。

蔡德贵：那收入《大藏经》的，也是小乘、大乘都有吗？

季羡林：都有。

蔡德贵：佛教对中国影响最大的还是您说过的，中国的禅宗，实际上是印度佛教中国化的过程，可以这样说吗？

季羡林：嗯。对。

蔡德贵：佛教传入中国如同您所说，有一个过程，经历了试探、适应、发展、改变、渗透、融合许许多多阶段，最终成为中国文化、中国思想的一部分。

季羡林：是。有这个过程。

蔡德贵：佛教到底什么时候传入中国的？确定在东汉末是不是晚了一点？

季羡林：恐怕还要早一些。佛教是公元前五六世纪，如来佛啊，如来佛怎么叫佛经呢？他在印度传教啊，就像孔子一样，我们说五百罗汉，估计释迦牟尼传教的时候，那个弟子有五百多人，就是所谓的五百罗汉。

蔡德贵：五百罗汉都是直接弟子，不是再传弟子了。

季羡林：五百罗汉估计都是直接弟子，孔子不是弟子三千吗？

蔡德贵：佛教初创时期有路线斗争吧？释迦牟尼的弟弟还是哥哥有斗争吗？

季羡林：不是哥哥、弟弟，反正有关系。我写过文章《佛教初创时期的两条路线斗争》，这个斗争一直延续了很多年。

蔡德贵：最后还是释迦牟尼嫡传的胜利了？

季羡林：嗯。现在说和尚没有姓，和尚都有姓，就是姓释。

蔡德贵：用的时候把姓去掉了。那就是说和尚都姓释。

季羡林：有时候加释，有时候不加，都姓释。

蔡德贵：现在国内佛教界谁能够代表佛教的真谛啊？

季羡林：现在还真举不出来这个人。

蔡德贵：赵朴初只是居士。

季羡林：他是居士，不是和尚，他没有出家。赵朴初因为他的文化水平高。有一些和尚啊，家里没有饭吃，没有办法出家了，这种和尚不少。这种和尚一般讲起来，文化水平都不高。高僧就是和尚里面有文化的，有造诣的，中国有好多部《高僧传》。

蔡德贵：一般的叫和尚，文化水平高的叫高僧。从东汉到清代，有几百人吗？

季羡林：很少的高僧，没有统计过。

蔡德贵：出过几本《高僧传》，《续高僧传》。

季羡林：嗯，有一本《高僧传》字数很多的，是很厚的。

蔡德贵：您对佛教的兴趣可以说是一辈子了。

季羡林：我的兴趣比较杂，其中之一是佛教研究。我并不是专门研究佛教的。

蔡德贵：您是从语言学的角度研究佛教的。后来是教义学和语言学一起研究了。

季羡林：嗯。对。

蔡德贵：您在《大唐西域记》导言也涉及很多义理的东西。

季羡林：我这个人对理论哪，不大感兴趣。我一开始是研究语言学的，所以我研究佛教，也是从语言学的角度来研究。从语言学来看的话呢，大体有几个步骤。最早的佛教啊，那经典哪，还不全是梵文的。为什么如来佛是公元前五六世纪的，即公元前563—483，为什么后来越来越小呢？公元前哪，到了公元后，数字才越来越多了。公元前563—483，这是一个如来佛生活的时代。

蔡德贵：释迦牟尼的生卒年月不能完全确定吗？

季羡林：也无法确定的。公元前563—483这就是能够确定的。不过也不是大家都承认的。因为没法定。

蔡德贵：这个时间是不是还是因为玄奘的《大唐西域记》确定的？因为印度不重视历史的时间。您的一篇文章说假如没有玄奘，印度的历史至今还是一团乱麻。

季羡林：因为这个印度跟中国正相反。世界上最重视历史的是中国，重视的那个程度啊，任何国家都比不了。我们研究中国历史的，讨论一个问题，争论的是一年，甚至于一天，这个印度朋友啊，看了不懂，说你怎么知道哪一年，哪一天呢？可是中国历史学家研究佛教，有时候争论的就是这一年，一天。因为中国人最喜欢历史。中国历史上的大事，一般都能够说出具体的年代。这一点啊，印度朋友很不理解，问，说你怎么知道那一天哪？我们研究的就是这一年，一天。印度这个国家，不重视历史，他觉得我们的历史论文哪，他不理解。

蔡德贵：那这样，释迦牟尼的历史线索也只能确定在公元前563—483了。生平大事基本还是可靠的。

季羡林：大事是没有错的。当时佛教是一种新兴的力量，从文化史来讲，佛教兴起是进步的势力，对立面是什么呢？是婆罗门教，婆罗门教是保守的。

蔡德贵：印度的种姓制度就是婆罗门教的。

季羡林：嗯。是婆罗门教的。有的人甚至说，释迦牟尼这个人哪，不是印欧语系的人，而是蒙古种的人。跟中国，中国不是蒙古种的么，是一个人种的。有这么一种说法。为什么佛教一开始都叫“如是我闻”，什么意思？“如是我闻”，我这样听说。如来佛死了以后，弟子大概有500人，500罗汉，最早是500，说老师死了，老师的学术啊，得要集中一下，因为他说话不在一个地方，不在一个时期，所以500弟子集中在一起，听到的不一样，就是“如是我闻”，我听到，就是这样子。每个人说话，都是“如是我闻”。我听说，我们老师是怎么怎么说的。他们这些弟子啊，怕老师的话忘掉了，所以开个会，叫500人会议，后来有一个700人会议，这些人大概都是如来佛的直接弟子，最多是传一代的弟子，大概都见过如来佛的。

蔡德贵：佛教这么多经典，是不是与释迦牟尼的弟子这么多有关系呢？

季羡林：是。有关。我曾经就问一个问题啊，就是如来佛初期的时候，他走的道路是什么道路，走的路，就是当时的商业大道。我写过一篇文章，好像写了，现在忘了，为什么这个佛教跟商人，关系密切。有一本书《商人与佛教》(Businessmen and Buddhism)么，这个书出来了没有？不是一篇文章，是一本书。

蔡德贵：也有英文版吗？

季羡林：英文版没有出过，但是我讲过。有一年是……

蔡德贵：我查一下，我没有读过。是不是在德国参加会议的论文？

季羡林：大概是，刘大年也去了。刘大年有，中国去的不少啦。

蔡德贵：我记得您提供了一篇论文，是佛教的。可能就是这一篇。

季羡林：差不多是一本书，《商人与佛教》，到那去了以后的话呢，就选这个主席台，主席台有规定不能带翻译。选来选去，就选到我一个人。主席台有翻译，就滑稽了。那是一个什么会？世界5000人历史大会。人数很不少，是不是有5000，不知道。中国去了大概有20多个人。是中国代表团，社科院的刘大年是团长。

蔡德贵：就是1985年8月25日，有一个笑话。您作为第六届国际历史科学大会中国代表团顾问，随团长刘大年赴德意志联邦共和国斯图加特参加“第十六届世界史学家大会”，提交英文论文《商人与佛教》在会上宣读；住斯图加特邮政旅馆，会后参加德国总统魏茨泽克举办的招待会，与代表团团长刘大年一起受到德国总统的接见。在离开家去机场之前，您给刘大年打电话，约定到机场的时间。打电话时，刘大年正在准备，穿鞋，系鞋带。接完电话，刘大年急奔机场。到飞机上，朋友发现刘大年穿的鞋不一样，一只是皮鞋，一只是布鞋。原来电话打完，刘大年把穿鞋的事情忘记了。闹出一场学坛佳话。多亏箱子里预备有另外一双皮鞋，才不至于狼狈。您喝点水吧。

季羡林：那次主持会议的，在里边起作用的，是一个法国妇女。这个妇女非常的主观、果断。到中国来选这个代表团，她自己来的，这个大会是她张罗的，这个女的非常果断，主观性也很强，说一不二。

蔡德贵：她水平很高啦？

季羡林：她自己的水平，我不知道啊。反正那个人，我就是印象特深，非常主观，非常果断，说话说一不二。

蔡德贵：代表团的名单都是她敲定的？

季羡林：团长还是刘大年。社科院的近代史研究所的所长，第二任所长，第一任是范文澜。她这个会议，跟金钱有联系，这个法国妇女到中国来，我一定了题目，她就做决定，说你去，讲一次啊，400美元。

蔡德贵：那时候400美元不得了啦。

季羡林：很大的数目了。我就那一次，获得400美元。她一听《商人与佛教》，这个题目，能讲，400美元。我那时候那个《商人与佛教》啊，我记得是一本书，差不多是一本书啦。我解决一个什么问题呢？解决佛经里面一个律，他们曾经有人讲，说少年不读《律》，因为《律》里面有很多中国话叫猥亵的地方，比方刮掉生殖器周围的阴毛，那个都规定了。少年不读《律》，因为里面有许多猥亵的地方。这个法国妇女到中国，我们是在北京四川饭店宴请她。我刚才说这个人，她非常之主观、果断，她说了算，参加那个宴会的好像有雷大姐，雷洁琼。还有谁，一桌人啊。那次去的人不少，还有中华书局的老编辑去过，有几个，名字我忘记了。会议是在德国的斯图加特。

蔡德贵：您解决的这个《律》，最后有什么结论呢？

季羡林：我解决的是，就是佛教为什么对商人那么有兴趣，那么尊敬。尊敬的程度，是佛教的《律》规定，和尚同商人同行，如果想放屁或者大小便，商人在上风，和尚放屁或者大小便，必须到下风去，不能在上风，免得熏坏了商人。如来佛走的道路，到后来我那个哥廷根大学的那个博士父亲Father，Dr. 瓦尔德施密特，他给我的博士学位，他就研究如来佛晚年走的路程，专门研究这个题目。他在柏林大学得博士要三个学系的，一个学系不行，他的主系是梵文，副系之一就是汉文。

蔡德贵：瓦尔德施密特他不能说汉语，能读。

季羡林：不能说，不但他不能说，就是汉文教授哈隆也不能说。他到剑桥大学，不是要把我带过去么。

蔡德贵：您解决的是商人与佛教的问题。

季羡林：这是我的解决办法，实事求是的。那个《律》里面对商人特别尊敬。那个放屁的例子就是，和尚对商人尊敬极啦。而且佛教初开始的时候，释迦牟尼传教走的路，就是商人走的路。不过，那时候也没有别的办法啊，那个大路，就是最古的时代，出远门的人，什么人？你研究过这个问题没有？

蔡德贵：什么？

季羡林：最古的时代，出远门的人，什么人？

蔡德贵：按照中国的习惯，是商人。

季羡林：世界也是商人。

蔡德贵：因为春秋战国的路，各国的通路，很多是商人走出来的。

季羡林：就是啊，为什么呢？

蔡德贵：世界也一样。

季羡林：为什么呢？一样啊，原因很简单，谁愿意出门？赚钱的才出门，不赚钱的，出门干什么？在家里边安安稳稳的啊。商人的本质，就是要赚钱，所以他就出门。

蔡德贵：释迦牟尼在初期，商人对佛教有没有资助呢？

季羡林：经济资助啊，这个名词是后来的名词了。（那时候）没有什么经济资助的问题。那时候钱币是什么，都搞不清楚。那时候就谈不到什么资助。咱们这个中国钱币，也很复杂。这个银子，流行了上千年吧，几两银子，那个讨厌啊，在这个身上，十两银子就够重的了，而且银子你还得切开啊，你半两怎么办呢？

蔡德贵：没办法花啊。喝点水，休息一会吧。

季羡林：中国这个钞票，类似钞票的这个东西，是什么时候开始的？

蔡德贵：好像是宋代，叫交子么。

季羡林：交子还要早一点。晚唐大概就有了。

蔡德贵：晚唐那时候就叫交子吗？

季羡林：叫什么名字忘记了。

蔡德贵：就是纸币？

季羡林：嗯。纸币。

蔡德贵：喝点水。

季羡林：鸡犬之声相闻，老死不相往来。最早就是那么一种状况。这个人在家里边，一亩地，两头牛，老婆孩子热炕头。他出门干嘛？所以最早出去的只有两种人，一种是商人，另外一种是僧人。商人赚钱，僧人就是出去传教，为了获得功德。

蔡德贵：最早的佛教徒出去传教，靠什么生活呢？靠化缘吗？

季羡林：叫花子么，就是靠化缘。本来玄奘那时候走的，他不能带一个大旅行包啊，里边有粮食，他不可能的啊。孤身一个人，最初化缘的施主为的什么呢？

蔡德贵：也是为功德吧？

季羡林：积功德，下一辈子图福报。

蔡德贵：您还有一篇文章谈妓女与祈雨的。

季羡林：对。

蔡德贵：妓女与佛教也有关系吗？

季羡林：没有什么关系。求雨为什么要女子来求，那个问题，我还没有完全解决。

蔡德贵：实际上商人和和尚出去，一开始都是很艰难的。

季羡林：他有所求。一般人，一亩地，两头牛，老婆孩子热炕头。他出去干吗？商人为求利，和尚出去为传教，目的也是为下一辈子谋得幸福，下一辈子生活更好。别的人他没有道理出门哪，他出门干嘛？他得有个道理啊，所以只有商人和教徒。

蔡德贵：开始的时候，伊斯兰教出去也是很多经商的。

季羡林：对。

蔡德贵：来中国最早的穆斯林，也大多数是商人。

季羡林：中国的穆斯林，就是，穆罕默德生在什么时候？穆罕默德以前是什么样子？穆罕默德以后是什么样子？他为什么改革宗教？

蔡德贵：我们接触一点，就是穆罕默德出生的时候，出生的地方，原先的麦加地区。

季羡林：不是每年麦加朝圣吗？

蔡德贵：那是后来了。麦加那个地方原来就有一个天房，里面是多神教的偶像。当时部落很多，一个部落一个神，拜物教、多神教盛行，偶像、日、月、星辰等，都是崇拜对象。就是在圣洁的克尔白"天房"内也充满了偶像。致使当时的阿拉伯社会出现了严重的思想混乱，道德风尚极端败坏。甚至女人去朝拜天房，都一丝不挂。那时候就叫蒙昧时代。因此，人人渴望和平、安定和团结。为了统一阿拉伯半岛，穆罕默德从麦加的众神灵中，突出了主神安拉，作为独一神。

季羡林：穆罕默德之前就有宗教了。

蔡德贵：多神教了。

第四十二次口述

2009年2月5日下午2：40～4：30

蔡德贵：我查阅了，您的《商人与佛教》收入《季羡林文集》第7卷。电脑也上网，可以看了，但是扫描的辨识率低，错误很多。大概6万多字。

季羡林：差不多。

蔡德贵：昨天听仲跻昆老师说，贺剑城写了一本书，里面谈到您。是不是应该跟他要一本啊？

季羡林：我听说了。他应该送我一本。

蔡德贵：您和他交情还不错吧？

季羡林：嗯。

蔡德贵：他和黄宗鉴是您的入党介绍人啊。

季羡林：对。

蔡德贵：当时有没有人动员您入党？

季羡林：动员我干嘛？

蔡德贵：入党啊。

季羡林：没有人动员。

蔡德贵：那时候特别需要老知识分子入党。

季羡林：对。我以前不加入任何党派的，我一辈子也没有加入国民党。有几次集体加入，我也没有参加，原因是我对蒋介石十分瞧不起，认为他是个流氓，这个人我见过。我跟你说过，没有好印象，原来也没有好印象，他就是骗人。当时重点是抗日，他是又想攘内，然后抗日。攘内就是消灭共产党，蒋介石这个人哪，他一个是坏，一个是蠢。那个蠢哪，其愚不可及也。鱼与熊掌，两者不可得兼，他又想抗日留名，又想消灭共产党。他有这个想法，（从他自己来说）当然没有想错。我跟你说过，当时有个顺口溜，蒋家的天下，陈家的党，（陈果夫、陈立夫，）孔家的银行，（孔祥熙）剩下的是宋家的，不好听了，这个词。为什么呢？宋美龄、宋庆龄、宋霭龄三个都是女的，宋家的什么东西，我不用说，你也就知道了。我听说陈立夫晚年有转变，包括对共产党啊，有好感了。

蔡德贵：他给大陆题写了很多弘扬传统文化的字幅。

季羡林：现在有个提法，弘扬国学，从娃娃抓起。我写过这个字幅。

蔡德贵：给哪个单位写的呢？

季羡林：忘记了，弘扬国学，从娃娃抓起。反正不久，现在是二月了，去年下半年吧，很近的。因为我赞成这个提法。当时我有个想法呢，给这个真正研究中国文化的学者，中年、老年的学者，提出了一个课题，就是他们平常写的弘扬中华文化的文章，都是一个调子，学者的调子，娃娃不懂那个啊。国学要从娃娃抓起，怎么来抓，很难，怎么让娃娃了解，让娃娃了解什么是文化，这个都很难。现在让我给娃娃讲文化啊，我讲不了。我们的讲法，娃娃都接受不了。

蔡德贵：北京的一些国际学校，就是采取像过去私塾的办法，让小孩先背，然后讲一些故事，效果很好。如“有朋自远方来”，“德不孤，必有邻”一类。中国的孩子现在采取这个办法是不是也行？

季羡林：哦，先背。对。过去我们小时候，在我出生之前，近代以前吧，反正老办法，念什么呢？《百家姓》、《三字经》、《千字文》，这是第一步，第二步就是“四书”了，主要是《论语》、《孟子》。

蔡德贵：当时韵律的小学启蒙有了吗？

季羡林：当时啊，后来我知道，那些教师啊，都讲不了。他自己也讲不了，因为“天地玄黄，宇宙洪荒”，这个问题非常复杂的。他怎么讲得了呢？不是我从小，大概几百年来，就是背，背就是《百家姓》、《三字经》、《千字文》，先背老三篇。后来我才知道，只能自己背，那个老师是讲不了的。因为这个，比方“人之初，性本善”，六个字，“性本善”是儒家一派的观点。“天地玄黄，宇宙洪荒”，谁也讲不了。“天地玄黄”后来改过“天地元黄”，为什么改元呢？因为康熙不是叫玄烨吗？玄改成元，这一改，面目全非，玄是黑的，老百姓对开天辟地的知识，就是天黄地黑，这是基本的概念，天是黄的，地是黑的。黑是玄么，改成元，就没有法子讲了。

蔡德贵：有的地方改动很有意思，如《静夜思》。

季羡林：原来是“床前看月光”。不过这个事还没有了结，怎么叫没有了结呢？就是怎么来的。应该是这样子，先看看宋版的《李太白集》，看那上面是怎么写的。这个《参考消息》讲，是从日本一个中学课本来的。它哪儿来的，它是这样子，这个问题要研究起来，大了。就是中、日的文化交流，是不是它早就传到日本去了，“床前看月光”。是不是，如果是的话，中、日的文化交流，正面的结果，就“床前看月光”从逻辑上讲，比“床前明月光”好多了。而且不但是逻辑，就是作诗，二十个字里面两个明月，是忌讳的。我说，首先应该查查宋版的《李太白集》，看是明月光，还是看月光，你没有事的时候，可以到北京图书馆善本部，看看明版的，或者更早一点的，查一下宋版的《李太白集》。看看到底是什么？那个雕版哪，有人研究，晚唐就有了。再早没有。

蔡德贵：您也觉得“看月光”比“明月光好”。

季羡林：当然，好得多了。不但好得多了。而且二十字里面两个明月，李太白不会这样做的。

蔡德贵：后边一句是“举头望山月，低头思故乡”。可能是后人改动的。

季羡林：天地玄黄，因为玄烨而改动，没有办法解释了。天地玄黄啊，这里面包括很大的学问，中国的开天辟地的历史，就是天黄地黑。天是黄的，地是黑的。黑就是玄，你改成元黄，完了，面目全失了。

蔡德贵：元黄没有办法解释了。

季羡林：对。

蔡德贵：您小时候背过不少东西。包括《书经》，您都背过的。

季羡林：我们那时候就是背。他这个老师要讲，如果没有一个大学教授的水平啊，也讲不了的，所以只能背，那个私塾老师怎么讲得了呢？讲中国历史上对开天辟地的看法，私塾老师他连知道都不知道，他怎么讲啊？重要的，你讲中国哲学史，首先得从这里讲啊。那“人之初，性本善”，里面很大的问题，这只是一派的看法，并不认为性善，而且是儒家一派的看法，荀子就讲性恶，也是儒家。

蔡德贵：荀子在稷下学宫当了祭酒，相当于大学校长，他吸收了齐文化的因素，尤其是淳于髡的影响，淳于髡是他的老师，由于文化交流的结果，荀子形成了自己的风格，就是吸收齐文化的因素。

季羡林：当年我们念书的时候啊，不是我那个时候，在我之前就是背。开始啊，私塾先生从来不讲，后来我一想，他也讲不了。私塾先生没有那么大的学问，就是认几个字。讲不了，也不能讲，就是背，你也别问。那时候，学生也不问，“人之初，性本善，性相近，习相远”，就是背，背的多了，你慢慢就懂了。

蔡德贵：那时候教师的法宝是打板子。现在不能体罚。

季羡林：嗯。这个老的教育方法，也有它的好处。背了再说，慢慢就懂了。你要让老师讲，那老师是讲不了的，就是背。“人之初，性本善”，那个老师讲不了的。

蔡德贵：钱文忠在“百家讲坛”讲《三字经》就是通过讲故事，把故事串起来，就好懂了。

季羡林：我没听他讲《三字经》，我们就是背。

蔡德贵：背还是有好处的。您从小背过好多中国古典。

季羡林：就是背。后来到了高中还是背，背《书经》，那老师也讲不了。那个老师外号叫“大清国”，张口就说，你们民国，我们“大清国”，他忘记，“大清国”是满洲人的。他不是忘记，他也不懂，“大清国”是满族建立的。他也不能讲，学生就是背，“曰若稽古，帝尧曰放勋，钦明文思安安。”讲不了的。什么叫“曰若”，讲不了的。

蔡德贵：这个对大学中文系的学生也有难度的。

季羡林：也是有难度。

蔡德贵：您除了《书经》，还背过《易经》吗？

季羡林：《易经》没弄过。《书经》《诗经》。《诗经》的“关关雎鸠”，老师也讲不了的，说不清楚。

蔡德贵：您这一辈子，背很多书，多背点有好处。

季羡林：有用处。所以我现在这个看法，现在年轻孩子啊，多背点书，有好处，特别是多背点诗，年轻孩子最少能够背几十篇诗，我这个诗背的不少，甚至于后来那个很长的，像《长恨歌》，都能背，现在不行了，《琵琶行》，当时都能背。我们那时候到了高中时期，我们那个高中写文章都是文言，一直到北伐军，那时候是什么什么军总司令蒋中正，从那时候开始，就是军阀混战结束了，蒋家的天下了。

蔡德贵：王崑玉老师对您的文章评价，简劲、畅达。

季羡林：第一篇文章是《读徐文长传书后》，徐文长。

蔡德贵：董秋芳老师是对您回家奔丧文章评价高了。

季羡林：嗯。其实那时候我对国文，没有下多少工夫，英文在全班第一，尚实英文学社，我是下过工夫的。国文有一个姓韩的，叫韩云鹄，他比我高，我只能承认。可是那老师发卷子的时候，还有一个习惯，把不好的卷子先发，最后留两份或者三份，当时我就承认，不如韩云鹄。因为我的面也太广，他就一条，就干国文。

蔡德贵：韩云鹄后来没有名气，查不到了。

季羡林：我们那时候的英文老师刘老师，是北大英文系毕业的，北园高中的时候。那时候英文的Not at all，这个典故造一个句子，在课堂上问学生，先问那些不行的，最后就问到在班上数一数二的。用Not at all，造一个句子，那天连那个老师也造不出来，始终不知道怎么造句子。Not at all，当一个词用，就是中文的“小意思”，不算什么，Not at all，可是造一个句子，说I don’t know you at all，这就不行。那天那一堂上，连老师在内，Not at all，都造不成。到现在我也不知道怎么造啊。Not at all，造一句子，不是一个单词，单词是很简单，“小意思”，算不了什么，造成句子就不行，如I don’t know you at all，这就不行。连老师也没有造出来，始终不知道怎么造。

蔡德贵：为什么非出这个题呢，那课本上有吗？

季羡林：课本上没有，连老师也没有造出来。那时候，学生给老师起外号，有的十分猥亵。

蔡德贵: 那时候也是学生欺负老师。

季羡林: 其实学生对那个老师也没有什么,学生对这个老师还是很尊重的,老师的水平还是不错的,北大英文系毕业的。

蔡德贵: 我以为只有农村的学生才会这样恶作剧。

季羡林: 我们那个学校的学生有一大半是从农村的来的,当然都是大地主的孩子。而且那个学生都这样,也并没有恶意。

蔡德贵: 歇会,喝点水。

蔡德贵: 佛教您出过好几部集子,您在台湾出过繁体字版的佛教著作。

季羡林: 没见过。

蔡德贵: 您出过的,给我送过一本。圣严法师[①]去世了,您知道了?

季羡林: 知道了。

蔡德贵: 您跟他是很好的朋友,是不是应该发唁电?

季羡林: 应该,我自己写吧。

下午4时左右,蔡德贵拿出季羡林用笺稿纸,季老为老友的圆寂坚持亲自撰文,发送唁电:

惊悉老友圣严法师圆寂,实深悲悼,谨电致唁。

季羡林
2009年2月5日下午4点
于北京

蔡德贵: 把灯关掉几个吧。

季羡林: 嗯。你合适就行,我反正不用。圣严非常瘦,当时我想说,你喝点牛奶,可是,我不知道啊,这牛奶呢,算不算肉类,听说有的严格的话,不能喝牛奶,和尚,不严格的话,可以。我不知道。所以,我就老替他担心,可是说不出话来。

蔡德贵: 严格的,韭菜和大蒜都是荤的。圣严圆寂之后,林青霞还专门从香港到台湾去三叩头,她对圣严的境界还是很钦佩的。这么多年,您的佛教研究最满意的还是语言学方面的吧?

季羡林：我对这个教义啊，中国的学问不是分三种么，义理、词章、考据。我的重点是考据，对这个义理啊，不感兴趣。为什么不感兴趣呢？因为考据能看得见，摸得着，讲义理啊，越讲越玄，所以我对这个大学里边讲哲学的老师，敬意不大。就是因为他公说公有理，婆说婆有理。

蔡德贵：哲学是可以按照自己的逻辑讲下去的。

季羡林：对。

蔡德贵：北大最早的哲学门，有个叫陈黻宸是最早讲中国哲学的，给冯友兰上过中国哲学史的课。据说他曾经讲过，中国哲学史要是讲短，一句话可以说完，要是长，可以永远讲下去的。冯友兰说，陈黻宸讲中国哲学史，从前三皇、后五帝讲起，每星期四小时，讲了一个学期才讲到周公。冯友兰问他，像这样讲，什么时候可以讲完。他说：无所谓讲完讲不完，要讲完一句话就可以讲完，要讲不完就是讲不完。您曾经说过，一百个哲学家，有一百个结论。

季羡林：对。

蔡德贵：您晚年对义理感兴趣，是出于一种责任感。您主张东方文化会再现辉煌。

季羡林：对。

蔡德贵：您的“三十年河东，三十年河西”，有人机械理解，以为您说西方文化在21世纪不存在了。

季羡林：我从来没有那种想法，那是傻瓜说的话，西方文化照样发展。

蔡德贵：您的很多文章，包括《“天人合一”新解》等等引用率很高了。

季羡林：我后来经常引用恩格斯的一句话：“我们不能过分陶醉于我们对自然界的胜利，因为对于每一次这样的胜利，自然界都报复了我们。”后来有人告诉我这是恩格斯在《自然辩证法》中说的。我很早的一篇文章讲到，气候变暖就是报复之一。气候变暖这个事情，不能等闲视之，为什么原因呢？因为暖到一定的程度，南极的冰山要脱离基地，向大海游去，边游边化，有人预测，如果南极的冰山都融化了，海平面要升高5英尺。这海平面真要升高5英尺，那不得了啊，好多国家就没有了，像马尔代夫，就没有了。就是咱们沿海地区也没有了。

蔡德贵：现在北冰洋据说冰所剩无几了，北极熊都找不着家了。

季羡林：我听说了。其实造成这个温度上升的国家，主要就是美国。他们说，日本哪，在这个海里面建了一个油库，专门收藏这个油，预备世界没有油的时候，再拿出来使用。

蔡德贵：按照您的说法，这都是损人不利己的事。

季羡林：嗯。这就是恩格斯讲的啊，大自然对人类的报复。那个自然辩证法现在好像不大讲了，其实那还是马恩，真有水平。

蔡德贵：您还翻译过马恩著作。

季羡林：马恩著作，一个大问题，我以前问过中央编译局的一个局长，我说你们翻译马恩全集，依据什么语言啊？他坦然回答：俄文。咱们现在的马恩全集啊，是俄国人对马恩的理解，不一定正确。这个事情是真的假的，我不知道。

蔡德贵：这是什么时候的事？

季羡林：就是最近几年的事情。中央编译局啊，一个领导，他说根据俄文最可靠，我认为是不对的，马克思、恩格斯写的东西有德文的，有时候是英文的。一本书，我和曹葆华翻译的，《马恩论印度》，那是我们根据原文翻译的，原文是德文的，就根据德文，原文是英文的，就根据英文。一转译啊，就发生错误。而且按道理讲，原文是什么文的，就以这个文字为主，这连小孩都知道，这是常识。

蔡德贵：是不是解放初俄文的力量强一些。

季羡林：有可能。

蔡德贵：我们小时候都是学俄语。

季羡林：北京有一个外国语学院，（解放初是）师哲[②]是校长。

蔡德贵：是外国语学校吧？

季羡林：不是外国语学校，那是小孩的。就是现在的北京外国语大学。

蔡德贵：您在清华上学用英文上课吗？您英文很扎实，从尚实英文学社开始。

季羡林：那倒不一定。因为那些教员的英文哪，有的也是很蹩脚的。

蔡德贵：您俄文也相当不错吗？

季羡林：不行。我在德国学过。

蔡德贵：您在高中翻译了俄罗斯的作品，包括屠格涅夫的，不是从俄文翻译的？

季羡林：不是，是从英文翻译的。

蔡德贵：高中没有学俄文？

季羡林：没有。英文为主。

蔡德贵：先生，顺便问一句，您一共学过多少外语？

季羡林：七八种。

蔡德贵：英文是开始就学的。

季羡林：后来在清华这个外语系啊，它有几个专业，有的英文为主，有的德文为主，俄文为主，我是德文为主的那个专业。

蔡德贵：在清华学过希腊文和拉丁文吗？

季羡林：没有，也没有人教。当时我们请陈寅恪先生讲梵文、巴利文，陈先生说不能讲。我学过英语、德语，到德国以后考虑过学拉丁文和希腊文，有人就说，学这些语言，你没有办法竞争，因为那个德国中学里边学八年拉丁文，致辞可以用的。当时我不知道有梵文、巴利文，后来去看教授有什么课，一看梵文、巴利文，就选择了。瓦尔德施密特教授开的，我跟他学习了一学期以后，他问我是不是要学下去，我说学下去。所以后来的博士论文哪，是他给的题目。

蔡德贵：当时您的希腊文、拉丁文到什么程度？

季羡林：我的希腊文没有程度，我怎么比啊，没有法子比啊。人家中学学了八年了，我没程度。反正这个语言哪，跟梵文、巴利文是一个语系的，实际上应该说并不难。我学过阿拉伯文一年多，读过《古兰经》。《古兰经》非常明白、清楚。

蔡德贵：现在翻译成中文的《古兰经》，通行本是马坚先生的译本。

季羡林：那个马坚，马老师他这个人，翻译的不一定很准确。他不是那种学习语言的。

蔡德贵：我们看过王静斋阿訇的那个本子，比较好理解。但是通行本是马坚的。

季羡林：嗯。

蔡德贵：您的阿拉伯语学多长时间？

季羡林：一年多。后来反正读过《古兰经》。

蔡德贵：还有俄文。

季羡林：俄文是在德国学的。

蔡德贵：您俄文以外的斯拉夫语言，还有什么？

季羡林：塞尔维亚·克罗地亚语。就是南斯拉夫，不叫南斯拉夫语。因为那时候是这样子，在德国考博士，得三个系，要一个主系，两个副系。我的副系呢，选的是英文，因为我多年学英文，特别省力，以前学过的。另外一个副系，选择斯拉夫语，但是这个副系规定光俄文不行，还得另外一种，要两种，就选了俄语和塞尔维亚·克罗地亚语。

蔡德贵：这门语言也能看书吗？

季羡林：没有。

蔡德贵：您学过孟加拉语、印地语吗？

季羡林：都没学，不学现代的。

蔡德贵：还有后来的吐火罗语。

季羡林：嗯。就是西克，那个教授，我们的感情啊，就像我的爷爷。我那时候二十几岁么，每天从研究所回家，都是我扶他，一直送到他家。他的家离我住的地方不远，顺路。西克是专门研究吠陀语的，就是梵文、巴利文的老一代。他当时就说，我会的东西一定都教给你。

蔡德贵：您给钱文忠讲过吐火罗语吗？

季羡林：没讲，没讲，有很厚的一本语法。

蔡德贵：就是西克、西克灵编的。

季羡林：西克、西克灵，还有舒尔茨，三个s。

注释：

①季老把圣严法师作为自己的老友，他们之间的交情非常深，来往很多。早在1990年，作为中国佛教协会赵朴初会长的老朋友，圣严法师率团到大陆参访，在颐和园听鹂馆设宴招待大陆的客人，他自己吃素斋。赵朴初和季羡林诸位先生在座。季老看到圣严法师很瘦，很瘦，就想劝他，多喝点牛奶。但又不知道喝牛奶是否属于他禁食的，因为听说佛教里有人是把牛奶也禁食的，包括韭菜、大蒜，辛辣的食

品，也在禁食之列。季老估计，他大概牛奶也不能喝，属于禁喝的。

1998年9月5日，圣严法师又率团来北京主持并出席“佛教与东方文化——纪念佛教传入中国二千年海峡两岸佛教学术会议”。会议由台北中华佛学研究所与北京中国社会科学院世界宗教研究所、中国社会科学院佛教研究中心联合主办，台湾法鼓大学协办。圣严法师是中华佛研所、法鼓大学乃至整个法鼓事业的创办人。在学术会议上，圣严法师发表了主题演讲，引起了与会者的热烈反响。9月5日，他结束了在俄罗斯主持的禅修课程，以及与圣彼得堡大学商讨有关文化交流合作事宜，从俄罗斯飞抵北京主持这项两岸佛教学术会议，当天晚上就面晤季羡林、赵朴初等多位老友，共进晚餐。

1999年3月26日，季老应圣严法师邀请到台北，参加台湾法鼓人文社会学院召开的“人文关怀与社会实践系列——人的素质学术研讨会”，季老3月27日直接到法鼓山参访。早晨，来到台北故宫博物院山溪堂，眺望远山绿景环绕，与83岁的北京国家图书馆馆长任继愈，嗑起花生闲坐，寻人间一处静谧。29日至31日一连三天在台北图书馆举行会议，29日上午9时半举行开幕典礼，“法鼓大学校长曾济群一一介绍与会贵宾，其中当介绍来自大陆北京，中国人文学泰斗季羡林先生时，88岁的季老神采奕奕地向大会挥手致意，一时之间现场响起温馨的掌声。”季老为大会主讲的题目是：《关于人的素质几点思考》，把人文关怀的层次分析成“人与自然”、“人与人”、及“人自己的思想情感处理”等三种关系，并表示如果这三种关系处理得当，人就幸福愉快，否则就痛苦。会议期间季老和圣严法师讨论糖史的问题，圣严法师对糖史非常感兴趣。

季老和圣严法师通过佛教的学术研究，成为一生的挚友。对这位挚友的圆寂，季老表示了极深的哀悼。

②此处应该是俄语专修学校，校长是师哲。师哲（1905—1998年）陕西韩城井溢村人，著名翻译家和苏联问题专家，中国社会科学院东欧中亚研究所原顾问。1949年主持创建中共中央编译局、俄语专修学校和外文出版社，并担任首任局长、校长和社长。在中央机关工作期间，师哲长期兼任毛泽东、周恩来、刘少奇、朱德同志的俄文翻译，多次参加中苏两党两国间的最高层会谈，1957年任山东省委书记处书记。1962年后，师哲受到康生和林彪、江青等的迫害，被隔离审查、关押达17年之久，1980年恢复工作。他的俄文造诣高深，曾参与《毛泽东选集》1—3卷俄文版的翻译工作。他撰写并完成了《在历史巨人身边》、《峰与谷》等传世之作，为我们留下了关于中苏关系历史的极为珍贵的遗产。

第四十三次口述

2009年2月6日下午2：40～5：00

蔡德贵：佛教还要说什么吗？

季羡林：我不知道说什么，中华书局出的书，《季羡林谈佛教》，你有了吗？《季羡林谈佛教》，一，二，三……

蔡德贵：还没有。是不是《佛教十五题》？

季羡林：对。

蔡德贵：新疆这个地方，是很奇怪的。过去是佛教的领地，但是后来完全伊斯兰化了。

季羡林：你知道这个伊斯兰教什么时候开始啊？

蔡德贵：公元七世纪。

季羡林：在中国是隋末唐初，穆罕默德，时间不长的，不能跟佛教相比，佛教兴起是公元前五六世纪。

蔡德贵：伊斯兰教产生的时候，佛教已经快有1000年了。

季羡林：嗯。对。

蔡德贵：伊斯兰教产生之后，为什么新疆这个地方很快的伊斯兰化了？历史上能清楚吗？

季羡林：这个也不用清楚，为什么原因呢？无非是征服么，得动用武力，也有文武兼重的，主要是动用武力。

蔡德贵：但是用武力征服，历史上有记载吗？

季羡林：国内，因为它这个记载的就是很早以前的，班超的，在伊斯兰教以前。

蔡德贵：唐代时期，和唐朝打过一仗。唐朝被阿拉伯打败了，杜环就是怛罗斯战役被俘的。他的《经行纪》您还用过。

季羡林：对，《经行纪》，我用过。那时候唐朝周围的少数民族啊，文化几乎没有，尚武，打仗行。唐朝时呢，就是打仗打不过他们。中国这个民族啊，郑和下西洋为例子，就是我们这个民族，基本上不是欺负人的民族，郑和下西洋，要放到欧洲人身上，在外国，在外边，得设立好多好多据点，郑和下西洋没有设立一个据点。咱们研究西域啊，比较晚。那个方面的书啊，只有向达的一本讲的多一点，《唐代长安与西域文明》，他对那个西域，讲的多一点《唐代长安与西域文明》。那时候，长安那个地方啊，有点像后来的上海，各种民族都有。当时当然中国是文化经济中心。

蔡德贵：您跟向达很熟吧？

季羡林：我跟向达很熟，他比我大一点。他在历史系待过啊，当过北大图书馆馆长。

蔡德贵：他的历史研究还是相当不错的。

季羡林：他是很下工夫的。特别是《唐代长安与西域文明》，他那本书出版时颇为轰动的啊。他的不足之处呢，是本人不懂西域流行的语言，梵文、巴利文、阿拉伯文，这些语言他都不懂，就是根据别人写的材料。不过他那本书，当时还是颇为轰动的，相当厚的啊。后来是北大图书馆馆长。

蔡德贵：他的书把唐代与西域的文化交流搞清楚了。

季羡林：嗯。就是讲这个啊。不过他的缺点呢，是不懂西域流行的语言，梵文、巴利文、阿拉伯文，当然梵文、巴利文比较早了，阿拉伯文比较晚了。阿拉伯国家对世界的文化交流啊，有很大的贡献。比如这个糖，糖英文不是sugar么，都是从梵文来的。世界的糖史，就是糖的历史，有两本，一本是德国人写的，那个书，北京图书馆有，我借过。一本是用英文写的。德文写的那本啊，材料多，比较谨严。英文写的那本，很潦草，反正是关于中国的那一部分，几乎全是错。所以后来我写过一本

《中华蔗糖史》，那个书我是费了两年的时间。两年时间哪，我每天必到北大图书馆善本部，为什么到善本部呢？它那个《四库全书》摆在善本部，从善本部爬一个梯子，上去就是教师研究室、阅览室。这个阅览室，放了2层楼的书，架子，书架是双排的。就是因为《四库全书》那个书，（我去北大图书馆）。这个书是我用得最多，我应该说是每一本哪，都看过，不是从头看起，都翻过，跟我有关的。

蔡德贵：听说您写《糖史》的时候，师母生病了。

季羡林：那时候，是这样子，还有我的婶母老祖和我的夫人彭德华两个人都住在北大校医院。所以我的任务呢，就是早晨起来，吃完了早饭，到图书馆善本部，11点出来，到校医院，去看婶母老祖和我的夫人彭德华。每天来回。

蔡德贵：要每天送饭吗？

季羡林：不要送饭。

蔡德贵：就在医院里吃。

季羡林：嗯，我家里没有主妇了。

蔡德贵：她们同时住院？

季羡林：同时住的啊。

蔡德贵：那您自己的生活也很艰难啊，您自己不会做饭。

季羡林：不会，不会。

蔡德贵：那时候您生活也成问题了，吃饭怎么办？

季羡林：家里请了一位保姆，大概有两年吧。每天早晨起来，吃完了早饭，到图书馆善本部，11点出来，到校医院，去看婶母老祖和我的夫人。

蔡德贵：她们住一个房间吗？

季羡林：她们两个住院，一人一间。

蔡德贵：那时候您心理负担很重吧？

季羡林：那时候倒是没有心理负担，没有感觉到。因为我这个人啊，一研究起来，就什么也不顾了，忘记别的了。我的思想基本上是道家思想，顺其自然。

蔡德贵：我看您是受庄子影响有一些。

季羡林：《庄子》啊，我当然喜欢读《庄子》，因为从文章来讲，诸子百家，文章写的好的，还是庄子。

蔡德贵：他那个境界也很高啊，有超越感啊。

季羡林：嗯，陶渊明也是，有一阵子，我的座右铭是"纵浪大化中，不喜亦不惧"。那是陶渊明的，形神对话的。

蔡德贵：原诗作是《神释》。

季羡林：嗯。陶渊明是道家思想，受庄子影响很大。我受庄子影响不那么直接，因为庄子他毕竟时代太早了啊，陶渊明就比较接近一些。

蔡德贵：我一篇文章认为庄子是齐文化培养起来的，台湾的陈鼓应认为可能是对的。

季羡林：嗯。

蔡德贵：庄子的祖籍在山东曹州府东明。《秋水》篇，讲的是黄河泛滥，那时候黄河故道在山东。

季羡林：黄河不是改道吗。

蔡德贵：庄子里齐国的方言很多，《齐谐》么。

季羡林：有一阵我的想法就是，孝悌忠信，礼义廉耻，孝悌忠信啊，是鲁文化的中心，"礼义廉耻"啊，是齐文化的中心。那个"孝悌忠信"是讲伦理的，不是讲做生意；礼义廉耻呢，做生意就得讲这个。

蔡德贵：孝悌忠信，就是说鲁文化着重讲内心，内在的；礼义廉耻，齐文化讲外在的，约束人的地方多。

季羡林：对。

蔡德贵：您的这个观点在《光明日报》发表过，是在一个座谈会上讲的。

季羡林：我忘记了。圣严这个人啊，他是个学者。我研究糖史，他也对糖史有兴趣。

蔡德贵：您的《中华蔗糖史》出版以后，给他寄过吗？

季羡林：忘记了，应该寄过吧。我知道他对糖史感兴趣。我们谈过这个话题。在台湾的时候，我1999年去台湾，就是圣严他邀请我们去的，那时候去了不少人哪，十几个人，都是圣严出的路费，我们哪里负担得起啊？有人民大学一个女的，经费全是他出的。

蔡德贵：那次有任继愈[①]。

季羡林：没有任继愈。

蔡德贵：您谈的是对人文素质的几点意见，解决三个关系：人与自然、人与人、人自身的关系。

季羡林：后来那个新闻出版署副署长叫什么？

蔡德贵：大陆的署长啊？

季羡林：是阎晓宏[②]，他告诉我，中央文件哪，写的时候把我那个天人关系、人人关系，这是大家都知道的，还有个人关系，那个个人关系的观点，是我加的，中央文件把这个个人关系也加进去了。当时我主张，和谐，人与自然要和谐，人与人要和谐，一个个人要和谐。个人怎么叫和谐呢？我就把中国那个良知、良能，给搬出来了。人之初，性本善，这个不一定，不一定善。不过，人之初，他那个性啊，其实有吸收的能力，性相近，习相远，那个个人的和谐，我就搬出中国的良知、良能。

蔡德贵：这实际上还是孟子的，儒家的。

季羡林：我说，顺乎良知、良能的，就是好的，违背良知、良能的，就是不好的。当时那个阎晓宏告诉我，中央文件哪，就把我后来这个个人关系加进去了。什么样的中央文件，我也不知道。当时中央不知道开什么会。

蔡德贵：十七大以前，正好是温家宝来看您，您就是谈和谐。

季羡林：当时我跟他谈的主要目的是，我的观点是，作为国家最高领导人，治乱世啊，容易，治治世啊，不容易。我们现在不是乱世，而是治世，我就说，你们国家最高领导群的，应该了解这个情况。我们这个治世啊，仁和政通，海晏河清，我说，你想什么办法，能够让这个中国十三亿人口，都感觉到我们一个非常有作为的领导群，来领导我们，你用什么办法让大家来了解，我说很难。乱世啊，容易，乱七八糟的，你最高领导人只要有办法，你有魄力，一下子就扭转过来了。现在我们是治世，怎么办？他也没有回答我怎么办。我说不容易，我的意思就是，眼前咱们是治世，仁和政通，有什么办法，能让十三亿人口都感觉到，我们有一个伟大和谐的领导群，来领导我们这个国家。当然不会有什么结论了，我就提出这个意见。

蔡德贵：最近温家宝在英国剑桥大学提出，申述一个观点，强国必霸，不适合中国。申述的这个观点，引起重大反响。

季羡林：中国这个，咱们的历史有个特点，没有宗教战争。欧洲的宗教战争一打就是几百年，我们没有。我记得，恩格斯用过一个词，就是宗教的需要。世界这个民族啊，有的有宗教需要，有的没有（宗教需要）。我想这个问题，欧洲人怎么解决的呢，不用解决，自己就解决了。他好解决，他人一下生，就有了一个宗教，（他父亲是什么，自己就是什么）。欧洲宗教最大的就是两种，基督教、天主教，父母是什么教，儿子自然就是什么教了。当然有改的，这是不可避免的。崇拜的对象是耶稣么，耶稣钉在十字架上。所以欧洲这个问题是不解自解，中国历史上没有宗教战争。唐代认为，孔子是个教主，不是有个三教论衡吗？儒、释、道，儒也是一个宗教，后来我们改变了，不认为这个儒是宗教。其实，你要按这个现代学者的，对宗教下的定义，定义什么呢？第一个有主义，你宣传什么东西，然后有组织、有信徒。缺了这三个，就不能成为宗教，这儒教是有主义，信徒当然也有啦。有组织，每个县都有孔庙，这就是组织么，所以说儒教，是有根据的。因为这个宗教具备的条件，这三个方面，中国的儒家都有。我就说，中国这个民族是不需要（西方意义上）宗教的民族，这个问题就是看怎么说，西方不解决自己解决了，是一下生解决了，当然有改的，西方也有改的，不信天主教，改为基督教，但是崇拜对象，还是耶稣钉在十字架上。中国没有宗教战争，那个白莲教，那不是宗教，那是邪教。白莲教啊，它是农民起义借这个名字。

蔡德贵：先生，您对萨满教熟吗？

季羡林：萨满教啊，知道，没有研究过。

蔡德贵：萨满教现在研究挺热。

季羡林：不知道，现在外边学术界的情况，都不清楚了，眼睛也看不了，让别人给我念《参考消息》啊，容易，念这些学术论文哪，还没有这么个人，念不了，得有点水平，才能念。反正总而言之，中国这个民族是一个不需要（西方意义上）宗教的民族。我有一个很大的错误啊，原来啊，研究那个印度的，印度那个，叫什么来着？他都是儿子把父亲囚起来。

蔡德贵：是邪教吗？

季羡林：印度的，不是邪教。那叫什么，脑子卡壳了，印度一个主要的，不限于印度，脑筋忽然就卡壳了。

蔡德贵：有一次，您说有个女的创教。

季羡林：不是女的，那是后来的事情。脑筋忽然就……

蔡德贵：没有关系，想起来再说。

季羡林：儿子把父亲囚起来，而且成为一个制度，几乎是制度，就是所有的父亲都让儿子囚起来了，儿子囚父亲，可是他不杀父亲。当时我读这个历史的时候，心中有点飘飘然，怎么飘飘然呢？说我们中国就不会，后来我才知道，中国比他们还野蛮，（笑）中国都是杀掉，不是囚起来。

蔡德贵：就是皇帝，在宫廷里面啊。

季羡林：我说在这个封建社会啊，最危险的地方，应该是最安全的地方，就是皇宫。皇宫那个老皇帝，下边生的儿子，说不定什么时候，谁杀谁。康熙就是雍正杀的啊，这个都知道的啊。

蔡德贵：实际上自古以来，朝廷从来没有安静过。

季羡林：我刚才不是讲么，原来觉得最安全的地方，是皇宫，现在知道最不安全的地方，也是皇宫，说不定哪天，谁杀谁。可是中国呢，这个皇帝虚伪，几乎没有一个皇帝不打出旗号，“以孝治天下”。

蔡德贵：对，但是没有一个孝的。

季羡林：没有一个孝的。（笑）不但不孝，都杀的。（笑）比印度野蛮啊。印度是囚而不杀，中国是杀而不囚。

蔡德贵：不杀了他，怕掌权。

季羡林：那时候皇宫里边，一杀，把他老皇帝一杀，新皇帝上台，下边人也不知道，就叩头跪拜。

蔡德贵：一登基，就大权在握了。

季羡林：有一段时间，就是不敢立太子，原来不是立太子吗？后来不敢立了，立了谁，就杀谁。后来一个什么办法呢？就是老皇帝把太子的名字写下来，挂在“正大光明”的那个匾下，很高的。在那儿，平常谁也看不着。老皇帝死了以后，拿出来，看看是谁。

蔡德贵：所以这个皇帝不好当，太子也不好当。

季羡林：太子谁立啊？后来，不敢立了。谁（被）立了，就杀谁。印度那个，是莫卧尔帝国。

蔡德贵：莫卧尔帝国是不是受伊斯兰文化影响也很大啊？

季羡林：就是，印度的文化跟伊斯兰文化混合的。

蔡德贵：喝点水。

季羡林：一个人都清楚的，也不容易。我这个人就是，糊涂了以后，还知道自己糊涂，这就是我的好处。

蔡德贵：上次说老愚去年9月份来送稿费，没有上来。

季　承：说有问题，说《真话能走多远》反动，把人家吓得够戗。

蔡德贵：钱文忠说可能是因为他的序言。

季羡林：这个还不能就此了结，坏人必须受到惩罚。所以还没有了结，只是个开端，我这个人就是这样子，这个工资啊，也不低，而且是永不退休的，只要我活一天，一个月就1万多一点。结果（钱有人给截留了），那么一个结果，有些人认为我是阿木林，其实，我并不阿木林。这个东西，就是伸张正义。这个，造成这个结果呢，我自己也得负点责任。脑筋早一点转过来就好了，现在转，比不转要好。

蔡德贵：实际上是您开始不知道会有这么坏的人。

季羡林：这个你说的对，所以我自己当了一阵子阿木林，现在才醒过来。

小　岳：醒过来，就成了穷光蛋了。

季羡林：醒过来，就不能不管哪。这个阿木林的人哪，自己都是不知道自己是阿木林，我现在当了一阵，不想当了。

蔡德贵：甜言蜜语的，还不如这个铁嘴豆腐心的。

小　岳：昨天晚上，我说，你看，你又傻了吧？他说，我错了。我是个傻瓜。我说以后就叫你傻瓜吧。他说，行啊，叫我傻瓜，我高兴。我说，我也傻，你叫我啥啊？你叫我二百五吧。他说不是二百五，你是二百六。

蔡德贵：她说的您听清楚了吗？

季羡林：太远了，我又不是天耳通。

小　岳：我们每天都这样胡说。

蔡德贵：但是那也不能过分欺负先生。（全体大笑）你欺负先生，我和季承大哥也不答应。

季羡林：我从来就傻啊。过两天，把张强的那个拿来。

季　承：嗯。

季羡林：（对死不认账、一错到底、恶人先告状，）打破这三条啊，并不难。真相查出来，怎么处理，该公布的就公布，不公布的再说。我就说，这个坏人啊，不能得逞，一天两天可以，长期不行，不能迁就了。旧社会不是除三害吗，（我们）这是除一害。我说，我们这个社会是仁和政通，海晏河清，这总起来，这是对的啊。不过这里边呢，任何时候，也没有绝对的，我敢说任何时候，包括中国历史上。这样子，一个办法，就是山东话说的，就是针尖对麦芒啊。就是这个办法，就是先查，查出来，看看公布不公布，什么办法公布。除三害，先把这一害除掉。

蔡德贵：千万别生气。

季羡林：你说我生气不生气？问题这样子，我能够自己把气压住，现在看来不行，不行怎么办呢？针尖对麦芒。这个有好处，除一害啊，不能让她那么从从容容跑掉，她还会坑别人啊。

注释：

①这次去台湾，任继愈也去了，此处季老记忆有误。

②阎晓宏，1955年6月生，宁夏回族自治区银川市人。1987—1994年，在新闻出版署人事教育司劳动工资处、图书管理司社会科学管理处工作；1994年—2000年，任新闻出版署图书管理司副司长、司长；2000年8月—2002年3月，任新闻出版署办公室主任；2002年3月—2004年5月，任新闻出版总署图书管理司司长；2004年5月，任新闻出版总署党组成员、国家版权局副局长；2006年12月，任新闻出版总署党组成员、副署长，国家版权局副局长。

第四十四次口述

2009年2月7日下午3：00～4：30

季羡林：现在《中国通史》的教科书，范老（范文澜）的那一本，应该说是过时了。过时的原因哪，什么原因呢？是对佛教破口大骂。而且是从那个《中国通史简编》里面专门弄出一本，专门是骂佛教的。我也不是佛教信徒，我的意思就是，做学问哪，不能这么个做法。

蔡德贵：所以您要写一篇文章《历史的真相》？

季羡林：《历史的真相》是另外一回事。怎么呢？原来我想啊，我们现在这个历史，按照旧的讲法，老是这个太祖，那个太宗的那一套，那不是历史的真相。还是一句老话，这句老话，历史是人民创造的，这句话说的每个人都知道，说得有的人都有点厌恶了。历史不是这个祖，那个宗创造的，真是人民创造历史。我为什么说真是呢？有的对这句话不信，有的信的，也不知道为什么信。我就说，将来讲历史啊，原来我想这样子，讲历史啊，我先讲一讲历史的真相。后来我想啊，不如不管在高中还是大学，把中国通史讲完了以后，我再讲一个历史的真相。为什么原因呢？就是这个历史教科书啊，现在有新的吗？现在还是范老的那一本吗？

蔡德贵：中学的历史课本，不知道了。现在大学的课本，对宗教不再大骂了，对宗教持一种同情的理解的态度，认为宗教有适合社会发展需要的一面了，认为宗教有积极的一面。现在流行的是白寿彝主编的那一套《中国通史》。

季羡林：不过范老的那一本还流行吗？

蔡德贵：范老的那一本不太流行了。

季羡林：嗯。我给白寿彝写过《法显》的文章，是白寿彝出的题目。

蔡德贵：对佛教破口大骂，基本没有市场了，佛教骂不倒了。估计年轻人对范文澜的名字也不知道了。

季羡林：有一个故事，我给你说过没有？

蔡德贵：您说，哪一个？

季羡林：就是我同那个……马列主义，那个……脑筋说卡壳，就卡壳了。

蔡德贵：那没有关系，我们还经常卡壳呢。上一次我就把迟群给忘记了。

季羡林：就是我们讨论什么问题呢？当时是政协委员分组，按照学科分组，我们在社会科学组，讨论一个什么问题呢？阶级先消灭还是宗教先消灭？

蔡德贵：您说过，和冯定讨论的。

季羡林：冯定，嗯，是冯定，去开会，在车上讨论。我们一致的结论是阶级先消灭。后来没有分歧，宗教永远消灭不了。不能说，一个人的主观能动性啊，万能的，要什么，有什么，那时候就不需要宗教了。其实一个人的主观能动性，作用啊，有限的。没有主观能动性当然不行，光靠那个也不行。所以到最后呢，我和冯定的意见完全一致。

蔡德贵：可您那时候不是马克思主义者，冯定是马克思主义者，那时候马克思主义者在上世纪50年代不得了的，那时候提倡的是"宗教是人民的鸦片"。

季羡林：这句话，宗教是鸦片烟，对一半。"宗教是人民的鸦片"是谁的话？

蔡德贵：马克思的话。马克思一句话的上半句，下半句是：这个世界的总的理论，是它的包罗万象的纲领，它的通俗逻辑，它的唯灵论的荣誉问题，它的热情，它的道德上的核准，它的庄严补充，它借以安慰和辩护的普遍根据。鸦片可以治病的，但是不能乱用。断章取义就不行了。

季羡林：就是啊。特别有一件事情，在这里，我给你讲过没有？咱们《马恩全集》，我也买了一套，全的，一大堆啊。那时候，姜椿芳[①]，他不是中共中央编译局的局长么，姜椿芳，师哲也做过局长。

蔡德贵：翻译的根据是什么，他们回答是俄文。您的意思是原文是什么，就根据什么文来翻译。

季羡林：就是这个意思，到现在还是这个意思。所以我们现在学习马列还是必要的，无论怎么样，它开创了一个新的天地。问题就是这样子，现在这个本子，以俄文为依据，这是完全胡闹的。哪里能说，马克思的话，俄文的讲的，解释都是对的啊？这连小孩子也不相信的。

蔡德贵：实际上是把马恩的观点俄罗斯化。

季羡林：嗯，俄罗斯化，这是完全不对的。现在这样子，马克思主义要学的，就是不能根据现在的译本。搞什么译本呢，从头搞起。它原文是德文写的，就根据德文翻译，马恩原文是英文写的，就根据英文翻译，不能以俄文为依据，以俄文为依据，那是荒唐的。我不知道现在的马恩全集还是旧的那一套吗？

蔡德贵：选集有新译本，过去的选集也有歪曲马恩的地方，全集还有难度。

季羡林：我说这个全集，应该作为一个问题摆在那个地方，就是今天的全集应该有新的代替，原文是什么语言，你就根据什么语言，不能俄罗斯化的那个全集，那是不行的。现在办不到，但是应该摆在议程上。这是等于这个幼儿园的水平，它本来是德文，你怎么以俄文为主呢？这不是连幼儿园的孩子都不如吗。所以这个问题摆在这个地方，今天旧的马恩全集应该作废，作废，现在当然做不到，将来用新的代替。

蔡德贵：您提到，和曹葆华翻译就是这样子，原文是德文，就根据德文，原文是英文，就根据英文翻译。从俄文转译是不对的。

季羡林：我跟曹葆华的翻法，是惟一科学的、可靠的方法。因此那个旧的马恩全集一大堆，应该用新的代替。代替就是马恩用什么文，就用什么文。不知道有没有人对照过，按照马恩全集，原文是德文的或者英文的写的，和那个根据俄文翻译的对照过没有？

蔡德贵：不知道。

季羡林：应该对一对，看一看。因为这个学习马恩，是一种很……要选一个词，就是一个很神圣这么一个工作，这么一个工作，我们居然根据俄罗斯的解释，让它还流传，我认为这是荒唐。现在没有人敢讲话，应该认识这个事实。我跟姜椿芳谈的时候，他不认为这是个问题。我大吃一惊，你怎么不认识呢？中共中央编译局的局长，不认识，从德文或从英文翻译，就是马克思、恩格斯什么文就根据什么文翻译，是应该的。

蔡德贵：姜椿芳是中共中央编译局的局长吗？

季羡林：嗯。反正是头。

蔡德贵：在他主持百科全书的时候，他跟您在一块的。

季羡林：不，在一块是两码事，他做什么工作跟我在一块是两码事。在一块比较晚了。

蔡德贵：他是不是当过右派？

季羡林：不知道。

蔡德贵：他觉得从俄文翻译过来没有问题。

季羡林：现在应该根据我和曹葆华的那种方法，把今天的马恩全集里重要的文章，整个的文章不可能，重要的对照一下，对一下的目的呢，就是看里面有多少错误？我说，学习马列是神圣的工作，不能马虎的。我和曹葆华翻译的那个《马恩论印度》出过，就是根据原文。

蔡德贵：原来出版过小册子，现在收进您的文集了。包括您早期的译作都收进去了。

季羡林：嗯。

蔡德贵：这也包括在您要说的《历史的真相》里面吗？

季羡林：关于《历史的真相》，我的意思是这个样子。原来我想，这个，不管大学还是高中学的中国历史啊，先把真相说一说，后来我想，不如学完了以后再讲，因为学的话呢，还是这个祖，那个宗，因为你中国也没有办法，它就是一个朝代换一个朝代，别的国家还没有这个现象。那你学的话，那只有这个祖，那个宗。我们说，怎么讲一句话，历史是人民创造的，但是，脑袋里全是这个祖，那个宗，人民创造历史摆在什么地方呢？人民创造历史，这个谁也不能否认，事实就是这样子的，你说，中国的这些伟大发明，不是人民创造的啊？是哪个祖，哪个宗创造的啊？比如说，造纸术、印刷术。我的意思就是，根据现在的这些，不管是范老的，别人的，恢复人民是历史的创造者这种观点。人民是历史的创造者，这个现在口头上没有人敢反对，可是思想上是否同意，倒不一定。因为我们脑袋里从小学，学中国史，就是这个祖，那个宗。脑袋里就是这样子。

蔡德贵：电视剧都是皇帝的，不是康熙就是雍正。

季羡林：这是个怪事，人民是历史的创造者，这是中学生都知道的，而且是个事实。我有个很奇怪的说法，不知道给你说过没有？就是过去认为最保险、安全的地方，是皇宫，其实就是最危险、最不安全的地方，就是皇宫。

蔡德贵：说了。

季羡林：最危险、最不安全的地方就是皇宫。因为皇宫发生什么事情，把老子一杀掉，买通几个太监不要说，给外边一讲，他就即位了，成为皇帝啦。所以有一段为什么不敢立太子呢？我说有一段啊，是有太子的，但是后来，不敢立了。因为什么呢？立谁，谁被杀掉，谁立，谁倒霉。到后来不是想了一个办法吗？把那个继承人的名字写在"正大光明"匾下，等着老皇帝死了以后，拿出来。里边不是讲这个"传位于皇十四子"吗？[②]

蔡德贵：把遗诏篡改了。

季羡林：这个，我也跟你说过，莫卧尔帝国，儿子把老子囚禁起来。所有的父亲都被儿子囚禁起来，包括莫卧尔创始人，也是被儿子（囚禁起来），没杀。我自己说，中国就不会，中国人是"以孝治天下"。后来知道，我们不比莫卧尔高，而且比莫卧尔帝国更可怕。莫卧尔是囚起来，我们是杀掉。我们讲这个祖，那个宗，不可避免的，因为中国就是一个朝代接一个朝代。中国最奇怪的就是，一个新朝代把旧朝代推翻了，第一件工作呢，就是给前一代修史。这个清史呢，因为那个接续修史的不是一个王朝，是民国。所以结果呢，只有一个《清史稿》，没有《清史》，就不给清朝修史了。那个修史，把它推翻了，给它修史，这个可靠性就微乎其微了。因此我就说，历史的真相，就是那句话，历史是老百姓创造的，幼儿园小孩都知道的，可真正了解这句话并不容易。而且中国讲历史，还离不开这个祖，那个宗的，因为一推翻旧朝代，一般就是“祖”了。历史的真相呢，我刚才说的，就是那句话。历史是老百姓创造的，这是真理。可这个真理，怎么把它说明白，特别是，在我们中国这个国家，它确实是一个朝代（被）推翻，另一个朝代先修史。而修史的可能性、修史的可靠性，就很值得怀疑。它推翻了（它），给它修史，它能说（被推翻的朝代的）好处吗？所以这个中国的二十四史啊，（说句大胆的话，）都不可靠。

蔡德贵：都不是信史。

季羡林：（大多）都不是信史。它推翻了（它），给它修史。

蔡德贵：而且是官方修史，后朝肯定不会说前朝的好处。

季羡林：官方修的，它能够说官方被推翻的那个朝代的好处吗？

蔡德贵：《史记》是信史吧？

季羡林：《史记》可靠一点。因为《史记》啊，不是哪一个王朝推翻王朝以后才做的，是通史的性质。

蔡德贵：而且司马迁把握不准的存疑了。

季羡林：对。中国的两部通史，一个《史记》，一个《资治通鉴》，两个司马。这个司马光的《资治通鉴》啊，这个陈寅恪先生啊，对司马光的《资治通鉴》评价不低。为什么呢，就是，他就认为司马光讲了一些实话。这个我没有研究过，不敢说，不过当时陈寅恪先生是搞历史研究的，他认为《资治通鉴》有它的好处，这个一定有根据的。

蔡德贵：您是不是系统看过《资治通鉴》？

季羡林：翻过，没有从头看过。

蔡德贵：您在《新民晚报》“夜光杯”发表过《漫谈皇帝》，把皇帝分成三类，开国之君，守国之君，亡国之君。

季羡林：忘了。

蔡德贵：您说，开国皇帝刘邦是流氓。

季羡林：刘邦、朱元璋都是流氓啊。

蔡德贵：陈寅恪先生对《资治通鉴》很有研究吧？

季羡林：嗯。他当然很熟，他都看过，他对那个评价不错。他认为司马光讲了点实话。司马光啊，他不是旧王朝被推翻，新王朝修史，不是这种情况。因此就讲了点实话。我没有研究过这个《资治通鉴》。《史记》啊，那个情况，就更早了，那时候还不是旧王朝被推翻，新王朝给修史，《史记》那时候还没有。《史记》还早，《史记》是作为一个通史。

蔡德贵：《战国策》您怎么评价？历史的事实是不是有把握？

季羡林：我没有研究过。

蔡德贵：临淄之途，车毂击、人肩摩，连衽成帷，举袂成幕，挥汗如雨，家殷而富，志高而扬……

季羡林：形容繁荣的。

蔡德贵：《史记》说齐国都城当时有二十八万人口了。

季羡林：那可不得了啦。有一句话不知道出在什么地方，“楚王好细腰，宫中多饿死”。[③]

蔡德贵：哪一本书，我一时想不起来，我回去查。这句话说到中国人的审美观，有些唯上是从。

季羡林：这个美啊？什么叫美？有一段时间，咱们国内啊，学术界研究什么叫美。你认为什么是美？

蔡德贵：中国人习惯从口味研究美，羊大为美。不膻气，就美。

季羡林：不是，我们说的美是眼睛看的，不是嘴里吃的，口味方面的。

蔡德贵：增之一分则太长，减之一分则太短，著粉则太白，施朱则太赤，这样的人是美的。

季羡林：全世界国家，别的国家的历史，留下关于美人的，我研究过一些国家的历史，还没有。讲究美人，别的国家，包括印度，印度就没有留下一个美人的名字。所以我从前想写一篇文章，谈美人。

蔡德贵：您的《病榻杂记》[④]里有一篇《我的美人观》。

季羡林：有了？我忘记了。

蔡德贵：您在里面提到荷姐，但是不如二姐。

季羡林：对。二姐那是美人，倾国倾城么。

蔡德贵：师母排行三，二姐排行二，荷姐排行四。二姐和荷姐是师母伯父家的孩子吧？

季羡林：嗯。

蔡德贵：您《病榻杂记》里提到，您理想的夫人就是荷姐。

季羡林：对。

注释：

①姜椿芳（1912—1987），笔名林陵、贺青等。江苏常州人。中共党员。大专毕业。1929年参加革命工作。曾任哈尔滨《大北画刊》编辑，上海《时代》杂志主编，时代出版社负责人，上海《时代日报》总编辑。1949年后历任上海军管会文艺处戏剧室主任，中央宣传部斯大林翻译室主任，中共中央编译局副局长，中国大百科全书出版社总编辑。全国政协常委，中国翻译工作者协会会长。20世纪30年代开始发表作品。1952年加入中国作家协会。译著《人怎样变成巨人》、《海滨渔妇》、《演员自我修养》（第一部）、《贵族之家》、《俄罗斯人》、《苏联卫国战争诗选》、《奥斯特洛夫斯基研究》、《高尔基研究》、《智者千虑必有一失》、《鲍里斯·戈都诺夫》、《战线》、《黑暗王国的一线光明》、《高尔基剧作集》等。

②关于康熙的死因，当时社会上传说：康熙原拟传位于皇十四子允禵，皇上身体不好时，皇四子胤禛“进一碗人参汤，不知何如，圣祖皇帝就崩了驾”，胤禛就登了位。说是雍正帝将其父毒死。

③《墨子》：“楚灵王好细腰，其臣皆三饭为节。”《韩非子·二柄》：“楚灵王好细腰，而国中多饿人。”《后汉书·马廖传》：“传曰：楚王好细腰，宫中多饿死。”

④《病榻杂记》里《我的美人观》文章写到：

说清楚一点，就是：我怎样看待美人。

纵观动物世界，我们会发现，在雌雄之间，往往是雄的漂亮、高雅，动人心魄，惹人瞩目。拿狮子来说，雄狮多么威武，雄壮，英气磅礴。如果张口一吼，则震天动地，无怪有人称之为兽中王。再拿孔雀来看，雄的倘一开屏，则遍体金碧耀目，非言语所能形容。仪态万方，令人久久不能忘怀。

但是，一讲到人美，情况竟完全颠倒过来。我们不知道，造物主囊中卖的是什么药。她（他，它）先创造人中雌（女人）。此时她大概心情清爽，兴致昂扬，精雕细琢，刮垢磨光。结果是创造出来的女子美妙、漂亮、悦目、闪光。她看到了自己的作品，左看右看，十分满意，不禁笑上脸庞。

但是，她立刻就想到，只造女人是不行的。这样怎么能传宗接代呢？必须再创造人中雌的对应物人中雄。这样创造活动才算完成。

这样想过，她立即着手创造人中雄。此时，她的心情比较粗疏，因此手法难以细腻。结果是，造出来的人中雄，一反禽兽的标格，显得有点粗陋。连她自己都并不怎样满意。但是，既然造出来了，就只能听之任之，不必再返工了。

到了此时，造物主老年忽发少年狂，决心在本来已经很秀丽、美妙、赏心悦目的人中雌中再创造几个出类拔萃、傲视群雌的超级美人。于是人类中就出现了西施、明妃、赵飞燕、貂蝉、二乔、杨贵妃、柳如是、董小宛、陈圆圆等等出类拔萃的超级美人。这样一来，在中国老百姓的中国史观中，就凭空增添了几分靓丽，几分滋润，几分光彩，几分清芬。

打油一首："中华自古重美人，西施貂蝉论纷纭。美人至今仍然在，各为神州添馨淳。"

但是，我还是有问题的。世界文明古国，特别是亚洲文明古国，不止中国一个。为什么只有中国传留下来这么多超级美人，而别的国家则毫无所闻呢？我个人认为，这决不是一个无足轻重的问题。如果研究比较文化史，这个问题绝对躲不过去的。目前，我对于这个问题考虑得还不够深透。我只能说，中国老百姓的中国史观，是丰富多彩的，有滋有味的，不是一堆干巴巴的相斫书。

我现在越来越不安分了，越来胆子越大了。我想在太岁头上动一下土，探讨一下"美人"这个"美"字的含义。我没有研究过美学，只记得在很多年以前，中国美学论坛上忽然爆发了一场论战。我以一个外行人的身份，从窗外向论坛上瞥了一眼，只见专家们意气风发，舌剑唇枪争得极为激烈。有的学者主张，美是主观的。有的学者主张美是客观的。有的学者主张，美是主客观相结合的。像美这样扑朔迷离、玄之又玄的现象或者问题，一向难以得到大家一致同意的结论或者解释的。专家们讨论完了，一哄而散，问题仍然摆在那里，原封未动。

我想从一个我认为是新的观点中解决问题。我认为，美人之所以被称为美人，必然有其异于非美人者。但是，她们也只具有五官四肢，造物主并没有给她们多添上一官一肢，也没有挪动官肢的位置，只在原有的排列上卖弄了一点手法，使这个排列显得更匀称，更和谐，更能赏心悦目。

美人身上有多处美的亮点，我现在不可能一一研究。我只选其中一个最引人注意的来谈一谈，这就是，细腰的问题。这是一个极老的问题；但是，无论多么古老，也古老不到蒙昧的远古。那时候，人类首要的问题是采集野果，填饱肚子。男女都整天奔波，男女的腰都是粗而又粗的。哪里有什么余裕来要妇女细腰呢？大概到了先秦时期，情况有了改变。《诗经》第一篇中的"苗条（窈窕）淑女，君子好逑。"苗条二字，无论怎样解释也离不开妇女的腰肢。先秦典籍中还有"楚王好细腰，宫中多饿死"的记载。可见此风在高贵不劳动的妇女中已经形成。流风所及，延续未断，可以说到今天也并没有停住。

中国古典诗词中，颇有一些描绘美人的文章。其中讲到美人的各个方面，细腰当然不会遗漏。我现在从宋词中选取几个例子，以见一斑。

1.柳永《乐章集·木兰花》："酥娘一搦腰肢袅，回雪萦尘皆尽妙。几多狎客看无厌，一辈舞童功不（未）到。星眸顾拍（指）精神峭，罗袖迎风身段小。而今长大懒婆娑，只要千金酬一笑。"

2.柳永《乐章集·浪淘沙令》："有（一）个人人，飞燕精神，急锵环佩上华裀。

促（拍）尽随红袖举，风柳腰身。”

3.柳永《乐章集·合欢带》：“身材儿、早是妖娆，算举（风）措、实难描。一个肌肤浑似玉，更那来、占了千娇。妍歌艳舞，莺惭巧舌，柳妒纤腰。自相逢，便觉韩娥价减，飞燕声消。”

4.柳永《乐章集·少年游》：“世间尤物意中人，轻细好腰身。”

5.秦观《淮海集·虞美人影》：“妒云恨雨腰肢袅，眉黛不堪重扫。薄幸不来春老，羞带宜男草。”

6.秦观《淮海集·昭君怨》：“隔叶乳鸦声软。号（啼）断日斜阴转。杨柳小腰肢，画楼西。”

7.贺方回《万年欢》：“吴都佳丽苗而秀，燕样腰身，按舞华茵。”

8.秦观《淮海集·满江红》：“越艳风流，占天上、人间第一。须信道，绝尘标致，倾城颜色。翠绾垂螺双髻小。柳柔花媚娇无力。笑从来，到处只闻名，今相识。”

9.辛弃疾《临江仙》：“小靥人怜都恶瘦，曲眉天与长颦。沉思欢事惜腰身。枕添离别泪，粉落却深匀。”

宋词里面讲到细腰的地方，大体就是这样。遗漏几个地方，无关大局，不影响我的推论。

中国其他古典诗词中，也有关于细腰的叙述。因为同我要谈的主要问题无关，我就不谈了。

我现在的首要任务是解释一下，为什么细腰这个现象会同美联系起来。简捷了当地说一句话，我是想使用德国心理学家Lipps的“感情移入”的学说来解决这个问题。比如说，你看一个细腰的美女走在你的眼前，步调轻盈、柔软，好像是曹子建眼中的洛神。你一时失神，产生了感情移入的效应，仿佛与细腰女郎化为一体，得大喜悦，飘飘欲仙了。真诚的喜悦，同美感是互相沟通的。

第四十五次口述

2009年2月9日下午

季羡林：小岳拿牙签来。

岳爱英拿牙签以后问：喝凉水也要牙签吗？

季羡林：要。

蔡德贵：我查了，先生，“楚王好细腰，宫中多饿死”，最早出自《墨子·兼爱中》：“楚灵王好细腰，其臣皆三饭为节。”

季羡林：嗯。

蔡德贵：然后是《韩非子·二柄》：“楚灵王好细腰，而国中多饿人。”

季羡林：嗯。

蔡德贵：直接使用这一句的是《后汉书·马廖传》：“传曰：楚王好细腰，宫中多饿死。”另外《战国策·楚策一·威王问於莫敖子华》记录莫敖子华讲到：“昔者先君灵王好小要，楚士约食，冯而能立，式而能起。食之可欲，忍而不入；死之可恶，然而不避”。

季羡林：嗯。

蔡德贵：昨天就讲到，您认为中国和外国对美的观点是不一样的。您看过好多历史书籍，但是几乎没有留下美人的名字。您已经写了《我的美人观》，引用了柳永等人和其他人咏细腰的十几首词。

季羡林：我讲没有讲，为什么细腰就美？

蔡德贵：没有。您有一次在和欧阳中石夫人对话的时候，说到您的白脸、细腰和长腿为美。

季羡林：那是我的"美人六字谱"，六个字。至于为什么细腰就美，还没有说到。德国有一个心理学家，叫Lipps，他有个名词啊，Einfühlung，中文叫"感情移入"，那个意思你懂得吧？

蔡德贵：意思好像您在一篇文章里提到过，但是，我不是记得很清楚了。

季羡林：就是（审美者把审美）对象跟自己化为一人，如果对象行动很灵活，那么，自己也感觉到，也很灵活，就是自己跟对象合为一人，就感情移入。我觉得Lipps的这句话很有道理。我当时举了一个例子，如果一个500磅的老太太跳芭蕾舞，为什么没有人看了，我对那个老太太为什么感觉到不舒服？她那个地方是笨得很，我这里也是别扭得很，笨得很。感情啊，Lipps的这个解释，我觉得很有道理。我举的例子就是500磅的老太太跳芭蕾舞，你自己身上感到别扭，你把那个别扭的感情移到自己身上了。Lipps。

蔡德贵：主观的审美者和客观的审美对象互动了、交流了。

季羡林：嗯。咱们中国有一段啊，讨论美，你知道吗？

蔡德贵：我接触过几篇，但是不多，李泽厚、叶朗和周来祥等先生有关美的讨论，我大体看过一点文章。但是我对美学不是很关注研究的，他们的分歧无非是两派，一种是主观的美，一种是客观的美。

季羡林：就是啊。本来美是客观存在的，还是主观想象的？这个问题是争论不出结果来的。它跟自然科学不一样，自然科学能实验，抓得住，这个美你怎么抓啊？你抓不住的。

蔡德贵：我看您自己倾向于唯美主义。

季羡林：我自己喜欢唯美主义。中国的诗，你知道，我最喜欢的是谁？我最喜欢李义山的，就是李商隐。

蔡德贵：您也读过李清照的。

季羡林：李清照的也喜欢，但我是唯美派，喜欢唯美派。

蔡德贵：李商隐的诗作，最代表美的是哪一首啊？

季羡林：是不是"沧海月明珠有泪，蓝田日暖玉生烟。"他的诗我记不全了，是李商隐的《锦瑟》，琴瑟的瑟，锦瑟无端五十弦，他那时候才50岁，一弦一柱思华年，沧海月明珠有泪，蓝田日暖玉生烟。全诗是：锦瑟无端五十弦，一弦一柱思华年。庄生晓梦迷蝴蝶，望帝春心托杜鹃。沧海月明珠有泪，蓝田日暖玉生烟。此情可待成追忆，只是当时已惘然。

蔡德贵：您年轻时候能背上千首古诗吧？您的《留德十年》信手拈来几句的。

季羡林：没有那么多，但是我背的不少。而且我提倡年轻人多背点古诗，达到几个目的：第一个可以陶冶性情，第二个遇到什么不愉快的事情，背它两首诗，可以很快化解的。毛主席啊，背的古诗不少。他喜欢三李，李白、李义山、李煜。南方消灭血吸虫病，他写诗一首：春风杨柳万千条，六亿神州尽舜尧。红雨随心翻作浪，青山着意化为桥。天连五岭银锄落，地动三河铁臂摇。借问瘟君欲何往，纸船明烛照天烧。

蔡德贵：他的词您背得也不少啊。

季羡林：红雨随心翻作浪，青山着意化为桥。是典型的唯美派的。

蔡德贵：唯美派的，尊重客观的美吧？

季羡林：我没有研究，也不是尊重。他本身创作就是美的。美有两个含义，一个是它里面用的意向美，一个是声调美。声调美是很重要的，西方有个斯文伯Suinber，他是唯美派。

蔡德贵：中国的唯美派代表是谁呢？

季羡林：中国的唯美派代表是李义山。三李里的李太白，看不出多少（唯美派的）倾向来。

蔡德贵：刘勰的《文心雕龙》里面，类似的美，谈到过吗？

季羡林：忘了。多年以前看过，《文心雕龙》我看过。

蔡德贵：《文心雕龙》美学思想是很丰富的啊。

季羡林：那是不得了的。

蔡德贵：刘勰也是山东人，他写《文心雕龙》是在浮莱山。

季羡林：哦，刘勰啊！

蔡德贵：那里有一棵白果树[①]，好几千年了。

季羡林：银杏是长寿的树。

蔡德贵：我想起您的一个观点，静止长寿。千年的乌龟，万年的鳖，树类松树和白果树最长寿。因为它长的慢，寿命就长。运动员没有长寿的。静本身就是养生啊。

季羡林：运动员长寿的不多。四川有一个地方叫青城山，青城山啊，据说有一棵白果树，有2000年。

蔡德贵：浮莱山的这棵超过2000年。传说“七搂八扎一媳妇”，七搂八扎，七八个人合围，还抱不过来，中间要站一个媳妇。

蔡德贵：您还没有具体谈到为什么细腰为美，您谈到感情移入了。

季羡林：这个跟感情移入有关系啊。因为她细腰啊，她走起路来不吃力，她细腰不吃力，你像500磅的老太太，她走路非常吃力，感情移入的话呢，她吃力，你也感觉吃力。所以，我的美人“六字谱”就是白脸、细腰、长腿。

蔡德贵：宋玉的赋里，就是美的，增之一分则太长，减之一分则太短；著粉则太白，施朱则太赤。眉如翠羽，肌如白雪。

季羡林：对，就是啊。

蔡德贵：按照这个标准，中国的四大美人都是美的。

季羡林：世界上，有的历史，特别是印度莫卧儿王朝，没有留下美人的名字，欧美的国家只有几百年的历史，也没有留下美人的名字，就是世界所有的国家，包括日本也没有留下美人的名字，中国从西施起，代代有美人。

蔡德贵：有一次您提到埃及的艳后克里奥佩特拉，她是不是美人？

季羡林：克里奥佩特拉，她当然是美人。外国只有古埃及留下美人的名字。别的国家的历史没有，古埃及克里奥佩特拉是美人。

蔡德贵：那个电影《埃及艳后》，美国伊丽莎白·泰勒主演的，您有没有看过？

季羡林：没有看过。

蔡德贵：您说，西施以来代代有美人，这个美人观是不是也有变化啊？

季羡林：有变化啊。唐朝主要是……美人应该是，汉是赵飞燕[②]，汉朝是以瘦为美，赵飞燕一定很瘦的，不然那个赵飞燕怎么在掌上舞啊？

到了杨贵妃，唐朝主要是以胖为美，不能太胖。太胖，这个根据感情移入解释，解释不通啦。

蔡德贵：是不是丰腴之美？

季羡林：嗯。

蔡德贵：这个变化是不是与外来文化的交流有关呢？

季羡林：这个有关系，不过当地人民啊。杨贵妃跟赵飞燕，汉朝的赵飞燕是瘦的，不然怎么在掌上舞呢，杨贵妃是比较胖的，还不到肥的程度，一个500磅的老太太跳芭蕾舞，你感觉非常非常别扭，因为她很吃力，你也替她吃力，这就叫感情移入啊。美不是讨论过吗？一个美是客观存在的，一个美不是客观存在的，人的感觉，这个永远讨论不清楚。这个讨论永远也不会有结论。

蔡德贵：喝点水。

季羡林：大夫劝我多喝水。

蔡德贵：下午您不敢喝茶吗？

季羡林：下午也敢喝，那个大红袍是好啊，大概就是水土的问题，如莱阳梨。我们老家官庄有棵枣树，梨摔碎容易理解，可是枣子掉到地上能摔碎，我们官庄有那么一棵。

蔡德贵：现在沾化有冬枣。

季羡林：我小时候没有冬枣。

蔡德贵：今天正月十五，别累着，歇会。

休息之后。

季羡林：中国过去每一个朝代啊，都有一个最高学府，东汉那时候叫太学，后来有的时候叫国子监，有的时候叫太学。后来呢，我认为京师大学堂就是国子监、太学的继续，但是研究（北大）这段历史的郝平，现在是教育部的副部长了。

蔡德贵：他是北京外国语大学的校长，离任了？

季羡林：反正是不久。北京外国语大学的校长离任，就是教育部的副部长，他说不是。他说京师大学堂与国子监、太学不是继承的关系，我就始终不懂。中国每个朝代都有一个最高学府，每个朝代都有太学、国子监，后来国子监、太学的名不用了，就是京师大学堂，他说不是。我可没有研究过，也没有权利讨论这个问题，他说不是。

蔡德贵： 京师大学堂应该说是创办的，过去没有基础。

季羡林： 创办的，也有一个继承的问题啊。京师大学堂是全国最高学府，就是国子监、太学的继续，他说不是，我不懂，没有资格研究。

蔡德贵： 汉代以前，中国的高等教育已经开始了。在战国时期的齐国，建立过稷下学宫。

季羡林： 嗯。

蔡德贵： 在那里，教育规模相当大的。那里建了高门大屋，招揽知识分子到那里讲学。有地位的，如邹衍，被称为谈天衍，没有地位的，包括赘婿淳于髡都是稷下学宫的名人。

季羡林： 哦，对，邹衍精通天文，淳于髡是有点东方朔那个味道。

蔡德贵： 淳于髡曾经用隐语讽谏齐威王。齐宣王时期，民主气氛很浓厚。稷下学宫有个王斗，有一次在王宫里，齐宣王说，王斗你过来，王斗说，齐宣王你过来，当时宫廷里大哗，责骂王斗，以为王斗胆大妄为。王斗说，齐宣王叫我，我过去，我是附炎趋势，我巴结你。

季羡林： 对。

蔡德贵： 我叫齐宣王过来，说明齐宣王礼贤下士，能够治理国家。很有道理。

季羡林： 道理讲的很通啊。

蔡德贵： 齐国的民主气氛和商业有紧密的联系。这样的事情在秦国那是绝对不可能的。

季羡林： 秦始皇这个人哪，他非常残忍，说这个人是“蜂准”“长目”“豺声”，他眼睛白的多，豺声，声音像豺狼，极为残忍，很野蛮。李斯最后不是被五马分尸吗？五马分尸是非常野蛮的。

蔡德贵： 中国的第一个博士就是淳于髡，汉代刘向《说苑》[③]说的。

季羡林： 哦。

蔡德贵： 淳于髡以外，孟子、荀子、慎到、田骈、庄子、彭蒙，一大批人都是稷下学士。《考工记》是出在齐国，不是在别的国家。稷下学宫的学风我们没有继承下来。北大继承太学的传统应该是可以接受的。

季羡林： 现在就是，北大原来是京师大学堂，继承太学的传统，郝平不同意。我也没有研究过。

蔡德贵：他写过北大校史，您给写过序言。

季羡林：对。

蔡德贵：您是从历史的延续性方面说的，没有详细考据。

季羡林：嗯，没有考据。

蔡德贵：郝平的北大校史有考证。

季羡林：有的国家排地位啊，是国家主席、总理，然后是大学校长。大学校长在有的国家相等于国家总理，譬如波兰就这么排的。大学校长是很尊贵的。

蔡德贵：埃及的开罗大学校长相当于副总理，爱资哈尔大学的校长是国家宗教的最高领袖。

季羡林：对。

……

季羡林：嗯。我有一个老师，是北大的德文系主任叫杨炳辰，那个人作为教师，是马虎的。学生交卷还没走，分数已经出来了。但是他人是个好人。他写了四个大字："四大皆空"，他的玻璃板下面是"四大皆空"。

蔡德贵：他信佛教吗？

季羡林：他也不是佛教徒，就是这种人生观。那时候他在北京好几个大学兼课，据说一个月能收入1000块大洋。

蔡德贵：那可了不得了。

季羡林：到后来，军统北京站，站长据说是留德的。我没有沾这个边，如果沾了边，就麻烦了，就搞不清楚了。后来这个杨炳辰，好像搞了个街道管制。

蔡德贵：那可够倒霉的。他很早离开北大了？

季羡林：嗯，离开了。他倒霉的时候，有一次，我买了一条大鲤鱼，有一尺多长，是一条活的大鲤鱼，给他送去了。

蔡德贵：那时候他住北大吗？

季羡林：没有住北大，他住校外，原来是学校的房子，马圈胡同。

蔡德贵：他住马圈胡同啊。

季羡林： 后来搬开马圈胡同了，到另外一个地方住了。

蔡德贵： 是活的大鲤鱼吗？

季羡林： 活的。

蔡德贵： 您搬到朗润园了。

季羡林： 嗯。

蔡德贵： 您出门经常骑自行车。

季羡林： 骑自行车，那个自行车我是在红楼后面那个民主广场，不知道怎么的，在那里买了一辆自行车。

蔡德贵： 您给杨炳辰先生送大鲤鱼，是骑自行车还是坐车去的？

季羡林： 也没有骑自行车，也没有坐车，抱着一条大鲤鱼，是很重的。我一个人提着，很重的，走着去的。

蔡德贵： 您的尊师，我觉得真是值得我们后来这些学生学习的。您给西克教授送蛋糕，给陈寅恪先生送葡萄酒。对学生又特别的，没有教授架子，给学生看行李。这个学生叫什么，到现在也不知道。

季羡林： 当时也不知道，当时我穿着的那个衣服，是咔叽布的中山装，我在国内从来不穿西装，那个咔叽布的中山装，而且挺脏的。那个学生，新生报到，说，老师傅，我那个样子像个老炊事员，说，您给我看看行李，我去报到。

……

蔡德贵： 杨炳辰先生什么时候去世的？

季羡林： 那个不清楚了。不清楚了。他在河南当过大学校长。河南三杰啊。

蔡德贵： 河南三杰有冯友兰先生吗？

季羡林： 有这个杨炳辰、徐炳昌，

蔡德贵： 徐炳昌也是，哪个许，言午许吗？

季羡林： 不是，双立人徐。炳是彪炳的炳。昌盛的昌。杨炳辰在河南大学当校长，他“四大皆空”，怎么当大学校长呢？他那个样子，怎么管理一个学校呢？说是弄得一塌糊涂的。四大皆空，没有办法管理的。

蔡德贵： 三杰另外一位是谁？

季羡林： 第三是姚雪垠啊。

蔡德贵：写《李自成传》的那个。

季羡林：姚雪垠哪，他自恃甚高，说将来要有"李学"。《红楼梦》不是有红学吗？《李自成》要有李学。他那本书，我也没有全看。他把那个李自成的夫人，写得像个妇联主席一样，没有什么文采的。

蔡德贵：好像他那个《李自成传》是毛泽东欣赏的。

季羡林：不知道。他看过啊？

蔡德贵：好像他这本书是政治需要抬红的。

季羡林：对。

……

季羡林：现在就是，我说中国人大事糊涂，小事精细。"文革"是个大事，怎么马马虎虎过去呢？我说，这么荒谬、野蛮的举动，现在都忘记了。我说，它不能代表中国人。中国人不是那样子野蛮的，中国人从国民性来讲，是讲道理的这么一个民族。参加的人都是中国人中间的败类，他代表中国人的（败类）。很多人到现在还不明白真相。

蔡德贵：好多具体的问题，还没有人搞得很清楚。

季羡林：搞不清楚。

蔡德贵：上边组织就好办。不组织就不好办。

季羡林：嗯。

注释：

①资料显示，这白果树的树龄在3200年以上，生长在山东莒县浮莱山上的定林寺中。它虬枝参天，枝繁叶茂，荫蔽数亩，高达26.3米，围粗15.7米，需8个大人手拉手方可合抱，享有"天下银杏第一树"之称。据《左传》记载：鲁隐公八年（公元前715年），"公与莒子盟于树下"。就是指的这棵白果树。虽历经沧桑，却枝繁叶茂，郁郁葱葱。发芽早于春，叶落迟于冬。每年谷雨时节，可为方圆30公里范围内的银杏雌树授粉。树底部经嫁接后已结果，年产"神果"300公斤。因历史久远，传说甚广，故被当地百姓尊称为"老神树"。

②赵飞燕，生于前45年卒于前1年，原名宜主，长安（今陕西省西安）人，赵临的女儿，汉成帝刘骜的皇后，能歌善舞，体态纤美，轻盈如燕，相传其能在掌中起舞，故称"飞燕"。是历史上著名的体态轻盈，能歌善舞的美女。唐代诗人徐凝作《汉宫曲》：水色簾前流玉霜，赵家飞燕侍昭阳。掌中舞罢簫声绝，三十六宫秋夜长。

③《说苑·尊贤》：十三年，诸侯举兵以伐齐，齐王闻之，惕然而恐，召其群臣大夫告曰："有智为寡人用之。"于是博士淳于髡仰天大笑而不应，王复问之，又大笑不应，三笑不应，王艴然作色不悦曰："先生以寡人语为戏乎？"对曰："臣非敢以大王语为戏也，臣笑臣邻之祠田也，以一奁饭，一壶酒，三鲋鱼，祝曰：'蟹堁者宜禾，洿邪者百车，传之后世，洋洋有余。'臣笑其赐鬼薄而请之厚也。"于是王乃立淳于髡为上卿，赐之千金，革车百乘，与平诸侯之事；诸侯闻之，立罢其兵，休其士卒，遂不敢攻齐，此非淳于髡之力乎？

第四十六次口述

2009年2月10日下午（潘石屹、楼叙坡、李楠拜访）

先为潘石屹题字：和谐、和为贵，在写“爱国、孝亲、尊师、重友”的时候，对我们在座的说，这个爱字里面有个故事。我为什么这个爱字，要写上心字。因为我那年去泰国，有个侨领郑午楼，泰国侨领之一，侨领最大的，问我，中国简体字，这个爱字没有心了，没有心还怎么爱呢？（另外还有亲字不能见，圣字没有王）所以我以后写爱，一定加上这个心字，不要心了，怎么爱？对我印象很深。简体字啊，本身有些问题，简体字背后啊，有一个故事，什么故事呢？有人哪，这个人不说是谁了。这个人要废除汉字。

潘石屹：用拼音。

季羡林：汉字啊，是废除不得的。世界文化的特点之一就是有这个汉字。怎么能废除呢？有一阵子，1954年日内瓦会议，西方用字母的国家报道的快，咱们不用字母的报道的慢。结果就有人主张啊，汉字字母化。字母化啊，实际上这个科学发展啊，说不定用字母的国家，可能不如我们不用字母的国家快。科学发展前途无限，不敢说。（使用）字母国家有一个例子，越南语，越南语是那个拉丁字母，头上戴帽，脚底穿靴。

蔡德贵：越南是把汉字完全废除了。韩国原来也是取消汉字。可是韩国最近觉悟了，韩国政府发布消息，决定提倡它的国民恢复汉字。日本也在奖励学汉字的人。

季羡林：现在啊，这是聪明人，聪明人。因为科学进步啊，永远没有停止。说不定，将来方块字比这个字母，传播消息的速度还要快，说不定。

蔡德贵：这个现在基本实现了。现在一个小女孩，一天打几万字，没有问题。您的那篇长篇的《商人与佛教》，一个女孩一天就打出来了。现在基本实现了。

季羡林：哦。《商人与佛教》，一本书啊。大概有200多页吧。

蔡德贵：排的比较稀，是200多页。实际上大概6万字。一个女孩打五六万字没有问题。我不行，我一天打2万字，就不错了。

潘石屹：那也不错了。

楼叙坡：五笔字型很快。

蔡德贵：发明五笔字型的是王选吗？

楼叙坡：不是。叫王什么来着？

季羡林：王选那个激光照排，很不简单。

蔡德贵：可惜去世了。百年校庆期间您和他坐在一起，但是头几年就去世了，太可惜了。

季羡林：很可惜。

蔡德贵：有一次，您跟陈省身在观天文，是什么时候？

季羡林：陈省身？忘记了。陈省身是数学家，南开的。当时成立一个文字改革委员会，那个吴玉章啊，在延安哪，就提倡拉丁化。当时啊，提倡文字拉丁化，就是革命的象征。

蔡德贵：就是和传统彻底决裂。

季羡林：谁要提倡，谁就是革命者。

楼叙坡：还有人推广世界语呢。

季羡林：那个我的想法啊，永远办不到的。而且也无聊得很，世界本来就是各种现象并存的，那么，语言统一化，那是不可能的。世界语是Esperanto，那个词本身里边包括一种希望，一种想象，世界用不着搞一个世界语。用不着搞，因为每一种文字，有它的背后的文化背景，有的是几千年的。我们这样的世界文化是百花齐放，你如果统一成为一种文字，那是索然寡味的。

蔡德贵：实际上文字的多元化，也就是文化的多元化。

季羡林：就是。就是。

蔡德贵：没有文字也就没有文化了。可惜的是我们的文学作品，没有办法翻译的。有些诗，只能意译，内容可以翻译，但是形式不能翻译。

季羡林：形式是这样子。每个国家的文学发展啊，都有每个国家的规律，它不一样。决定于什么呢？决定于这个文字的本身。中国是单音字，而且中国发展很有意思。最早是四言诗，关关雎鸠，在河之洲。后来发展到五言，再后来就不是五言，后来到七言。没有发展成八言、九言的。因为那个文字决定了，八言、九言的没有法念。七言（一句念起来）正好。

蔡德贵：词是另外的了，长短句了。

季羡林：七言一句念起来正好，八言的念起来太长了。七言正好：朝辞白帝彩云间，千里江陵一日还；两岸猿声啼不住，轻舟已过万重山。（李白《朝发白帝城》）这七个字正好。

蔡德贵：先生背了几百首诗。

潘石屹：滚瓜烂熟。

李　楠：先生还翻译了“不折腾”。

蔡德贵：不折腾是您一锤定音了。

李　楠：特别叫绝。

季羡林：怎么叫不折腾，成大家常用的词，制造麻烦就是折腾，trouble making，不折腾就是不制造麻烦，no trouble making。大家后来还是赞成我这个解释。

蔡德贵：现场的翻译就直接使用汉语的拼音化了。上次您说可能在英国成为英文里的中文外来词了。

李　楠：可以丰富英语的词汇了。

蔡德贵：潘总这个人我觉得，是个怪人，他房地产搞得非常好，他写书，追求精神的提升。

季羡林：嗯。

潘石屹：我们最早接触还是从蔡老师这里。

蔡德贵：不是，不是。他经商，把钱看成身外之物了，已经是超脱了，他两千万、三千万往外打出去了。去年金融危机这么厉害，今天中午我和他聊天，他的公司去年的税后净利润是17亿多。很了不起的。

季羡林：哎呀，了不起。

蔡德贵：他的家庭也很有意思。他起的名字是中西合璧。

季羡林：土洋结合。

蔡德贵：他是甘肃天水人，土老冒，小时候，穷得父亲裤子的一条腿，母亲裤子的一条腿，拼凑起来，才有自己的裤子。小时候没有离开天水。他的夫人张欣，是公司的总裁，潘先生是董事长。

季羡林：哦，这样子的。

蔡德贵：她小时候，12岁左右离开北京，到香港念中学、到英国念大学，拿硕士学位，接受西方教育。潘总是综合思维，张欣是分析思维。原来我不知道是真的假的，好像家里还有点矛盾。

潘石屹：现在没有矛盾了。

蔡德贵：后来统一到和谐的理念，家里没有矛盾了，很有意思吧。

季羡林：对，很有意思。

潘石屹：对，现在和谐了。

蔡德贵：两口子都把钱看做身外之物，大把大把往外撒钱。去年四川地震我不知道您捐了多少钱。

潘石屹：地震一共捐了2200万。

季羡林：那就不得了。

蔡德贵：您一下子捐了23万，您已经很了不得了，因为您的钱都是爬格子爬出来的。

季羡林：我是穷光蛋啊。

潘石屹：您是最有精神财富的，全中国。

蔡德贵：他说，您是最有精神财富的，所以我对潘总也是很佩服。

季羡林：嗯。

潘石屹：我们是好朋友。

蔡德贵：我们中午吃饭，（潘总）说能不能看看先生。我就跟小岳说，小岳妹妹通过，她通过，潘总才能进来。

小　岳：别在那里瞎说。

潘石屹：是这样子的。

小　岳：损我有什么用啊？你老骂我干什么？下次不让你进来了。

蔡德贵：她又说我骂她了。

先生大笑。

蔡德贵：我得尊敬她啊，对不对，我不尊敬她，她能够饶了我吗？

季羡林：小岳是好人哪。

蔡德贵：好人，铁嘴豆腐心哪。

季羡林：对。

小　岳：你瞎夸奖我，夸奖我，我也不说你好。

蔡德贵：我不用你说我好。她说，我当面夸奖她，是为了让我说她好。她不会说我好的。她当面能跟您开玩笑，背后她不知道怎么骂我呢。

季羡林：也不一定真骂你啊。其实好人坏人，她知道的。

蔡德贵：真骂我，她就不让我进来了。

季羡林：对。

潘石屹等走后下半段口述。

蔡德贵：昨天，您欣赏李义山的唯美主义。

季羡林：我喜欢李义山的。

蔡德贵：有关国内文化的部分，汉、满、蒙、回、藏的都谈到了，还有敦煌学您还没有说到。

季羡林：你去过敦煌吗？

蔡德贵：没有。

季羡林：应该去看一看。

蔡德贵：您是在当北大副校长的时候去过一趟的吧？

季羡林：嗯，去过一次。我在那里住过几天。敦煌那个本地啊，那个水啊，苦，又咸，不能喝。人饮水呢，靠什么呢？靠一个部队，每天到敦煌县去运这个清水，运到石窟，供人喝，要是洗啊，就用本地的水。这个敦煌的意义啊，我说从世界文化来讲，是东西传递的，从东方传到西方，从西方传到中国。这中间就是丝绸之路。丝绸之路在世界文化史上，占很重要的地位。为什么原因呢？因为世界文化啊，无非两大重点，一个是中国文化，这个不用说了，另外一个是古代的希腊、罗马文化，世界别的地方没有产生这么重要的文化，而这个文化交流的通道，就是丝绸之路。

蔡德贵：您对丝绸之路的东方起点，觉得到底哪里最合适啊？

季羡林：一般讲起来，都说是西安。应该再远一点，洛阳。

蔡德贵：原来山东大学的副校长齐涛认为起点应该是淄博。中国丝绸的最早产地是淄博。齐涛，您知道啊。

季羡林：我知道。不过，他这个话，多少有点问题。为什么呢？什么叫丝绸？我们讲生产丝绸的蚕茧，那不是北方的东西，淄博那个地方生产的蚕茧和南方的不是一样的。所以淄博的丝绸，不是南方的蚕丝，是本地的柞蚕生产的，桑树的蚕丝是南方的。这两个现在有人把它们混起来了，其实是两码事。

蔡德贵：那就是说，桑树的蚕丝，最早还是南方的啊？

季羡林：嗯。

蔡德贵：但是，北方有桑树啊。

季羡林：有桑树，我说这个南方蚕丝不是桑树，就是蚕茧煮了以后，再把它拉成丝。这个桑树啊？北方是不是叫柘树？潭柘寺的柘，我不敢说。

蔡德贵：桑树养的蚕就是桑蚕，淄博的是不是叫“柞”？是“柞”，柞蚕。

季羡林：现在还有这种蚕。

蔡德贵：但是长安也是属于北方啊。当时是首都。

季羡林：长安？它不完全是北方，当时长安、洛阳是中国的文化、政治首都。中国呢，这边山东一些小贩，就是起初，带着山东这个柞蚕，往西走，就边走边卖，卖了以后呢，再买别的东西。从陆路一直走到罗马，那时候没有海路。有一次，我跟你讲过这个故事，在哥廷根旁边，有一个大城，叫卡塞尔。那卡塞尔法院，忽然给了我一张传票，说请你来担任翻译，来的话，我给你多少多少钱，你不来的话，我就罚你多少多少钱，那我只好去了。去了以后呢，那时候，咱们中国人到欧洲，不像现在这么正规，有护照，有签证，（那时）没有那一套。他们就是带了柞蚕丝，随走随卖，卖了以后再买本地产品，再往前走，一直走到罗马帝国。咱们中国的小贩有这个习惯，沿街叫卖。他们这个西方啊，没有这个习惯。所以那卡塞尔的法院，叫我去干嘛呢？当翻译，就是给这些沿街叫卖的人（当翻译）。为什么呢？因为西方没有这个习惯，一个爱管闲事的老太太，告到法院，说一个小贩，不顾当地习惯，在街上喊。这个人不会德语，让我去当翻译，而且这个人哪，没有现在正式发的护照，一个人死了，别人就把那个人的护照借用了。

第四十七次口述

2009年2月12日下午3：00～5：00

季羡林：有的口述历史出版了，是不是？

蔡德贵：梁漱溟的出版了，还费了一些周折。

季羡林：为什么啊？

蔡德贵：因为里边实话挺多。冯先生的一本不是晚年自述，是他自己写的《中国哲学史新编》第七卷，大陆就不给他出，后来第一次印刷是在香港出的。

季羡林：听说了，他自己讲啊，里边讲了点实话。

蔡德贵：他又回到新理学的思想了，大陆觉得不符合大陆的精神原则，不敢给他出，后来在香港出的。最近几年大陆出《冯友兰全集》，就都收进去了。梁漱溟的晚年自述，是美国的一个学者，叫艾凯（做的），也是对话体，艾凯问，梁漱溟答，讲了好多和毛泽东五十年代的过节。有些讲得很具体，比《毛选》五卷具体多了。所以一开始，书不让出，但现在也挡不住了，网上可以下载，他在国外出了也能看。

季羡林：现在这个中国人，文的，我最崇拜梁漱溟，武的，是彭德怀。

……

蔡德贵：您年轻的时候，脱马褂换中山装也费周折。然后穿上中山装，就不愿意脱了。

季羡林：一辈子穿中山装，（后来）出国访问，也是那一套。

蔡德贵： 好像还有一个故事。您去澳门的一次，好像主办人对洋人的态度和对您的态度不一样，您还……。

季羡林： 就是这样子，就是开一个会，他们别人出去干嘛，我不知道。我没有走，没走，不让我坐在前排。回来以后，让我坐在前排，我就不去了。我说，你原来让我坐在二排，我就坐二排。他原来是因为都没有回来。中间他们不知道有什么事。

蔡德贵： 这个事，我是从许明的一篇文章，谈这件事。

季羡林： 我不知道。

蔡德贵： 文章是《心事浩茫连宇宙》，您对个别国人对洋人阿谀奉承的态度不满意。

季羡林： 不满意。

蔡德贵： 还有一次，是李铮健在的时候，陪您在长江游轮上开会，回来的时候，在北京机场，邀请您的老板把您给甩了。

季羡林： 对。那是日本的陈舜臣[①]，他是日本籍的中国人，大舜的舜，他们干嘛？

他们租了一条游轮，哪里来的钱，我也不知道。他在游轮上的那个安排，我在首座，第二座是季崇威[②]，威严的威，下面是冯骥才。我们三个人。（组织者，）他们是想借这个机会在报纸上发表以后，发点财。

蔡德贵： 是创收了。

季羡林： 就是创收。一条豪华大游轮，就我们几个人。日本的是陈舜臣。还有两个日本人忘记名字了。[③]

蔡德贵： 在船上开会吗？

季羡林： 主要就是开会啊，天天谈。

蔡德贵： 一直开到重庆。

季羡林： 开到重庆，从重庆坐飞机回来的。

蔡德贵： 会议的召集人是坐头等舱吗？

季羡林： 没有这个说法。

蔡德贵： 但是，到北京机场以后，一下飞机，有人接走了，他们把您和李铮给甩了，是吗？

季羡林： 嗯。

蔡德贵: 那时候您是副校长吗?

季羡林: 已经不是了。

蔡德贵: 季崇威这个人是干什么的,我很少听到。

季羡林: 好像是搞经济的。

……

注释:

①陈舜臣,日本当代最重要的历史小说家。1924年出生于日本神户,祖籍福建泉州,后移居台湾,从祖父起侨居日本。1961年以《枯草之根》获日本江户川乱步奖,一举成名。此后四十多年笔耕不辍,作品不下百余种,涉及推理小说、历史小说、文化随笔、风土游记等,并成为日本文艺界近四十年来得奖最多的作家,囊括了"直木奖"、"吉川英治文学奖"等日本文学大奖。1992年,陈舜臣获日本文化界的至高荣誉"朝日奖"。陈舜臣以历史小说走红日本,其主要著作有《风云儿郑成功》、《大江不流》、《太平天国》、《鸦片战争实录》、《小说十八史略》、《曹操:曹魏一族》、《诸葛孔明》、《秘本三国志》等。

②季崇威,经济学家,历任中国轻工业部计划司副司长,国家经济委员会工业生产局、企业管理局、综合局副局长,国家进出口管理委员会专职委员。一九八二年起出任国务院经济研究中心、发展研究中心常务干事、高级研究员。曾在国内国际会议和中外报刊上发表经济论文一百多篇。一九九五年出版《论中国对外开放的战略和政策》、《中国大陆与港澳台地区经济合作前景》两书。现兼任中国工业经济协会、中国国际贸易促进委员会、中国外商投资企业协会顾问,全国台湾研究会副会长,港澳研究会名誉顾问,北京大学、南开大学兼职教授,天津渤海化工集团公司董事等职务。2001年9月2日因病逝世。

③有关事情据举办者陈舜臣说:

次日(1992年9月29日),我飞往武汉,住进了晴川宾馆。武汉已经十四年没来了。那里历代诗人都会在诗中吟唱的黄鹤楼被当年太平天国军队攻占时烧毁了(公元一八五二年)。

黄鹤楼曾多次被焚毁、重建。太平天国那场战争焚毁的是清朝乾隆元年(公元一七三六年)由湖广总督重建的,据说楼高十八丈(约58米)。

清末的湖广总督张之洞在焚毁的遗迹上重新修建了楼阁,但规模要小很多。也许考虑到沿用黄鹤楼的名字有些诚惶诚恐,因此将重建的楼阁起名为"警钟楼"。我相信,这个警钟楼一定看到了一九一一年十月十日标志着辛亥革命开始的武昌起义。然而没过多久,一九二〇年因一场大火再次被焚毁。自那之后,就一直没有重建。十四年前我来的时候还有这样的解说:"黄鹤楼曾建在这里"。没想到,此次到武汉一看,一座非常壮观的楼阁高耸入天,观光游客更是络绎不绝。

此次来武汉是为了参加朝日新闻社和人民日报社共同举办的三峡研讨会。参观了黄鹤楼之后，人民日报社社长高狄先生设宴款待了我们。那时的高狄先生被人们形容为“保守派的代表”，可在我眼里，他简直就像三国志中登场亮相的人物一样，是一位很壮实的好男人。他毕业于原伪满建国大学，因此日语应该是运用自如的，但在四天五夜的游船之旅中，从他嘴里却没有说出一句日语。

九月三十日，我们从江陵搭乘了一艘名叫峨嵋号的豪华游览船。包下这艘船就是为了此次研讨会。上船那天的晚上举行了欢迎晚宴，人民日报社方面的张虎生先生致欢迎词。张先生是人民日报海外版的负责人，也是为了准备此次研讨会特意赶往日本，并特意到神户来见我的人。在致词的最后，张先生朗诵了他自己的一篇诗作。

丽地佳期溯水行
尽收秋色襟怀中
击筇煮酒论天下
芍药樱花别样红

由于在神户彼此交流过，因此我十分理解张先生的心情。天安门发生的变故以及人权问题等一定会在此次研讨会中涉及到，但是中国将以中国自己的方式推进现代化，可以说这是他想告诉人们的一个委婉的宣言。用“红”来表现把人民的幸福放在心上，无论是中国的芍药还是日本的樱花都是“红”的，但却拥有彼此各异的色彩，我这样理解。

依此诗韵，我写了下面这首诗赠张虎生先生。

和张虎生先生韵
论界英豪一苇行
亚洲成竹在胸中
长江富士同风月
晓夕山河孰不经

一苇，经常将一束芦苇比作船。从古老的《诗经》到苏东坡的《前赤壁赋》都有这样的用法。

亚洲，此次三峡研讨会的正式名称是“展望二十一世纪的亚洲国际研讨会”。

形容此次逆流而上的三峡研讨会是划时代的尝试一点不为过，其理由除了韩国东亚日报副社长权五琦也作为嘉宾参加之外，主要还有台湾两大报社，《中国时报》和《联合报》各自的总编黄肇松和胡立台两位先生参加，还分别做了发言。这种事放在数年前连想都不敢想。遗憾的是邀请了平壤新闻界人士，但不能前来参加。

日本方面参加研讨的有，田中直毅、吉岗忍、松山幸雄和我等四人。中国方面有，季羡林、肖向前、季崇威、冯骥才、胡汉林等五人。不过，胡汉林先生是长江水利委员会的成员，是专门为说明三峡大坝而来的。

季羡林先生已经八十多岁了，当他还是北京大学副校长的时候，我和他多次见面。他在中国是印度学的泰斗，作为伽梨陀娑的《沙恭达罗》以及古典《罗摩衍那》全集的汉译者是非常有名望的。

肖向前先生曾留学日本东京高等师范和文理大学，对日本十分精通，也曾是驻日大使馆的政务参赞，和我算是旧知了。卸任驻孟加拉大使之后，现任中日友协副会长。

研讨会正如预期的那样，不乏激烈场面。不过毕竟是漫长的四天五夜，当时参会众人到后来都难免面露疲惫。激烈的争论从研讨会的后半段开始，其实无论长江还是富士山，其风月本是相同的……最后，在彼此都是相同地球人的原则下，总算避免了“决裂”。是朝阳似火还是夕阳似火，其实无论哪个不都是红艳艳的，而这正应对了芍药和樱花。

节选自《麒麟之志》2009年6月21日

第四十八次口述

2009年2月16日下午3：00～4：30

蔡德贵：有个事，我想先问一下您，现在时代变了，当时形式还有，就是1926年前后在山东大学附设高中，王寿彭祭孔。

季羡林：不是王寿彭，我参加的是张宗昌祭孔。

蔡德贵：有王寿彭陪着，您提到过。

季羡林：陪没有陪，忘记了。张宗昌主祭。

蔡德贵：现在是2009年，祭孔活动已经恢复三年了。“五四”以后的祭孔被批得很厉害的，而现在又恢复祭孔，您有看法吧？

季羡林：嗯，现在啊？祭孔恢复了啊？“五四”时期批得很厉害的。

蔡德贵：恢复三年了。叶选平、许嘉璐都参加了。这和以前可大不一样了。

季羡林：以前批得厉害啊。

蔡德贵：您有些看法吧？

季羡林：看法就是这样子，一个人，一个国家，没有直路可走的，都是弯弯曲曲的，从今天看起来，整个的大环境变了，恢复祭孔，我觉得是件好事。现在不是成立孔子学院吗？孔子学院是这样子，我跟你说过这个事，好像学习了德国的歌德学院。歌德学院目的是学德文，咱们的孔子学院学汉文，他们跟我谈这件事的时候，我只有一个意见，我说不要局限于语言，就是连我们的中国文化，都把它带到世界去。现在全世界不知道成立了多少孔子学院啊？

蔡德贵：大概200多个了。甚至可能超过200了。

季羡林：那可不容易。

蔡德贵：与您的观点是一致的，中国传统文化的核心是和谐，孔子给世界送去的最好礼物是和谐。

季羡林：礼之用，和为贵，先王之道斯为美。祭孔时，王寿彭我没有印象。反正我的印象最深的是，高高大大的张宗昌。当时我就觉得可笑，张宗昌这种人，是半强盗，现在也穿起长袍马褂。当时我就觉得可笑，对祭孔本身这件事，我从来也没有反对，也没有热烈提倡过。我一个中学生，有什么资格啊！既没有资格反对，也没有资格提倡。

蔡德贵：您觉得在孔子学院讲中国文化，也讲孔子思想，可行吗？

行不行啊，决定于我们讲不讲。你不行也要讲，因为我们中国文化的精华，孔子不能说代表全部，但是能代表一部分。你愿意听，我也讲，你不愿意听，我也讲。

蔡德贵：可是真正给外国人讲孔子思想，估计难度是很大的。

季羡林：难度大，你说，大在什么地方啊？

蔡德贵：现在就是孔子的思想怎么转化成英语，到现在还没有统一的意见。

季羡林：现在这个新的“四书”“五经”有翻译吗？我不知道。

蔡德贵：有好多种。但是哪个权威，还不清楚。

季羡林：就“仁”这个字，孔子思想的中心，就没有办法翻译成英文。结果这样子，大概是冯友兰造的一个字，他从这个朋友，Friend，Friendly变成形容词，再加一个ness，又变成一个名词。这是他造的一个字，我觉得未可厚非，既然“仁”这个字不好翻，另外造一个形式，也可以的。

蔡德贵：冯友兰的《中国哲学简史》是他在美国哥伦比亚大学时的作品，英文是小史。是不是这本书用的？

季羡林：哪里来的，我忘记了，这个我不知道。我还不是看他的博士论文，从什么地方来的，我忘记了。我觉得没有办法，这也是个办法。反正这个词，你要找一个完全和中国的“仁”相合的，那不可能的，中西两种文化，在这种情况之下，你创造一个新字，我觉得无可厚非，应该提倡。Friendly ness。不知道从哪里看到的。我在高中念书的时候，念过一本冯友兰的《人生哲学》。

蔡德贵：您还念过蔡元培的《伦理学史》。

季羡林：这个《伦理学史》，念过。高中还是后来，忘记了。

蔡德贵：您说是高中。

季羡林：《伦理学史》啊，我当时的印象是太简单。《人生哲学》我就不敢提什么意见了，作课本的。这个哲学本身啊，我的想法，我跟你说过，我从来不感兴趣。因为公说，婆说，什么都对，公说公有理，婆说婆有理，这样的话，真理哪里去了？你讲的对不对，你抓不住。所以，我对哲学本身哪，应该说是从来就不感兴趣。我也跟你说过，中国旧时不是把学问分为三种么，义理、词章、考据，我最没有兴趣的是义理，最有兴趣的是考据。

蔡德贵：但是您的词章，也是很精到的。

季羡林：词章没有想。

蔡德贵：其实，您搞语言学还不主要是词章吗？

季羡林：嗯。

蔡德贵：您的散文，好多人评价，说您如行云流水，古代诗词、散文您背得很多，信手拈来，词章没有任何障碍了。

季羡林：你说的有道理，对。

蔡德贵：义理，会不会与叔父平常老是强迫您学《课侄文选》，您有逆反心理有关？

季羡林：他那个还成不了哲学。这个理学，当然属于哲学了，不过（《课侄文选》）还没有哲学那么深。只是讲平常的一些怎么做人，孝顺父母的道理。那时候爱国都没有提到第一位，爱国是我加上的，爱国、孝亲、尊师、重友，八个字，四个行动，我叫它“人生四要”。

蔡德贵：“人生四要”。您对爱国主义还是有分析的。

季羡林：国防大学研究生院院长张际春，他请我去，给他的学员讲了一次，就讲爱国主义。那些学员哪，一律都是大校，我估计是从里面选少将，我猜的啊，都是大校。

蔡德贵：您写过文章，对爱国主义有分析。

季羡林：那天，我就问这个大校学员，各位，爱国主义是好东西还是坏东西？他们一致回答是好东西。我说日本人侵略中国的时候，高喊爱国主义，我说那也是好东西啊？他们没有话说了。

蔡德贵：您在《留德十年》里提到，爱国和爱国民党政府不是一码事。

季羡林：对，不是一码事。

蔡德贵：您从德国回来，到上海以后，捧起一把土来，亲吻大地。

季羡林：嗯。

蔡德贵：那就是爱国。您把爱国和爱一草一木，山川大地，融为一体。您散文里，对燕园里紫藤萝被砍，对西府海棠被砍，都感到不满。把和自然融为一体的感觉，也融汇到爱国的情怀里了。

季羡林：还有西府海棠。有一篇文章，忘记是哪一篇了，里面最后一句话，说，我生平万事不如人，唯独爱国不甘后人。

蔡德贵：《我的心是一面镜子》。

季羡林：对，就是这篇文章。

蔡德贵：在《收获》上发表的。中央电视台最近要拍您的六集纪录片。征求您的意见，您不是说没有意见吗？他们愿意怎么拍，就怎么拍。我对他们提过一个建议，就是按照您这“人生四要”的线索来拍。

季羡林：我觉得这里边啊，人际关系啊，这四项，就够了。为什么呢？爱国那不用说了，孝亲也是，尊师、重友，尊师是比我们长一辈的，友，比我们小一点的，都是友，所以爱国、孝亲、尊师、重友，人际关系啊，囊括无余。

蔡德贵：我跟中央电视台的说，爱国的事情，您本身的，我掌握很多了。尊师也是，对陈寅恪、西克教授，都是尊师的。您对杨炳辰，认为他教书不负责任，但是您觉得他是个好人，所以在他最困难时期，买个大鲤鱼，步行送给他。

季羡林：不步行怎么办哪？抱着大鲤鱼，没有办法坐车。

蔡德贵：对王崑玉，对董秋芳，您都没有忘记。您一辈子没有忘记。

季羡林：到今天也没有忘记。

蔡德贵： 孝亲不用说了，您对母亲的怀念，好多人感动得流泪。您的《赋得永久的悔》，那是韩小蕙组织的系列文章首篇。实际上不光是对母亲，您对叔父和婶母也是尽孝心的。

季羡林： 对啊。特别是对老祖，感情最深。有一个故事，我好像跟你也说过，就是那时候安徽的一个小保姆，那个故事动人。

蔡德贵： 结果，不仅没有照顾老祖，反而是老祖把她的病治好了，每天给她往外挤脓。

季羡林： 每天来了以后，先治病。她大白疮，大夫说是恶性的，在皮肤下，凹下去了，不是鼓起来的，鼓起来的好治。我婶母这个老祖啊，她是天津的世医，中医世家，真正懂得的。

蔡德贵： 到底把小保姆的大白疮治好了。

季羡林： 嗯，治好了。她不是瞎治，她是懂的。她还有个治白喉的，我给你说过。厉害到什么程度？白喉封喉，点一下就立刻见效。她自己配的药，祖传秘方。

蔡德贵： 年轻的时候，在济南她有没有开诊所啊？

季羡林： 我是她到北京时，我才知道的。她结婚的时候，当时我并不赞成的。

蔡德贵： 您是不是不在国内？

季羡林： 在国内，我不赞成她结婚。所以，她结婚的前几天，我就借口到北京来了，我说要准备出国。意思我就是说，不愿意参加，不愿意叔父再结婚。这里面没有什么家产的问题，我们家也没有什么家产，并不是争家产。

蔡德贵： 可是您的想法也是很奇怪的。您原先的马婶母对您可不好啊！

季羡林： 那个不行，嗯，那个不行。

蔡德贵： 她后来怎么了？去世了？1935年以前就去世了？

季羡林： 嗯，晚年稍微好一点。

蔡德贵： 摆那个马家的大户人家的架子。

季羡林： 嗯。

蔡德贵： 您当时吃不饱，也与马婶母有关，按说，她应该给您一点零花钱的。

季羡林：没有。所以这个，那时候我在正谊中学念书，大明湖边上的，现在的秋柳园，我写字，我给它圈了一个圈，正谊，要留下啊。

……

蔡德贵：歇会吧。《文史哲》主编要来看您，可以吗？

季羡林：《文史哲》还有吗？

蔡德贵：还有，新主编王学典是搞史学理论的。

季羡林：那时候《文史哲》办的是不错的。

蔡德贵：现在也不错，大概仅次于《北大学报》。

季羡林：北大学报哲学社会科学版的。

蔡德贵：主编来看你，带点什么东西呢？

季羡林：不要什么。

蔡德贵：带点油旋吧？好长时间没有带了。

季羡林：好。

第四十九次口述

2009年2月17日下午3：20～4：30

蔡德贵： 婶母真是不容易，是无私奉献的人了。

季羡林： 我说是第一功臣啊。

蔡德贵： 她是不是文化水平很高啊？

季羡林： 文化水平，反正能看这个中国的医书了。

蔡德贵： 《黄帝内经》都能看了？

季羡林： 恐怕不是那么专门的，一般老百姓用的医书，还不到《黄帝内经》那么高的水平，《黄帝内经》可能不能看。反正她有文化。

蔡德贵： 天津的陈家是大户，好像是从浙江迁过去的。

季羡林： 听说是，绍字辈的啊，这个我都不知道。

蔡德贵： 老祖这边，陈家的亲戚，济南还有吗？

季羡林： 很怪，她认为章丘的孟家是她娘家，我到现在不知道为什么。我没有去过章丘，旧时夫人私房话不是跟娘家人说吗？有什么话，私房话都跟孟家的娘家人说，我到现在也不清楚，孟家怎么成为她娘家人呢？

蔡德贵： 孟家人见过吗？

季羡林： 见过，后来就常见啦。后来有来往，到再最后就没有来往了。她认为她娘家人是孟家。

蔡德贵： 老祖姓陈，章丘是孟家，怎么有联系的？

季羡林：这个关系到现在我不清楚，她跟孟家的娘家人说，羡林很孝顺。当时我对她尊敬，记得她是南方人，喜欢吃鱼，当时不知道怎么没有骑自行车，从这个朗润园13公寓，一直走到海淀南大街，那个高台阶上，有一个卖熟食的，我给她买鱼，她喜欢吃鱼。

蔡德贵：买熟鱼啊，步行去有四五里地。

季羡林：做熟的鱼。我就沿着北大西边的路一直往南走，反正走很远。

蔡德贵：现在找不着那个地方了。

季羡林：好多年没有去过了，是不是盖了大楼了？什么小区了。

蔡德贵：好几个书店都在那里。欧阳旭的书店，第三极书局在那里。

季羡林：国林风是不是在那里？

蔡德贵：您跑那么远的地方，买什么鱼？熏鱼吗？

季羡林：炸的。用面糊裹着炸的。

蔡德贵：那鱼也不怎么好吃的。

季羡林：她喜欢吃鱼，我不喜欢鱼，那个鱼我更不喜欢，她喜欢，我就买。

蔡德贵：她吃鱼就高兴啊？

季羡林：所以说我孝顺吗？我不仅是对她尊敬。

蔡德贵：孟家的人还到朗润园来过啊？

季羡林：应该来过，孟庆什么，庆字辈，孔孟排辈是一样的。

蔡德贵：到现在，这个章丘的亲戚是怎么回事，还是解不透的，她还回去过章丘吗？

季羡林：回去过，我没有去过章丘，庆字辈，是孟庆什么，孔家和孟家的辈分一致，现在孔家繁、祥、令、德，到哪一辈了？孔德成。

蔡德贵：德字辈的后边还有。

季羡林：庆字辈是什么时候的？是以前的了。

蔡德贵：应该早，是不是明清时期的？给婶母买鱼，除了买鱼，点心肯定过年经常买的。

季羡林：那是常买的，鱼是我记得最清楚，那个路是很远的，沿着北大西门的那条路，往前走，出北大南门，很远。

蔡德贵：来回足有十里地。

季羡林：后来这个老祖和我老伴有病住北大校医院，那时候我早晨8点，一定到北大图书馆善本部，11点到校医院，看我老伴和老祖。

……

蔡德贵：来电话，纪捷晶告诉，国子监孔子书院开始运作了。今年是孔子2560周年了，国子监看能不能祭孔。

季羡林：2560周年是大庆了。孔子，我认为这样子，奥运会，我提出来，把孔子抬出来了。

蔡德贵：张艺谋把三千弟子用上了，孔子在海外的知名度更为提高了。

季羡林：就是啊。

蔡德贵：今天我问了，孔子学院在海外有250多家了。但是个别的可能经营也不行。

季羡林：嗯。

第五十次口述

2009年2月18日下午2：40～4：30

蔡德贵： 拿到稿费，就请同学下馆子。当时杨炳辰先生请你们吃饭比较多，吴宓请的不多。

季羡林： 对。吴宓，我不记得他请过。

蔡德贵： 请过，大概在教师食堂吃的。

季羡林： 吴宓当时是这样子，他和几个教授啊，合起来成立了一个饭团，就是自己请人做，他自己组织的，大概以西餐为主，那时候教授工资每个月大概300—400大洋，那工资高得不得了。而且杨炳辰呢，他到处兼课，他一个月大概拿到1000大洋。

蔡德贵： 吴宓收入少一点。

季羡林： 吴宓不兼课。

蔡德贵： 他是不是当过文学院院长啊？

季羡林： 不是，那叫什么，是国学研究院秘书。不是四大导师么。

蔡德贵： 您在的时候，国学研究院没有了。高亨先生就是国学院的学生。

季羡林： 高亨啊，我跟高亨没有什么接触。

蔡德贵： 他比您大。

季羡林： 嗯。

蔡德贵： 您是跟萧涤非差不多，比您小吗？

季羡林：萧涤非比我早，萧涤非是踢足球的，都想不到的啊。

蔡德贵：他是校足球队的啊？

季羡林：嗯。

……

蔡德贵：雍和宫那时候就是藏传佛教的？

季羡林：就是藏传的。那里有一个欢喜佛，就是性交的样子，那个佛叫欢喜佛，就是雍和宫那里有。于道泉学那个蒙文、藏文，就是住在雍和宫，后来不是叫他于喇嘛么，于道泉那是个很聪明的人物。

蔡德贵：他的故事您讲过。

季羡林：陈寅恪先生眼睛视网膜脱落，到英国去治病，于道泉到医院天天去陪他，天天给他读马克思主义。陈寅恪先生听的觉得可笑，非常别扭。(笑)他是满腔热情。

……

蔡德贵：当时您两个孩子，婉如大姐和延宗大哥，您从德国一回去，敢认您吗？

季羡林：不敢认。

蔡德贵：见您都有点害怕了。

季羡林：对。杜甫那个《北征》，那个诗啊，说那两个孩子啊，"天吴及紫凤，颠倒在短褐"，孩子身上，穿的衣服上啊，小兜兜，"畏我复却去"(《羌村三首》)。害怕我，对这句话有两个解释，一个解释是害怕我，不敢接近就走了，另外一个解释，是害怕我再走。这是杜甫的《北征》。

蔡德贵：当时这两个孩子要好长时间才会熟悉过来，爸爸可回来了。尤其是婉如是不是很内向的？

季羡林：对，都没到我这个程度，我自己描写我自己，就是我是怎么说来，就是：小心翼翼、战战兢兢、如临深渊、如履薄冰。这是我自己对自己的要求。

蔡德贵：是不是马婶母对您要求太厉害了？

季羡林：反正这个孩子啊，离开自己的母亲哪，正常发展都很困难，我六岁离开母亲，离开母亲，没有法正常发展。这谁也不允许你。所以我对那个城里这个婶母，感情是一般。

第五十一次口述

2009年2月19日下午2：40～4：30

蔡德贵：你们是坐火车到北京吗？

季羡林：当然坐火车，那时候到北京赶考，坐火车，黄河铁桥被炸了，我们还得提着行李走过那个铁桥，走一段，到河北边，才上火车。

蔡德贵：是不是坐摆渡啊？

季羡林：不是摆渡，步行的。那个桥人能走。

蔡德贵：那好远啦。

季羡林：当然不近，提着好多东西啊。

蔡德贵：那还带有行李啦？

季羡林：当然带行李啦。反正我记得那个火车过不了桥，只能人步行过那个桥，黄河铁桥。

蔡德贵：济南到黄河这一段呢？

季羡林：这一段有火车。到桥跟前就过不了桥啦，就下来，走一段，又有火车啦。火车不能过去。

蔡德贵：大桥是哪一年炸的呢？是1928年炸的吗？

季羡林：我是1930年赶考，大概就是1930年炸。我们在桥上还看到黄河的水。[①]

蔡德贵：在火车是晃悠一天吧？

季羡林：对。

蔡德贵: 到北京是白天还是晚上?

季羡林: 白天,那时候就住在西单的大木仓胡同的一个公寓里边。公寓是私人办的。私人办的,收费(比较低),那时候最头痛的是臭虫。济南也有臭虫,不那么多。日本人管臭虫叫南京种,我对这个没有研究,是不是从南京特多啊,我在南京也没有长时间住。北京有几个学校比较讲究的,特别是教会学校,一个月把那个睡觉的床板哪,开水煮一次,主要是消灭臭虫。

蔡德贵: 臭虫能煮死。

季羡林: 当然能煮死,不单是臭虫,哪个动物也能煮死啊。那时候北京的几个比较讲究的是教会学校,育英中学,就是煮床板。济南也有的,育英中学,"破正谊,烂育英"么,济南的育英不行。

蔡德贵: 在大木仓住完,考试发榜,就到清华了。

季羡林: 对,就没有回济南,直接到清华了,三十块钱么,找那个兆祥叔叔借的。

蔡德贵: 其他的呢?

季羡林: 北京有个朝阳大学,朝阳大学这个学校啊,最初招生啊,还非常严,它那个学校招三次,第一次真正的外来的学生啊,也没有准备考朝阳大学的,朝阳的报名费三块大洋,他招好几次,到最后啊,一网打尽,都收,收学费啊。那个朝阳大学,我到清华以后,有时候进城,进城就住在朝阳大学我的高中同学那里,没有地方住啊。有一次那个高中同学啊,说,你去替我上班,他那个点名的是工友,他只要看到座位上有那个人,他不管是谁,就行。那一班,讲的什么呢?大概两个小时一班,半个小时,那个教授才来。教授是大律师,我去的那一班哪,他讲什么问题呢?他讲的是,就是强奸了妇女怎么推卸责任,就讲这个问题,从法律上来讲,怎么推卸。他这个两个小时一班,他半个小时才来,前面那个,一个人,名称就是服务员,清华叫工友,北大叫听差,朝阳大学啊,也是听差。他管着看那个座位上有人就行。两个小时的课,半个小时,那个教授挺着个大肚子才来,那个听差提着茶壶,我代替的那个班,就讲强奸妇女怎么推卸责任,就讲这个问题。

蔡德贵: 这不是诲淫诲盗吗?

季羡林：（笑），你说那个（学校），很有意思的，我们去北京八十个人么，清华、北大门槛太高，四个名额，三个人。好像在济南都是班里的甲等第一名。所以你说考试……

……

蔡德贵：选课要她（冰心）本人同意啊？

季羡林：那倒用不着，不要她同意，教务科选课就行。我没有选，慕名啊。结果一个钉子一碰，不选课的，我们就走了。除了我，还有几个人去，她那个装束啊，就是那种张玛丽，王玛丽的，那种基督教的样子，她就是基督徒么。

蔡德贵：挽一个小簪吗？

季羡林：嗯。

蔡德贵：您到哥廷根以后遇到的，还有谁没有提到的？

季羡林：到哥廷根就是碰到哈隆，他那时候还不是教授。

蔡德贵：您先认识哈隆，后认识瓦尔德施密特博士父亲？

季羡林：嗯，瓦尔德施密特是后来的。我去了哥廷根，脑筋里面不知道什么课。原来我想学希腊文、拉丁文。人家说，选这个希腊文、拉丁文的课，你竞争不过德国的学生，他们是中学就学的。好多年，他们学希腊文、拉丁文。我后来到那个选课的地方，看到贴出来有梵文、巴利文，我说这就行了。上了半年，瓦尔德施密特说，你是不是要学下去，我说想学下去。

蔡德贵：一上梵文、巴利文的课，就被迷住了。

季羡林：在国内就想学，当时要求陈寅恪先生开课，他说他开不了这个课。

蔡德贵：他上课的方法又是像游泳教练教游泳。

季羡林：那时候在清华，学的美国的那一套，老生对新生tos，就是拖尸。

蔡德贵：是瓦尔德施密特上德语，教了字母，就让你自己学，不讲语法。

季羡林：什么地方啊。

蔡德贵：就是在哥廷根啊。

季羡林：德国都是这样子，他不给你讲这个名词动词，我那时候备课，备一次课，要备一天，因为那个字母，刚认识，他不讲语法，他不像中国教外语，名词、动词的，他给你讲语法，他不讲的。

蔡德贵：当时一开始是不是觉得很难。

季羡林：嗯。他们当时有个说法，说不会游泳的啊，你把他拖到游泳池旁边，推下去。（笑）两个可能，一个就是淹死，一个就是就学会了。淹死的可能性极小。就说明他这个教学方法跟中国不一样，他主要靠你自己，而且我认为中国也应该采用这个办法。

蔡德贵：您在中国也使用过这种方法吗？

季羡林：没有，中国学生不行，咱们的学生不适应那一套。

蔡德贵：您在那里，就你们两个，一个老师，一个学生吗？

季羡林：还有一个德国人，米勒·艾瑞，那个人是，德国有个名词啊，叫永恒的学生Eternal student，他是永恒的学生，老是毕不了业。毕业这个词啊，德国没有。怎么叫毕业啊？拿到博士学位就叫毕业。你看到一个人名片上，印什么什么大学毕业，你不要信，都是骗人的，没有毕业这个词。你拿到博士学位，就是毕业，拿不到，就没有毕业。

……

蔡德贵：您自己说的十六个字到家了，小心翼翼、战战兢兢、如临深渊、如履薄冰。这就是《诗经》的精髓。

季羡林：这是我自己，脾气内向，我小时候也不内向，后来环境啊，你不那样不行，在母亲面前可以放肆、可以撒娇。你一离开母亲，只有小心翼翼。

……

蔡德贵：去年我来的时候，您就说世界上的坏人还真有。

季羡林：当然。

蔡德贵：您还真遇到了。在德国您没遇到这样的人，是吧？

季羡林：德国那个民族老实，说假话啊，没听见德国人说过假话，那个民族老实，欧洲，法国人比较猾。

蔡德贵：您一个异邦人在哥廷根没受过欺负，很不容易了。

季羡林：德国人不搞那一套。

注释:

①据史料记载:1930年4月15日蒋介石任命韩复榘为第一军团总指挥,调至山东与晋军作战。4月22日蒋介石、阎锡山、冯玉祥军阀混战开始,史称“中原大战”。5月30日晋军沿津浦路自德州南下。6月5日晋军左右两翼偷渡黄河谋袭济南,韩复榘毁泺口铁桥。

第五十二次口述

2009年2月20日下午2：30～4：30

季羡林： 那时候，北大有三马、三沈，三沈有沈尹默，马裕藻都是中文系的。

蔡德贵： 三沈有沈从文？

季羡林： 沈从文还不是教授，他到不了。

蔡德贵： 三马有马裕藻，还有谁呢？

季羡林： 沈尹默，那两沈，不记得了。

蔡德贵： 三马、三沈都是北大的名教授了，是文科的吗[①]？

季羡林： 都是文科的，而且都是中文系的。

蔡德贵： 那两个沈、两个马，不知道是谁了。马裕藻大名鼎鼎，胡适接的名单有没有他？可能有的吧。

季羡林： 嗯。

蔡德贵： 1946年前后您与马裕藻有学术交流吗？

季羡林： 没有。

蔡德贵： 那时候您跟周祖谟交流多一点。

季羡林： 我们算是同一辈，周祖谟和我是同一辈，周祖谟讲这个音韵学的课，我去旁听。那时候一个北楼，你知道，在沙滩，二楼是系主任的办公室，冯至那时候是西语系系主任，我是东语系的。三楼啊，就是大课堂。

蔡德贵：那听课很方便了，汤用彤先生的课就是在那里听的。

季羡林：就是啊。有一个笔记本找不着了，就是魏晋玄学的。我现在好久也没有回家了，据说汤先生自己也没有稿子。

蔡德贵：可是出过汤用彤《魏晋玄学论稿》[②]，会不会与讲课内容有关？

季羡林：这本书我没有见过。他有《汉魏两晋南北朝佛教史》。

蔡德贵：有这么一本书。

季羡林：这个第二本，我没有见过。

蔡德贵：汤用彤的学术主要是玄学和佛教。

季羡林：对，玄学和佛教。

蔡德贵：阴法鲁[③]先生还健在吗？

季羡林：早就不在了，他比我小，可死的早。

……

蔡德贵：后来阴法鲁搞什么研究？

季羡林：后来，他在中文系，他是搞这个唐宋大曲，曲子的曲，他写过一篇《唐宋大曲考》[④]。

蔡德贵：唐宋大曲和元曲哪一个影响大一些？

季羡林：元曲影响大啊。

蔡德贵：北大就他一个人吧？

季羡林：嗯。

……

蔡德贵：东语系的孩子招生，没有西语系的漂亮。

季羡林：当时招生啊，不敢公开讲，招生主要是考虑发音，我说一个是北京，一个是上海，不要公开说，因为这两个地方的发音啊，什么语言他都能讲。有一次，我们招了一些解放军学员，那时候是不是中印边界反击战的时候，解放军学员哪，学那个颤音，怎么也不会，怎么也不行，走在路上，练颤音，几乎被汽车撞死。所以我们当时招生，一个北京，一个上海，主要看发音。

蔡德贵：我们上学的时候，陆平是校长，他不愿意招山东人，说山东人是粗瓷茶碗，雕不得细花。

季羡林：这个我都不知道。

蔡德贵：我们那一年，东语系的就招了我们两个人。

季羡林：山东看什么地方，青岛这个地方，山清水秀，但是这个发音啊，那个got，发成“古吃”。

蔡德贵：您山东话，学外语有没有障碍？

季羡林：没有什么障碍。因为我在北京待的时间比较多。

蔡德贵：您的口音，现在还带有山东味。

季羡林：还有山东味。

蔡德贵：外语没有障碍。

季羡林：德语是这样子，这个老年人和年轻人哪，发音不一样，这个现象啊，还没有人说过。一个是舌头发音，一个是嗓子发音。这个年轻人用嗓子多，老年人舌头多。这是我观察的现象。

注释：

①经查证，三沈是沈士远、沈尹默、沈兼士。沈士远（1881—1955），古文家、庄子专家。新中国成立后，任故宫博物院文献馆主任。沈尹默（1883—1971），大诗家，大书法家，在新中国成立后，曾任中央文史馆副馆长、上海市文联副主席等职。他在文学、书法方面造诣深厚，被海内外公认为一代书宗和现代中国书法第一人。沈兼士（1887—1947），文字学家，曾任故宫博物馆文献馆馆长等职。

三马：马衡、马裕藻、马体乾。

马衡（1881—1955），浙江省鄞县人。早年在北大任教，1924年11月，清室善后委员会成立，马衡参与故宫文物点查。1925年故宫博物院成立，马衡任古物馆副馆长，从此便一直在故宫工作，为故宫博物院服务了27年，作出了重大贡献。尤其是他担当院长的19年（1933—1952），正值战乱，烽烟遍地，他与故宫同人一起，不畏艰险、不辞劳苦地带着故宫文物南迁、西运，创造了万余箱文物几乎未损的奇迹。在新旧政权交替的关键时刻，他又巧妙地与当局周旋，拒运文物赴台，保全了北平故宫的文物。

马裕藻(1878—1945)，字幼渔，浙江鄞县人，音韵学家、文字学家。马氏兄弟之一，排行老二，马衡之兄。1903—1910毕业于日本早稻田大学、东京帝国大学，曾师从章太炎学习文字音韵学。1911年任浙江教育司视学，1913—1937任北京大学教授，国文系主任。1913年与许寿裳、鲁迅、钱稻孙、陈睿共同具名朱希祖起草的“注音字母方案”。1919年11月朱希祖、马幼渔、胡适、周作人、刘复、钱玄同六人上书教育部，提出“请颁布新式标点符号议案”，议案于次年二月通过并实施。

马廉（1893—1935），字隅卿，浙江鄞县人。近现代著名的藏书家，小说戏曲家。曾任北平孔德学校总务长，北平师范大学、北京大学教授。1926年8月继鲁迅先生之后在北大讲授中国小说史，后曾主管孔德图书馆。1935年2月19日，在北京大学讲台上因脑溢血逝世。

②《魏晋玄学论稿》是用彤先生在1938年至1947年十年中所写的八篇论文和一篇讲演记录稿合成的文集，并于1957年由人民出版社出版，现在已编人由河北人民出版社出版的《汤用彤全集》第四卷中。

③阴法鲁（1915—2002年），1935年入北京大学中文系学习，1942年获北大文科研究所硕士。生前为北京大学中文系教授。曾发表多篇有关中国古代音乐舞蹈的研究论文。阴法鲁先生还是国内著名的中国古代音乐文化研究专家。他不仅对我国古代的传统音乐有深厚的研究，而且，对外来音乐及其对我国传统音乐的影响，亦有深入的研究。尤其对古代的舞蹈，例如唐代的“剑器舞”、“浑脱舞”，都有精辟的论述。阴先生揭示了“曲”与“诗”、“词”之间的特殊关系，从音乐角度，论证了我国诗、词的发展。阴先生长期从事古典文献教学，对《诗经》《楚辞》，尤其对南宋音乐家姜白石，都有深刻而独到的研究。主编有《古文观止译注》、《中国古代文化史》。曾担任《二十四史全译本》顾问。

④此处先生记忆有误，《唐宋大曲考》为王国维撰，该书是王国维钩辑史料、追索大曲之名由来，以及考辩大曲发展概貌的学术专论。阴法鲁先生的是《唐宋大曲之来源及其组织》，北京大学出版部1948年出版。

第五十三次口述

2009年2月21日下午2：40～4：30

季羡林： 十三公寓后边就是围墙啦，围墙外面就是河沟。然后是马路，还有喇嘛庙[①]，那个喇嘛庙，我怎么印象那么深呢？我在清华念书的时候，那些洋人教授多半都住在喇嘛庙，我没有进去过。

蔡德贵： 您去过清华园东面的永安观。

季羡林： 大钟寺吧。

蔡德贵： 大钟寺是佛教的，日记里您提到的是永安观。

季羡林： 忘记了。

……

季羡林： 嗯。我当时对留美的那些学生啊，非常之瞧不起，可又没办法。我为什么要留学呢？我跟你说过，除了镀金之外，就是想知道留学是怎么回事。那时候到美国不行，因为我学的是德文。后来交换研究生，要不交换研究生，也来不了。为什么呢？那时候公费不收文科，都是理工科，文科没有，根本不可能。

蔡德贵： 所以这也是不幸中的幸运了。

季羡林： 我就说，我这个人不迷信，可是这个命运哪，我倒迷信。

蔡德贵： 命运就是一种必然性么。

季羡林： 就是我从乡下（到济南），就是因为我是个男孩子，别的没有什么条件。

蔡德贵：不管怎么说，叔父还是有望子成龙的思想吧？起码想让你有个铁饭碗。

季羡林：他不是。叔父那时候的想法，就是并不希望我念什么书，就是希望我考邮政局，拿一个铁饭碗。

蔡德贵：他同意您出去留学，也是有思想斗争的。

季羡林：那也不一定是这样，那时候留学镀金么。镀金以后对他起码经济上有好处。

蔡德贵：没想到一出去十年。

季羡林：十年。后来院士，学部委员，那时候他还活着。这是很以后了。他就问这个，什么叫院士？那是1956年了，那时候为什么叫学部委员呢？我跟你说过，因为那时候说，苏联有院士，苏联有的，我们好像就不能有，这也不知道是哪位领导的思想。我们就叫学部委员，不叫院士。

蔡德贵：那时候分两个学部。哲学社会科学部，潘梓年好像是最高的头。

季羡林：潘梓年是主任。

蔡德贵：叔父以为院士有很多钱了？

季羡林：好像最初，连钱都没有。

蔡德贵：那什么时候有的补贴？

季羡林：没有这个规定。

蔡德贵：据说每月有100多块钱。

季羡林：不记得。

蔡德贵：您每月的工资一级教授是385？

季羡林：345，最高的。

蔡德贵：那您一个月能拿到400多块钱吗？

季羡林：345，我就拿345，院士没有钱。二级是288，三级是250，就是这么个数。可是那时候345，可是很值钱哪。那时候我们包饭哪，一个月6块钱。

蔡德贵：10块钱在家里吃的就很好了。

季羡林：那时候，我记得，清华那个教德文的艾克，他到济南去，派听差去找我。我就跟婶母一讲，婶母一听说招待外国人，她立刻给我10块钱。因为傍上外国人啊，有饭吃。不过，那10块钱还真管用，我请这个艾克到大明湖，吃了一顿饭，然后坐船，到古历亭，那时候还没有宾馆，那个馆，就是还没有盖楼，他住的就是平房，第二天，我又买了济南的特产送给他，他已经走了。头天我招待过他。

蔡德贵：这是1934年春天的事情了。那时候10块钱不得了啦。

季羡林：嗯。

蔡德贵：您是艾克最好的学生了，毕业论文也是他指导的。

季羡林：毕业论文不是他了，是石坦安。因为那个艾克到哪里去了？

蔡德贵：可是您日记里提到的是艾克啊。

季羡林：最初名字是艾克，后来他不在，不知道他到哪里了，是石坦安指导的。

蔡德贵：您的毕业论文薛德林是受艾克影响的。

季羡林：薛德林是艾克的，他喜欢薛德林。不知道他哪去了，后来他反正不在。

蔡德贵：那是不是济南以后就走了，换石坦安了？

季羡林：嗯。

蔡德贵：您是不是说过，废名和熊十力先生的故事。

季羡林：对。

蔡德贵：两个人打起来了，您在场。

季羡林：我不在场，那时候是，沙滩北大那个校长办公室，在一个院子里边，东屋呢，是校长办公室，西屋是秘书长、总务长办公室，那时候总务长是郑天挺，东屋校长就是胡适，邓广铭做胡适的秘书。我跟你讲过这个故事，有一次我在校长办公室，忽然来了一个学生，大概是地下党的，对胡适说，延安昨天广播，有一个广播是专对胡校长的，说请你不要走，要你做北京大学的校长，兼北京图书馆的馆长。胡适说，人家信我吗？人家，指的就是共产党。

蔡德贵：当时您在场？

季羡林：当时我就在这个校长办公室。所以他这个胡适，当时怎么能够跟这个地下党，那个学生跟他挺熟的，一进来就说，昨天延安有个广播，有一个广播是专对胡校长的，他怎么这么熟？

蔡德贵： 您感到很惊愕的？

季羡林： 我是挺吃惊的。我觉得这个学生，跟胡啊，一点也不陌生，进来就讲，好像过去也接触过。这是前院，中间那个叫孑民堂，一个开会的地方，蔡孑民，过了孑民堂的后院，一些人住在那里，（就是松公府后院）。那时候阴法鲁也住在那里，我住在东厂胡同，废名和熊十力也住在那地方。这两个人哪。

蔡德贵： 他们两个有宿仇吗？

季羡林： 没有什么，他有什么仇，没有仇。哲学这个东西，本来就是公说公有理，婆说婆有理的。你哲学家，谁也说服不了谁。

蔡德贵： 因为是谁也说服不了谁，就动武了？

季羡林： 最后卡住脖子了。

蔡德贵： 谁的劲大啊？

季羡林： 劲大，那都不知道，我们听到孑民堂后院边两人吵着吵着，忽然没有声音了，我那时候正在校长办公室。

蔡德贵： 吵着吵着，没有动静了。

季羡林： 没有声音，最后卡住脖子了。

蔡德贵： 那您看到了？

季羡林： 没看到，我没有到后院去，有声音，后来没有声音了。阴法鲁住在后面，他告诉我，原来两个互相卡住对方的脖子而发不出声音了。废名和熊十力都是怪人，那个废名，他写的那些文章，是个怪人。熊十力也是怪人。

蔡德贵： 新儒家有个传说，熊十力和一个小孩争肉骨头。

季羡林： 哦。

蔡德贵： 熊十力说，我吃了这块肉骨头能够传道，你吃了这块肉骨头能够干什么？

季羡林：（笑）不知道这个故事。

蔡德贵： 这可不像儒家啊。

季羡林： 不像儒家。

蔡德贵： 还有一个故事，大概是冯友兰说的，废名和熊十力有个

“天下第一凶宅”[②]的故事。

季羡林： 这个，不知道这个故事。

蔡德贵： 哲学家的荒唐故事挺多的。

季羡林： 嗯。

蔡德贵： 您跟张学书来往比较多。

季羡林： 嗯，我跟张学书挺熟悉。

蔡德贵： 有一次，他跟您去开会，您在主席台上，他看到您在做笔记，后来几天后在《光明日报》看到一篇文章，正是您开会的那一天写的。他问您这篇文章什么时候写的？您就说不是做笔记，是在构思散文，回去写成了。

季羡林： 后来我就说，这样子，我的耳朵分成四份，留一份就能掌握会场，为什么呢？中国人的语言本来是最短的语言，结果我们的人，哼、啊，就占去一大半时间，所以我就用不着两个耳朵全听，一个耳朵的一半，就能掌握会场，另外一半呢，我就在请柬上写文章，我写完了以后，前边忽然拿过一张请柬给我，我不认识这个人，他看我用完纸了，也没有纸啊。

蔡德贵： 几天以后，《光明日报》一篇优美的散文就出来了。这也是把您逼的。您不愿意开会，又不得不去开会，您就消极应付开会，积极创造散文。

季羡林： 嗯。要不然，浪费时间。后来一次，住在京西宾馆。他通知啊，一般人就是两点开会，通知首长呢，是两点半，别人先在这里坐着等着，我知道了这个窍门，通知我两点，我也两点半来。因为那时候是这样子，我们到这个照相的时候，毛主席接见，照相，照相不是一层一层的么，都通知我们半个小时以前，就站在那个地方，等着这个毛主席，后来我啊，他通知我两点，我也是两点半来。我站在那个地方，太阳里面晒着啊。

蔡德贵： 京西宾馆的会啊？不是八大的会议？

季羡林： 不是，不知道哪个会。在什么地方照相啊，这样的会有这么几次。

蔡德贵： 没有见到您跟毛主席的合影。

季羡林：我没有和毛主席单独的合影。合影都是毛主席在最前面一排，我都是在后边，高高在上的。

蔡德贵：是不是人大代表的会？

季羡林：还不是。

蔡德贵：政协呢？

季羡林：也不是。反正有这么几次，还不止一次。

蔡德贵：您一回来开始的时候，对毛主席的印象还可以，后来越来越发现他的问题了。

季羡林：原来我们这个对他不太了解。那时候一年哪，得忙活两件事，一个五一，一个十一，叫游行啊，经过天安门。

蔡德贵：您也去啊？

季羡林：去，我参加，毛主席万岁，喊得比谁都响。到了后来，做人大常委，我也上天安门了，五一、十一啊。

蔡德贵：不是在观礼台，是在天安门城楼上。

季羡林：天安门城楼上。

蔡德贵：您上去过几次？

季羡林：我们不在中间，我记得清楚的，就有一次。原来在这个天安门旁边两个观礼台。这个观礼台啊，最高品是少将，到中将、上将啊，就到城楼了，少将是分界线。那时候女将军，全国好像只有两个。在这个观礼台前面的，就两个女少将。那时候女少将少，只有两个。

……

蔡德贵：您对道教的东西很熟，还写过道教陈抟的“开张天岸马，奇异人中龙”，是不是在河南龙门石窟的？

季羡林：我知道。因为这个《道藏》，受佛教的影响。现在不是搞《儒藏》么，主要是汤一介在那里搞。

蔡德贵：对外公布的一个班子，您是总编纂，汤一介具体操作。……您那时候是不是知道日本的涩泽荣一？

季羡林：不知道。

蔡德贵：他是日本近代工业之父，写过《论语加算盘》，提出道德经济一体论。这个思想对松下公司很有帮助。

季羡林：嗯，这个样子啊。这个书，你写个介绍。

蔡德贵：国内有了，这本书在国内影响很大。

季羡林：这个思想很宝贵的。

蔡德贵：儒家的东西还有好多可以挖掘的。

季羡林：嗯。

注释：

①正觉寺位于绮春园正宫门之西，是圆明园惟一幸存的古建。它与绮春园既有后门相通，又独成格局，是圆明园所附属的一座喇嘛庙。1860年和1900年，圆明园两度遭劫难时，正觉寺因独处绮春园墙外而幸免于难。民国初年，这里被曾任北洋政府代国务总理的颜惠庆购作私人别墅，拆去佛像，改造装修，资遣喇嘛。后又转售清华大学，改建为教职员工宿舍。直到2002年底，占用正觉寺的某锅炉厂搬走，这里才有了重新修缮的基础。

②这里应该是另外的故事：黄侃自命为风流人物，玩世不恭，曾经借住在吴承仕（简斋）家里。他们都是章太炎的学生，本是很好的朋友。后来不知怎么闹翻了，吴叫他搬家。在搬家的时候，黄心有不甘，爬到房梁上，写下一行大字："天下第一凶宅"。

第五十四次口述

2009年2月23日下午3：30～4：20

蔡德贵：我给您查过，“群趋东瀛治国史，神州士夫羞欲死。”是您给洪涛写的一幅字。另外有陈寅恪先生的“群趋东邻受国史，神州士夫羞欲死。”还有一个是“群趋东瀛受国史，神州士夫羞欲死。”

季羡林：哦。是这样子。

蔡德贵：陈寅恪先生的全诗是写给北大学院己巳级的史学系毕业生赠言，全诗我给您念一下：

田巴鲁仲两无成，要待诸君洗斯耻。

天赋迂儒自圣狂，读书不肯为人忙。

平生所学宁堪赠，独此区区是秘方。

群趋东邻受国史，神州士夫羞欲死。

季羡林：哦。这样子，好极了。

蔡德贵：您给洪涛题的是“群趋东瀛受国史，神州士夫羞欲死。”后一句不是太好理解，神州士夫羞欲死。

季羡林：容易理解啊。

蔡德贵：神州还是指中国国内的。

季羡林：我们中国到日本去学史，我们这些士大夫脸上无光，感到羞耻。

蔡德贵：“群趋东瀛受国史，神州士夫羞欲死。”

季羡林：应该是“趋”，而不是超。如果是超，写错了。

蔡德贵：另外的诗，您引用杜甫的《北征》里的两句，跟您引用的不一样。

季羡林：你说不是《北征》的。

蔡德贵：我查了，是。但是，您使用的是“天华与鸟凤。”

季羡林：“鸟凤”就是小孩的兜兜上绣的那个东西。

蔡德贵：《北征》是天吴及紫凤，后边裋褐是对的。

季羡林：对、对，应该是天吴。“畏我复却去”，两种解释都是通的。

蔡德贵：“畏我复却去”，是羌村三首之一，您解释是对的。《清华园日记》我问出版社了，明天有消息。您今天的眼睛特别好，还是多睡一点好。现在学术界在讨论您十几年以前提出的文理科不应该分的问题，讨论的很热烈的。

季羡林：对。

蔡德贵：还有一个就是讨论国民性的问题。

季羡林：对国民性，大家是什么意见哪？

蔡德贵：有一派还是觉得没有坏东西，那是彻底的文化保守主义啦。有一派认为国民性还是有些问题的，我也是认为还是有些问题的。

季羡林：这个缠足，裹小脚，无论如何你不能说是精华，这个怎么也辩护不了。辩护不了呢，说明一个问题，什么问题啊？中国人啊，彻底性、绝对性，那个穿高跟鞋，其实和缠小脚啊，目的是一致的。她缠小脚那是彻底，你要走路，限制住了。

蔡德贵：跟杨柳摆风一样。

季羡林：“樱桃樊素口，杨柳小蛮腰”[①]，“楚王好细腰，楚宫多饿死。”

蔡德贵：国民性值得讨论，国人到国外大声喧哗，旁若无人，以至于欧洲的一些国家专门写给中国人：请勿大声喧哗！

季羡林：什么东西啊？你知道日本东京有一个饭店，新大谷饭店，人家给中国人搞了个专层，这一层楼就是中国人的，你自己愿意多高，就多高。我们在国外的形象啊，有时候不那么太好。我在一个什么地方看到一个消息，中国的旅客在英国海德公园躺倒在旁边一个椅子上，因此当时我有一个建议，没有提出来，就是外出旅游的中国人，自己出钱，在出去以前哪，要受训。受训，讲一讲在国外应该怎么做。就是说有些事情啊，比如大声喧哗，这没有那个必要啊。

蔡德贵：出国的很多官员，丢人现眼。

季羡林：官员那是没有问题。我说的是自费，旅游的，自费旅游的，先办两个星期的学习班，然后再走。那个新大谷给你专门搞一层，这面子不好看。

蔡德贵：您在日本遇到这种情况啊？

季羡林：那个新大谷他给你专门搞一层，你就住那一层啊。你有什么办法啊？

蔡德贵：是不是大学校长代表团的这一次？

季羡林：不是，那次是住在一个高级的饭店。

蔡德贵：是中村元邀请的那一次。

季羡林：嗯。中国最要命的一个，是随地吐痰，这是比大声喧哗还恶劣，非常恶劣。一直到现在啊，随地吐痰还继续，没有引起足够重视，特别是有一个观察，就说下了火车以后，坐在无轨电车上，那里边有外地来的，主要是外地来的，吐痰的最多。

蔡德贵：这几年好一些了。北京有一阵是罚款，吐痰一次罚款50块钱。

季羡林：后来我就对这个罚款哪，我就举这个例子，比方新加坡，新加坡，你要走在路上，不用说吐痰，丢一块纸，罚得你啊，一辈子忘记不了，狠罚，罚你十万、五万的那么罚，结果呢，有用。现在全世界来讲啊，最干净的城市还是新加坡。

蔡德贵：最近一些年有些变化，中国移民多了，去年我六月份去新加坡，发现也不那么干净了。

季羡林：我的主张还是要罚啊，罚的让你一辈子忘不了，重罚有效。他们讲，我记得，跟你说过这个事情，不是一个笑话，北京的车站上下来一个人，吐了一口痰，罚他五角，说我再吐一口，给你一块，凑一个整数。这个罚啊，没用，要罚的话呢，让你一辈子忘不了。这个要跟公安局商量好，你吐一口痰，罚你十万，你回家去卖房子，卖地。

蔡德贵：让你倾家荡产。重罚要出安民告示，要宣传。

季羡林：嗯，还得宣传。

蔡德贵：好好检讨，我们有很多问题值得克服。文理不要分科，我请您1997年到山大已经讲过了，您在山大做过长篇讲演。

季羡林：内容是什么来？

蔡德贵：“二十一世纪的人文学科建设”，您讲了一上午，文理不要分科，天人合一，东方文化的等等，我录音了，您还是有先见之明，讲话全文在《文史哲》发表了。

季羡林：嗯。（笑）

蔡德贵：朋友里面还有郑振铎，既是师又是友了。

季羡林：嗯，师友之间。

蔡德贵：您跟他来往真是不少，而且去德国以前要编散文集出版的。

季羡林：那时候有这个想法。

蔡德贵：那时候您已经创作了不少散文了。

季羡林：我的第一篇散文是《枸杞树》，在清华写的，是报纸上，在《益世报》上发表的。

蔡德贵：您在北大工作的时候，他好像还到您的工作室看过您的收藏。

季羡林：郑振铎啊？郑振铎是这样子，当时他和巴金、靳以，编辑一个《文学季刊》么，我在上边，我那《兔子》是在那里发表的？

蔡德贵：《兔子》可能就是在这里发表的。

季羡林：还有一篇书评，评丁玲的。

蔡德贵：《夜会》的书评。

季羡林：嗯，我为什么对丁玲印象那么不好呢？就是济南高中的时候，胡也频在那里教书，丁玲去看他，这个济南不是上海，那个马路不平，结果丁玲是很胖的，胡也频又瘦又小，丁玲实际上是拿胡也频当拐棍了。

蔡德贵：臧克家的《烙印》也是在那里发表的吗？不是，是《大公报》或者《益世报》。

季羡林：嗯。

蔡德贵：您到燕南园的郑振铎家里去过。

季羡林：郑振铎那时候在燕京大学。

蔡德贵：他在清华没有兼课吗？

季羡林：在清华兼课了。

蔡德贵：您听过他的课了吗？看过他的《中国文学史》。

季羡林：它叫《插图本中国文学史》，三块大洋。后来并没有出全，好多年以后到印度访问的时候，我说郑先生，你还有债没有还哪。你收了钱，预订的书，还没有给全呢，反正没出齐。郑先生这个人哪，是宋江式的人物，福建人，不像福建人，高大魁梧，像山东人。他收藏了很多，《华夷译语》[②]一本书，影印出版过。

蔡德贵：对中西的。

季羡林：不一定是西方的，是中外的，不光是中西。《华夷译语》图书馆能够查到的。

蔡德贵：这个很有意思的，中国战国时期好隐语，齐威王好隐语，古希腊也有隐语，但是不一样。

季羡林：中国古代和希腊有交流，有一本书，Winternitz (The History of Indian Literature)其实是讲的古代的，它叫《印度文学史》，讲的古代的，里边就讲到中国和古希腊有交流，这个一点也不奇怪。因为代表西方文化的，就是古希腊，(中国和古希腊)有交流。

蔡德贵：您认为《楚辞》里有印度文化的影响了。“顾兔在腹”，就是印度的影响。

季羡林：我提出过。屈原的《离骚》“舍提贞于孟陬兮”，“舍提”不像中国词，“舍提贞于孟陬兮，惟庚寅吾以降”，贞节的贞，孟子的孟，这个降字一般是念hong的音。“帝高阳之苗裔兮，朕皇考曰伯庸。”那时候，还没有皇帝自称为朕这个说法。

蔡德贵：您说“顾兔在腹”，印度有了。

季羡林：印度有。

蔡德贵：苏雪林先生对《山海经》破译了很多据说是希伯来文的词汇。您认识苏雪林吗？

季羡林：人，知道她，没有见过她，她比我大很多了。

蔡德贵：她和金克木差不多。

季羡林：金克木比我小一岁。

蔡德贵：那苏雪林可能一百多岁了，那这本书早就指出中国和古希腊的交流了。

季羡林：中国和古希腊的（交流），这个不奇怪，没有交流就奇怪了。因为西方文化就是古希腊的文化。

蔡德贵：郑振铎到您的办公室看您的收藏呢？

季羡林：我那时候没有什么收藏。

蔡德贵：郑振铎和一帮子人去看的，是不是从德国带回的？

季羡林：我那时候还没有什么，我收藏是大概从一九五四年开始的。

蔡德贵：还要早一点吧，齐白石的画不是吴作人帮助买的吗？

季羡林：是吴作人给买的。

蔡德贵：您从德国回来时的那几大箱子书，也很珍贵的。

季羡林：那几大箱子书，后来是傅吾康[③]（Wolfgang Franke）给我运回来的。

蔡德贵：您不是带到上海的吗？

季羡林：没有带到上海。

蔡德贵：郑曼的文章说，您有六箱子书放在臧克家的榻榻米旁边。

季羡林：没有，我给他什么条件呢，他负责给我把书运回来，他老婆是中国人，我给他老婆一百块大洋。

蔡德贵：那运费够高的。

季羡林：嗯。傅吾康是，他爸爸我认识，首先认识他爸爸H. Franke，他们家在清朝末年民国初年的时候，是北京的外交官，休养的时候，到山里面去，就是现在的西山大觉寺，那个外国人哪，他闲不住的，他一到礼拜天，他就不在家了。

蔡德贵：傅吾康把六大箱子的这些书运到北大？

季羡林：我那时候住东厂胡同，运到东厂胡同。

蔡德贵：那些书，有些是海内外孤本了吧？

季羡林：嗯，有一些。有一件事情啊，很有意思，一本书就是《大事》(Mah vastu)，这本书我在德国那么多年，那时候日本一个丸善书店，Maruzen，它收到一批书的话呢，一定做目录，分送给人，每次给我寄目录，Maruzen，丸子的丸，善良的善。

蔡德贵：那时候您买书已经很知名了。

季羡林：反正我必然买吧。《大事》这个书，我在德国那么多年，丸善书店Maruzen，日本丸善书店，它的目录从来没有见过，丸善书店从来没有见过。我怎么买的呢？德国鬼子有一次打进了巴黎，大概就是希特勒吧，可能是希特勒，反正进军到了巴黎，我就写了张明信片，一张明信片，定这本书《大事》(Mah vastu)，十九世纪出版的，最后我写的cod，日本人叫代金银换，就是书到了，拿着钱去拿书，(Mah vastu)，就是德国鬼子打进了巴黎，我就写了明信片，cod（收货人付款），我说我现在定这个书，我绝没有想到会成功的，唉，结果书真寄来了。我那本书还是那时候买的，德国鬼子在巴黎的时间并不长。

蔡德贵：您的书是巴黎寄过来？

季羡林：从巴黎寄来的，这个书是巴黎出的。

蔡德贵：通过丸善书店吗？

季羡林：没有通过丸善书店，丸善书店给我的目录里，就没有见过这本书。我是带着开玩笑的性质，还真来了，没有想到会寄来。

蔡德贵：那本书花钱很多吗？

季羡林：不多。

蔡德贵：激烈战争里，文化的事情他们还照样做。

季羡林：照样做。他那本书都是不裁的，没裁开，毛边书，鲁迅不是最喜欢毛边书吗。

蔡德贵：去年给您出版的《阅世心语》就是毛边书。让您送人的。

季羡林：嗯。大概在家里了，不会丢的。

蔡德贵：那《大事》这本书很珍贵的了。郑振铎看到您这些宝贝了吗？

季羡林：这个不知道了。

蔡德贵：您还到郑振铎家里吃过饭。在上海的时候吃的，您说郑师母做的福建菜。

季羡林：嗯。他是福建人。

蔡德贵：您到燕南园他家去过，您很羡慕他的藏书。

季羡林：那是燕京大学，他是燕京大学教授，他买的书多，他这个人是宋江式的人物，看到好书，先拿来，怎么还呢？他自己出书，再还给人家。人家拿走多少，他都不在乎，他说，你拿吧，我出书啦，他看见人家的好书，也不讲什么条件，拿来再说。他出了书，让人家拿。

蔡德贵：双方互信了。

季羡林：《华夷译语》啊，就是他出的啊，原来是海内孤本，他就影印。

蔡德贵：1935年您出国以前，您跟他来往很多，他要给您出散文集。

季羡林：那时候要出一本书，就是他答应的，当时跟现在可不同了。我的第一本书就是后来的《天竺心影》，天津百花出版社出版的。那时候出一本书，高兴极啦。每个人大概都是这样子，自己写的，只要印出来了，忘不掉的。

蔡德贵：要是郑振铎如果给您出书了，您可能早就成为名作家了。

季羡林：有可能。

蔡德贵：结果您去了德国成为学者。不是像过去那样专业式地搞了。

季羡林：嗯。

蔡德贵：丁玲当时提倡一本书主义，一本书可以成名的。散文集没有出版，是很遗憾的。

季羡林：嗯。

蔡德贵：可惜您的《游灵岩》查了那么多地方，一直没有找到，发表在《山东民国日报》的《留夷副刊》上的。

季羡林：哦，《游灵岩》，那时候我在济南高中教书。

蔡德贵：《留夷副刊》从一九三四年十月开始到一九三五年五月为止。

季羡林：哦。

蔡德贵：您跟郑振铎有没有热闹的事情了？

季羡林：就是我跟那个丁玲为什么印象不好，胡也频个子矮，对胡也频成为丁玲的拐杖不感冒。跟郑振铎是后来我们访问印度，是一个大代表团。团长是丁西林[4]，秘书长是李一氓。李一氓啊，入党很早，1921年建党是不是啊？他大概1923—1924年入党的，是老资格的。不过那个人哪，就是李一氓，我是不喜欢的。丁西林是党外人士，搞物理的。丁西林原名是丁燮林，改名为丁西林。丁西林党外人士，没有权力，管事的是李一氓，李一氓从来不笑。李一氓这个人我不感冒，老党员。你能想象一个人不笑么？

蔡德贵：一个团了有这么一个秘书长，团员是很难受的。有半年吗？

季羡林：起码半年，坐火车挂专列。坐火车那个铁道部长滕代远，给挂了一个专列，不知道谁的关系。那时候我们花钱花老鼻子啦，照相放大，宣传新中国，花钱多极了，在故宫太和殿搞预展。都把那个小照片放大成大照片，建国的成就，周恩来去看过几次。周恩来去的时候，就派我跟他，他说什么话，我记录下来，那是团里派的，那时候我最年轻，他去过几次，因为那不是小事，第一次大型代表团。团里有周小燕，和一个人结婚了，男的是后来在上海当导演的，袁什么，笔名，两字，袁俊。

蔡德贵：代表团的名字是张骏祥[5]。

季羡林：张骏祥是真名，假名好像是袁俊。张骏祥和我是同学，在清华比我早。

蔡德贵：他也是清华的。

季羡林：也是西语系。

蔡德贵：在清华认识吗？

季羡林：认识。他不是当助教吗？系主任是王文显，Wong Quin-cey，不大说中国话，在英国长起来的。中国人。

蔡德贵：中国人在英国长起来的。

季羡林：Wong Quin-cey，张骏祥是助教，我那时候是学生。助教不上课的，就是这么一种关系。王文显专门研究莎士比亚，对他讲课不感兴趣，他自己不是写过一个剧本吗？叫Stoops to Compromise，他写的剧本，他不是研究剧的吗？他讲莎士比亚，不讲内容的，他只讲版本，莎士比亚这个人哪，有没有？值得怀疑，可能是别人写的剧本。因为现在莎士比亚的那个坟是空空的。英国第一个大作家，有没有这个人不知道。可能是另外的人写的。

蔡德贵：《随园食谱》[6]不全吧？

季羡林：赵元任的夫人，把袁枚的《随园食谱》翻译成英语，而且是按照西方的办法，多少两，按那个办法，多少两的，他们说不行。中国的这玩意儿，炒菜啊，多一勺也不行，少一勺也不行。

蔡德贵：少许、适量，全靠大师傅掌握，是综合思维。

季羡林：嗯。

蔡德贵：今天还说吗？不说了吧。

季羡林：不说了。

注释：

①来自白居易的诗作。樊素和小蛮是白居易的家伎。姬人樊素善歌，妓人小蛮善舞。

②朱元璋为了训练通晓蒙古语的翻译人材，命令投降明朝的那些通晓蒙古语的色目人纂写教材，用精细地用汉字标蒙古词汇的发音，编成了蒙汉对照的生字表《华夷译语》。《华夷译语》，不分卷，清傅恒、陈大受等奉敕编纂，清乾隆年抄本。墨划框栏，四周双边，无行格。白口，无鱼尾，版框21.5cm×15.5cm。全书种数、册数未见记载。故宫博物院现存42种71册，原藏方略馆。此书是由中国清代皇帝勅纂而未经刊行的一部翻译词典。据文献记载，为了纠正翻译词书的“讹误”，“以昭同文盛治”，乾隆十三年（1748年）九月，清高宗上谕礼部：“朕阅四译馆所存外裔番字诸书……已不无讹误……宜广为搜辑，加之核正，悉准考西番书例，分门别类，汇为全书。所有西天及西洋各书，于咸安宫就近查办，其暹罗、百夷、缅甸、八百、回回、高昌等书，著交与该国附近省分之督抚，令其采集补正。此外，如海外诸夷并苗疆等处，有各成书体者，一并访录，亦照西番体例，将字音与字义用汉文注于本字之下，缮写进呈，交馆勘校，以昭同文盛治。著傅恒、陈大受、那延泰总理其事。”（《清高宗实录》卷三二四）书中各语种均由四译馆和有关各省督抚采录。汉字墨笔楷书，番、夷字依形体特点或行或楷。半页分右上、左上、右下、左下横写四组单词，唯《西天真实名经》和《僰夷译语》竖写。每组3行，第1行是本字（词），第2行是字义，第3行是发音。字义和发音用汉字注。行距疏朗，字体清晰典雅。

各种译语包括：1、英、法、拉丁、意、葡、德及西天（梵文）译语7种28册，每种收字730至2094个。2、缅甸、暹罗、苏禄、琉球译语4种8册，每种收字282至1232个。3、西番译语（藏语）1种5册，收字2123个。4、川番译语9种9册，每种收字700多个，均系四川省松番、龙安、茂州等地西番语种。5、倮罗译语5种5册，每种收字280至740个。6、云南耿马、僰夷、车里、猛麻等17个地区民族译语13种13册，每种收字338至806个。7、广西省庆远府、镇安府、太平府属地民族译语3种3册，每种收字71至170个。

各语种按门类分为天文、地理、时令、香药、花木、人事、宫殿、饮食、衣服、方域、珍宝、经部、身体、人物、器用、文史、鸟兽、数目、通用诸门不等。与现藏于国内外诸明清刻、抄本《华夷译语》比较，清内府抄本《华夷译语》所收英、法、拉丁、意、葡、德及我国四川、云南、广西三省的少数民族语种之多，为前者不可比。对于研究三百年前的西欧、东南亚及我国西南地区民族语言文字及研究我国翻译学史，都是罕见的珍贵资料。

③傅吾康是当代德国著名的汉学家和战后汉堡学派的主要代表人物，汉堡大学中国语言文化系名誉教授。他精通中、英、德文，一生潜心研究明清史、中国近代史和近代东南亚华人碑刻史籍，著作丰富，是国际知名的明代史权威学者和国际著名的汉学家。退休后，傅吾康在马来西亚大学中文系任教。2000年返回祖国德国。傅教授于2006年9月6日在德国柏林与世长辞，享年95岁。

④丁西林（1893—1974），原名丁爕林，字巽甫，剧作家，物理学家。代表作有《一只马蜂》《压迫》等。剧作《三块钱国币》被选入教材。

⑤张骏祥（1910.12.27—1996）导演、剧作家、理论家、事业家。笔名袁俊。江苏镇江人。1931年毕业于清华大学外国文学系，后留校任助教，研究西洋戏剧。1939年毕业于美国耶鲁大学戏剧研究院，获美术硕士学位。回国后任教于四川江安国立戏剧专科学校，后任中央青年剧社副社长、社长，中华剧艺社、怒吼剧团特约导演，中央电影摄影场编导委员，并领导中电剧团。先后创作话剧剧本《边城故事》、《小城故事》、《美国总统号》、《山城故事》、《万世师表》等；曾导演话剧《蜕变》、《北京人》、《安魂曲》、《大渡河》、《牛郎织女》、《罗密欧与朱丽叶》、《万世师表》等。同时出版《导演术基础》等戏剧论著，翻译《好望号》、《审判日》、《吾土吾民》、《富贵浮云》等剧本。抗战胜利后至上海，与黄佐临合组观众演出公司，导演话剧《女人与和平》。1947年从影，任中电一厂、二厂特约编导。先后编导《还乡日记》、《乘龙快婿》等影片。1948年至香港，为永华影业公司执导影片《火葬》。1949年到北京参加第一次全国文代会。同年入上海电影制片厂，历任导演、厂艺委会副主任、副厂长，上海电影公司副经理，上海市电影局副局长、局长，上海电影专科学校校长，文化部电影局副局长等职。是第四届中国文联委员，中国影协第一届委员、第二届常务理事、第三、四届副主席、第五届主席团委员，第二、三届全国政协委员，第五、六届全国人大代表，上海电影家协会主席。改编或创作《胜利重逢》、《鸡毛信》等电影文学剧本，执导《翠岗红旗》、《燎原》（与顾而已联合导演）、《白求恩大夫》等影片，其中《翠岗红旗》获文化部1949—1955年优秀影片二等奖。其作品遵循现实主义传统，创作态度严谨，追求朴实、明快的风格。

⑥《随园食单》是清代著名文学家袁枚所著，系统论述清代烹饪技术和涵盖南北菜品的难得著作。全书除《序》外，共分十四（单），也就相当于现在的十四章。不仅介绍了一些菜品的操作方法，还谈及注意事项和营养搭配；不光介绍了三百多种南北菜肴，还包括点心、饭粥和茶酒等，其中有关饮食卫生、饮食方式以及菜品搭配等观点，就是在今天看来，依然见解独到，读来获益多多。袁枚，世称随园先生，生于公元1716年，字子才，号简斋，浙江钱塘人，清乾隆年间考上进士，才华出众，诗文冠江南，为人潇洒不羁。因为恃才傲物，最后告别官场，优游林下，把研究美食当成自己生活的主要内容。

第五十五次口述

2009年2月24日下午3：30～4：20

蔡德贵：先生，您在1935年去德国以前，和储安平已经很熟了。

季羡林：嗯，对了，他编那个《观察》。

蔡德贵：《观察》那是后来了，您的《表的喜剧》，是发表在他主编的《文学时代》上的。

季羡林：嗯。

蔡德贵：不是《观察》，《观察》是您1946年回国以后的事情了，他约您为撰稿人之一。您1935年到德国给《文学时代》稿子，给他写信，10月份一封，12月份一封，您是不是在清华就和他熟悉了？

季羡林：嗯。跟他比较熟。

蔡德贵：他是清华的吗？

季羡林：他不是清华的。就是大家都是作家，就是这么一个关系。

……

蔡德贵：胡适对您研究《生经》评价很高的。

季羡林：整个的《生经》，胡适评价，那是他南逃的时候，要走。后来胡适南逃，他身边的人对他的走，大家意见不一致。那时候邓广铭是他的秘书。后来随着时代的发展，认为他走对了。

蔡德贵：批判胡适、陈寅恪的时候，您保持沉默。有没有人动员您批判呢？

季羡林：我没有批判，我就是故意不写。

蔡德贵：不愿意批判老师，北大是风口浪尖，您能够躲过去，也算是很幸运的。

季羡林：也不是很幸运，我就是不写，你不能逼我写。

蔡德贵：他们也不知道您和胡适来往到底什么程度。

季羡林：他们知道什么啊？

……

蔡德贵：您跟沈有鼎没有深交。

季羡林：没有深交。我也是金岳霖的学生。他教逻辑啊。当时清华所有的学生要学理科的课程，逻辑可以代替。讲逻辑学的老师啊，三位，一位是冯友兰，一位是金岳霖，还有张崧年。

蔡德贵：那时候赵元任在清华吗？

季羡林：没有，那时候在美国。这个人我没有大见过。《赵元任全集》的序是我写的，《胡适全集》的那个序，也是我写的。胡适的那个序，大概1万7千字。很长的啊。还写了一篇文章，《为胡适之说几句话》，还有一篇题目是《站在胡适之墓前》，后面这一篇哪，当选一个什么地方，大概是河南评当年的散文状元。就是那一篇《站在胡适之墓前》，当选河南的散文状元。

……

蔡德贵：您跟吴晗是前后的同学吗？

季羡林：对。

蔡德贵：他是历史系的。

季羡林：嗯。我还到吴晗家里住过一夜。我从德国回来的时候，他请我做过报告，报告讲什么呢？讲西域的古代语言，胡说八道啊，那学生哪里懂那个啊！不过我也没有什么话好说。

蔡德贵：在清华做报告吗？

季羡林：清华。

蔡德贵：您到颐和园他家吗？

季羡林：那时候他在清华。现在，他的塑像和闻一多好像摆在一起，我觉得很不恰当。

蔡德贵：他没有法跟闻一多比啊，地位差远了。

季羡林：嗯。

蔡德贵：清华教国文的刘文典，给您上过课吗？

季羡林：上过课啊。

蔡德贵：他上课也是马马虎虎吗？

季羡林：抽鸦片。

蔡德贵：课堂上抽鸦片吗？

季羡林：他躺在床上抽。刘文典有名的，他一学期就讲《恨赋》、《别赋》，这两个赋。

蔡德贵：他是搞《淮南鸿烈》的。

季羡林：《淮南子》，《淮南鸿烈集解》，他们专家讲啊，他那个《淮南子》搞得很肤浅。没有法不肤浅，他在家里抽鸦片，哪里到图书馆查书啊。能不肤浅吗？最后在西南联大，他没有回来，留在昆明了。刘文典当时叫二云居士，什么二云呢？云土，云南的烟土，云腿，云南的宣威不是出火腿么。浙江的金华，云南的宣威，出火腿。二云居士啊，抽云土，吃宣威云腿。

蔡德贵：您就听他的《恨赋》、《别赋》。

季羡林：他一个学期都是讲这两个。他在课堂上啊，不大讲书，主要是骂人。刘文典当过安徽大学校长，蒋介石打过他一个耳光子。

蔡德贵：这个校长够窝囊的。闻一多的课您听过吗？

季羡林：没有听过课，认识。我住在清华招待所，出国的时候啊，去看过他。

蔡德贵：您还看过教务长蒋廷黻。

季羡林：蒋廷黻是历史系系主任。

蔡德贵：也是教务长，您的毕业证还有他的章。

季羡林：可能是。后来不是当驻苏大使了吗？

蔡德贵：您去德国以前拜访过他。

季羡林：嗯。

蔡德贵：您还看过冯友兰先生。

季羡林：那时候他是文学院院长，交换研究生就是他主持的。

第五十六次口述

2009年3月12日下午

从2月25日回到济南处理研究生的事情，3月12日重回北京。我乘坐D40动车上午从济南出发，下午1点30到达北京。搭出租车到301医院，进去以后，季老在休息，不忍心打扰，一直等老人家醒来。小岳告诉我，季老一直在念叨蔡德贵什么时候回来？醒来的时候大概4点了，岳爱英问季老，你猜谁来了？你最盼望见的人来了。季老说蔡德贵来了？

大夫下午来给先生做B超，先生昨天感觉左胳膊有点疼。等待大夫的时间久了点，先生催小岳，赶快去催一下，再不来我就起来了。两位大夫后来推着仪器来到病房，仔细做了检查，结果好像没有发现什么问题，大夫说可能是抻了什么的。

趁先生躺在床上等待的时候，我把中国书画装裱工艺学院副院长田桂芳委托带给先生的韩滉的《五牛图》[①]展开给先生看，看完之后，问先生，韩滉是哪一朝代的人？季老不假思索，立即说是唐代的画家。我问他韩滉属于几流的画家，先生说几流画家不好说，他以画牛为长。

小岳给先生穿好衣服以后，扶先生起来，先生自嘲：起驾！然后自己挪动两条腿，说："就是对这个龙椅很反感，一直反感。"但是先生在自己尽力挪动双腿的时候，身体的活动显然有点过猛，以至于上身动作过大，一下子就靠到沙发——那个令先生厌恶的龙椅上。但是先生没有一点反常，笑嘻嘻坐下去了。

注释:

①《五牛图》作者是唐代著名的宰相韩滉。韩乾以画马著称，他是画马大家曹霸的两个弟子之一（另外一位是陈闳）。韩滉以画牛著称，后人称为“牛马二韩”。这幅《五牛图》，是韩滉最为传神的一幅。5头健硕的老黄牛，在这位当朝宰相笔下被“人格化”了，传达出注重实际、任劳任怨的精神信息。它问世后，收藏者包括赵构、赵伯昂、赵孟頫、乾隆等著名人物。在明代，它几易其主。清兵入关后一度下落不明，直到乾隆年间，才从民间收集到宫中珍藏。1900年，八国联军洗劫紫禁城，《五牛图》被劫出国外，从此杳无音讯。20世纪50年代，它被一位寓居香港的爱国人士发现。1950年初，周恩来收到这位爱国人士的来信，信中说，唐代韩滉的《五牛图》近日在香港露面，画的主人要价10万港币，自己无力购买，希望中央政府出资尽快收回国宝。周恩来立即给文化部下达指示，鉴定真伪，不惜一切代价购回，并指示派可靠人员专门护送，确保文物安全。文化部接到指示后，立即组织专家赴港，鉴定《五牛图》确系真迹，经过多次交涉，最终以6万港元成交。《五牛图》回到故宫时，画面洞孔累累，残破不堪。故宫博物院组织专家，用了几年时间，才将它修复完好。《五牛图》是中国十大传世名画之一。

第五十七次口述

2009年3月14日下午2：30～4：30

蔡德贵：您和吴文俊是否熟悉？

季羡林：认识，来往不多，主要是思想相同，同意天人合一的观点。

蔡德贵：您跟吴文俊教授有来往吗？

季羡林：也没有什么来往，见面当然见过，平常跟他没有来往，不是同行。

蔡德贵：您主张在一定范围内恢复繁体字，网上的材料说瑞典诺贝尔文学奖的评奖委员马悦然，支持恢复繁体字的观点。

季羡林：不是朋友，马悦然这个人我认识，所有的汉学家都支持恢复繁体字。汉字繁体字有个好处，它能拆开。

蔡德贵：可以分解解释啊。

季羡林：嗯。有一个外国汉学家叫夏白龙（Witold·Jablonski），中国名字叫夏白龙。

蔡德贵：哪一国人？

季羡林：好像是波兰的，记不大清楚了，我跟他来往不多，那时候北京辅仁大学有一个汉学研究中心，就是西方的汉学家，夏白龙是辅仁大学天主教的，在那里工作。

蔡德贵：您在辅仁大学兼课与他有交往吗？

季羡林：跟他没有什么事。我就教语言学，一个星期去一次。

蔡德贵：那时候您在沙滩翠花胡同，从北大去不近哪。

季羡林：就是，很远的啊，北师大那边。

蔡德贵：新街口往北。

季羡林：嗯。

蔡德贵：您教语言学的学生是本科生吗？

季羡林：不是哪一科，反正是通选课。

蔡德贵：学生多吗？

季羡林：还不少呢，几十人大概是吧。

蔡德贵：兼课好长时间吗？

季羡林：没有那么长时间。

蔡德贵：不是好几年吗？

季羡林：嗯。

蔡德贵：学生有点名气的有吗？

季羡林：一个也没有。

蔡德贵：那您跟夏白龙有交流没有？

季羡林：没有交流。我记得他说过一句话：我们辛辛苦苦和汉字打交道，毕竟努力认识了那么多汉字，你这一改革，我们的本钱给没了……

蔡德贵：是在哪里说的话？

季羡林：我们之间谈话说的。那时候在东单有一个全聚德烤鸭店，你大概不记得有这个烤鸭店了。

蔡德贵：不知道了。

季羡林：那时候，记得郭沫若在那里请客，在东单全聚德烤鸭店请客。夏白龙就是在那里认识了，但是（与他）不是一个行当的，他原来是辅仁大学的天主教神父，后来没有来往。辅仁大学不是天主教的吗？

蔡德贵：除了夏白龙，别的汉学家您还认识谁？您认识马悦然是什么时候？

季羡林：马悦然没有来往，只是认识，没有交往。法国有一个汉学家叫韩百诗（Louis Hambis）。

蔡德贵：他来过中国吗？您跟他有交往吗？

季羡林：不是，也是在辅仁大学么，那地方有一个天主教的什么组织，是学中文的。我跟他没有交往，不属于一行。

蔡德贵：在瑞士和您一起翻译四书的科恩是汉学家吗？

季羡林：他不是汉学家，不懂中文，是历史学家。

蔡德贵：国外学者，您和泰国的郑午楼有来往。

季羡林：也不是来往。我去（泰国）……

蔡德贵：是他接待的吗？

季羡林：也不是接待，他是泰国的侨领么，请过我一次。他说汉字里爱国的爱字，简化了，心不要了，这是他的话。

蔡德贵：有道理啊。

季羡林：有道理。

蔡德贵：在泰国您认识郑彝元吧，您给他写过序言的。

季羡林：哦，郑彝元，他常到中国来，岁数不小啦。

蔡德贵：他有您给他的信。

季羡林：这个不知道。

蔡德贵：您认识日本的中村元，有交流。

季羡林：有交流，我们同行啊，他是搞梵文的。

蔡德贵：您的博士生辛岛静志[①]是他中村元介绍过来的吗？

季羡林：不是。辛岛是怎么来的，我不知道了。反正当时他娶了一个中国夫人。

蔡德贵：据说他在日本有名气了？

季羡林：嗯，很有名气了。

蔡德贵：工作单位是哪里呢？

季羡林：不知道，后来没有联系。

蔡德贵：配合您的全集出版，8月份想开一个有关您的研讨会，可以请他来。

季羡林：对，嗯，辛岛可以请的，辛岛是学者。

蔡德贵：他夫人是北大的吗？

季羡林：不知道。反正辛岛博士论文答辩的时候，他夫人在一边旁听。我带的日本博士，他是第一人。

蔡德贵：还有别的日本博士吗？

季羡林：没有。

蔡德贵：中国的博士王邦维是第一个。

季羡林：嗯。

蔡德贵：您陪他去北京图书馆查阅《赵城金藏》[②]。

季羡林：《赵城藏》。

蔡德贵：现在新出版的叫《赵城金藏》，在山西赵城这个地方出的。

季羡林：嗯，那时候叫《赵城藏》。我不去，借不出来，我走了，也不行，我就坐那里。

蔡德贵：怕您走了以后，书损失了找不着负责人。

季羡林：中国好像没有研究《赵城藏》的文章，没有见过。咱们中国的学术界有很多缺口。

蔡德贵：王邦维是查阅佛教的问题吗？

季羡林：就是一些字句，和别的藏不一样。

蔡德贵：《赵城藏》没有收入《大藏经》吗？

季羡林：《大藏经》不是哪一个藏，《大藏经》是日本人抄在一起的。日本的那个高楠顺次郎[③]（Takakusu Junjiro）编辑的。

蔡德贵：《赵城金藏》最近北京图书馆出版社出版了全编本，价格昂贵，一般人买不起。《赵城藏》是哪一类的佛经？

季羡林："藏"都是乱七八糟的，也是收集在一起的。最有用的还是日本的那个《大藏经》。

蔡德贵：就是标点符号不对。

季羡林：没有一个对的，南田文雄啊，标点用不着，我看惯了，原来的汉文本来就没有标点，我一点不感觉别扭。在我眼中，它的标点根本不存在。

蔡德贵：王邦维之后就是辛岛，辛岛之后是刘波。

季羡林：嗯，刘波实际上跟我沾边，他并不搞梵文，东方文化。

蔡德贵：不是梵文的博士。

季羡林：东方文化。所以有人在答辩以前问我，我说，我这门学问英国人叫INDIALOGY，在西方叫印度学，只要跟印度有关的，都是印度学的。

蔡德贵:当时还有人指责吗?

季羡林:没有,大家都知道答辩委员会就是形式,不是讨论学问的地方,也没有时间,一共就两个小时,哪里能讨论什么学问啊!就是那么一种形式。德国答辩是文学院院长主持。

蔡德贵:博士生很紧张了。

季羡林:我就是博士生啊。当然紧张啊。

蔡德贵:刘波之后是高鸿。

季羡林:嗯。刘波这个人是东方文化的,跟印度沾边。他对中医研究很深的,深的话,就跟东方文化有关系。他的那个论文从思想内容来说,是有水平的。

蔡德贵:刘波给您操办过生日啊?

季羡林:生日怎么过的忘记了,刘波现在被通缉啊,现在大概在日本箱根。

蔡德贵:箱根您去过,印象不错。

季羡林:嗯,箱根漂亮啊。

蔡德贵:香港有个霍韬晦④,跟您联合招收研究生吗?

季羡林:我跟他认识,没有联合招收研究生。我知道这个人,他在香港有个机构,我去过。

蔡德贵:是牟宗三的学生。

季羡林:新儒学的么。

蔡德贵:您见过牟宗三吗?

季羡林:没有,我也不知道新儒家新在哪里。

蔡德贵:新儒家的熊十力、梁漱溟、冯友兰,您都熟悉,您最佩服的是梁漱溟,他是士。

季羡林:嗯。

注释:

①辛岛静志(Seishi Karashima)生于1957年。1976—1985年在东京大学学习和研究佛教学、印度学与汉语。在学期间,英国J Brough教授来到日本,打算编辑

一部（佛教）汉梵词典，印度学家原实教授推荐他当这一课题的助手，但因Brough教授突然去世，这个项目被放弃了。1985—1987年，他在剑桥大学跟随K.R.Norrnan教授研习中世印度雅利安语和巴利语。1987—1991年在北京大学留学，师从季羡林教授，并与蒋忠新教授合作研究《法华经》，获得博士学位.1991－1994年在德国弗来堡大学与Oskar von Hiner教授共同研究印度学。1992—1997年任东方研究会专任研究员。1994—1997年任京都真宗大谷派教学研究所客座研究员。1997年至今任东京创价大学国际佛教学高等研究所副教授。

1991年辛岛先生用汉文发表了论文《法华经中的乘（yana）与智慧（jnana）——大乘佛教中yana概念的起源与发展》（《季羡林教授八十华诞纪念论文集》下卷，江西人民出版社）。作者对于《法华经》的各梵语写本的异同，梵本与竺法护译《正法华经》、鸠摩罗什译《妙法莲华经》之间的不同之处进行了详细的分析，得到如下结论：《法华经》形成较早的部分，原来也是通过中世印度语（MiddleIndic）而流传的，或是具有浓厚的中世印度语色彩，但随时代的变迁而逐渐（佛教）梵语化。梵语写本间的异同、梵本与汉译的差异，其原因就在于随着把中世印度语梵语化而产生解释上的差异。《法华经》的梵语诸本间、梵本与汉译本间存在yana/jnana的交替，它是以中世印度语的jana（*jana）为媒介的，即jnana＞jana＜yana。yana在《法华经》形成较早的部分本来也意为“智篇”，到了形成较晚的散文都分因受般若思想的影响，才开始被解释为“达梧之道，乘，修行道”。因此，mahayana（“大乘”）、hinayana（“小乘”）、buddhayana（“佛乘”）等词是由原来的mahajnana（“大智”）、ninajnana（“小智”）、buddha jnana（“佛智”）等词产生的。辛岛先生后来又指出：现在一般的汉语词典都把“大乘”、“小乘”、“佛乘”等的“乘”注音为“chéng”。把“乘”理解为“运载、乘载”之义，但梵文原语“yana”并无此义，而是有“移动，步行，旅行；道路，途径；马车、船等运载工具”等意思，在佛教中具体指六波罗蜜等修行或佛的教法，至于“运载”之义则是后来在中国出现的误解。因此，“大乘”、“小乘”、“佛乘”等的“乘”在汉语中应念为“shèng”。笔者在参加《汉语大词典》编纂工作中，对此也曾感到困惑，读了辛岛先生的论断后，真有涣然冰释之感。（徐文堪：《略论21世纪〈汉译佛典语言词典〉的编纂》，原刊《中国辞书论集1999》，上海辞书出版社，2000年9月，转自评潮网。

②《赵城藏》是上世纪30年代发现于山西赵城县广胜寺（今属洪洞县）的一部金代刻印的大藏经。这部大藏经因其印本每卷卷首扉画有“赵城县广胜寺”的题字，发现后被佛教学界称名曰《赵城金藏》，略称《赵城藏》。《赵城藏》是我国第一部木刻本大藏经《开宝藏》的覆刻藏，因此，它也是至今发现的我国历史上最古老也是最珍贵的大藏经版本。《赵城藏》收经总数近7000卷，是宋元时代各版大藏经中收录经籍最多的一种；在《赵城藏》发现时，从中核对出46种249卷为历代大藏不收的稀世孤本，这部分经籍后以《宋藏遗珍》之名先期公诸于世。因此，《赵城藏》又是一种资料珍值极高的大藏经版本。《赵城藏》发现时，经清理共存4957

卷，但后来又有散失，现存4813卷。1959年中央文化部西藏文物调查团在西藏萨迦北寺又发现了31种555卷金藏印本。这部分印本现存民族文化宫图书馆。以该印本的印经题中知道，这部分印本是印刷于元宪宗蒙哥六年（1256），最早安置于燕京大宝集寺，大约在元世祖时代由国师八思巴带到西藏的。经核对，这种印本与广胜寺发现的印本无论从版式、千字文编次，刻工题记及特殊的版刻记号完全吻合，说明它们是同一版本的不同印本，完全可以视作一种版本使用。上述两种印本相加，其总数可达到5368卷（其中有400余卷复本）。就这一数字说，它是现存北宋版大藏经中保存最多的一种。目前，《开宝藏》和《契丹藏》已基本亡佚。《开宝藏》包括残卷仅存13卷；《契丹藏》在山西应县佛宫寺木塔中发现了卷子装大字本12卷，在河北丰润县天宫寺塔中发现了小字册装本3种17册；另有《房山石经》虽然规模巨大，但全部石经也只有3400余卷。从版本价值、资料价值几方面说，《赵城藏》都是现存历代大藏经版本中最珍贵的；加之它是抗日战争年代，八路军战士在党中央的指示下于敌伪碉堡丛中奋勇抢运至安全地区并精心保护下来的，因此，《赵城藏》不仅是稀世的佛典文献珍品，也是反映我党我军斗争历史和宗教政策的革命文物。

③高楠顺次郎（1866—1945）日本佛教学者。原姓泽井，幼名梅太郎，广岛县人。求学时名泽井洵，后因入赘高楠孙三郎为婿，得其资助留学英国，改名高楠顺次郎。属真宗西本愿寺派。1887年与同学组织反省会，从事学生运动，发行《反省者杂志》，鼓吹禁酒进德的社会启蒙运动。1890年留学英国，入牛津大学从马克斯·缪勒学梵文、印对卉学、比较宗教学等。1897年学成回国，任东京帝国大学讲师、教授，兼东京外国语学校校长并创建武藏野女子学院（后改为大学）。他在佛学上最重要的贡献是编纂《大正新修大藏经》（与渡边海旭联合主编）和《南传大藏经》。又与南条文雄、望月信亨等合编《大日本佛教全书》。著有《佛教哲学概要》（英文）、《释尊的生活》、《佛教的真髓》、《亚洲民族的中心思想》、《佛教国民的理想》、《理想之泉的佛教》等；并将《南海寄归内法传》和《观无量寿经》译为英语。

④霍韬晦（1940—），广东广州人。当代思想家、教育家、新人文主义与性情学之倡导者。曾在香港中文大学教授中西哲学二十余年，现为香港东方人文学院院长、新加坡东亚人文研究所所长，并兼任中国社会科学院、南京大学、广州中山大学、上海华东师范大学客座教授。

第五十八次口述

2009年3月15日下午2：40～4：30

蔡德贵：昨天有四个字南田文雄，我不知道是哪几个字？

季羡林：日本哪，有个《大藏经总目》，南田文雄。他有个《大藏经编目》。高楠顺次郎啊，是《大藏经》的编辑之一。他叫さんには，日文的さんには，南田，南北的南，田地的田，文章的文，英雄的雄。

蔡德贵：刘梦溪和陈祖芬夫妇想来看您。

季羡林：好啊！好久没有见了。陈祖芬是不是啊？

蔡德贵：陈祖芬开完了政协会，想来看您，不知道明天能不能进来。

季羡林：明天是……

蔡德贵：星期一。

问小岳。

蔡德贵：昨天水饺好吃吗？

季羡林：好啊。

蔡德贵：这时候不要说假话啊！

季羡林：我从来不讲假话的。

蔡德贵：羊肉白菜馅的。

季羡林：挺好的，羊肉味还可以出来。

蔡德贵：我和季承大哥，我们想让您多吃点饭，脸上再多长点肉。

季羡林：（笑）这个事难说。

蔡德贵：眼袋不红了。

季羡林：眼袋没有了，就是瘦了。

蔡德贵：多吃点，再胖起来。

季羡林：咱们现在讲到什么地方了？

蔡德贵：现在老师、亲友，还有没有落下的？

季羡林：我脑筋里面记不住。

蔡德贵：我接触到的都问过了，记不住的没有关系，有些高兴或者印象深的都可以继续说。

季羡林：我不是有句话吗？假话全不说，真话不全说。

蔡德贵：您一开始就交代了。

季羡林：一直到今天哪，我真话啊。

蔡德贵：还没有说。

季羡林：也不能都说，就是一个人，不到时候，（不会说）。

蔡德贵：您有时候说着说着，不说了，我就知道您后边还有真话。

季羡林：不全说。

蔡德贵：您不想说，就不说。

季羡林：政治环境变了以后，就是真话说的会多一点，现在还不行。

蔡德贵：现在还有敏感的问题，我心里也有数。

季羡林：谁心里也都有数，因为没有一个傻瓜。自称傻瓜的人啊，是装傻瓜。不过，将来这种事情啊，我的看法，还非说不行，因为不说不行。

蔡德贵：因为不是个人的事情，而是属于全民族的反省。

季羡林：对，就是这个问题。现在恐怕不单是年轻人，中年人对文化大革命是怎么回事大概都不清楚了，这是一个悲剧。

蔡德贵：除了《牛棚杂忆》，还没有别的很深的书。

季羡林：《牛棚杂忆》我跟你说过，能够出，是一种偶然的机会。中央党校出版社曲伟，我那个书出来以后呢，马识途的也跟着出来了。我的那个不出，他那个也不能出。我的那本当时出的时候，影响还是不小的。《南方日报》发表了不少文章。

蔡德贵：也就《南方日报》敢发。《牛棚杂忆》，您也没有把真话都说。

季羡林：那怎么可能呢？

蔡德贵：您一辈子最难过的，一个是在德国是饥饿地狱，一个“文革”是炼狱，全家13块钱，吃不饱的，既有人格受到的侮辱，既是肉体上又是精神上严重摧残。

季羡林：嗯，在德国精神上没有受折磨。（德国）那个只是肉体上的，（“文革”是）精神上（的也有）。后来我跟你讲过这个故事，政协恢复的时候，周扬说，羡林同志啊，中国讲是，士可杀，不可辱，现在改啦，是士既可杀，也可辱了，说完哈哈大笑，这种大笑叫苦笑。有什么办法呢？

蔡德贵：我多亏“文革”躲了，不然我会打死人的。我的手是通关手，扁担纹，一巴掌可以打死人。

季羡林：（笑），有这个说法。

……

蔡德贵：您对武训一直评价很高的。

季羡林：评价很高。

蔡德贵：您看过张默生写的《武训传》吗？

季羡林：我知道，张默生，我当过他的学生。他写过《王大牛传》，王大牛就是王祝晨。

蔡德贵：张默生是被迫害死的。

季羡林：哦。

蔡德贵：张默生给您上过课吗？

季羡林：这个没有。我念书的时候，是一师附小。

蔡德贵：现在归实验小学了。

季羡林：嗯。

蔡德贵：江青调查武训，接着就是批判《武训传》了。

季羡林：那时候是这样子，先在西四西大街路南的电影局，有一次邀请去看电影，就是外边还没有公演的，一个《早春二月》，一个《武训传》。座谈的时候，我有事走了。当时对这两个电影，我都是捧的。第二天在报纸上一看，目的不是让你捧，是钓鱼的。捧了以后，你捧了以后，再整你。我因为有事走了。当时我走运哪，座谈的时候我走了。这个毛主席有个理论，赃官比清官好。说清官能够延续中国封建社会，都是赃官的话呢，封建社会不能延续那么长。

无锡灵山书院的邱嘉伦和金阳秀到访。带来无锡排骨，和太湖熏鱼。

季羡林：我问国家宗教局的局长叶小文，你们宗教局，是不是一个极左的口号，是消灭宗教？叶小文说，国家宗教局没有这个任务。

蔡德贵：宗教消灭不了啦。

季羡林：消灭不了。

邱嘉伦：基督教、天主教传播很快的。半公开发展，每天20万。地下传教，没有办法了。

季羡林：太湖没有污染吗？

邱嘉伦：治理很慢的。

季羡林：太湖一定要保护，太湖是中国的一颗明珠啊。

邱嘉伦：现在您还能用毛笔写字吗？

季羡林：还能写，瞎着眼睛，反正是写。

季承拿出刘国龙[①]写的一幅小楷书法《千字文》交给季老看，季老问季承，他写这个东西，目的何在？

季　承：他自己本来说《千字文》要写千遍，但是发现古人只写到800遍，自己也就决定写800遍。他自己说自己是抄书匠，希望您给写幅字“抄书巨匠”。

季羡林：他什么意思啊？这个字我不能写。

注释：

①北京市百万庄南街10号院一处半地下的单元房里，住着一位名叫刘国龙的老人，十年前，刘国龙因突发心脏病险些丧命，经抢救刘国龙总算活了下来，但却不得不退出原来的工作岗位，家里老伴提前退休了，大儿子待业，儿媳待岗，小儿子在读大学，刘国龙无力改善他们的生活心情低落，为了在烦乱的生活中寻找一片宁静，他开始用抄书养生。从此，刘国龙一发不可收，一年三百六十五天，除了春节休息几天，连周末也不休息，每天三千字，从不间断。2001年5月，龙抄本《红楼梦》、《三国演义》、《水浒传》、《西游记》由甘肃人民出版社向海内外隆重推出。

第五十九次口述

2009年3月16日下午2：40～4：30

刘梦溪和陈祖芬到访。

季羡林：我站不起来，对不起。

刘梦溪：季先生，梦溪、祖芬。

季羡林：我现在腿不行了，腿站不起来了。

陈祖芬：什么时候站不起来的？

季羡林：好久了。一个人，我现在就到一百岁了，有点这种小毛病，正常的。

陈祖芬：对，对。上次说到谁活到106岁。

季羡林：那个谁，雷老，雷洁琼105岁了吧？

陈祖芬：125啊？

季羡林：105。最长寿的老人是谁啊？

蔡德贵：彭祖啊。

季羡林：现在的。

蔡德贵：据说有130多岁的，好像在日本。

刘梦溪：季先生以前讲过，北大的过九十岁以上的几个几个，季先生补充一句，我不跟他们比赛。

季羡林：刚刚解放的时候，东北有个人叫张子良，据说136岁。张良的良。

蔡德贵：张良的后人啊？

季羡林：跟张良没有关系的，我听说的，有名有姓的，反正100多，没有问题。136，超过世界纪录了。

陈祖芬：看起来很精神，眼睛比以前好多了。

季羡林：现在啊，什么都不行了，所有的器官都用了100年了，都老化了。

蔡德贵：季先生的眼睛眉毛长出黑的来了。

刘梦溪：季先生……

季羡林：追求活大年纪啊，从这个比较文化学的角度来看，很有意思，这个课题很有意思。东方人跟西方人不一样，西方这个，特别是长生不老，西方文学里，我念西方文学，没有讲到长生不老的，他不信这个东西，也不争取。我念了这么多年的西洋文学系，只有一个地方讲到长生的，就是The sketch book，美国的一个Washington Irving（华盛顿·欧文）[①]，sketch book。The sketch book里头有个《瑞普·凡·温克尔》[②]（Rip Van Winkle），荷兰人，他这个故事，稍微牵涉到长生不老。

蔡德贵：他的书出版有中文版吗？

季羡林：不是他的书出版中文版，Washington Irving，我中学念英文的时候，The sketch book，那个林琴南哪，给他翻译成《拊掌录》，只有那么一个地方近于长生不老，别的地方（没有），西方人不争取。西洋文学么，我读了那么多年的西方文学，就是Rip Van Winkle。他这个故事有点讲长生不老。一般讲西方人，不讲。比方说，这个寿字，翻译成外文，用一个词，外文表示不出来，外文翻译寿字，翻译不出来，寿字翻译成外文，你怎么翻？起码得两个字，old age起码得old age。一个字，英文找不出来。证明不是一个常用字，也不是他们要争取的，西方根本不相信长生不老。

陈祖芬：中国人多了，西方根本不相信长生不老。

季羡林：这个人最相信长生不老。过去历史上有很多故事，有一首诗，下里巴人了，王子去求仙，郸城入九天，山中方七日，世上几千年。（重复一遍。）值得研究啊。入九天，怎么山中呢？山中就是天上啊，山中七天，世上呢，几千年。

刘梦溪：一种相对论。

季羡林：嗯，有点。

蔡德贵：山东人古代追求长生不老，海上蓬莱仙山。把秦始皇坑得不轻。

季羡林：嗯，当时国王啊，这个没有一个不想长生不老的。那泰山的封禅就是要求长生不老么。

刘梦溪：人生不满百，常怀千岁忧。

季羡林：就是啊。

刘梦溪、陈祖芬给带来出口到欧洲的玩具白色小象。

刘梦溪：祖芬送给您的，欧洲带来的，一点污染没有的。我带来好东西，我专门给您买的，德国的真正奶酪。

季羡林：我看不见。

刘梦溪：这个巧克力非常好，我可以告诉您，这一小盒260块，原装进口的。

季羡林：嗯。我在德国住十年，前两年吃奶酪，后来8年什么都没有啦。

蔡德贵：先生说个笑话，饿到什么程度，那时候德国人那么爱面子，但是电影院里因为吃一种鱼骨和面粉的混合物，结果屁声不断。

季羡林：他不消化，就放屁。(笑)英国轰炸机在空中炸。

刘梦溪：他来了以后，我就放心了。他啊，他是君子啊，我都知道。

季羡林：你们都是君子啊。

蔡德贵：希望都是君子。

季羡林：事实也是君子。

刘梦溪：范曾不是到我们所了吗？范曾来的时候，问季先生，要说什么话没有，季先生写“善来”，而且下面写梵文。您还记得吗？然后写范曾、梦溪二兄，一丝不苟。范曾是范伯子，范肯堂[3]的曾孙。他有个演讲，他很好，很高兴。

季羡林：哦，谢谢。

刘梦溪：季先生这次比以前好多了，上次不断流鼻涕。

陈祖芬：能看到他们吗？

季羡林：你（陈祖芬）的眼睛、鼻子都看到了。你那儿太暗，看不见。

刘梦溪、陈祖芬互换位置。

季羡林：看（刘梦溪），现在看见了。

陈祖芬：我记得上次看不见，眼睛见好。

季羡林：范曾，在南开的时候，大概不大被重用。后来我和汤一介、乐黛云长驱200里，到南开给范曾撑腰。

陈祖芬：那是什么时候？

刘梦溪：从法国回来的时候。

蔡德贵：我还记得您说，南开因为有范曾这样的学者，才有名气。好像坐小车去的。

季羡林：嗯。我和汤一介、乐黛云，我们仨，到南开，南开就召开这个东方艺术研究院的全体成立大会，我们三个轮流发言。我说这个中国的士，士可杀，不可辱，这个士啊，世界任何语言里边翻译不了。士，不是学者，Scholars。中国的知识分子，可以叫做士，单纯知识分子不能叫士。Scholars是读书人，但是必须加一个Chinese scholars，才相当于士。我们对士的要求，西方完全不懂。我们的击鼓骂曹，西方就是，我多少懂一点，祢衡骂曹，祢衡这种人，西方不提倡。我就说，中国的士啊，是很值得研究的。

刘梦溪：跟知识分子的涵义不完全一样。

季羡林：士是知识分子，但叫中国的知识分子，加中国这两个字，跟一般知识分子不一样。问题就是，中国人对士的要求，不单是学问，还有骨气，要有硬骨头。到现在，我这个评论当代人啊，我评论，文的武的，都有我崇拜的人物。

蔡德贵：您别说，让刘梦溪、陈祖芬先生猜。

季羡林：我的标准啊，跟这个伟大的什么什么，顶过嘴的。《毛选》五卷发行以后，又收回了。第一篇，就是批判梁漱溟的。我说中国这个彭德怀和梁漱溟，够得上中国的士这个水平。士跟中国这个侠啊，《史记·侠客列传》，我曾经研究过，士跟侠之间的关系。

刘梦溪、陈祖芬：这是好题目。

季羡林：西方人绝对不提倡，它不要求这个。

刘梦溪：季先生，把士跟侠这篇文章写出来。

季羡林：什么文章？

蔡德贵：士跟侠这篇文章。

季羡林：没有写，我现在脑筋里面，老琢磨这个问题。

刘梦溪：这个问题很关键的，这是中国文化的一个传统。

季羡林：是中国文化的一个传统。

刘梦溪：后来没有传下来。

季羡林：我希望火种会变。你要研究中国文明，中国人民的优越性在什么地方，跟西方一比，清清楚楚。

刘梦溪：这两个都是大问题。中国人讲长生不老和士、侠，西方都没有。

季羡林：它不研究，也不信，也不要求。（西方）完全不要求。你看，中国这个士，scholars，scholars不是读书人么，可是应该加一个Chinese，Chinese scholars，光叫scholars，不够。得加一个Chinese。

刘梦溪：祖芬过去写过一篇报告文学，《中国牌知识分子》。

季羡林：中国的读书人，够这个士。

刘梦溪：祖芬写过《中国牌知识分子》。

季羡林：那跟我的想法完全一样。这个士啊，就是中国牌知识分子。

刘梦溪：我们告辞，怕您受累。

季羡林：好的。

刘梦溪：季先生，这次您比哪一次都好。

陈祖芬：季先生保重啊！再见！

因为下午医院给先生体检，刘梦溪、陈祖芬告辞。先生有点不舍。

……

蔡德贵：您跟王力很熟了。

季羡林：王力算是我的老师一辈的了。

蔡德贵：他开始是不是不是一级教授？

季羡林：他几级，后来不知道。一级当时是几乎等于是公开评论。吴组缃二级，始终就没有评上一级。

蔡德贵：中文系还有个王瑶，他比王力资格老吗？

季羡林：不如王力。王力是老前辈啦。

蔡德贵：王力好像是章太炎的学生。字叫王了一么。

季羡林：有这个关系，王了一。

蔡德贵：哲学系那边冯友兰先生有来往吗？

季羡林：（冯友兰）是老师一辈的。

蔡德贵：您跟翦老来往多吗？

季羡林：有来往，也不多。都是老一辈的，他也是长辈。

蔡德贵：《历史研究》编委里有他吗？

季羡林：有他。

蔡德贵：文科的老一代学者里，最谈得来的，有哪些人？冯定是很谈得来的。

季羡林：冯定我们都是政协委员，在社会科学组，见面的机会比较多。他是20年代入党的。

蔡德贵：交流对宗教的看法，就是和他。

季羡林：那时候我们开会常坐一辆车，我们什么都谈。

蔡德贵：他在沙滩住过吗？

季羡林：没有，城外了。

蔡德贵：其他老先生还有谁？

季羡林：吴组缃、林庚、李长之，见面次数不少。

蔡德贵：您在李长之倒霉的时候，您去看过他。

季羡林：因为那时候，一天一个运动。

蔡德贵：李长之在四剑客里面是最倒霉的一个。您在清华大学的时候，对李长之有预见，说他偏激。

季羡林：对。

蔡德贵：对杨炳辰就有不同的看法。

季羡林：杨炳辰是北大德语系的系主任。学生考试，站在那里不走，嫌少啊？再给加几分。

蔡德贵：四剑客也聚会吗？

季羡林：见面机会不少。我们争论茅盾的著作《子夜》，我是不欣赏的。原因就是从语言来讲，这个不灵活。

蔡德贵：他的书您都读过吗？

季羡林：当然都读过。

注释：

①华盛顿·欧文（Washington Irving，1783—1859），十九世纪美国文学，主要以游记随笔和传记作品获得盛名，被誉为美国文学的奠基者。他生前游历了英国、西班牙、法国、瑞士、意大利等很多欧洲国家，并通过勤奋的写作，生动再现了十九世纪欧洲的风物人情。《瑞普·凡·温克尔》（Rip Van Winkle）是美国作家华盛顿·欧文创作的著名短篇小说。

②《瑞普·凡·温克尔》的背景是荷兰殖民地时期的美国乡村。瑞普为人热心，靠耕种一小块贫瘠的土地养家糊口。有一天，他为了躲避唠叨凶悍的妻子，独自到附近的赫德森河畔兹吉尔山上去打猎。他遇到当年发现这条河的赫德森船长及其伙伴，在喝了他们的仙酒后，就睡了一觉。醒后下山回家，才发现时间已过了整整二十年，人世沧桑，一切都十分陌生。原本闭塞的山村现在一片沸腾，到处是演说、传单、竞选。恍惚中，瑞普发现酒店招牌上英王乔治的画像变了。红色的上衣变成了蓝黄色，手中的王笏变成宝剑，头冠三角帽，下面是“华盛顿将军”的字眼。瑞普终于知道，他现在已由英王的臣民变为“合众国的一个自由的公民”。对所有这些变化，瑞普无动于衷，因为他最担心的是“女人的专政”。

这篇小说乡土风味浓郁，充满浪漫主义奇想，流露出作者本人的保守观点，也巧妙暗示了资产阶级革命的局限。

《瑞普·凡·温克尔》，刊载于清同治十一年（1872年）三月十五日的《申报》上，题为《一睡七十年》。未署译人姓名，译者对此篇感兴趣，显然不在于其中有多少西方的哲理，而是因为其中可以找到中国古代笑话的乐趣。《一睡七十年》实选译自欧文的《见闻录》，又称《见闻杂记》（The Sketch Book of Geoffrey Crayon, Gent），此书包含有色彩纷呈的短篇小说，描写风俗习惯的脍炙人口的随笔，以及关于社会政治和文学的散文风格的论文，可以说是一部奇怪的混合物的结集。全书三十四篇，内容驳杂，长短不一，1819至1820年问世以来，获得了很高的声誉。其中若干篇一直被世界各国选作大学教材，奉为纯真、优雅的英文典范。英国浪漫主义诗人拜伦在读该书后感叹道：“他是一个天才，但他还有其他的胜于天才的东西——就是一个心。”

1907年《见闻杂记》由林纾和魏易节译，由商务印书馆初版，包括有《李迫大梦》、《睡洞》、《欧文自叙》、《海程》、《耶稣圣节》、《记本行所值》、《耶稣圣节前一日之夕景》、《耶稣生日日》、《圣节夜宴》、《记惠斯敏司大寺》十篇，中文译名《拊掌录》1933年12月由商务印书馆列入万有文库出版。

③范当世1854年出生于通州城（今南通市）内有一个诗书世家，原名铸，字铜士，更名当世，字无错，号肯堂，因排行居一，世称范伯子。他是清代末年杰出的文学家，同光体诗人，也是南通市近代教育的主要倡导者和奠基人之一。

范当世幼即聪颖警悟，先后从通州城内有名望的塾师王兆榛、顾金标学习八股时文。15岁首次参加州试取得第二名，17岁院试为廪贡生员，但此后九次应南京科试，未得一第。青年时代的范当世结交了张謇、顾锡爵、周家禄、朱曼君等意气相投、声气相求的朋友，研讨学问，关心国事，促使了当时通州“士风稍隘，识分敦静”风气的转变。当世25岁后负笈出游，初从著名文艺理论家、兴化刘熙载学习《艺概》，继从桐城派古文大学、武昌张裕钊学习古文法，并为张主持修纂的《湖北通志》担任《嫠妇传》部分的主笔，复得张裕钊等介绍，为冀州知州、古文家吴汝纶主持观津书院。

第六十次口述

2009年3月17日下午3：30～4：30

蔡德贵：您喝点水，慢慢说。还是那个原则，还是健康第一。什么工作都不能妨碍身体健康。

季羡林：什么都不妨碍。说到什么地方了？

蔡德贵：昨天说到赵宝煦。

季羡林：我跟他比较熟。赵宝煦的字写得挺好的。

蔡德贵：他的书法是什么体的？

季羡林：赵体的，颜柳欧赵，一般的赵体，赵孟頫的体。

蔡德贵：您小时候练什么体的？

季羡林：先是柳体后来是颜体，后来是什么也没有练成。

蔡德贵：您是颜柳兼而有之了。

季羡林：现在成为什么书法家，我觉得奇怪。

蔡德贵：头几天给潘石屹的字，和谐，放大了很好的。

季羡林：不行，野狐谈禅，还是赵宝煦啊？

蔡德贵：有没有别的了？

季羡林：书法还是不错的，赵体的。

蔡德贵：您跟他学术有交流吗？

季羡林：没有，不是一行。

蔡德贵：跟叶朗有交流吗？

季羡林：有。

蔡德贵：去年的一本书，《中国文化读本》的中英文版本由外研社出版，中英文两种版本的，他跟您有交流。

季羡林：忘记了。

蔡德贵：您跟他谈过启蒙，您现在谈点启蒙吧。

季羡林：什么叫文化启蒙啊？

蔡德贵：转型期需要的一种新思想。

季羡林：没有考虑这个问题。

蔡德贵：新思想要不要占统治地位。

季羡林：现在在讨论这个问题啊。

蔡德贵：嗯。上次您不同意马恩全集从俄文翻译过来。

季羡林：俄文。

蔡德贵：应该根据原文翻译才对的。

季羡林：就是啊，这个是对的。

蔡德贵：根据俄文翻译有错的。

季羡林：我说，根据俄文翻译，好像是天经地义，我觉得非常滑稽。世界上哪里有这样的啊？是什么语言，就应该根据什么语言。而且俄罗斯人在这个，使用马列主义方面，成绩也不大啊。

蔡德贵：您1935年经过莫斯科的时候，对它的计划经济不感冒。

季羡林：那时候，是我们走过那个地方，按预定的行程，莫斯科是不停的。可是每次呢，都要停下来，停几天，这个我也不反对，借这个机会，让大家看看是可以的，对我们自己的国家，值得宣传，可是我得到的结果呢，有人领着我们，看了好多地方，都讲这是五年计划怎么怎么的，让我们一天只看五年计划啊。一座大楼也没有看到，让我们看你计划啊，因此我就很不感冒，而且我认为这是一种愚蠢的办法。你既然让大家留下来，你起码得有一座楼啊，不能到处都是五年计划啊。结果，只看了几天计划。

蔡德贵：去看红场啦？

季羡林：红场当然去了，红场和天安门没有法子比。

蔡德贵：看列宁的墓了吗？

季羡林：当时那个列宁斯大林，不都在红场么。

蔡德贵：1935年斯大林没有死，只有列宁。看斯大林可能是后来的。

季羡林：又去过。我对那个莫斯科啊，印象最深的是普希金画廊，就是美术的。那是历史的，排列从最早的，一直到中世纪吧，到这个列宾。列宾的画，当时专门是一间屋子，列宾的画，旁边摆一个椅子，坐在那里，《可怕的伊万》，那个还是一个杰作。

蔡德贵：您从莫斯科1958年回来以后讲话。

季羡林：回来请我讲一讲，我说，是敞开来讲，还是有保留地讲？他们说是党内，敞开来讲。结果一讲，惹了漏子了。说你对老大哥怎么这么不尊敬啊？

小　岳：喝完吧，喝完再说。

蔡德贵：您把药喝了吧。喝完，痰就没有啦。

季羡林：没有那回事。不可能的。

大家大笑。

季羡林：回来以后我讲了，引起一场风波。说是，我有这个反社会主义的倾向。

蔡德贵：这个帽子不小了。

季羡林：帽子不小了。

蔡德贵：是不是有人打小报告了？

季羡林：这个我不知道了，结果是什么东西救了我呢？

小　岳：先喝吧。

季羡林：别，别老指挥！（笑）

大家大笑。

蔡德贵：那就是说，您反社会主义的倾向，上边也知道了。

季羡林：学校当然知道了。后来什么东西救了我呢？我写过一篇《塔什干的小男孩》，那个文章救了我。就是从这个文章来看，我对苏联还是有感情的，就这么一篇，那个小男孩大概是犹太人。

蔡德贵：那时候塔什干属于苏联，现在不是了。文章发表以后，再也没有追究。

季羡林：没有。就是我对社会主义，还是有感情的，行啦。我说这个问题啊，本身看起来是个笑话，可是问题回想起来，是个大问题。为什么是个大问题呢？我们有一段，有一段大概这个你也知道。七八年搞一次运动，搞一次七八年。

……

蔡德贵：知识分子清楚，“文革”当中考教授。

季羡林：对。

蔡德贵：您考了吗？

季羡林：考啦，我没有去，我不知道为什么没有去。

蔡德贵：是您自己胆子大没有去吗？

季羡林：我自己就，也不知道这个重要性，不愿意去，就没有去。结果那个事很快就过去了，没有再追究，讲这个马尾巴的功能。

季　承：田德望去考过，我问他，他回答当然是零分。后来田德望教小学一年级的英文，在北大附小，简直胡闹。

蔡德贵：本身就是个圈套。

季羡林：就是让你去丢人现眼。

蔡德贵：您接到通知，没有去。

季羡林：接到了，没有去。

蔡德贵：那可是需要胆量的。

季羡林：当时我没有去，后来也就算了。

第六十一次口述

2009年3月18日下午2：00～4：30

季羡林：学术界在关心什么呢？

蔡德贵：关心思想启蒙。

季羡林：什么意思呢？

蔡德贵：就是转型期思想怎么适应的问题。您的三个关系的问题，就可以解决的，用科学精神解决天人关系，用人文精神解决人际关系，用宗教精神解决身心关系。

季羡林：嗯。

蔡德贵：过去忽视宗教精神是不对的。

季羡林：嗯。

蔡德贵：解决人类的这三种关系，挖掘一下。

季羡林：因为我讲这三种关系，一个人就是这三种关系啊，没有第四种。这三种关系处理好，就和谐，处理不好，就是不和谐。

蔡德贵：不管什么启蒙，离不开您的这三种关系，您十多年以前就谈到了。

季羡林：嗯。

蔡德贵：也在讨论文理要不要分科的问题，意见不一致。

季羡林：嗯，不一致才是正常的。没有一件事，大家是完全一致的，完全一致倒是不正常。

蔡德贵：香港评论，有人注意到，“工程师治国”的现象快终结了。这是一个好兆头，文科出身的比较多了。大家关心的是这些方面，实际上不出您十几年前说的几个问题。

季羡林：嗯。

蔡德贵：有几个小问题核实一下，您上中学的时候偷看过《金瓶梅》吗？

季羡林：不是上课，是在家里，家里边，那时候什么书都看。

蔡德贵：上学的时候，偷看您不敢吧？老师在讲课，您敢偷看闲书吗？

季羡林：这个没有。

蔡德贵：《牛棚杂忆》里，您提到的，您的得意弟子，当面把您的梵文讲义给撕了。

季羡林：当时是这样子，情况就是恢复组织生活，当时的领导考虑啊，找一个又红又专的，烈属、贫农，或者这样的，有点名气的，就找到马鹏云了。马鹏云认为这个事情很重要，要好好表演一番。于是乎，摆了一张桌子，桌子上好多东西，摆完以后，亮相了，第一个就把那个梵文讲义拿过来，撕得乱七八糟，全撕掉了。后来我就想，看你对这个西服裤子啊，怎么处理。我那个时候半人半鬼，最严重的时候已经过去了，结果到了西服裤子那个地方，立刻缩手了，没有撕。当时我觉得可笑极了。

蔡德贵：他信誓旦旦，不做资产阶级的金童玉女。

季羡林：有这个话。

蔡德贵：他撕那个讲义，您心里肯定非常难受啊。

季羡林：当然难受了。

蔡德贵：那些梵文讲义都是您编的啊？

季羡林：是我编的。

……

蔡德贵：您自己80岁以后，最满意的是《中华蔗糖史》和《外国糖史》。

季羡林：《中华蔗糖史》和《外国糖史》。《外国糖史》有现成的两本，《外国糖史》一个是德文的，一个是英文的，阿拉伯人起的作用很大。

蔡德贵：邬裕池1985年前后从开罗回来，由肝炎发展成为肝癌，不久就去世了，这个人很可惜，早早去世了。

季羡林：邬裕池没有胡子，证明他生理上有问题，活不了大年纪。他也不可能有后代，我们就这样做吧。

蔡德贵：除了《中华蔗糖史》，就是《弥勒会见记》，您很满意。

季羡林：晚年有一篇文章《列子与佛典》。

蔡德贵：那个早，是1946年前后了。《列子与佛典》，胡适说，“生经一证，确凿之至。”李亦园说，胡适一直说，做学问一定要像北京大学的季羡林那样。您见过李亦园吗？

季羡林：见过。《列子与佛典》，有新的东西。

蔡德贵：后来您给胡适有没有写过信？

季羡林：没有写过信。

蔡德贵：是您的恩师之一。

季羡林：对。

第六十二次口述

2009年3月19日下午2：05～4：30

蔡德贵：您喝点水。我查阅了您的回忆文章，涉及到学外语的地方，想核实一下您学过的外语，希腊语是学过的。

季羡林：很难说学过啊，当时沾点边。

蔡德贵：您在清华听过几次，在哥廷根学过。拉丁文呢？

季羡林：在德国中学里边啊，是6年希腊文、8年拉丁文。毕业致辞都用拉丁文，不用德文。

蔡德贵：您梵文、巴利文是学完了的。还有塞尔维亚·克罗地亚文。

季羡林：沾点边，就是南斯拉夫文。

蔡德贵：还有斯拉夫语。

季羡林：斯拉夫是整个一个语系，包括很多。俄语、波兰语什么的都是。俄语学的时间不短的，在哥廷根，看过果戈里的《巡按使》（《钦差大臣》，Императорский министры）。

蔡德贵：吐火罗文和德文都是不成问题的了。英文从尚实英文学社开始的吗？

季羡林：在那之前，从小学就开始了。当时印象深的，就是觉得 f 这个字母，像个大马蜂，中间粗，两头细。

蔡德贵：然后法文是清华上的。

季羡林：能看，没有下过功。

蔡德贵: 在哥廷根学过阿拉伯文的，老师是布莱恩吗？

季羡林: 阿拉伯是这样子，《古兰经》念过。是冯·素顿（Von Soden）教，有一段时间，我想把阿拉伯文做副系，当时不是三个系吗？我下定决心啊，无论如何不把学中文做副系的，我觉得那是丢人的。我在德国哥廷根时，教比较语言学的教授是克劳泽[①]（CLAUDE）。比较语言学在德国社科学里是非常困难的一门学问，他这人会丨几种语言。有了这个基础，你才能讲比较语言。可克劳泽呢，眼睛看不见，要上课了，两个小时。那怎么办呢？他看不了稿子，就在上课前跟着讲稿念两个小时。这个人的记忆力跟照相机一样：你给他念一遍，两小时，只要把板书写出来，他就能站在讲台上两个小时滔滔不绝，一字不差。这就叫本领！他有天分，是个天才，他有个特点，他的脑子就像照相机一样；另外一个因素当然是后天的训练有素。

蔡德贵: 那时候是不是已经知道乔冠华读庄子的学位了。

季羡林: 乔冠华跟我不是同时交换的吗？他去了图宾根大学，因为他搞这个哲学的。鲁迅不是讲过么，在国外是老子庄子，回来就是康德和黑格尔。

蔡德贵: 我们觉得阿拉伯文很难，您觉得很好学。

季羡林: 很简练，有韵律的。

蔡德贵: 您学过的希腊文、拉丁文、梵文、巴利文、南斯拉夫文（塞尔维亚·克罗地亚文）、斯拉夫文、俄文、吐火罗文、德文、英文、法文、阿拉伯文、印度古代语言（包括阿育王碑铭的语言、古典戏曲中的语言、佛教混合梵语等等），阿育王碑铭的语言您也学过。

季羡林: 阿育王碑铭的语言是印欧语系的。

蔡德贵: 古典戏曲中的语言是什么语言呢？

季羡林: 是用什么语言写的，就是什么语言，用梵文的就是梵文的。比如《沙恭达罗》。

蔡德贵: 还有不是梵文写的吗？

季羡林: 有。

蔡德贵: 您还学过佛教混合梵语。

季羡林: 对。它是，从佛教发展来看啊，他们有人说，释迦牟尼是蒙古种，不是印欧语系的，这个我没有考证过。混合梵语呢，就是这样子，不是纯粹的梵语，不纯粹。我当时对佛教混合梵语很有兴趣，写过几篇文章，里面牵涉到混合梵语。

蔡德贵：您的毕业论文没有这个问题吗？

季羡林：博士论文就是《大事》，里边有的是散文，有的讲韵文的变化，韵文部分的语法变化。

蔡德贵：佛教混合梵语回国以后材料困难了。

季羡林：回国以后，是这样子的。它是一个音变啊，很有意思，am变成u或者o，后来我专门写过一篇文章，咱们那个新疆啊，发现的卷子里就有这个东西了。一般讲起来，说这个巴利文哪，是西部方言，东西部还是比较清楚的。后来，几乎成为一个定论了。可是巴利文里面有这个东部方言的成分。东部摩揭陀语，就是东部方言。

蔡德贵：现在其他人也不会研究这么细了。

季羡林：国外啊？

蔡德贵：国内，其他人有关注的吗？

季羡林：国内没有人了。

蔡德贵：那真成为绝学了。

季羡林：嗯。

蔡德贵：《沙恭达罗》全部是梵文了？

季羡林：梵文，但是那个书里边的讲话，有的就不是梵文。里边不是有好些人物吗？

蔡德贵：您翻译有没有难度？

季羡林：没有感觉什么难度，是一般的。梵文，从这个语法方面来讲，最别扭的一本书，是《十王子传》。怎么叫最别扭呢？一个战场，这个形势怎么样，本领就是用一个字来表示，这一个字能够长到两行。

蔡德贵：那翻译这一个字难度很大了。

季羡林：《十王子传》那个文章最别扭。

蔡德贵：西克教授让您啃这个书吗？

季羡林：这个西克教授啊，拿手的本领之一就是《十王子传》。用一个字来表示整个战场的情况。

蔡德贵：那翻译成中文行吗？

季羡林：我为什么不翻译这本书呢？因为一个里边故事性啊，不强。现在中国搞梵文、巴利文的，我说这个人真奇怪，我教的学生啊，最好的就是蒋忠新，死得早。现在在学术界搞梵文的，我不说他的名字，是我当时的学生里面最差的。

蔡德贵：一个姓韩的。

季羡林：就是他。

蔡德贵：黄宝生是好的。

季羡林：黄宝生不错的，专门研究理论的，黄宝生是好样的。

蔡德贵：蒋忠新，您，还有池田大作有个对话？谈东方文化？是笔谈吗？

季羡林：对，那个我们从来没有（笔谈），因为池田大作这个人好名，和几个世界名人进行过谈话，我对那个人哪，我觉得他有点流氓气，流气。

蔡德贵：过去有人说创价协会是个邪教。

季羡林：也不一定是邪教。反正就是这个创价协会，这个创价是什么意思，我问过，没有人能够解释。什么叫创价，你知道吗？我到现在也不知道什么叫创价。

蔡德贵：您见过池田大作吗？

季羡林：见过。

蔡德贵：是蒋忠新操作的吗？然后个人谈一些观点。

季羡林：不是蒋忠新，是卞立强。我把我的意见写出来，池田大作把他的意见写出来。对话是卞立强搞的，搞成对话的形式，其实我们根本没有在一起对过话。你认识卞立强吗？

蔡德贵：不认识，只知道名字，卞立强的日文很好吗？

季羡林：不好，不行。后来他不是到上海外国语大学当教授了吗？在北大啊，不大可能当教授。

……

蔡德贵：您见过王元化吗？

季羡林：见过。

蔡德贵：在哪里见过呢？是上海吗？

季羡林：忘记了，可能。王元化是一位很有头脑的（思想家）。《文心雕龙创作论》是他写的吧？专讲《文心雕龙》的。

蔡德贵：他主张新启蒙，"五四"批判旧文化过头了，您也有这样的想法。

季羡林：我有这个想法。

蔡德贵：当时蔡元培一个说法：伦理代宗教。伦理不能代宗教的。

季羡林：对。

蔡德贵：伦理不能代替宗教的。

季羡林：代替不了。

蔡德贵：宗教起的作用，伦理不能代替。我觉得宗教精神、科学精神和人文精神结合起来，社会才健全。

季羡林：嗯，对。

蔡德贵：解决天人关系用科学精神解决，解决社会关系主要用人文精神，解决身心关系，精神和肉体的关系，用宗教精神。"己所不欲，勿施于人"很难的啊。

季羡林：我不赞成高中有文理分科。原因其实很简单，考大学不利。我就吃这个亏，那时候分科了，我是文科高中的。

蔡德贵：您考数学是4分，那是文科高中的数学。亏了清华那时候还录取您了。

季羡林：嗯。北大清华考试不管你的，出题一样的。

蔡德贵：现在不能录取啊。臧克家考山东大学，数学零分，闻一多先生把他破格录取了。

季羡林：嗯。反正是文理分科，考大学对文科的学生不利。

蔡德贵：是不是对文科学生的发展也不利啊？

季羡林：不利。现在的自然科学啊，从世界范围来看日新月异，你过早的分科，对学生将来的发展不利。

蔡德贵：计算机几乎全是理科的东西了。

季羡林：嗯。理科有发展哪，那并不难，而且是时时有发展，随时就是这样子，文科可不是这样子，文科怎么发展？理科那东西是看得见的，文科你看不见，你说，“己所不欲，勿施于人”，你怎么看得见？这个提法就值得我们思考。那时候我在高中上两门，一门伦理学，一门论理学（逻辑学）。

蔡德贵：您靠一靠吧。（先生有些累，让他靠着休息一下）

季羡林：当时是两个课啊，鞠思敏讲伦理学，完颜祥卿讲论理学。完颜祥卿是一中校长。正谊中学现在没有啦，让我写个秋柳园，我加了括弧，加了“正谊”两个字，括号里面。

蔡德贵：正巧，拍钱文忠《我的老师季羡林先生》，中央电视台拍了最后一个镜头，当时就知道这个消息了，那之后就没有这个学校了。那个靠外边的楼也没有了。

季羡林：嗯，靠马路的那个。

蔡德贵：靠马路的那个楼，也没有啦，那个楼有点历史了。

季羡林：对。

蔡德贵：鞠思敏对您的影响还是很大的。

季羡林：鞠思敏那个人很值得尊敬的。每个礼拜一都有一个纪念周，发表长篇训话，内容不外怎么做人。

蔡德贵：叫朝会吗？

季羡林：不叫朝会，叫纪念周。鞠思敏那个人的人格是很高的。日伪让他出来做事，他坚决不干。不干没有钱，拿这个煎饼，加点盐，开水里面泡一泡，就那样过日子，不领日本人的面粉。爱国这个国，说起来容易，其实很不容易。你像这个汪精卫，大汉奸了。我觉得我对他感到非常惋惜。汪精卫年轻时候刺杀摄政王，刺杀摄政王载沣：

慷慨歌燕市，
从容做楚囚；
引刀成一快，
不负少年头。

蔡德贵：当时还很有气魄了。

季羡林：有气魄。当时本来要杀头的，有些人看他那么年轻，不到

20岁，也有才华，没有杀他。后来成为大汉奸，我觉得这个人的变化啊，太可怕了。有往好的变的，也有往坏的变的。这首诗的态度和后来做汉奸完全两码事，慷慨歌燕市，从容做楚囚；引刀成一快，不负少年头。

蔡德贵：很有英雄气概的。

季羡林：引刀成一快，就是砍头的。

蔡德贵：善恶的转化，人都搞不清楚。

季羡林：中国人讲善始善终，很难。

蔡德贵：文化大革命中林彪讲保持晚节，林彪就摔死了。

季羡林：（笑）林彪那个人啊，拍马屁第一，那个《语录》就是他弄的。出来以后，他拿着小红书，毛主席前边走，后边跟着他，周恩来落在后边。当时看了以后觉得很别扭。可我没有想到他提前抢班夺权。

蔡德贵：胶东一个民兵英雄，祝毛泽东万寿无疆，祝林副主席，他忘记了，结果就祝完万寿无疆，祝林副主席和上边一样。

季羡林：（笑）当时解放军进城，共产党四个人，有林彪、董必武、聂荣臻，还有一个人，忘记了，在北京饭店招待北京的名人②。

蔡德贵：是不是叶剑英？

季羡林：对。是叶剑英。当时说话的人呢，是林彪代表他们讲话，当时林彪一头黑发。

季羡林：很简单。那时候北京的知识分子，情况大概是这个样子，共产党什么样子，我们不知道，但是国民党我们知道。胡适，那时候飞机场啊，在崇文门里面，崇文门里面现在是盖了房子了，当时有一块空地，飞机勉强能够起飞，胡适也在那里坐飞机，到南京。到南京以后，他又派了一架飞机来接，一个名单回来。自己在南京机场等，结果就去了一个毛子水，那时候那个名单上还没有毛子水，名单上首先是汤用彤、徐炳昌，听说胡适还哭了一场。

蔡德贵：毛子水后来死在台湾了。

季羡林：胡适墓上的字，大概都是毛子水写的。

蔡德贵：在北大您跟毛子水有交往吗？

季羡林：那差远了。他比我大多了。

蔡德贵：在北大图书馆给您一个文科研究室是毛子水吧？

季羡林：嗯。有一个问题，我跟你说过，到现在我不明白。当时陈寅恪先生是清华教授，为什么推荐我到北大，不推荐我到清华，到现在也不清楚。我又不能问他。

季承到，带了羊肉馅饺子，我带去两种茄子，一种煎茄子，一种红烧茄子。

注释：

①《留德十年》说：我的博士论文，当时颇引起了一点轰动。轰动主要来自Prof. Krause（克劳泽教授）。他是一位蜚声世界的比较语言学家，是一位非凡的人物，自幼双目失明，但有惊人的记忆力，过耳不忘，像照相机那样准确无误。他能掌握几十种古今的语言，北欧几种语言，他都能说。上课前，只需别人给他念一遍讲稿，他就能几乎是一字不差地讲上两个小时。他也跟西克教授学过吐火罗语，他的大著（《西吐火罗语语法》）被公认为能够跟西克、西格灵（Siegling）、舒尔策（Schulze）的吐火罗语语法媲美。他对我的博士论文中关于语尾—mathe的一段附录，给予了极高的评价，因为据说在古希腊文中有类似的语尾，这种偶合对研究印欧语系比较语言学有突破性的意义。

②1948年2月20日林彪、董必武、罗荣桓、薄一波、聂荣臻、叶剑英在北京饭店举行盛大集会，招待在北平的各界民主人士。到会各党派、学术文化团体方面民主人士400余人。上海和平代表团的颜惠庆、章士钊、江庸、邵力子也应邀出席。林彪致辞说“全国人民殷望和平，共产党对和平一片真诚，但对方依靠美帝，想作挣扎的企图是明显的，希望邵公等南返，向人民转达中共之意，一齐为永久的真和平努力！”

第六十三次口述

2009年3月20日下午2：10～4：30

蔡德贵：东语系出去的大使、参赞大概有100人了。

季羡林：哦。当时我提出一个要求，都要学英文。不能光学阿拉伯文，英语是世界语。

蔡德贵：您的这个意见后来贯彻下来了。佛教的一些偈很难理解。

季羡林：他的目的，就是让你难以理解。要不然，太平常了。你越不理解，他就达到目的了。

蔡德贵：比如“空手把锄头，步行骑水牛，人在桥上过，桥流水不流。”到现在我们也不懂。

季羡林：嗯。问题就是答不了，不要逻辑的。宗教信仰，你不能讲逻辑的，也不能讲逻辑，怎么讲逻辑啊？这个老天爷、神仙，根本都是不存在的，怎么讲逻辑？宗教就是信仰。

蔡德贵：您自己不是宗教信徒，一直很尊重宗教。

季羡林：我不是宗教徒，但是对宗教尊重，对宗教同情和理解。

蔡德贵：您去德国被动地填写宗教信仰。

季羡林：不是我填的，不填宗教信仰不行，第一项就是，没有不行。我说，你们给我填吧，他们说那就填佛教吧。我说可以啊，就填了佛教。

第六十四次口述

2009年4月18日下午2：30～4：00

云南省委宣传部作家张曼菱拜访，谈及到台湾拍摄西南联大的片子。张曼菱要求给写：梅贻琦、胡适、蒋梦麟千古，学生季羡林，2009年4月18日，北京。她代表季老到台湾给这些老师扫墓，拜祭。他们怎么排？

季羡林：按我的关系，梅贻琦在前边。清华的早期校长是梅贻琦，梅贻琦一说话有个特点，你们知道这个故事吗？你们知道梅贻琦说话有个特点，他说话的特点：或者、大概、也许是，不过，我看，不见得。或者、大概、也许是，不过，我看，不见得。

蔡德贵：您在清华上学的时候，他就是这个口头语了？

季羡林：他一讲话啊，一讲学生下边呼啦，学生就知道他要讲这个话，或者、大概、也许是，大家都很喜欢他。

蔡德贵：这个话就正好代表他的特点。

季羡林：后来这个蒋介石派罗家伦到清华，结果，学生、教授联合把他赶跑了。罗家伦之后就是梅贻琦。

蔡德贵：曹云祥在梅贻琦之前当清华校长。

季羡林：那个我就不知道了，那时候是留美预备学校。

蔡德贵：是曹云祥把清华留美预备学校改造成清华大学的。

季羡林：嗯。我那时候，一上学就是梅贻琦。

蔡德贵：曹云祥当了4年清华校长。清华一进门，有个王国维先生纪念碑，一进清华，就在路旁边，非常显著的。

季羡林：对。

蔡德贵：您《清华园日记》提到梅贻琦的讲话。

季羡林：嗯。

张曼菱：我们去台湾，台湾行。（念国台办的批文。）

季羡林：清华一进门就是王国维的纪念碑。他那个纪念碑，一进清华，就在路边，非常显著的。

蔡德贵：您今天中午休息不好吧？

季羡林：够了。

蔡德贵：您喝点水。

张曼菱：过几天带机器来。

蔡德贵：中央电视台《大家》的片子，初步确定下星期来拍。

季羡林：行。

蔡德贵：他们把朗润园13公寓、荷花、二月兰，都拍了，紫藤萝没有找到。主题是爱国、孝亲、尊师、重友，可能要来几次。

季羡林：我说的这棵紫藤萝，在一棵大树下面垂到地上，在朗润园去外文楼的路上的那棵。现在当然找不着了。

季　承：北大的水比较紧张。荷花旁边从外边的河里有点水渗进来了，可能荷花比较多。去年节约水了。

季羡林：北大抠门，抠的不妥当。我们那个水啊，原来是玉泉山的。北大西门的那些水，是玉泉山的水流过来的。玉泉山的西边就是卢沟桥。

张曼菱：请季老讲一讲梅贻琦、胡适、蒋梦麟。

季羡林：这个（梅贻琦的）笑话不能散布。讲一讲可以，不能上报。这是什么？

季　承：国务院的批件。

季羡林：嗯。

张曼菱和季承议论一会。

季羡林：你们说的我基本听不清楚。

张曼菱：您评价大师，怀念校长。

季羡林：对。

季　承：清华大学与新竹的清华大学有来往，每年李政道派学生到新竹，新竹的也来大陆。李政道有个思维模式，让大学一二年级的学生，利用暑假期间参加一点科研工作。

季羡林：这完全对的。想法非常好。

张曼菱告辞，带来云南的普洱茶给季先生。

蔡德贵：中央电视台六集的片子，要拍几次。主题还是爱国、孝亲、尊师、重友。可惜正谊中学现在没有了，鞠思敏街早就没有了。

季羡林：我知道。后来那个地方叫秋柳园，让我写字，我写了，加括号正谊中学。这个学校还是培养了一些学生。我对鞠思敏非常佩服，了不起。

蔡德贵：您从鞠思敏那里得到很多启迪。

季羡林：嗯。

蔡德贵：您呼吁过应该恢复鞠思敏街，但是没有恢复。

季羡林：这都是不正确的。

蔡德贵：有一条鞠思敏街，就好像走过北京的张自忠路一样，知道爱国主义。

季羡林：就是。

蔡德贵：中央电视台已经开始拍摄了，在北京要拍翠花胡同，近代史研究所在东厂胡同。

季羡林：嗯。翠花胡同和东厂胡同是中间可以通的，翠花胡同在北边，东厂胡同在南边，翠花胡同门是朝东。是个二进院，明朝的特务机关。是个凶宅，我这个脑筋里面，没有什么鬼。别人去，在门口先打听，季羡林是不是在里边，要不然他不敢进去，我不在，他进来出不去了，腿打哆嗦。当时我住在里面，没有害怕的感觉。我在国外多年，不相信什么鬼。我不怕鬼，我怕人。

蔡德贵：怕人吵。

季羡林：不（光）是吵，我是整个地怕人。

蔡德贵：您在德国回来就住在红楼。您一个人在东厂胡同吃饭怎么解决？

季羡林：红楼本来不是长期住的地方，从德国回来以后临时安排我住红楼。

蔡德贵：红楼也有弹钢琴的。

季羡林：后来就到翠花胡同了。从翠花胡同出来到外边吃饭，一出门往右拐，往前走不远，就是东安市场，到那个东来顺，肉饼很好吃。

季　承：我考大学在里面住过。

季羡林：有一次我们到那个（王府井）吉世林（西餐店），吃饭，很有名的。到那以后，后来我把那个老板请了来，我说，老板同志，你是不是要砸你的金字招牌啊？老板无言可对。怎么答？

蔡德贵：就是说，您吃的不满意了？

季羡林：当然不满意了。能满意吗？西餐啊，那个汤，就是一杯开水，加一点酱油。

季　承：非常有名的店。我在翠花胡同那里住的时候，非常害怕，阴森森的。那时候，传达室的人都不敢进去。

季羡林：到门口，要问季羡林一定在里面吗？一般都是这样。那个东厂胡同是杀人的地方，那是北京的凶宅。

蔡德贵：平常在里面看书吗？

季羡林：那时候干什么都忘记了。

季　承：爸爸晚上下班，和我一起在马路边坐马扎，吃豆腐脑、烙饼、葱花油饼（猪油的）和小米粥。后来那个吃饭的地方改名为小小食堂。

季羡林：对。那个馆子啊，葱花油饼那是怀念不忘。我有一篇文章叫《马缨花》就是写这个的。晚上呢，那个何思源啊，住在南面，锡拉胡同，国民党特务啊，从屋顶上挖了一个洞，投下一个大炸弹，何思源没在里边，把他的小女儿炸死了。①

蔡德贵：中法混血儿的小女儿，何思源的夫人是法国人。

季羡林：我记得是，常书鸿法国太太。

蔡德贵：何鲁丽的妈妈也是法国人。

季羡林：嗯。

蔡德贵：有人到翠花胡同找您吗？

季羡林：好多人找过我，那时候胡乔木也去过，传达毛泽东对马坚的话。就是马坚的那两篇文章，《回民为什么不吃猪肉》、《穆罕默德的宝剑》发表。

蔡德贵：您和黄苗子熟吗？

季羡林：熟。

蔡德贵：最近《南方周末》发表章诒和的文章《谁把聂绀弩送进了监狱？》，她过去写过《往事并不如烟》。

蔡德贵：您和章诒和熟吗？

季羡林：不熟。

蔡德贵：说黄苗子他是聂绀弩的告密者，还有其他人。

季羡林：没想到。

蔡德贵：先生胳膊不得劲吗？

季羡林：胳膊有点痛。过去挤过一次，二十多年了。好多年了，也是在301，被钢丝床挤了。

蔡德贵：那没有那么多年。

季羡林：那时候是李玉洁陪我的。

……

蔡德贵：您和钟敬文比较熟吧？

季羡林：比较熟。

蔡德贵：您到北师大去参加有关他的活动。

季羡林：对。去过几次。因为他是研究民间文艺的，我去给他讲过一次，与民间文学有关的。

蔡德贵：他比您大几岁吧？

季羡林：他比我大。

蔡德贵：他在北大待过吗？

季羡林：没有。一直在北师大。那个《五卷书》，原来就是民间文学那一类的。后来让文人把它加工成书了，里边都是民间文学。

蔡德贵：《五卷书》是您翻译的吧？

季羡林：嗯。

蔡德贵：还写过介绍的文章。

季羡林：对。

蔡德贵：是1950年代翻译的吗？

季羡林：是，很早了。

蔡德贵：您说过《五卷书》和阿拉伯的《克里莱与迪木乃》有很多类似的内容，能够把它们分出先后吗？

季羡林：民间文学传布得很快，这里面阿拉伯起了很大作用，就是这个民间文学的流传。

蔡德贵：是不是与阿拉伯语有关？

季羡林：这个不知道。

蔡德贵：我看过一本《阿拉伯通史》，说智慧寓于三件事之中：法兰克人的头，中国人的手，阿拉伯人的舌头。

季羡林：对。

蔡德贵：《五卷书》和《克里莱与迪木乃》哪个早，能够确定吗？

季羡林：不能。

蔡德贵：《五卷书》在印度影响大吗？

季羡林：不大。我们小时候念，好像《古文观止》还有，《古文观止》不是《古文观止》八个作家么？两个唐朝的，一个韩愈，一个柳宗元。柳宗元不是有一篇文章很有名么，就是《黔之驴》：黔无驴，有好事者船载以入。至则无可用，放之山下。虎见之，庞然大物也，以为神，蔽林间窥之。……它这个民间文学啊，我为什么说是印度呢？老虎，（因为老虎的故事在印度民间流传。《黔之驴》就是受印度老虎的影响，在《五卷书》和《嘉言集》中找到了这个故事的母题。）

蔡德贵：《五卷书》再版过。

季羡林：不知道。

蔡德贵：您对民间文学的地位觉得很重要吧？

季羡林：对。

蔡德贵：您写过一篇有关葫芦的文章。

季羡林：对。

注释:

①据北京出版社《话说北京》的《何思源锡拉胡同大难不死》:

1946年何思源出任北平市长，由于“沈崇事件”激起了全市学生大游行，国民党特务夜里跑到学校去抓人，又引起了十二所大学的代表到何市长家中抗议。何市长就带着学生代表们去闯警备司令部和中南海，向李宗仁要求释放被捕学生。紧接着东北战事吃紧，东北流亡学生游行请愿，要求“反饥饿，反内战”。何市长给学生们拨了粮食，还允许学生到市立八个医院免费看病。何市长的所做所为可把老蒋惹火了，他在1948年6月通过南京电台宣布撤了何的市长之职。何被撤职之后就把家搬到了锡拉胡同12号。后来他又积极鼓动傅作义和平起义，在傅作义召集的华北七省市参议会上，何思源等十一人被推举为和平代表，定于1949年1月18日出城同解放军接洽。老蒋那时已了解了傅作义的和平动向，但傅将军手中有兵，老蒋拿他没办法，只好拿何思源开刀。他对保密局长毛人凤发出了置何思源于死地的斥令，想借此警告傅作义。毛人凤立即派保密局行动处处长叶翔之于1949年1月14日夜间秘飞北平，指挥暗杀何思源的行动。当时在保密局北平站侦防组里有一个飞贼出身的特务段云鹏，他善于爬高上梯、飞檐走壁，人称“赛狸猫”。他经过上房侦查后，制定了一个暗杀方案：夜间他先从房顶下到院里，打开后门，然后让化装成劫财的散兵游勇的特务们冲进院子，把何的家人绑起来，向何市长借钱，钱财到手后就开枪把何市长打死。1949年1月18日凌晨3时许，国民党特务分乘两辆吉普车来到乃兹府，下车后，穿胡同鱼贯到何宅后边的韶九胡同。段云鹏先上房，然后又有两名特务上房，他们来到何思源的卧室房顶，把四个地雷分别放在东套间两间卧室的房顶上，将定时装置的指针拨到4点50分，三人迅速离去。当日凌晨4点50分，何思源的夫人何宜文和女儿们的卧室房顶突然发生一声巨响，何思源和他的两个儿子被惊醒后，急忙冲进屋里救人，刚到屋里，他们的卧室房顶又是一声巨响。结果，何市长的二女儿被当场炸死，其余五人全都受伤，其中数夫人何宜文的伤势最重，医生从她头部取出了四块弹片，由于脑神经受伤，她终生受到伤害，未能痊愈。为了防止再次被暗杀，何思源秘密住进了东交民巷的德国医院。经检查，伤势不重，仅被瓦木砸伤。

第六十五次口述

2009年4月20日下午2：20～4：10

蔡德贵： 中华炎黄文化研究会您参与多吗？

季羡林： 也不多。我支持，因为我们很多会挂在炎黄文化研究会，很多会挂在这个会上办的。

蔡德贵： 与会长、副会长联系也不多。北大的袁行霈您联系多吗？

季羡林： 基本上没有来往，他比我要晚一辈。

蔡德贵： 裘锡圭您来往多吗？

季羡林： 裘锡圭那个人是治学很严格，一点政客的习气也没有。搞古文字的。

蔡德贵： 来往多吗？

季羡林： 不多。我对他很尊重，有学问。

蔡德贵： 据说到复旦了。白化文呢？

季羡林： 白化文比我晚一辈了。那个人很有意思，能写骈体文。

蔡德贵： 您80大寿的时候，他写过一篇。

季羡林： 嗯。

蔡德贵： 刘梦溪在您九十大寿时写的一篇也很不错。他不是北大的，您很熟。

季羡林： 嗯。对。

蔡德贵： 刘梦溪不是北大的。

季羡林：他是文化部中国艺术研究院的。艺术研究院啊，属于文化部的。

蔡德贵：谢冕呢？

季羡林：谢冕认识，不熟，是搞文艺理论的。

蔡德贵：先生的脑子就是好使啊。白化文和谢冕，他们都是中文系的。

季羡林：中文。

第六十六次口述

2009年4月23日下午2：30～4：00

蔡德贵：我把这封明信片读一下：

1936年3月8日邮寄

大片（明信片）敬悉。山居寂寞，常念兄者，遂致寤寐见之，觉后，泣数行下，作诗自抒，录呈郢政并乞转至伯母，寄俊之兄窜改为荷。

天壤难忘结发亲
梦中相见倍伤心
芳姿绰约宛如昔
细语温存话只今
久别益知重聚乐
新情不减旧恩深
晓啼惊破南柯子
何处追寻隔世人

是不是您写的？

季羡林：不是我写的。

蔡德贵：这个明信片不是您写的，是不是范禹的明信片，就是龙丕炎的？

季羡林：嗯。是龙丕炎的，就是范禹。

蔡德贵：一张1973年在黄河边的照片是谁呢？其中一个是常永德。

季羡林：忘记了。

蔡德贵：一张1948年在西山碧云寺的照片，5个人，都是谁？

季羡林：有一个是赵宝煦。别的不记得了。

蔡德贵：塔什干的亚非作家会议，途径莫斯科。

季羡林：对。

蔡德贵：和一些人的照片，其中一个女的胖胖的。

季羡林：杨沫。那时候的《青春之歌》，她是作者。

蔡德贵：其他的是谁呢？

季羡林：其他的，记不得了。

蔡德贵：您喝吧。

季羡林：那时候出了两部流行的作品，一个《青春之歌》，一个《林海雪原》，曲波。

蔡德贵：曲波是山东栖霞（应该是黄县，今龙口市）人，您见过曲波吗？

季羡林：山东人啊。

蔡德贵：您见过曲波啊？

季羡林：认识，不是一般的认识，不是见过，很熟。

蔡德贵：杨朔您也很熟。

季羡林：嗯。也很熟。

蔡德贵：那您跟山东籍的作家平常还有来往吗？

季羡林：嗯。

蔡德贵：曲波后来写过《桥隆飙》。

季羡林：对。我知道。他后来顺着这条路往下走。这条路只能走一段，走一段成功就行了，适可而止，当时他不止。《桥隆飙》就有点这个《三侠五义》那种（味道）。

蔡德贵：《桥隆飙》您也看过啊？

季羡林：看，我是没有看过，我知道，内容大体知道，他大概跟我讲过。

蔡德贵：1950年代您跟他很熟了？

季羡林：是很熟，当时都是和大的（世界和平大会）的。杨朔也是和大的。

蔡德贵：《林海雪原》您看过吗？

季羡林：看过。《林海雪原》写得不错的。就是他这个旧小说根底啊，很深，他看的不少。

蔡德贵：《林海雪原》出版的时候，他还跟您交流过吗？

季羡林：嗯。《林海雪原》原来书名啊，叫《林海雪原荡寇记》，后来编辑讲，就留前边四个字，就够了。小岳呢？有点凉。

蔡德贵：您喝药吧。

季羡林：慢点来。

小　岳：你在这里，他就不喝了。

蔡德贵：要不我先出去？

季羡林：咳，你干你的，我干我的，互不干涉。

蔡德贵：曲波还到朗润园看过您吗？

季羡林：大概去过。他死得早，大概比我小一点。

蔡德贵：杨沫比您大吗？

季羡林：也差不多。

蔡德贵：《青春之歌》您看过吗？

季羡林：看过，不错的。杨沫后来又写一部《芳菲之歌》[①]，题目都不通啦。

蔡德贵：这个书，我没有见过。

季羡林：出了。

蔡德贵：杨朔的散文您很欣赏的。

季羡林：我欣赏。

蔡德贵：您和他交流过散文的写作方法吗？

季羡林：没有正式谈过。不过他这个，主张写文章啊，要了解使用的什么文字，这个文字的特点在什么地方。中国的作家有的并不了解汉文的特点。

蔡德贵：我们上中学的时候念过他的《雪浪花》。写的不错的。

季羡林：嗯。

蔡德贵：作家里，您对姚雪垠不是欣赏的。

季羡林：来往不多，那个人作风我也不欣赏，因为那个人吹，说现在有红学，将来要有李学。

蔡德贵：大陆的作家您最熟的是谁呢？

季羡林：大陆的作家啊？

蔡德贵：巴老算一个吧？

季羡林：来往也不多，不过他这个人我挺佩服，他有特点。另外一个是沈从文，我挺欣赏。我说一个作家啊，你拿出他的文章，不讲谁写的，能够让人认出，是谁写的，这样的作家啊，中国不多。巴金，沈从文，是其中的，他的那个文章拿出来，念不了几行，就知道是他写的。

蔡德贵：金庸的小说您看过吗？

季羡林：应该说啊，基本上没有看过，我不喜欢那个。

蔡德贵：不喜欢他的小说？

季羡林：整个的，我从小就看这个《七侠五义》《三侠五义》之类的，我看多了，腻味。金庸的小说，应该说，基本上没看，一看题目，我就腻味。

蔡德贵：艺术界的人，您跟谁熟呢？侯宝林熟吗？

季羡林：也不敢说熟。刚解放的那时候成立的一个文字改革委员会，后边是毛泽东、胡乔木，出台的是吴玉章，那里面有侯宝林。

蔡德贵：当时的文字改革就是这个委员会搞的吧？

季羡林：嗯。

蔡德贵：海外有繁简体之争。

季羡林：对。

蔡德贵：还有汉学、国学、中国学、华学。这四个概念，大家也在讨论，倾向于叫华学的多一些。

季羡林：这个啊，我认为最不通的就是华学。

蔡德贵：最不通的是华学，为什么呢？

季羡林：谈不上为什么，这个名词就牵强附会。

蔡德贵：美国好像最倾向于华学。

季羡林：华学啊？

蔡德贵：汉学的范围小，海外华人愿意使用华学。

季羡林：嗯。

蔡德贵：一个杂志就叫《华学》，您跟饶宗颐是主编。

季羡林：不知道。

蔡德贵：您跟侯宝林有交流吗？

季羡林：没有什么交流。当时那个文字改革委员会背后是毛泽东，要取消汉字。这个我是坚决反对的。我认为是这样子，汉字流行了几千年，1954年日内瓦会议，周恩来去的。为了宣传一个观点呢，他说，日内瓦会议的报道，用字母的国家，立刻就可以报道，我们这使用汉字的国家，先得把那个原文翻译成数字，然后再把数字翻译成原文。

蔡德贵：亏了那时候没有取消汉字。要是取消了，现在的中国文化麻烦了。

季羡林：我们的工作是口述历史，是不是啊？现在讲到什么地方了？

蔡德贵：我觉得差不多了。有一个问题，别人说您一辈子不重视名利。您说过自己不是不追求，只是年轻的时候已经有了。

季羡林：嗯。

蔡德贵：您在名利面前有没有特别激动的时候？

季羡林：我不是像你写的那样，我（只是）没有拼命追求名利，只能做到这个水平。但是名利思想一点都没有，是不可能的。在这个社会中间，没有一点名利思想的人，我没有碰到过。

蔡德贵：您年轻的时候什么事让您最高兴？是不是评上一级教授的时候很高兴？

季羡林：那当然啊。当时解放前后啊，我们的工资拿小米。我是1100斤小米。

蔡德贵：一进北大拿大洋吗？

季羡林：嗯。那时候没有别的，后来是法币。

蔡德贵：在辅仁大学兼课，一个月三块大洋，您高兴得不得了。

季羡林：对。

蔡德贵：有一次，杨澜采访您的时候，问您从德国回大陆的时候，工资比德国是不是差很多？

季羡林：不能比。

蔡德贵：但是一回来的时候，工资不低。

季羡林：嗯。

蔡德贵：一级是380多吗？

季羡林：345。一个345，一个280，二级是280。三级200。我在济南教中学一个月拿160。

蔡德贵：您教中学还骑自行车去游灵岩寺了。

季羡林：对。灵岩寺去过，那篇游记的文章。

蔡德贵：可惜找不到了。可是《留夷》副刊有，就是没有您的文章。底稿绝对找不到了？

季羡林：不可能。

蔡德贵：您担任的职务有中国东方文化研究会、炎黄研究会，翻译家协会。

季羡林：翻译家协会现在的，我是名誉主席。

蔡德贵：终身成就奖就是这个协会的。

季羡林：就是翻译的。现在几点啊？

蔡德贵：您要去洗手间吗？

季羡林：不去。

蔡德贵：您跟吴弱男，她有很多明信片。

季羡林：在哪里找到的？

蔡德贵：就是在这里的床底，小岳给找出来了。

季羡林：非常珍贵的。

蔡德贵：有章用给您的明信片。

季羡林：章用后来有一个集子，我有。在那个13公寓东屋一进门，就是书架上，还有我叔父的手稿，也在那个地方，东屋。

蔡德贵：后来李玉洁整理会不会改动？

季羡林：那不知道了。

蔡德贵：章用的诗要不要念一下？

季羡林：嗯。

蔡德贵：章用诗作明信片：

八年未见海，
一见心开悟，
连波何处止，
极目没飞鹭，
昔我所从来，
今作彼岸渡，
一帆自往还，
往还人非故。
呼吸谢新陈，
阴晴伴哀娱，
区区方寸间，
纷纷胜败数，
胜败亦何常，
人生有奇遇，
未夸历世深，
已觉频散聚。
苦忆竹马年，
莱衣同孺慕，
时失方为得，
自新且自讣。
羡林学长郢政

弟章用未是草23日

另外一首是：

越鸟南枝剧自伤，
未能反哺累萱堂。

巢倾铩羽归飞日，
客树回看成故乡。

美林吾兄郢政，弟用未是草

季羡林：嗯。对。

蔡德贵：这个“未是”是什么意思？

季羡林：不成文章的，自谦意思的。

蔡德贵：还有章用的一封明信片，谈到对您研究范围的问题。吴弱男的十封明信片，乔冠华的一封明信片，寄自T市。T市就是图宾根吧？

季羡林：对。

……

季羡林：秦始皇的墓挖了。我去看过。

蔡德贵：是兵马俑吗？

季羡林：嗯。就是兵马俑，我到过兵马俑。

蔡德贵：法门寺您也去过。

季羡林：法门寺去过。

蔡德贵：您写的文章《法门寺》入选中学课本了。

季羡林：嗯。法门寺那时候有一个塔倒了，在地宫里面发现舍利。

蔡德贵：那个舍利您看到了？

季羡林：看到了。

蔡德贵：那次是不是专门请您去鉴定的？

季羡林：专门请我去的。

蔡德贵：当时还有什么鉴定仪式吗？

季羡林：没有什么仪式。

蔡德贵：那个舍利一点争议也没有，记载与实物完全一致。

季羡林：嗯。没有。

蔡德贵：后来您还鉴定过贝叶经。

季羡林：嗯。那是后来的事情了。

蔡德贵：几年以前您还鉴定大钟寺的大钟？

季羡林：大钟那不是我搞的，那是张宝胜。大钟寺你去过没有？现在还有啊。

蔡德贵: 那个大钟是梵文、巴利文的吗?

季羡林: 不是梵文、巴利文,那个钟是汉文的。汉文的就是,这个钟挂在那个地方,就是从那个眼里投钱,看是不是有福。那个地下全是钱。

蔡德贵: 您没有鉴定那个大钟。

季羡林: 那个大钟用不着鉴定。

蔡德贵: 您鉴定过"贝叶经"和《弥勒会见记》剧本。

季羡林: 对。

蔡德贵: 那个残卷44页他们拿走了吗?

季羡林: 拿走了。

蔡德贵: 收入您文集的是复印件。

季羡林: 嗯。因为我到新疆参观,看博物馆,当时看到它,是被倒着放在那里的。我说,你把它正过来。这证明,你们不认识这个字母。

蔡德贵: 您是在新疆第一次见到这个剧本?还是后来?

季羡林: 有一个问题,到现在(还是没有解决)。王国维不是写过《宋元戏曲史》吗?他那时候看的材料很有限。好多问题,他连碰都没有碰,因为他那时候,也没有材料。

蔡德贵: 那这个《弥勒会见记》剧本王国维肯定没有看到。

季羡林: 嗯。古时候在新疆发现的东西啊,都是剧本,有梵文的。

蔡德贵: 吐火罗文的,就是这个《弥勒会见记》剧本了。

季羡林: 嗯。

蔡德贵: 参观之后,博物馆副馆长就到朗润园家里找您翻译吗?

季羡林: 嗯。

蔡德贵: 那个44页的东西,边都烧了,您使用什么办法把它补齐的?

季羡林: 嗯。忘了。

蔡德贵: 大前天,您说最不愿意去的国家,一个是美国,一个是北朝鲜。

季羡林: 对。我表示过。

蔡德贵: 为什么不愿意去美国呢?

季羡林：我瞧不起这个国家，我认为美国没有文化。这个不要录下来。

注释：

①《芳菲之歌》是杨沫名著《青春之歌》的姐妹篇。主人公柳明是北平医学院的女大学生。日寇悍然进攻卢沟桥的炮声，轰毁了她立志要攀登医学高峰的梦。北平陷落了。她的男朋友白士吾凭藉家庭的财力，为她铺展了一条通往医学殿堂的路——邀她结伴赴日留学；与此同时，地下党员曹鸿远对她启迪，却燃起了她心中爱国热忱之火。在人生的十字路口上，柳明经历了感情上痛苦的搏斗，终于毅然投身到抗日战争的洪流中去。从柳明坎坷的人生经历中，人们可以窥见那个伟大时代的风云变幻，以及民族解放战争的壮烈场景。

第六十七次口述

2009年4月24日下午2：20～5：00

蔡德贵：您在德国的时候，经常和龙丕炎、田德望、章用到席勒草坪去聚会，是不是在那里经常作诗？

季羡林：没有。偶尔，大概就作过一次。

蔡德贵：您也作过诗吧？

季羡林：没有。

蔡德贵：章用为什么叫您诗伯呢？

季羡林：（笑）咳，给你戴一顶桂冠么。

蔡德贵：您没有作诗，人家给您戴桂冠干嘛呢？

季羡林：作过。

蔡德贵：但是没有发现您的诗作。席勒草坪经常聚会吗？

季羡林：礼拜天大概都去。

……

季羡林：章用是学数学的。

蔡德贵：他的诗作也很好。

季羡林：家庭渊源啊，他父亲章老虎。

蔡德贵：您和他没有照片。

季羡林：我没有照相机。

蔡德贵：您那时候也不重视照相。

季羡林: 第一张照片是高中毕业的。

蔡德贵: 实际上跟章用来往最多。

季羡林: 对。他母亲告诉我，我去以前，他不跟中国留学生来往，他瞧不起那些人，那些人孤高。

蔡德贵: 吴弱男会做饭吗？

季羡林: 她做饭，就是大米饭上边，摆上火腿香肠。没有别的，那时候也没有别的。她丈夫是教育总长章士钊。

蔡德贵: 章用走后，您就没有别的朋友了。

季羡林: 后来他母亲走，就是我张罗的。就是吴弱男回国哪，章用回国没有弄到钱，(弄到钱) 才能回去 (德国)，没有弄到钱，她自己一个老太太住在那里干嘛啊？我就说这个留学生啊，那个水平啊，这个你写信，什么什么先生，德文的先生herr，写信的话呢就是第三格，加一个n，就是herrn，这是最简单的，可是我们那位叶理殿，这个都不知道。

第六十八次口述

2009年4月25日下午2∶30～4∶30

季羡林：现在我们在口述历史，是不是？

蔡德贵：对。您开始的时候，说录八九次差不多了。现在已经口述了近70次了，时间长了有个好处，把您原先回忆不起来的，都回忆起来了。所以非常顺利。

季羡林：对。

蔡德贵：有一件事情很巧，您上世纪20年代清华大学的校长曹云祥和上次来看您的潘石屹，是同一个宗教巴哈伊教。

季羡林：哦。

蔡德贵：曹云祥那时候叫大同教，现在叫巴哈伊教。

季羡林：什么？巴哈伊？

蔡德贵：我1996年在山东大学成立巴哈伊研究中心的时候，给您打个电话，请您当顾问。当时跟您大致说过一点巴哈伊教的教义。

季羡林：嗯。

蔡德贵：巴哈伊教的总部在以色列。巴哈伊教的教义中心是一个和字，和儒家的理念相同。巴哈伊教的中心思想如果用一个字阐释：是和。按照中国人的理解，“和”字有“禾”，有“口”，用您的话说，就是人人张口都有饭吃，有话说。巴哈伊教主张，消除极端贫富，就是解决人人有饭吃的问题。和字的延伸就是和谐。谐字有言字偏旁，有皆字。

就是人人都要说话，民主议决问题。巴哈伊教提倡的是磋商理念，就是解决人人可以说话的权利。巴哈伊教如果用两个字解释，就是“团结”，“地球乃一国，万众皆其民”，就是解决世界大团结的。巴哈伊教如果用三个字解释，就是三个一。就是上帝独一、宗教同一（源）、人类一家。而且，主张一个家庭如果两个孩子一个男孩，一个女孩，没有能力培养两个孩子，那么优先培养女孩，因为女人长期没有受教育的机会，而女孩将来会成为母亲，母亲的素质高低直接影响下一代。

季羡林：这个有道理。

蔡德贵：这个宗教创立很短，1844年创立的，但是到现在发展很快，中国已经有2万多教徒了。

季羡林：哎呀，那不少啦。

蔡德贵：国家宗教局的叶小文非常欣赏这个宗教。巴哈伊教和中国的和文化很一致。

季羡林：嗯。

蔡德贵：头几年您和许嘉璐等签署了《中国文化宣言》，讲中国传统文化的。

季羡林：不记得了。

蔡德贵：海外文化和中国文化的融合是个大问题了，向海外介绍中国文化必须精通英语，精通中文。这方面，您谈的不多。您很肯定敦煌这个地方。

季羡林：对。

蔡德贵：现在四大文化应该怎么交融？交流的障碍还是语言的问题。海外不容易了解中国。

季羡林：林语堂做过这方面的工作，他英文好。

蔡德贵：林语堂年轻时候反对传统文化，晚年向海外介绍中国文化。您见过林语堂吗？

季羡林：忘记了，不敢说。

蔡德贵：有个谭云山①，您和他很好吧？

季羡林：也不是很好，反正是中印友好协会的。

蔡德贵：他的儿子谭中②，来看过您。

季羡林：谭中在美国芝加哥。

蔡德贵：谭中是印度的教授，退休后在芝加哥定居。谭云山也是在印度的。

季羡林：一直在印度。

蔡德贵：湖南人。

季羡林：湖南。

蔡德贵：和谭云山交往就是在中印友好协会。

季羡林：我们第一次访问印度、缅甸，当时团长是丁西林，副团长是李一氓。20年代的党员，他做统战工作不行。作风不行，有优越感。

蔡德贵：在代表团发过脾气吗？

季羡林：也没有发脾气。

蔡德贵：您是那次见的谭云山吗？

季羡林：当时一个规定，不许跟谭云山打交道。

蔡德贵：为什么呢？

季羡林：他是国民党的，代表国民党。还有一个妇女，不知道怎么到印度去了，就是住在一个地方，出来要饭吃。谁给她饭呢？反正出来要饭吃。没有文化，你听她怎么讲？老爷们，住在哪个店里？那时候，旅馆的概念还没有。哪个店？老爷们，这一句话就把她整个的身份哪，透露出来了。

蔡德贵：从大陆跑过去的。

季羡林：当然了，年岁不小啦。

蔡德贵：她跟您要过饭？

季羡林：她不要饭，干嘛？谁给她饭吃啊？

蔡德贵：后来您和谭云山怎么接触的？

季羡林：后来他回国了，转变了，从国民党转向共产党了。后来给他搞了一个全国政协委员。

蔡德贵：他没有回印度吗？

季羡林：回去了，印度不是有个泰戈尔国际大学吗？谭中的爸爸是谭云山。给他补了个政协委员，还是回印度，他在国内，他也没有地方待。政协委员也没有工资。

蔡德贵：谭中也是印度籍。

季羡林：谭中是美国籍。

蔡德贵：谭中还是印度籍的，我在芝加哥见过他。

季羡林：不知道了。

蔡德贵：班固志是怎么回事呢？

季羡林：不是我的学生，王树英的。

蔡德贵：您见过班固志？

季羡林：见过。

蔡德贵：您和印度的朋友来往多吗？

季羡林：不多，尤其到了301医院。

蔡德贵：印度的巴哈伊有240万。

季羡林：这么多啊。

蔡德贵：新德里一个巴哈伊教的莲花堂，游客超过泰姬陵了。以色列的巴哈伊教总部去年被联合国命名为世界历史文化遗产，和福建的土楼一起公布的。

季羡林：哦，是这样子啊。

蔡德贵：这个新兴宗教，在大学里有些外教在讲，影响很大。

季羡林：嗯。

蔡德贵：您去泰姬陵照过相。您去过几次泰姬陵吗？

季羡林：嗯。去过几次。

蔡德贵：泰姬陵实际上是伊斯兰文化的象征。

季羡林：那当然啊。吗哈尔是什么意思？阿拉伯文的庙怎么说？陵应该是阿拉伯文的。

蔡德贵：应该是哈拉姆，金字塔就是陵墓。

季羡林：波斯也是伊斯兰文化。泰姬陵下面有个饭店，我们住在那里。

蔡德贵：红堡您也去过吗？

季羡林：去过。

蔡德贵：您去印度印象最深的是什么？

季羡林：印度的火车车厢之间不通，不能从这个车厢到那个车厢，必须到大站，下来才能过去。

蔡德贵：代表团不是在一个车厢里？

季羡林：不在一个车厢。那个代表团挺大的，艺术家有吴作人、常书鸿，歌唱家周小燕，张骏祥。

蔡德贵：那次您跟吴作人交往很多吧？

季羡林：对。后来这样子，吴作人病了，听说，他写我的名字季羡林，不停笔。我后来就看他去。

蔡德贵：想您了？

季羡林：他也不知道，神经不行了。

蔡德贵：还认得您吗？

季羡林：大概还认得。

蔡德贵：和吴作人交往，就是那时候在印度和缅甸经常在一起。您和他交流很多。

季羡林：那，一天在一起。

蔡德贵：代表团还分组吗？

季羡林：后来分文科、理科了。文科组长是郑振铎，理科组长是钱伟长。我们走的时候是10月10日，在广东，叶剑英那时候是头。

蔡德贵：叶剑英宴请你们了？

季羡林：嗯。周小燕还在那里唱了，在广州，叶剑英那里。

蔡德贵：在欢送代表团的宴会上。

季羡林：嗯。那时候我们出来都有保镖，因为那时候国民党还有力量。飞机没有轰炸过，但是在上面，有轰炸的意思。有一次我们坐电梯，忽然来了空袭警报，停电了，把我们困在里面了，就是在电梯里面。

蔡德贵：在里面困了多长时间？

季羡林：不是太长，反正也将近1个小时吧。别扭极啦。

蔡德贵：那时候还热呢。

季羡林：不是热。丢个炸弹，你逃都没有地方逃。

蔡德贵：那是电梯惊魂了。

季羡林：嗯。

蔡德贵：电梯里几个人？

季羡林：我，别的我忘记了。

蔡德贵：走的时候是在白云机场吗？

季羡林：嗯。我们住在一个岛上。

蔡德贵：类似出国的冒险经历还有吗？再就是那次吃芒果过敏，喝一口香水。

季羡林：那个医生叫变态反应，吃什么东西过敏。吃花生米啊，甜的，咸的都不要紧，淡的就过敏。医生叫变态反应，讲不出道理来，就叫变态反应。

蔡德贵：美国很多小孩花生米过敏。

季　承：李政道的孙女，碰碰花生米就过敏，皮肤裂缝，非常危险。

季羡林：我吃花生米，淡的就过敏，甜的，咸的都不要紧，非常危险。什么办法呢？开水加白糖，喝下去，烫的，就行了。当时这样子，吃新东西啊，都过敏。那个芒果跟毛主席什么关系啊？

蔡德贵：老挝给毛主席的礼物。

季羡林：对。就这个事。

季　承：我们科学院分了一个，谁都不吃，最后大家说煮汤喝。

蔡德贵：您去非洲是1964年。

季羡林：1964啊。杨秀峰啊，是团长，钱其琛是随员。

蔡德贵：钱其琛那时候是毛孩子了。

季羡林：嗯。他会点英语。有一次我们到那个科纳克里，忽然接到中央通知，让杨秀峰到东非去一个什么任务。他就带着钱其琛，去翻译。

季　承：洛桑来不了了，有会。这是他的赵秘书。

赵秘书：题字，环境保护的就行。保护生态，造福人类。就完了。

季羡林使用繁体字写：保护生态，造福人类。

季羡林：我是什么也看不着。

蔡德贵：您吃点水果吧。

季羡林：慢点来。

注释：

①谭云山（1898—1983），印度国际大学中国学院院长。湖南省茶陵县人，1915年考入湖南省立第一师范学校。他积极参加进步活动，加入毛泽东等创建的新

民学会和文化书社。还为首组织了文学团体新文学社，编辑《新文学》周刊。1919年从一师毕业后，进入长沙船山学社从事学术研究。1924年远赴南洋留学、谋职，辗转新加坡、马来西亚。他一面以教学为生，就教于南洋华侨学校；一面致力于写作和学术研究，出任《华文日报》主笔。1927年，在新加坡结识了印度著名活动家、诗圣泰戈尔，两人情投意合，书信往来频频，成为忘年之交。1928年9月3日，应泰戈尔邀请，他偕夫人抵达印度寂乡，任教于泰戈尔创办的印度国际大学，从此致力于传播中国文化，并潜心佛学和印度文化的研究。

印度总理英·甘地夫人也赞美他“是一位伟大的学者，一位真正有文化素养的人”，“为印中两国文明更好的交流作出了巨大贡献”。1956年、1959年，他应中华人民共和国国务院特别邀请，两度回国观光，参加国庆典礼，受到党和国家领导人毛泽东、刘少奇、周恩来的接见。在全国政协二届三次会议上当选为特邀委员。

他是一位成就卓著的著名学者，被印度学者、评论家、新闻界称为“寂乡鸿儒”。青少年时代精读了大量古典名著，打下了坚实的国学根底。留学、任教海外期间，又努力学习和吸收了外国文化的营养。对中国古典文学、诗词、佛教和印度哲学造诣很深，留下丰富的著述。《海畔诗集》辑入其20年代所写的诗，30年代在南洋华人中影响很大。他撰写的《世界历法与历法革命》、《印度周游记》、《印度丛谈》、《印度六大佛教圣地图志》、《西藏见闻录》等38种英文和10余种中文长篇巨著，文笔流畅，饱含哲理，具有很高的文化学术价值。

1968年从印度国际大学中国学院退休，享有终身名誉教授殊荣。1979年又被该校授予最高荣誉——文学博士。1983年2月12日在印度菩蒂伽耶住所病逝，终年85岁。

②谭中：谭云山长子，1929年生于马来西亚柔佛邦，1931年至1954年在中国长大，先后就读于湖南湘乡陶龛小学、兰田长郡中学初中、国立师范学院附属中学高中及上海交通大学。1955年至印度，得国际大学学士（1957）、德里大学历史硕士（1962）、博士（1971）。现在旅居美国芝加哥。

第六十九次口述

2009年6月11日下午

蔡德贵偕同《文史哲》杂志主编王学典教授探访先生。

王学典：您的《牛棚杂忆》当时不让出版的理由，就是因为写到了文化大革命？

季羡林：对。不许讲的。

王学典：这太可怕了。

季羡林：现在好一点了，原来不许讲的。

蔡德贵：那个书出版之后，上边有指示，所有的新闻不准超过100字的报道。

季羡林：嗯。

王学典：季老您记不记日记？

蔡德贵：记。

王学典：那您的日记那不是很有价值吗？

蔡德贵：德国十年的日记一本不缺。据说“文革”当中抄家是不是丢了一本？

季羡林：不是丢了一本，我烧了一本。因为什么呢？因为它不在一起，后来给了我一本。我心想的话，现在这个文字狱啊，很厉害的，烧掉干脆。不知道什么内容，反正那个日记，大概很厚的一本哪。

蔡德贵：都是硬皮的本子吧？

季羡林：嗯。都是硬皮的，烧掉了

王学典：那这批日记在哪里呢？

蔡德贵：季承先生说好像在蓝旗营。

季羡林：嗯。

王学典：这批日记是最有价值的东西。

蔡德贵：您是不是跟北大签什么协议了？

季羡林：全集啊？

蔡德贵：是日记。

季羡林：没有。日记，那个，不好出版。

蔡德贵：应该没有什么大问题的，又没有什么敏感的问题。

季羡林：里边有好多人名字啊。

蔡德贵：现在出版德国的日记应该没有问题的。

季羡林：那不是德国的那本，中国的也有。

王学典：《牛棚杂忆》是不是根据日记写的？

季羡林：《牛棚杂忆》靠脑筋想的。

王学典：还不是全凭日记。

季羡林：不是。

王学典：因为我看那本书，您参加批斗会，描写得绘声绘色的，细节都很鲜活。

季羡林：那时候是禁区。

蔡德贵：后来您的书出版之后，马识途又出版了一本。马识途的那本，序言也是您写的。

季羡林：那时候，我的那本不出，马识途的那本也出不来。

蔡德贵：马识途找您写序。

季羡林：嗯。因为当时是不许出的，我就找到高级党校的曲伟，中央党校出版社的曲伟给出版的。

蔡德贵：您见过曲伟吗？

季羡林：见过的。

王学典：曲伟是什么人？

蔡德贵：中央党校出版社的编辑。出版以后第1次印刷是8万册，后来不断地印，盗版的更多。

季羡林：盗版那是难免的。

蔡德贵：盗版的，您经济有损失，但也进一步扩大了这本书的影响，让更多的人知道了那个时候残酷的岁月。

季羡林：嗯。

蔡德贵：您的谈人生盗版的有8种。

季羡林：哎哟。

蔡德贵：上报到新闻出版署，但是也没有查到。有的干脆把几本合到一块，还是使用当代中国出版社。

季羡林：嗯，嗯。

王学典：季老，我现在在那儿做一件工作，蔡老师知道，就是《山东文献集成》，都是未出版的，当年王献堂先生保存下来的。

季羡林：王献堂我知道。

王学典：原来在山东博物馆的一大批书，后来运到四川，从四川又运回来了。一直保存在博物馆，学者没有办法查看。现在我们从省里要了800万块钱，正在做着。

季羡林：好啊。好哦。

王学典：《山东文献集成》准备出续编，都是从民国年间一直到现在，季老，您的，《山东文献集成续编》，完全以个人为主，出您的全集，包括王献堂的全集、包括傅斯年全集，都在我们策划之中，正在跟山东省策划。

季羡林：全集现在要出。

王学典：要出。一个是要出山东籍的学者，这个也包括在山东成名的学者。有60个人左右，我们还没有和蔡老师商量，准备出您的全集，您的全集也想纳入到《山东文献集成续编》最先出版的位置。想争取山东省的资助，叫《山东文献集成续编》，这个工作正在做着。

季羡林：全集要出了。

王学典：能不能把您的这本全集纳入到续编里？

蔡德贵：看版权的问题，外研社给出版全集了，今年8月份，先生生日的时候先出4本，您知道吧？

季羡林：知道。

蔡德贵：您明年百岁的时候全部都推出。

王学典：季老不是1910年吗？

季羡林：1911年。按照农村的说法，明年是百岁。

蔡德贵：明年8月份的时候全部推出。

王学典：《文史哲》杂志的事，跟先生说啊？

蔡德贵：你说。大一点声音说，先生的耳朵稍微有点背。

季羡林：我现在给自己起的名字是形式主义，该长眼睛的地方，长着两个眼睛，该长耳朵的地方，也长着耳朵，但是没有用。闲着，摆设。眼睛看不见，耳朵听不清，是形式主义。

蔡德贵：我看您电视还能看。

季羡林：影能看。

王学典：我们说的话，您都听清楚了。季老，蔡老师是我的前任，我现在接着干，现在传给我了，我有点害怕，怕继承不上来。

季羡林：后来居上啊。

王学典：您还要继续支持我们这个杂志。季老，到后年是创刊60周年，和您老人家百岁是同时。到时候，想请您给写几个字，《文史哲》创刊60周年，几个字就行，不是很急，趁您精神好的时候。

季羡林：写什么字啊？

王学典：您看我想了几个字，您看好不好。

季羡林：我看不清。

王学典：季老，我觉得，曲阜大成殿有几个题字，我觉得很好。一个是守先待后，然后是斯文在兹，大成殿有这两个匾额，守先待后，斯文在兹，我感觉这八个字，反映了孔子在文化史上的地位，我选了几个，守先待后，继绝开新，学报先驱，领袖群论。

蔡德贵：请您选一个。四个字。

季羡林：嗯。我想一想。

小　岳：这么多啊？

蔡德贵：选一个。

小　岳：继绝开新啊？

蔡德贵：就是继绝开新，这四个字就行。

季羡林：好。

王学典：谢谢季老。编辑部想带更多的人来看看季老。

蔡德贵：进不来啊。301医院管理很严的。

王学典：（向小岳），贵姓？

蔡德贵：岳爱英老师，岳爱英。

季羡林：岳飞的岳。

王学典：季老，您对翦伯赞有没有直接感受？

季羡林：翦伯赞应该比我老一辈。

王学典：谈不上老一辈。

季羡林：翦伯赞老一辈。

王学典：他是1898年。

蔡德贵：大13岁。

王学典：共事过很长时间。

季羡林：对，不知道有几年。

蔡德贵：都是《历史研究》的编委。

王学典：百年纪念，1998年百年校庆期间，您的讲话，我在场。季老有讲话。

蔡德贵：就是江泽民在北大的那次吗？

王学典：不是那次。

蔡德贵：那是座谈。

王学典：那是座谈。

蔡德贵：985规划与季老讲话有关。

季羡林：谁？

蔡德贵：您那次座谈，跟江泽民说，重工轻理不行，重理轻文也不行，这样下去，国家是发展不好的。

季羡林：对。

蔡德贵：后来江泽民有个5月份的讲话，强调人文社会科学和自然科学同等重要，所以后来有了985规划。

季羡林：嗯。

蔡德贵：刺了一下，人文科学有了经费的大幅度提高。

王学典：季老，您这句话，985规划，对学校的发展至关重要。每个学校都有了大笔钱。

季羡林：嗯。

蔡德贵：还不如自然科学，但是已经翻身了。

王学典：但是已经很不错了。

季羡林：有一次江泽民到北大，我也是跟他，也是讲这个。

蔡德贵：就是那次啊。为什么5月份有那个讲话，就是您的话，他感到重要性了。那个电视，我看过。

季羡林：哦。

蔡德贵：他见您说，季老，我对您是久仰大名，如雷贯耳，今日一见，三生有幸。

季羡林：有过。

蔡德贵：您还记得吧？

季羡林：记得。

蔡德贵：您还给将了一军。

王学典：是吗？

蔡德贵：您说，咳，中国知识分子物美价廉，经久耐用，都和我一样，不光我一个啊。这是您的原话，据说江泽民当时楞了一下。

季羡林：嗯。

王学典：没反应过来。

蔡德贵：不知道怎么说了。

王学典：没反应过来。

季羡林：笑。

蔡德贵：不是有张合影，您和江泽民的合影，您坐在江泽民旁边，大概4月28，还是29日开的座谈会。

王学典：如果季老不讲，不会有985？

蔡德贵：是的，不会有这个的。当时刺激很深。

王学典：2001年季老到山大参加校庆，不是给季老开学术研讨会吗？下午的学校百年纪念大会，我们都没有去参加。你还记得吧？

蔡德贵：下午还有一个会，我们不知道。

王学典：是和我们的会同时。

蔡德贵：先生不是开了一会，就走了吗？2001年山大百年校庆，我不是把您请过去了吗？下午开了一个您的学术思想研讨会。然后坐飞机返回北京了。

季羡林：对。

蔡德贵：他（王学典）也在场。

季羡林：知道。

王学典：不光见面，还听好几个人讲话，你的同学朱威烈也在。

蔡德贵：您听了几个人的讲话，赵明顺、朱威烈的讲话。朱威烈去，您还想着吧？

季羡林：嗯。

王学典：先生那时候90岁，你看，身体多好。

蔡德贵：先生有几次去山大。您1997年到山大那年，下大雨，您穿着布鞋。

季羡林：对。

蔡德贵：那时候济南还不是大机场，是小机场。

季羡林：嗯。

王学典：季老有一次在电视上讲他，回家看母亲的时候，我想起来就感动。季老，您讲您自己的母亲的时候，对您母亲的感情的时候，唤起很多人的记忆。

季羡林：对。

蔡德贵：山东电视台的节目。

王学典：而且，您说，我离开母亲去清华上学究竟是好还是不好，您也不得判断。我记得有这么句话。从那次是不是就再没有见过母亲？

蔡德贵：见过几次，都是短时间。后来1933年在清华上学，母亲病故了。您回去的时候，回临清给母亲送丧，当时叫什么，宁大姑"撞墙"了？那是真事吗？

季羡林："撞客"，"撞客"。

蔡德贵：是她见到您母亲了？还是什么？

季羡林：她是这样子，她就是用我母亲的声音说话。

蔡德贵：宁大姑用您母亲的声音说话。

季羡林：嗯。

蔡德贵：本来不是那个声音？

季羡林：本来不是。当时我对这个东西，我也不信这些东西，不过当时你不信也不行，眼前摆着一个。

王学典：这个在乡下很多，声音、动作，都像自己的亲人。

季羡林：动作倒没有注意到。反正是声音像。

蔡德贵：长相还是宁大姑。

季羡林：长相她变不了。

王学典：长相她变不了，就是她模仿亲人声音。

蔡德贵：是不是她们互相之间的……

王学典：乡下叫附体。

季羡林：不是。叫撞客。

王学典：撞客这两个字怎么写？

季羡林：就是撞门的撞，客人的客。

蔡德贵：您的《一条老狗》[①]那里边写了这件事。

季羡林：对。

蔡德贵：我当时是将信将疑。那就是确实您听到宁大姑用母亲的声音说话。

季羡林：对。

王学典：说的声音就是母亲的话。她就能够说一些外人根本不知道的、不能解释的事情。

蔡德贵：实际上心理学可以解释得了，实际上不见得是灵魂。她们两人交往很深，她一去世，她感受很深。

季羡林：对。

蔡德贵：可能不是灵魂的事。先生也不相信灵魂。

季羡林：不是灵魂。我觉得上帝、天老爷都是没有的。要是有的话，在什么地方？你找一个地方，没有。茫茫宇宙，没有上帝、天老爷的地方，没有地方，怎么有呢？我说没有上帝、天老爷。

王学典：撞客这种情况，怎么解释呢？

季羡林：我解释不了。

王学典：当时您感觉很像。这个在乡下很多，解释不了。

季羡林：我自己也撞过的。有一次我到王里长屯，我姥娘那里，她们那地方唱戏，我去那里看戏。天气很晚了，吃完晚饭了，我说回去不要紧，路上一定很多人，来看戏啊。结果，路上没有人。

王学典：是啊，您看，很怪。

季羡林：没有人，我思想上就有点发毛了。我们那个地方中间隔刘皮庄。

蔡德贵：也是一个小村？

季羡林：小村。小村外边有棵大杨树，很大的杨树。说是当时，我祖父活着的时候，早晨走到那个地方，从杨树上爬下来一条小狗。

蔡德贵：哦？从杨树上爬下来一条小狗。

季羡林：后来，他就，那时候没有火柴，他用火镰打火石，一亮，小狗就上树，完了，没有事了。这天底下事情，怎么这么，我这个也是到我外祖母，到王里长屯，当时不让我走，结果我走了。经过这棵大杨树，我忽然就想到这条狗，我想这狗下来，我怎么办，我连火镰也没有。结果那狗没有下来。

蔡德贵：那是6岁的时候吗？

季羡林：不是6岁的时候，那是后来啦。比较大了，我回家。

蔡德贵：举人家的大奶奶去世的时候，您回去。那您已经上中学了。

季羡林：反正大了。

王学典：先生说的什么意思？

蔡德贵：就是祖父经过的地方，一条小狗要下来，先生也有这种感觉。

季羡林：我忽然想到，小狗下来我怎么办哪？下来我连火镰都没有。结果没有下来。

蔡德贵：6岁以前是抓大鲤鱼，赵王河发大水，鲤鱼比您大。

季羡林：嗯。发大水，那个鲤鱼跟我差不多大，我是斗不过它。那么大的鲤鱼，到我们村庄，水退回去了，鲤鱼没有来得及退。我看到河里的鲤鱼以后，就下去了，跟它搏斗。找我找不着了，这孩子哪里去了？我在沟里边，看不见我了。

王学典：鲤鱼这么大吗？

季羡林：鲤鱼相当大的，反正我斗不过它的。这个鲤鱼一大把的。

蔡德贵：这件事一闭眼就想起来了。

季羡林：想起来了，这忘不掉的。

蔡德贵：没有喝着水啊？

季羡林：没有。那时候，水已经很浅了，要水深的话，我也不敢下去。

王学典：季老百岁诞辰什么时候？

蔡德贵：明年8月。虚岁是明年8月。

季羡林：1911。

蔡德贵：按照农村的说法，明年就是您的百岁了。

季羡林：对。

蔡德贵：虚岁有道理的。那十个月，在母体里，已经有生命了。

王学典：明年百岁诞辰有什么计划吗？我们怎么表示一下？

蔡德贵：现在还没有计划，就是全集全部出版。是郝平拉过去的。

小　岳：已经出版了。

蔡德贵：出版了吗？

季羡林：要出。

王学典：您对办好杂志，有什么交代吗？您的题词一直挂在正当中。

季羡林：在什么地方？

王学典：在《文史哲》编辑部办公室正当中。我们每天都要面对您。

蔡德贵：当时写的字很多啊。

季羡林：《文史哲》当时风靡全国啊。现在还有吗？

蔡德贵：有啊。现在他是主编啊。王学典先生是搞史学理论的，研究翦伯赞。

王学典：我写过翦伯赞传记。

蔡德贵：所以他特别对您对翦伯赞的感受比较感兴趣。您说过翦老是北大惟一有私人汽车的，好像是周恩来送的。

季羡林：是周恩来给的。

蔡德贵：您坐过他的车吗？

季羡林: 坐过，因为当时政协开会啊，那时候我跟冯定一个组，政协的，当时我们讨论一个问题，就是阶级先消灭还是宗教先消灭？后来结论就是阶级先消灭是肯定的，宗教永远也消灭不了。

王学典: 有意思。您说这个话是什么时候？

季羡林: 时间记不清楚了。

蔡德贵: 大约50年代末，60年代初。

季羡林: 我是二、三、四、五届政协，1978年以后是人大常委了。

蔡德贵: 人大常委和副校长是同时的。

季羡林: 我写过一篇东西《站在胡适之墓前》，那个散文在河南评为散文状元。

王学典: 写得非常感人。

蔡德贵: 先生大概在2000年去台湾回来以后。

季羡林: 当时去台湾很麻烦的。

王学典: 那不是一般的麻烦，比出国还麻烦。

季羡林: 从北京坐飞机到香港，在香港还要办出入境手续，在香港住了一夜。办手续办不完哪，绕了一个大圈子。

蔡德贵: 那次是圣严法师请您去的。

季羡林: 好几个人。

蔡德贵: 有汝信，有没有楼宇烈？

季羡林: 没有楼宇烈，有人民大学的一个女同志。

王学典: 都去胡适之墓了吗？还是您自己去了？

季羡林: 三个北大的，我和郝斌、李玉洁。

蔡德贵: 那时候您在那里还有一个故事，当时您鞠完躬就拽郝斌，让他鞠躬。

季羡林: 嗯。

蔡德贵: 郝斌说，我知道要鞠躬，但是要排在您后边啊。

季羡林: 有这件事。

王学典: 胡适是北京大学的老校长啊，两个副校长给老校长鞠躬。

蔡德贵: 当时季老经常在胡适的办公室里。

季羡林: 因为那时候我是系主任，另外呢，他的秘书是邓广铭，编这个报纸上的副刊。

蔡德贵：天津的。

季羡林：天津的《益世报》副刊。

王学典：您给他帮忙？

季羡林：我给写文章，主要是书评。

王学典：先生，《光明日报》史学版您参与编过吗？

季羡林：嗯？

王学典：中午休息了吗？

季羡林：嗯。睡一会。

王学典：晚上什么时候休息？

蔡德贵：晚上要早一点，吃点安眠药。

季羡林：每天吃安眠药，吃了80年。

蔡德贵：先生说顾颉刚吃了60年。

季羡林：我吃了80年，他比我少啊。

蔡德贵：比先生吃得时间短。

王学典：是不是对头脑有影响啊？

季羡林：没有。我每天都要吃，后来我跟大夫讲，不要害怕给人家开安眠药，没有坏处，我就是一个例子啊。

蔡德贵：而且您在德国吃安眠药不要处方。

季羡林：不要。他那里随便买，多得很，等级不一样，有强烈的，有温和的。

小　岳：蔡大哥，结束吧，等会还有三拨呢。

注释：

①《一条老狗》中提到过母亲死后当晚便有邻居宁大嫂撞了母亲的客，其中有一句话："我们那里把鬼附人体叫做撞客"。据说这种撞客同风水有联系，但是一直没有得到科学证明。不过历代确实频频出现死魂附体的记载。"撞客"一词在《红楼梦》第二五回："若有善男信女虔心供奉者，可以永保儿孙康宁，再无撞客邪祟之灾。"《红楼梦》第一〇二回："前日母亲往西府去，回来是穿着园子里走过来的。一到了家，就身上发烧，别是撞客着了罢。"

第七十次口述

2009年6月12日下午

蔡德贵：昨天带来的蛋糕，是抹茶的，是最新的品种，过去吃过吗？

季羡林：没有吃过。

蔡德贵：吃得来，好吗？

季羡林：好啊！

……

蔡德贵：祖先就是推到季文子。

季羡林：季文子是我们的老祖宗啊。江苏北部有姓季的，往南就没有了。

蔡德贵：季文子是以贤行润身的。

季羡林：季家，在历史上没有什么名人，一个季文子，一个季布，再就找不出来了。

蔡德贵：季布是什么人，侠客吗？

季羡林：将军。

蔡德贵：续祖先的时候，都可以续到啊？

季羡林：就是啊。嗯。

蔡德贵：季姓祖先也是从山西大槐树底下迁到临清的。

季羡林：嗯。

蔡德贵：先生，有一个传说，山西大槐树底下的移民，是小脚趾头是两瓣的。

季羡林：没有这种说法。

蔡德贵：我们胶东那边说，从大槐树底下来的，小脚趾头好多人都是两瓣的。我就是两瓣的。

季羡林：没有。而且没有听说过啊。

蔡德贵：是吗？

季羡林：第一次听说。这样子啊！

蔡德贵：您不是小时候没有注意啊？

季羡林：也没有听说过啊。

蔡德贵：我现在还是两瓣。

季羡林：有六个指头的。不是六指划拳，多此一招。（笑）。

……

蔡德贵："文革"当中聂元梓那派，有人到官庄调查，有人说季羡林家是最贫苦的，那个人不是杨狗吗？

季羡林：不是杨狗，不知道哪一个，不知道是谁，要把季羡林打成地主，那个老头就说，你再来把季羡林打成地主，我把你的腿给打断。到现在不知道是谁。

蔡德贵：不会是胡二疙瘩的后人吗？

季羡林：谁啊？胡二疙瘩啊？不知道。

蔡德贵：胡二疙瘩有后人吗？

季羡林：当时就不知道，那个人是侠客，他跟我父亲好，我父亲这个人就有点侠的味道。中国，我说，有两个字，一个侠，一个士，翻译成外文没有办法。

小　岳：现在跟他说话不用那么大的声音了。

蔡德贵：您听得见吗？

季羡林：嗯。

蔡德贵：您和施玉英大夫认识，就是因为治白内障吗？

季羡林：嗯。

蔡德贵：您的《医学士》里边一个章贝起，您造的名字吗？

季羡林：没有这么个人。

蔡德贵：里面还有一个“亚生君”，有这个人吗？

季羡林：不记得这个人。

蔡德贵：《送礼》的故事，街坊是具体人吗？

季羡林：嗯。到我们家，一盒点心，隔了几年啦，都长毛了。里面全招虫了。

蔡德贵：那个叫“地方”①的，是谁呢？

季羡林：记不起来了。事是有的。

蔡德贵：您游览印度阿格拉的泰姬陵，当地的一个青年，在大米上雕刻，用放大镜才能看出来，把印中友谊万岁微雕到大米上。

季羡林：嗯。有，微雕。名字记不得了，反正有这么个印度人。

蔡德贵：那大米还在吗？

季羡林：那，早就不知道哪里去了。

蔡德贵：《牛棚杂忆》里提到失掉笑的那个老干部，是谁呢？

季羡林：冯定，就是冯定。冯定那个人，是喜欢笑。“文革”当中他笑不起来了。他笑什么？那时候“文革”，我走在路上，也没有人敢跟我谈话的。

蔡德贵：“文革”以后您跟冯定还有交流。

……

注释：

①我小的时候，我们街上住着一个穷人，大家都喊他“地方”，有学问的人说，这就等于汉朝的亭长。每逢年节的早上，我们的大门刚一开，就会看到他笑嘻嘻地一手提了一只鸡，一手提了两瓶酒，跨进大门来。鸡咯咯地大吵大嚷，酒瓶上的红签红得眩人眼睛。他嘴里却喊着：“给老爷太太送礼来了。”于是我婶母就立刻拿出几毛钱来交给老妈子送出去。这“地方”接了钱，并不像一般送礼的一样，还要努力斗争，却仍旧提了鸡和瓶子笑嘻嘻地走到另一家去喊去了。这景象我一年至少见三次，后来也就不以为奇了。但有一年的某一个节日的清晨，却见这位地方愁容满面地跨进我们的大门，嘴里不喊“给老爷太太送礼来了”，却拉了我们的老妈子交头接耳说了一大篇，后来终于放声大骂起来，老妈子进去告诉了我婶母，仍然是拿了几毛钱送出来。这地方道了声谢，出了大门，老远还听到他的骂声。后来老妈子

告诉我,他的鸡是自己养了预备下蛋的,每逢过年过节,就暂且委屈它一下,被缚了双足倒提着陪他出来逛大街。玻璃瓶子里装的只是水,外面红签是向铺子里借用的。“地方”送礼,在我们那里谁都知道他的用意,所以从来没有收的。他跑过一天,衣袋塞满了钞票才回来,把瓶子里的水倒出来,把鸡放开。它在一整天“陪绑”之余,还忘不了替他下一个蛋。但今年这“地方”倒运,向第一家送礼,就遇到一家才搬来的外省人。他们竟老实不客气地把礼物收下了。这怎能不让这“地方”愤愤呢?他并不是怕瓶子里的凉水给他泄露真相,心痛的还是那只鸡。

第七十二次口述

2009年6月14日下午

蔡德贵：您昨天说的赵尔巽是山东蓬莱人。

季羡林：哦。这个不知道。

蔡德贵：祖籍是满族的，辽宁铁岭的，生在蓬莱，成为蓬莱人。您那个七巧板的红木桌子，在哪里买的呢？

季羡林：他们说，北京就那么一套。

蔡德贵：在琉璃厂买的吗？

季羡林：不是。在大宅门啊。

蔡德贵：在大宅门买的啊？

季羡林：大宅门不是赵尔巽，就是赵尔丰的。家里就靠这个卖东西生活。还不是祖传的，可能就是赵尔巽、赵尔丰搞的。

蔡德贵：买的时候很贵吗？

季羡林：不贵啊。

蔡德贵：文物类的家具，家里买的桌子很多吗？

季羡林：不多。

蔡德贵：放线装书的书橱也是红木的吗？

季羡林：那是现代的，菲律宾木头，加一点樟木，防虫子的，不是很好的。

蔡德贵：七巧板的，那现在有价吗？

季羡林： 没有价，就那么一个。

蔡德贵： 有多高呢？

季羡林： 七巧板摆什么形都行，高矮就跟一般桌子一样的，可以拼的。原来这个，我住楼上，田德望住楼下，后来田德望一看，他单独住一个单元哪，也不可能，就跟我商议搬上来，我也同意。因为我住一个单元，也不可能。搬上来吧，我说有一个条件，这红木桌子先摆在……我把那两大间给他了。

蔡德贵： 是在二楼吗？

季羡林： 二楼。我们只要一小间。两大间让给他，一个条件，那个红木桌子暂时先摆在那里。他也同意了，后来他老婆翻脸不认人，说是赶快拿走，往哪里拿啊？后来我的婶母跟夫人卖掉了，跟卖劈柴一样。

蔡德贵： 等于卖了废品了。

季羡林： 没有地方摆。

蔡德贵： 田黄那些东西，也是自己买的吗？

季羡林： 田黄那是小摊上买的。

蔡德贵： 您不会买假的，您很内行。

季羡林： 我懂，卖的不懂，要是懂的话，那价钱高啦。三两黄金，一两田黄。

蔡德贵： 很便宜买下来了。

季羡林： 就是很便宜啊。他不懂。

蔡德贵： 在琉璃厂买的吗？

季羡林： 在山水沟，平常也卖杂货的。

蔡德贵： 在济南山水沟啊？

季羡林： 济南山水沟。

蔡德贵： 买了几块呢？

季羡林： 几块？一块就不得了啊！哪有那么多啊？

第七十三次口述

2009年6月15日下午

蔡德贵:“文革”当中新疆一个造反派叫胡乱闯。张铁生的答卷您还记得吗?

季羡林:记得。

蔡德贵:张铁生是被利用的,借机考教授。

季羡林:考教授我没有参加。找过我,我没有去。我也不知道怎么考。田德望去了,金克木也去了。开玩笑啊。

蔡德贵:现在名教授再考高中的课程,也不行啊。

季羡林:考上的不多,特别是数学。

蔡德贵:我们不分理科文科数学,文科数学稍微浅一点。

季羡林:分科没有意义。

蔡德贵:歇会吧。1998年在北大您和江泽民座谈。

季羡林:后来我就代表教授,请我发言,我说北大这个学校,北大和清华是中国的牛津、剑桥,双峰并立。国家元首到北大来,包括不是元首的,比元首更高的,毛主席,也没有到北大来。毛主席没有到北大来。以国家主席的身份到北大来,我说你江主席是第一人,可以载入校史,叫颂圣。完了以后,我提了两条意见,一个不要重理轻文,重理轻文,从我小时候,就重理轻文,省里面考留学生,没有文科。一个不要重理轻文,一个要防止人才流失。什么意思呢?到美国,你肉包子打狗,一去不回。我说这个，一个人从小学到大学，得花多少钱？这钱表面上是私人的，实际上也是国家的。结果毕业一分配，发挥作用，走啦。到美国不是肉包子打狗吗？一个不要重理轻文，一个要防止人才流失。

蔡德贵：防止人才流失，您提什么办法没有？

季羡林：没有办法。

蔡德贵：之后江泽民强调人文社会科学和自然科学同等重要。高校的985规划就出来了。

季羡林：不知道。

蔡德贵：人文社会科学的重点项目，山东大学有3个985的。可以出好多成果的。您那时候不说，不会有985的。

季羡林：嗯。那时候省里考留学生，没有文科。

蔡德贵：所以您作为交换研究生，高兴得不得了。

季羡林：为什么不要文科呢？这个由来已久啦。后来原因就是，你要讲人文社会科学，中国毛泽东思想是社会科学的最高点，你怎么还要出去？这是它的道理，这个道理等于胡说八道。人文社会科学不等于毛泽东思想。

蔡德贵：现在人文社会科学要达到清华国学研究院的水平很难啦。

季羡林：这两个没有法比。后来现代派讲这个人文社会科学，全是嘴头的几句话。这个国学研究院，那是真正干实事的，而且人都是真正有过培养的，有教养的。吴宓是……

蔡德贵：吴宓是主任。

季羡林：那时候不叫主任，叫书记。

蔡德贵：最近清华要建立国学研究院。陈来去主持，他要我带好给您。

季羡林：哦。陈来我知道。

蔡德贵：他说，再不走，就走不了啦，60以后就不能走了。北大损失很大了。裘锡圭早几年走了。贺卫方也要走，到浙江大学，浙江大学后来不要了，北大让他到石河子大学去了。

季羡林：石河子大学我知道。这个办法就不对。

蔡德贵：人才流动还是空的。北大最近几件事，一个博士爬野长城，被雷击，死了。一个是北大新闻学院的阿忆在网上说，中央电视台的著名主持人方静是间谍。

季羡林：这话怎么随便讲呢？太过啦。这个帽子能够随便给人扣啊？

蔡德贵：北大精神，到底现在还存多少，蔡元培先生提倡的学术自由兼容并包。

季羡林：有一阵，这话近于反动。我们的人文社会科学毛泽东思想，世界第一，你兼容并包什么？世界第一，都要学习。

蔡德贵：那时候毛泽东语录，您背过吗？

季羡林：不背行吗？都得背，起码背一些，不背不行。后来到劳改院，因为我认为自己是双清，一个清楚，一个清白，我对这个政治，当时，你这个录音啊。

蔡德贵：可以不录。您戴过像章吗？

季羡林：戴过。那时候那个怪事啊，像章越做越大。

蔡德贵：您存过吗？

季羡林：没有存。

蔡德贵：我们家里存了好多。

季羡林：哦。那了不得，珍贵的宝物啊。革命博物馆应该收藏，有很大的像章。

蔡德贵：我还有一件宝物。我的毕业证是宝物，跟工作证差不多，没有校长的章，学校说，周培源校长不盖章，学校也不盖钢印。只盖红章。没有成绩及格，只有准予毕业。周培源校长说，这批学生连肄业都不是。我们只学习了8个月。

季羡林：自学啦。

蔡德贵：学习很短的时间。

季羡林：你那时候是哪一派啊？

蔡德贵：开始是新北大公社的那派，后来逍遥了。

季羡林：这是最聪明的办法。

蔡德贵：我手上有扁担纹，说能够打死人的。……这个电视您看见吗？眼睛是不是比去年强一点啦？

季羡林：不会强的。

蔡德贵: 眼袋没有啦。

季羡林: 不可能好,只能越来越坏。眼袋跟年龄无关。

蔡德贵: 语录也念过,像章也戴过。

季羡林: 戴过。

蔡德贵: 我们觉得念语录很别扭。

季羡林: 而且一开会,念得越多了越好。

蔡德贵: 毛泽东的诗词,您背过一些。

季羡林: 他还能写。

蔡德贵: 诗词有自己的特点。

季羡林: 嗯。

蔡德贵: 郭沫若的,就不行啦。

季羡林: 郭沫若自己讲么,郭老并不老,诗多好的少。用不了七步,立刻就成章。

蔡德贵: 歇会。您看看(电视)。

季羡林: 我看什么?什么也看不着。乱七八糟的。

蔡德贵: 该针灸了。

第七十四次口述

2009年6月16日下午

蔡德贵：贪官深圳抓了一大批，包括许宗衡。深圳新市长是苏州市长，派过去了。买官卖官很普遍，怎么解决贪官问题？道德底线出了问题啦，这个问题怎么解决？

季羡林：怎么解决啊？中国有个老办法么，治乱世用严刑重典，要严刑重典，我们不是乱世，可是那个小地方是乱的。要严刑重典，说话算数，说话不算数，严刑重典，也没有用。不是谁的理论么，你知道是谁的理论：贪官比清官好。这个，不能说它一点对的地方没有，有对的地方，总起来是那么提的。过去历史上，中国还是清官多啊！

蔡德贵：但是皇帝好的真不多。

季羡林：皇帝？不是有一首诗吗？朝代纷纷排成行，开国帝王皆流氓，如果有人不相信，请看刘邦朱元璋。为什么叫流氓，流氓都是有团伙的。

蔡德贵：您在《夜光杯》发表一篇《漫谈皇帝》，影响非常大。

季羡林：哦。谈过啊？

蔡德贵：您说开国皇帝多数是流氓，刘邦是也。守国的皇帝往往事业有成，还有亡国的皇帝，有人说您影射。

季羡林：很难说。

蔡德贵：犀利，有人愿意去比附。您对中国历史上哪个皇帝印象好一点？

季羡林：没有印象好的。

蔡德贵：有人传说，朱元璋得力于摩尼教。据说摩尼教在朱元璋夺取政权的时候，出过力，所以明朝定名为“明”，就是得自摩尼教，摩尼教又名“明教”。

季羡林：这个说法不知道。

蔡德贵：朱元璋流氓出身，但是治国有一套，防备贪官污吏好像有一套。还有忆苦思甜，珍珠翡翠白玉汤，吃一次要饭时吃的，豆腐煮烂白菜。

季羡林：嗯。对。

蔡德贵：他就是严刑重典。

季羡林：嗯。他这个功臣，就都杀掉了。蓝田、蓝玉、李善长什么的，杀的剩不了几个啦。

蔡德贵：保皇权地位的需要，刘邦不是也是杀功臣吗？

季羡林：没有怎么厉害。

……

蔡德贵：“文革”快结束的时候，您半解放的时候在35楼看传达室，您藏小纸条，翻译《罗摩衍那》。

季羡林：半自由状态。藏小纸条，晚上呢，在家抄到纸条上，在班上变成韵文，到家再抄下来。

……

蔡德贵：您在高中上学，发表的文章有没有老师给您推荐？

季羡林：没有。那时候《大公报》，不是，是《益世报》。

蔡德贵：还有一个《趵突泉》。

季羡林：不知道这个。不叫报纸，叫《留夷》。

蔡德贵：《留夷》是您在《山东民国日报》办的副刊，上边有您的文章《游灵岩》，也有您给学生发的文章。一共编了10期。您的文章没有在上边查到。一直没有查到这篇文章，《留夷》也调出来了，但是您这篇没有文章。

季羡林：《游灵岩》哪。

蔡德贵：您说发表在《留夷》上。

季羡林：什么地方忘记了。

蔡德贵：查到很多图书馆，没有查到您这篇文章。

季羡林：第一次上泰山，我是一个人去的。

蔡德贵：和训导主任一起去的吧。

季羡林：张叙青，不是他，我一个人去的。叙述的叙，江青的青。不是和他去的，我自己去的，在鸡毛小店里住了一夜。爬那个天梯，大概有1000个台阶吧？

蔡德贵：十八盘。

季羡林：十八盘台阶。

蔡德贵：要看日出？

季羡林：没看着。登以前，我查了姚鼐的《登泰山》。

蔡德贵：怎么去的？汽车吗？

季羡林：哪儿汽车啊，坐火车啊。那时候长途汽车还没有。到泰安住店，宾馆哪，如果说来一壶茶，就说你是外行。

蔡德贵：为什么呢？

季羡林：那个水啊，比茶好喝。泰山三美，白菜、豆腐、水啊。那水是好喝。

蔡德贵：济南的水也不错的。

季羡林：济南的水不错的。

蔡德贵：现在地下水不能喝了，为了保泉，喝黄河水。

季羡林：那个龙洞没有啦？

蔡德贵：有。

季羡林：黑虎泉是泉水进济南的第一站。

蔡德贵：歇会，喝点水。

季羡林：休息之后。

蔡德贵：《西游记》您看了几遍？

季羡林：就看过一遍。

蔡德贵：《三国》呢？

季羡林：这都看过一遍。《红楼梦》看得多。

蔡德贵：您说不喜欢《红楼梦》。

季羡林：文笔好啊。

蔡德贵：《古文观止》您大多都能背吧？

季羡林：没有那么回事，十来篇吧。

蔡德贵：您对毛泽东的词，背了不少啊。

季羡林：他是，就是那个血吸虫消灭，写的那首，"春风杨柳万千条，六亿神州尽舜尧。红雨随心翻作浪，青山着意化为桥。天连五岭银锄落，地动三河铁臂摇。借问瘟君欲何往，纸船明烛照天烧。"

蔡德贵：别的还背过吗？

季羡林：背过。"红雨随心翻作浪，青山着意化为桥"还是不错的句子。

蔡德贵：据说山大的高亨先生的词能够和毛泽东的词媲美。

季羡林：谁？高亨，知道这个人。

蔡德贵：他比您大。当过国民党的少将。

季羡林：他早。比我早十年吧。

蔡德贵：您在清华没有见他吧？

季羡林：没有。

季承到。

蔡德贵：带了点烤鸭。赵士珍给我送行，我不是要去美国么。她也知道先生愿意吃烤鸭。我后天就走了，季清那里有没有事情？

季　承：没有。

季羡林：报纸来了吧？

蔡德贵：要听听读报啊？

季羡林：嗯。